穿越 中国隧道及地下工程修建关键技术研究书系

浅埋暗挖隧道穿越既有线施工技术

杨会军 

Construction Technologies for Tunnel Excavation in Close Proximity to Existing Structures with Shallow Overburden

人民交通出版社股份有限公司
China Communications Press Co.,Ltd.

内 容 提 要

本书由实践出发，总结、提炼出浅埋暗挖隧道穿越既有线施工技术，内容包括：概述、工程环境调查及其安全性评价、沉降控制标准确定、浅埋暗挖隧道下穿既有线施工技术、浅埋暗挖隧道侧穿既有线施工技术、浅埋暗挖隧道上穿既有线施工技术、穿越既有线监控量测技术、浅埋暗挖隧道工作面安全风险评估和浅埋暗挖隧道下穿既有线施工实例。同时，书中配备了作者《浅埋暗挖技术50讲》部分讲座视频，读者可扫码观看。

本书可供从事隧道及地下工程建设管理、设计、施工的工程技术人员学习参考。

图书在版编目(CIP)数据

浅埋暗挖隧道穿越既有线施工技术 / 杨会军编著
. —北京：人民交通出版社股份有限公司，2019.11
ISBN 978-7-114-14340-3

Ⅰ.①浅… Ⅱ.①杨… Ⅲ.①地铁隧道—浅埋暗挖—隧道施工 Ⅳ.①U459.1

中国版本图书馆CIP数据核字(2017)第286026号

书　　名：浅埋暗挖隧道穿越既有线施工技术
著 作 者：杨会军
责任编辑：李　梦
责任校对：张　贺
责任印制：张　凯
出版发行：人民交通出版社股份有限公司
地　　址：(100011)北京市朝阳区安定门外外馆斜街3号
网　　址：http://www.ccpress.com.cn
销售电话：(010)59757973
总 经 销：人民交通出版社股份有限公司发行部
经　　销：各地新华书店
印　　刷：北京盛通印刷股份有限公司
开　　本：787×1092　1/16
印　　张：19.75
插　　页：1
字　　数：465千
版　　次：2019年11月　第1版
印　　次：2019年11月　第1次印刷
书　　号：ISBN 978-7-114-14340-3
定　　价：108.00元

前　言

1986 年，王梦恕院士运用大瑶山隧道和军都山隧道的施工原理和方法进行了暗挖法修建尝试，在我国首次采用暗挖法修建复兴门地铁折返线工程。与明挖相比，它为国家节约近亿元的工程投资，在不拆迁、不扰民、不破坏环境的前提下，创新 8 项重大技术，攻克 24 项技术难点，取得了突出的环境效益、经济效益和社会效益，并于 1987 年正式形成“浅埋暗挖法”。从此浅埋暗挖法作为隧道及地下工程的修建方法之一，载入隧道修建史册。

浅埋暗挖技术的实质内涵可用 18 字原则概括——管超前、严注浆、短进尺、强支护、快封闭、勤量测。

浅埋暗挖法作为隧道与地下工程修建方法之一，从创建以来，经过近 30 年的研究、应用、推广、发展、完善，已形成一套完整的新的浅埋、超浅埋隧道与地下工程设计、施工理论体系，并由原来只适用于第四纪地层、无水、地面无建筑物等简单条件，拓展到非第四纪地层、超浅埋（埋深已缩小到 0.8m）、大跨度、上软下硬、高水位等复杂地层和环境条件下的地下工程，目前已推广应用到广州、深圳、北京、杭州等 20 多座城市的地铁及地下空间施工中。

随着中国经济的飞速发展和城市化进程的加速，地铁在城市交通中所占的份额将越来越大，各大城市如北京、上海、广州、深圳、南京等都制定了中远期地铁线网规划，预期形成完善的快速轨道交通网络。城市轨道交通的大规模建设必然会带来各条线路的交叉、换乘问题，遇到更多车站和地铁区间的穿越问题。

穿越方式总体可以分为下穿、侧穿、上穿。穿越既有线所面临的主要技术难题是在隧道开挖过程中确保既有线的行车安全。所采取的主要技术措施是对开挖隧道周围及既有结构土体进行预加固，减少地层扰动对既有线的影响，保持周边地层的稳定性。

作者结合参与施工的北京地铁 4 号线宣武门车站下穿既有 2 号线宣武门车站工程、太兴铁路隧道侧穿既有隧道工程等，参考借鉴北京地铁 5 号线上穿 1 号线区间工程、地铁 4 号线上穿 1 号线西单站工程等工程实践，经总结、提炼，完成了《浅埋暗挖隧道穿越既有线施工技术》一书。

本书共分为 9 章，内容包括：概述、工程环境调查及其安全性评价、沉降控制标准确定、浅埋暗挖隧道下穿既有线施工技术、浅埋暗挖隧道侧穿既有线施工技术、浅埋暗挖隧道上穿既有线施工技术、穿越既有线监控量测技术、浅埋暗挖隧道工作面安全风险评估和浅埋暗挖隧道下穿既有线施工实例。第1章介绍了浅埋暗挖法设计施工的基本原则，给出了浅埋暗挖隧道穿越既有线施工应严格遵循的“二十字”法——安全评估、影响预测、确定指标、制定措施、监控量测；第2章系统论述了穿越既有线工程周边环境的调查方法、内容、安全评价等；第3章介绍了如何通过运用不同方法分别确定沉降控制限值，并综合确定满足要求的沉降控制标准；第4章系统论述了超前加固技术、开挖支护技术、控制沉降特殊措施、临时支撑拆除技术、下穿铁路既有线技术等；第5章和第6章针对中夹岩土体，提出了加固、开挖支护的关键控制技术；第7章针对既有线实时监测要求，论述了既有线远程自动监测和隧道内监控量测技术；第8章介绍了如何通过对工作面风险源的识别、分级、评价，以及监控量测、现场巡视，根据风险预警参考表，快速确定安全风险等级；第9章全面、系统地介绍和分析了下穿既有线工程施工技术及其施工效果评价。同时，书中配备了作者《浅埋暗挖技术50讲》部分讲座视频，读者可扫码观看。

期待依托中国中铁隧道局集团有限公司、中国中铁六局集团有限公司等单位施工的工程项目实践总结、提炼写出的《浅埋暗挖隧道穿越既有线施工技术》，能对越来越多的邻近和穿越既有线工程提供借鉴，诚如所望，当深感荣幸！同时感谢相关单位和同仁的帮助！

限于作者的水平和能力，书中错误和不妥之处在所难免，恳请广大读者批评指正。

杨会军

2018年5月

目　　录

第1章 概 述

浅埋暗挖法是在距离地表较近的地下进行各种类型地下洞室暗挖施工的一种方法。该法继1984年在军都山隧道黄土段试验成功的基础上，又于1986年在具有开拓性、风险性、复杂性的北京复兴门地铁折返线工程中应用，达到了拆迁少、扰民少、环境破坏少的效果而获得成功。同时，结合中国特点及水文地质条件，创造了小导管超前支护技术、8字形网构钢拱架设计、制造技术、正台阶环形开挖留核心土施工技术和变位进行反分析计算的方法，提出了"管超前、严注浆、短进尺、强支护、早封闭、勤量测"的18字方针，突出时空效应对防塌的重要作用，提出了在软弱地层快速施工的理念。由此形成的浅埋暗挖法，成为了适用于软弱地层的地下工程设计、施工方法。

浅埋暗挖法施工的地下洞室具有埋深浅（最小覆跨比可达0.2）、地层岩性差（通常为第四纪软弱地层）、存在地下水（需降低地下水位）、周围环境复杂（邻近既有建、构筑物）等特点。

近年来，浅埋暗挖法在全国类似地层和各种地下工程中得到了广泛应用。尤其在北京、深圳、广州、成都、西安、天津等城市隧道及地下工程中被推广应用，并已形成了一套完整的综合配套技术。

同时，经过许多工程的成功实施，其应用范围进一步扩大，由只适用于第四纪地层、无水、地面建筑物较少等简单条件，推广到非第四纪地层、超浅埋（埋深已缩小到0.8m）、大跨度、上软下硬、高水位等复杂地层及环境条件下的地下工程中。

信息化技术的实施，实现了浅埋暗挖技术的全过程控制，有效地减少了由于地层损失而引起的地表移动变形等环境问题。不但使施工对周边环境的影响降至最低程度，由于及时调整、优化支护参数，还提高了施工质量和速度，使浅埋暗挖法的特点得到更进一步的发挥，为城市地下工程设计、施工提供了一种非常好的方法，具有重大的社会效益和环境效益，该方法在总体上达到了国际领先水平。

1.1 浅埋暗挖法施工基本原则

根据浅埋暗挖法施工的特点、工艺流程、适用范围、特殊措施、辅助工法、监控量测等，总结形成了浅埋暗挖法施工的基本原则。

（1）选择适宜的辅助施工工法，优先采用小导管超前支护。应重视辅助工法的选择，当地层较差、开挖面不能自稳时，采取辅助施工措施后，仍应优先采用大断面开挖法。浅埋暗挖法施工时，建议采用的辅助工法有注浆法、降水法、超前小导管法、大管棚法、水平旋喷法、注浆—冷冻法等。应优先采用小导管超前支护。小导管长度应为台阶高度加1m（图1-1）。

（2）拓宽浅埋暗挖法，在有水、不稳定地层中应用时，要采用以注浆堵水为主、降水为辅的原则。采用劈裂注浆加固,堵住80%的水源,降掉20%的少量裂隙水,以达到减少地表下沉的目的。

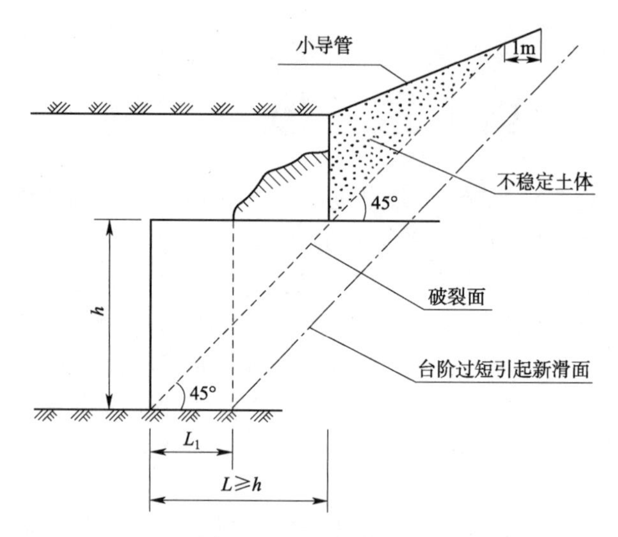

图1-1 开挖面稳定分析

(3)在地面动荷载作用下,在大跨度地段,长孔劈裂注浆预先加固地层,小导管配合进行超前支护,是安全可靠的重要手段。

(4)长管棚的直径要和地层刚度相匹配,当直径超过150mm时,其对控制地表下沉的作用很小。长管棚法一般在洞口段采用,在隧道内一般不宜采用,用双层小导管法是可以通过的。

(5)根据地层情况、地面建筑物特点及机械配备情况,选择对地层扰动小、经济、快速的开挖方法。若断面大或地层较差,可采用经济合理的辅助工法和相应的分部正台阶开挖法;若断面小或地层较好,可用全断面开挖法。

(6)开挖方法采用正台阶环形开挖留核心土,第一个台阶宜取2.5m高,从防止工作面失稳考虑,台阶应有一定长度,从减小地表下沉,尽快封闭成环考虑,又不允许留过长的台阶,故定为1.0D~1.5D合适(D指洞室开挖宽度)。合理的初期支护必须从上向下施作,初期支护稳定后,方可施作二次模筑衬砌。

(7)严格控制每循环的进尺长度,一般为0.5~0.75m,因拱部局部塌方,高度一般是进尺长度的1/2。

(8)大跨施工应选择变大跨为小跨的施工方法,如CD法、双立柱法、柱洞法、中洞法、侧洞法等(图1-2)。在确保安全经济的前提下,开挖方法的选择次序应为:当开挖断面宽度大于10m时,优先选用CD法,或者是双立柱法,在迫不得已的情况下可考虑采用侧壁导坑法,或者CRD法。当开挖宽度小于10m时,优先采用正台阶法,当下沉量控制不住时再考虑用CD法或CRD法。工程实践证明,如在北京地层浅埋情况下,当开挖宽度在12m以内时采用正台阶法是成功的。

(9)全部采用网构钢拱架(图1-3),取消型钢拱架,靠近工作面的第一排、第二排钢拱架是不受力的,网构拱架和喷混凝土所组成的结构承载能力提升的速度远高于荷载作用在结构上的加载速度。因此,不存在网构拱架柔于型钢拱架的说法。喷混凝土后的网构拱架承受10倍荷载,型钢拱架则承受4倍荷载;型钢后部混凝土喷不上,形成空洞和出现渗漏水现象;型钢拱架背后经常和地层不能密贴,造成结构整体变位增大。

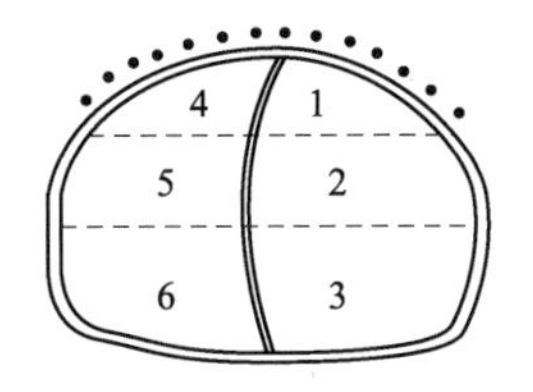

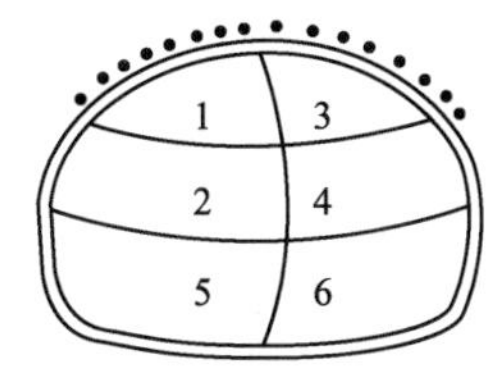

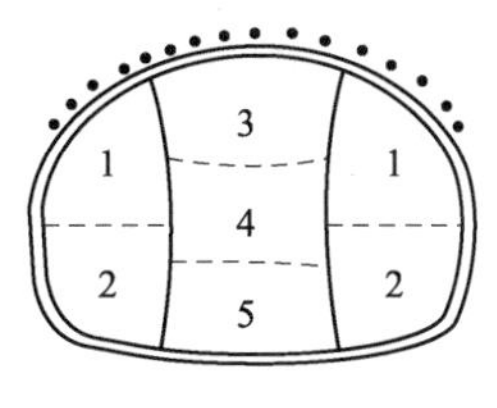

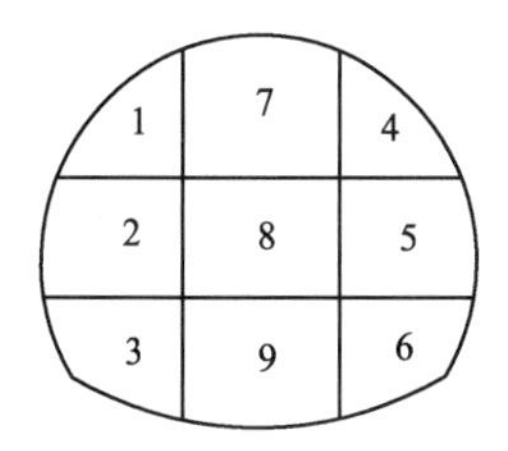

图 1-2 CD 法、CRD 法、眼镜法及双立柱法分块次序

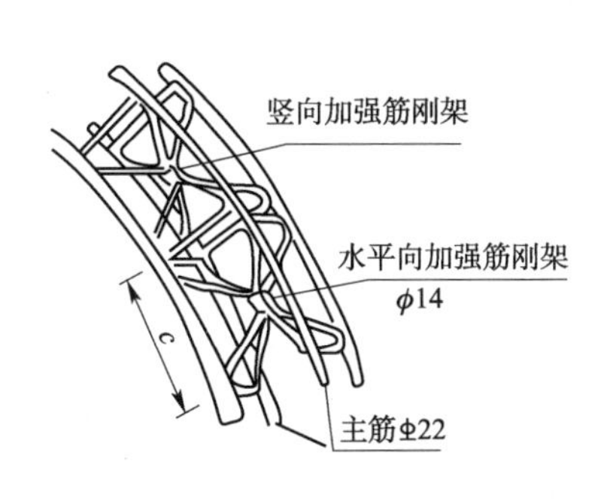

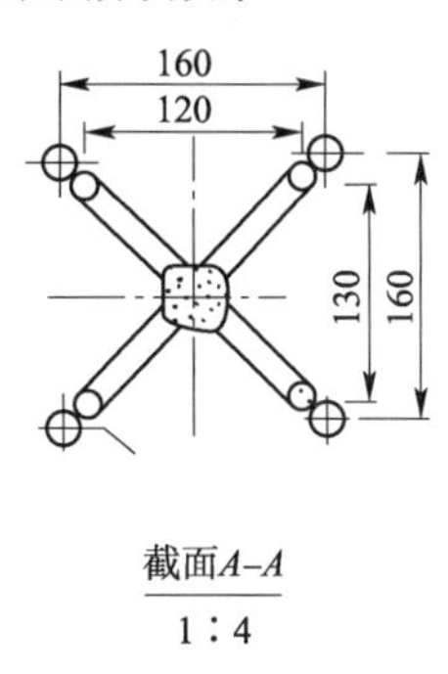

图 1-3 拱架主要尺寸示意图(尺寸单位:mm)

(10)设计采用 8 字形格栅拱架,做到在 x、y 两个方向实现等强度、等刚度、等稳定性,取代工字钢。钢拱架接头处是受力不利部位,应设锁脚锚管。

(11)正台阶施工不允许分长、中、微台阶,双线台阶长度为 1 倍洞径,单线台阶长度控制在 1.5 倍洞径。第一个上台阶高度定为 2.5m,便于快速将顶部初期支护、网构钢架安装定位,有利于安全。

(12)由于地层条件很差,在喷层和地层间经常出现空隙,该空隙多发生在拱顶附近和拱脚处,所以,背后充填注浆非常重要,该工序应紧跟工作面进行。同时应做好拱脚的处理,在拱脚应打设能注浆的锁脚锚管,这是防止拱脚下沉的关键。

(13)地下工程的衬砌,必须采用复合式衬砌结构形式(图 1-4),要求衬砌厚度一般不能小于 30cm,但也不宜随意将二次衬砌厚度增加太厚,甚至做两层模筑衬砌,应加强初期支护。初期支护和二次模筑衬砌之间必须设防水隔离层,采用无钉铺设防水板,无纺布后部必须设置系统排水盲管,在其上一定距离设置泄水孔,将水排入两侧边沟中。防水隔离层既起防水作用,又起防止二次模筑开裂的作用。

(14)突出快速施工,考虑时空效应,做到 5 个及时:及时支护、及时封闭、及时量测、及时反馈、及时修正。

(15)浅埋暗挖法 18 字方针是施工的原则和要点的精辟总结,即“管超前、严注浆、短进尺、强支护、早封闭、勤量测”。

(16)必须遵循信息化反馈设计、信息化施工、信息化动态原理。

(17)监控量测技术,是监控地表下沉和防塌方的最可靠的方法,是施工的核心,必须认真、快速获取结果,掌握洞室的变化特点,尤其要重视 1 倍洞径处的稳定性,这往往是塌方、变形最易发生的危险区段。

(18)严格纪律,严格工艺,严格管理。

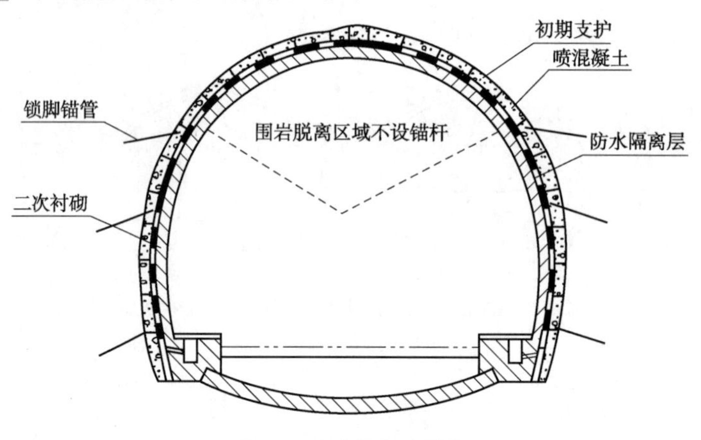

图 1-4　复合衬砌示意图

1.2　浅埋暗挖法开挖方法

采用浅埋暗挖法施工时,常见的开挖方法见表 1-1。

浅埋暗挖法修建隧道及地下工程主要开挖方法　　表 1-1

施工方法	示　意　图	重　要　指　标　比　较					
		适用条件	沉降	工期	防水	初期支护拆除量	造价
全断面法	1	地层好,跨度≤8m	一般	最短	好	没有拆除	低
正台阶法	1 2	地层较差,跨度≤12m	一般	短	好	没有拆除	低
上半断面临时封闭正台阶法	1 2	地层差,跨度≤12m	一般	短	好	少量拆除	低
正台阶环形开挖法	1 2 3	地层差,跨度≤12m	一般	短	好	没有拆除	低
单侧壁导坑正台阶法	1 2 3	地层差,跨度≤14m	较大	较短	好	拆除少	低

续上表

施工方法	示意图	重要指标比较					
		适用条件	沉降	工期	防水	初期支护拆除量	造价
中隔墙法(CD法)	1 3 2 4	地层差，跨度≤18m	较大	较短	好	拆除少	偏高
交叉中隔墙法(CRD法)	1 3 2 4 5 6	地层差，跨度≤20m	较小	长	好	拆除多	高
双侧壁导坑法(眼镜工法)		小跨度，连续使用可扩成大跨度	大	长	效果差	拆除多	高
中洞法		小跨度，连续使用可扩成大跨度	小	长	效果差	拆除多	较高
侧洞法	1 3 2	小跨度，连续使用可扩成大跨度	大	长	效果差	拆除多	高
柱洞法		多层多跨	大	长	效果差	拆除多	高

浅埋暗挖工程施工中，应根据不同的围岩工程地质条件、水文地质条件、工程建筑要求、机具设备、施工技术条件、施工技术水平、施工经验等多种因素，选择行之有效的一种或多种施工方法。因为主要影响因素是围岩的地质条件。当围岩较稳定且岩体较坚硬时，可以争取一次把全断面挖成，然后修筑支护结构。当围岩稳定性较差时，则需要随开挖施作初期支护，防止围岩变形及产生坍塌。分块开挖后，应及时进行初期支护的施作，一般先开挖顶部，在上半断面挖成后及时施作初期支护，在上部支护的保护下再开挖下半断面。二次模筑衬砌修筑必须先修筑边墙，之后再修筑拱圈，即先墙后拱法施工。

1.3 浅埋暗挖隧道穿越既有线施工

当前城市轨道交通的大规模、网络化建设，必然会带来各条线路的交叉、换乘问题，产生很多节点车站和地铁区间的穿越。

同时，随着我国铁路运输系统持续提速，很多地段平交道口要改为立交道口，据不完全统计，在京沪线、京广线、京哈线和北京至西安铁路的大提速中，仅平交道口因铁路提速而需要改为立交道口(4m跨度以上)的就有3800多座，如何实现在不减速的条件下安全地完成立交道口的建设，同样是新线穿越既有线的问题，其本质上与城市地铁穿越既有线是一致的。

在穿越既有线的工程中,如何维护既有线的安全运营是工程施工的出发点,也是问题的最终目标。实现安全穿越,应采取相应的措施,如加固既有结构、强化施工支护措施等。同时提供新线穿越既有线的设计和施工方法。

由于地下空间的不断开发和利用,隧道之间的距离越来越小,施工难度越来越大。尤其在繁华城区,穿越既有线工程施工的影响更加明显。近距离穿越既有线工程施工的过程中,既要保证既有隧道的安全运营,也应确保既有隧道结构的安全性不被破坏,这就要求施工对既有构筑物的影响减到最小,以保证工程施工和既有线运营的安全。

1.3.1 穿越既有线施工类型

根据分类要素、受力特征和分类属性,把地下工程邻近施工分为以下基本类型,见表1-2。

邻近施工的分类　　表1-2

分类		图示	工程背景
新建工程接近既有隧道施工	隧道并列	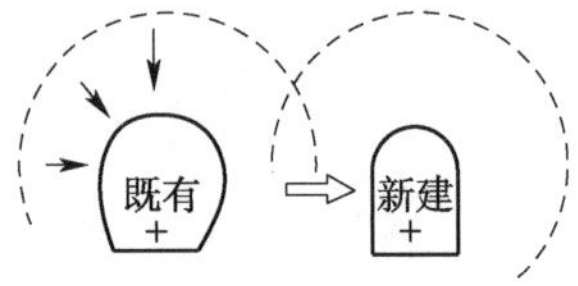	与既有隧道平行新建隧道,增建二线时多出现此情况
	隧道重叠	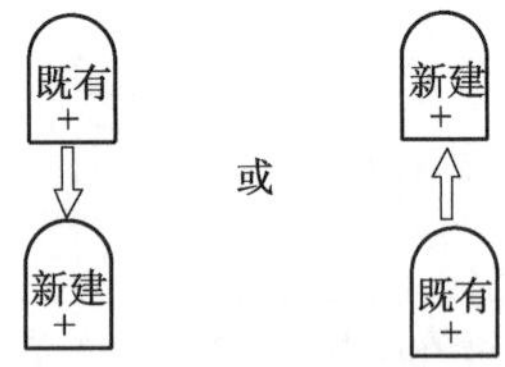	因条件限制,两条隧道近距离重叠修建
	隧道交错	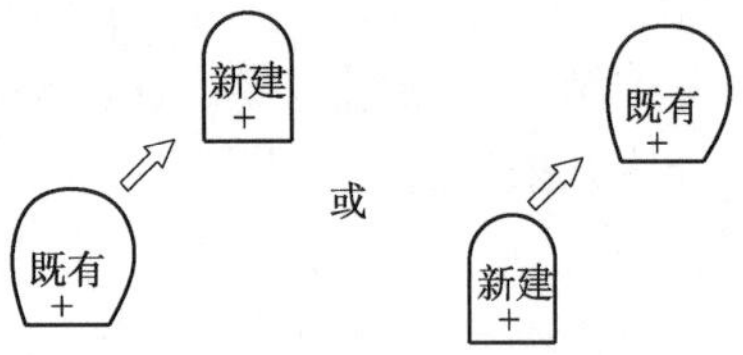	因条件限制,两条隧道近距离交错并行修建
	隧道交叉	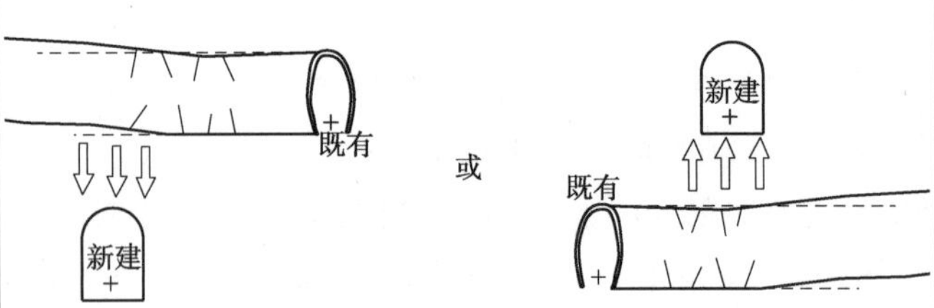	从既有隧道上部或下部穿越既有隧道

续上表

分类		图示	工程背景
新建工程接近既有隧道施工	隧道上部修建结构物的基础	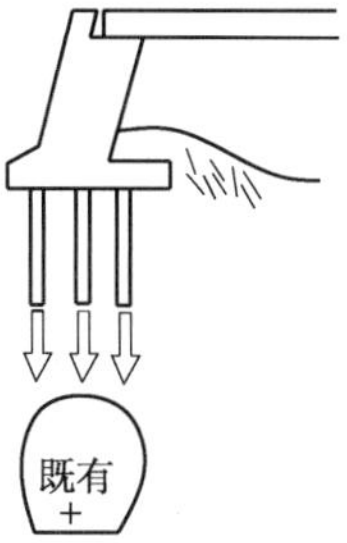	在隧道上部新建房屋或桥梁等，其基础设在隧道上部的情况。新建铁路、公路与既有线交叉时及城市地下工程中会出现此情况
	隧道侧面开挖	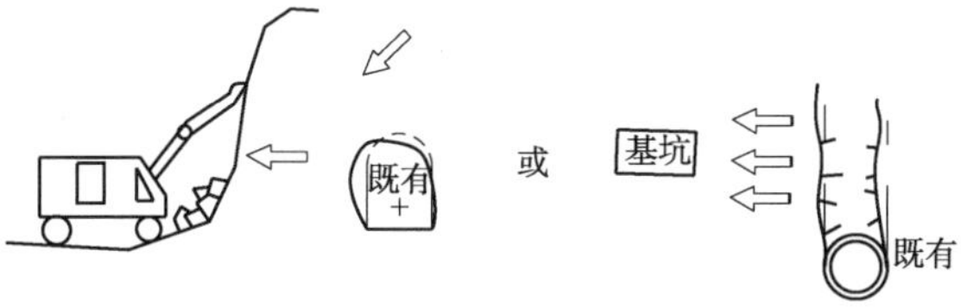	因道路扩宽和开发等而进行开挖或修建结构物基础的情况
	地层振动	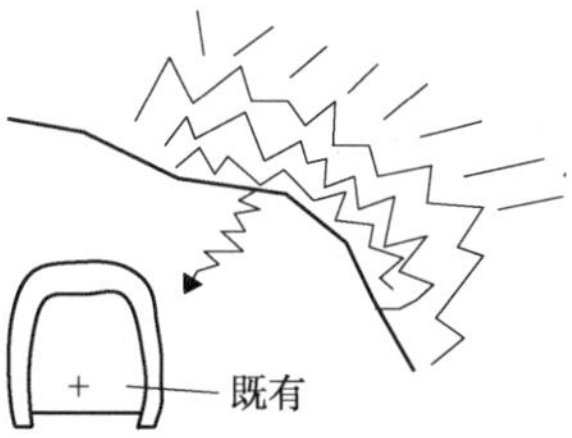	因邻近施工产生的地层振动（特别是爆破振动）
新建隧道接近既有工程施工	地下工程施工对周围建筑物的影响	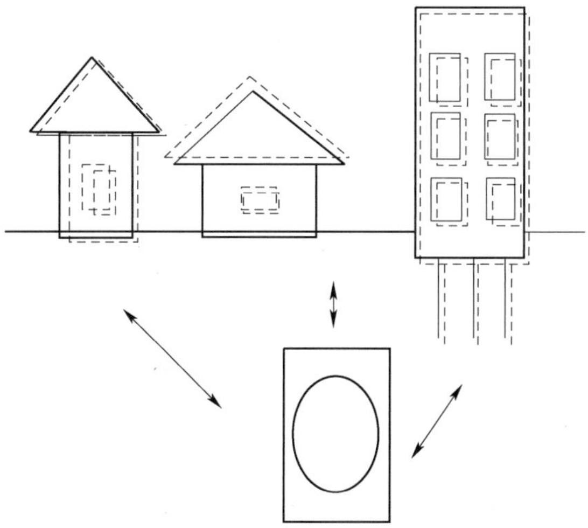	隧道等地下工程施工（矿山法）时，接近一个或多个既有建筑物，对其产生影响

续上表

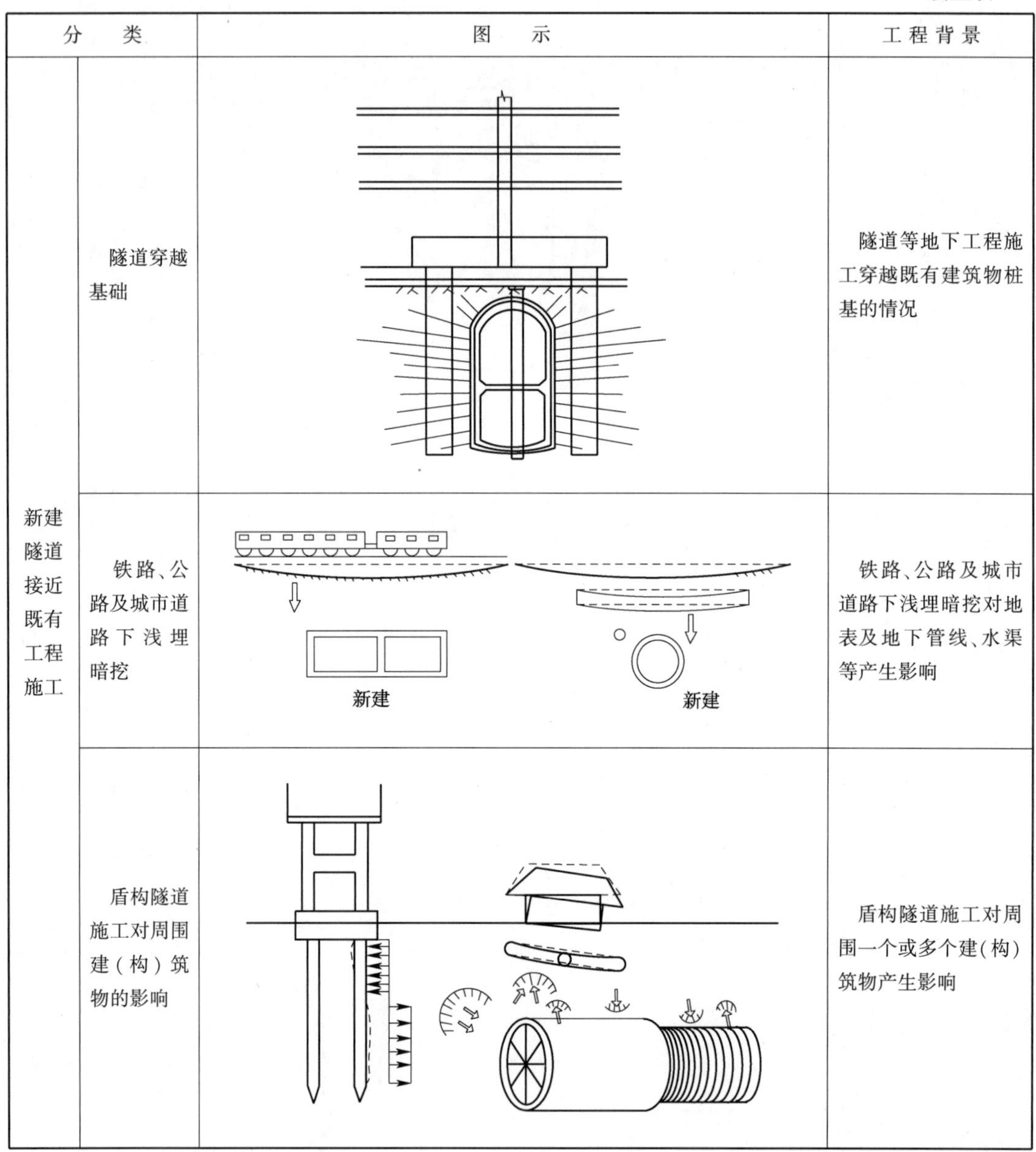

分类		图示	工程背景
新建隧道接近既有工程施工	隧道穿越基础		隧道等地下工程施工穿越既有建筑物桩基的情况
	铁路、公路及城市道路下浅埋暗挖		铁路、公路及城市道路下浅埋暗挖对地表及地下管线、水渠等产生影响
	盾构隧道施工对周围建(构)筑物的影响		盾构隧道施工对周围一个或多个建(构)筑物产生影响

浅埋暗挖隧道穿越既有线的方式,主要包括下穿、侧穿、上穿。如果新建隧道位于既有隧道之下,即下穿工程,那么新建隧道在施工时可能会引起既有隧道的隆起或者二次沉降。如果新建隧道位于既有隧道之上,即上穿工程,则可能由于既有隧道上方土压卸载而导致其产生上浮或者开裂的现象,还会因为上覆土体的二次扰动而导致地表沉降加大。如果新建隧道位于既有隧道侧面,即侧穿工程,则新建隧道施工会引起既有隧道侧向位移。

随着线网密度的加大,浅埋暗挖隧道穿越既有线将不可避免,且必将越来越多。至于采取何种方式穿越既有线,取决于新建隧道的线位高程、地质条件、周边环境、地中管线等因素。在设计施工中,往往需要采取相应的辅助施工方法,防止由于新建隧道施工给既有线带来不利影响。

另外，要对既有线结构现状进行全面的调查评估，这是保证既有线运营安全和评定穿越既有线施工技术措施及控制标准是否安全可靠的重要依据。穿越既有线所面临的主要技术难题是在隧道开挖过程中确保既有线的行车安全。所采取的主要技术措施是对开挖隧道周围及既有结构周围土体进行预加固，减少地层扰动对既有线的影响，保持周边地层的稳定性。

1.3.2 穿越既有线施工处理措施

根据新线工程的规模、设计施工方法、与既有结构的位置关系、地形地质条件、既有结构的安全状态，将新线施工的影响范围划分为无影响范围、注意范围和需采取措施的范围三类。除无影响范围外，都要根据对既有结构的检查、测量、安全评估等进行设计。根据邻近度的划分，采取措施的内容见表1-3。

影响范围的划分与措施内容 表1-3

邻近度划分	划分内容	措施内容
无影响范围	不考虑新线施工对既有结构影响的范围	一般不需要采取措施
注意范围	通常不会产生有害影响，但有一定影响的范围	一般以采取合适的施工方法为对策，并根据既有结构的位移、变形量等推定允许值，再决定是否采取其他措施，为施工安全，要对既有结构物和新线进行量测管理
需采取措施范围	产生有害影响的范围	必须从施工方法上采取措施，并根据既有结构的位移、变形量，决定影响程度，而后采取相应措施。同时，对既有结构物和新线进行量测管理

有了影响范围的划分，便可以此来决定施工前调查、影响预测、对策、安全监视、施工方法等。不同影响范围的对策，见表1-4。

邻近程度范围与对策 表1-4

范围	对策		
无影响范围	现状调查	既有隧道结构调查	目视检查，确认状况
		地层调查（地形与地质）	资料确认
		邻近施工概况	设计、施工、位置关系确认
	影响预测	经验方法	不需要
		解析方法	不需要
	采取对策	既有隧道对策	不需要
		新建工程侧对策	不需要
		地层对策	不需要
	安全监视	结构物稳定	必要时实施
		轨道管理	不需要
		建筑限界	不需要

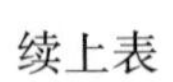

续上表

范　围	对　　策		
注意范围	施工记录	邻近工程的概况	希望加以保存
		安全监视结果记录	不需要
	现状调查	既有隧道结构调查	结构调查
		地层调查(地形与地质)	资料确认
		邻近施工概况	不需要
	影响预测	经验方法	不需要
		解析方法	不需要
	采取对策	既有隧道对策	不需要
		新建工程侧对策	按影响最小考虑
		地层对策	不需要
	安全监视	结构物稳定	必要
		轨道管理	必要
		建筑限界	必要
	施工记录	邻近工程的概况	必要
		安全监视结果记录	必要
	现状调查	既有隧道结构调查	详细调查
		地层调查(地形与地质)	必要
		邻近施工概况	设计、施工、位置关系确认
	影响预测	经验方法	调查类似工程
		解析方法	必要
需采取措施范围	采取对策	既有隧道对策	为确保安全采取必要对策,也可以考虑改变新建计划
		新建工程对策	
		地层对策	
	安全监视	结构物稳定	必要
		轨道管理	必要
		建筑限界	必要
	施工记录	邻近工程的概况	必要
		安全监视结果记录	必要

相应地,穿越既有线施工处理与解决流程,见图1-5。

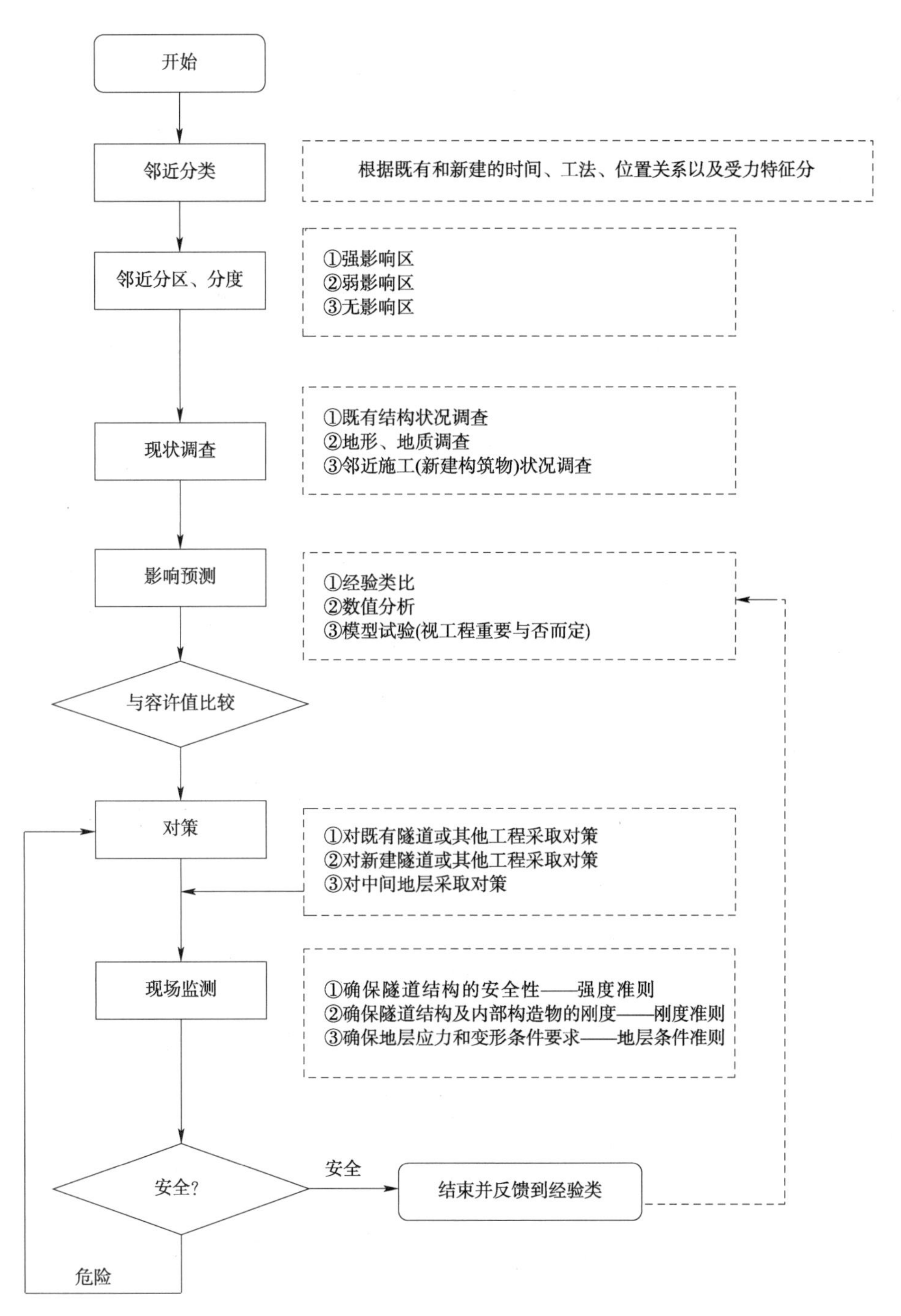

图1-5 穿越既有线施工处理与解决的流程图

1.4 北京地铁穿越既有线施工情况

依据现有资料统计分析,北京地铁涉及穿越地铁既有线的部分工程项目见表1-5。

北京地铁穿越既有线工程项目统计表(部分)

表 1-5

穿越方式	序号	线路名称	穿越工程名称	净距(m)	地质情况	施工类型	结构形式	建成时间(年)	施工效果	备注
上穿	1	北京地铁5号线东单站	北京地铁1号线区间	净距为0.6m		采用中柱法施工方案		2006		地面为长安街
	2	北京地铁4号线西单站	北京地铁1号线区间隧道	净距为0.526m	细、中砂层，卵石土层	采用CRD暗挖法施工，隧道上方施作大管棚，对既有1号线隧道两侧进行深孔注浆	两个单层马蹄形单洞断面(长46.8m)，中间设联络通道	2009	1号线隧道上浮为2.3mm，保证了1号线的正常运营	
下穿	3	北京地铁首都机场线东直门站	上跨、下穿13号线折返线	上跨结构底板距折返线结构顶板20～30cm，下穿结构顶板紧贴折返线结构底板	顶板位于粉土层，底板位于卵石、中粗砂层	采用洞桩托换法进行施工	上跨明挖、下穿暗挖(单层双连拱隧道)	2008	13号线折返线最大沉降12.5mm	
	4	北京地铁10号线二期07标角门西站	北京地铁4号线角门西站	隧道结构顶距4号线底板15cm	黏质粉土、粉细砂、粉质黏土、卵石层，地下水丰富	采用CRD法，按照暗挖法18字方针施工	暗挖(两分离马蹄形单洞)	2010	地表最大沉降17mm，拱顶沉降6.5mm，净空最大沉降6.5mm，施工过程中，4号线角门西站完全处于稳定状态	
	5	北京站—北京西站地下直径线项目	北京地铁4号线宣武门站	盾构隧道结构顶板与地铁4号线结构底板之间净距为4.98～6.12m	圆砾、卵石土层	加强盾构掘进、管片拼装、同步注浆、二次补强注浆、结构防水设计等过程管理控制	盾构(盾构直径12.04m)	2010		

续上表

穿越方式	序号	线路名称	穿越工程名称	净距(m)	地质情况	施工类型	结构形式	建成时间(年)	施工效果	备注
下穿	6	北京地铁6号线朝东区间	北京地铁2号线朝阳门站	区间结构与既有线底板垫层底之间密贴,底板垫层厚度0.225m	细砂、砂卵石地层	采用CRD法施工,施工前对下穿既有线段掌子面及周边土体采用深孔注浆与袖阀管注浆相结合的方式,即拱顶与开挖轮廓线内采取深孔注浆,边墙及仰拱以下采取袖阀管注浆	平顶直墙断面形式	2014		
	7	北京地铁5号线崇文门站暗挖	地铁环线区间隧道(建于1968年)	净距为1.98m	砾石夹黏土、中细、中粗砂	采用柱洞法施工	单层拱形结构(宽 24.2m, 高 11.46 m)	2007	最大沉降发生在变形缝处8.9mm,保证了地铁环线正常运行	
	8	北京地铁4号线宣武门站	北京地铁2号线宣武门站	最小净距为1.9m		采用CRD法施工,两矩形断面遵循对称原则,同时开挖,及时对夹层土体注浆	两个矩形断面(净距4.1m)	2009	既有结构最大沉降为6.78mm,保证了2号线的正常运营	
	9	北京地铁10号线公主坟站	北京地铁1号线公主坟站	两车站紧贴"零距离"	砾岩层、卵石层、卵石粒径较大	平顶直墙暗挖法		2012	沉降被成功地控制在3mm以内,1号线列车运营没有受到任何影响	
	10	北京地铁10号线国贸站—双井站区间	北京地铁1号线	紧贴地铁1号线底板		浅埋暗挖法				

续上表

穿越方式	序号	线路名称	穿越工程名称	净距(m)	地质情况	施 工 类 型	结构形式	建成时间(年)	施工效果	备注
下穿	11	北京地铁5号线雍和宫站—和平里北街站区间左线	下穿2号线雍和宫站西端站务用房	暗挖结构顶板紧贴2号线车站底板垫层		暗挖法施工,采用平顶直墙断面,复合衬砌结构	矩形结构(宽6m,高6.8m)	2007	变形缝处差异沉降为4.8mm,没有影响车站结构,没有产生较大变形	暗挖隧道上方设置车站变形缝
侧穿	12	北京地铁10号线西土城站西区	学知西桥桥桩	桥桩与围护桩净距758mm	自上而下为粉土、细砂、粉质黏土、粉土、黏质粉土、中细砂、卵石圆砾	①增加桥梁基础桩,扩大承台,提高承载力;②加固桥桩周边地层,减小桩的水平位移;③增加基坑围护结构的刚度,限制其开挖后变形	明挖车站	2008	地铁施工完成半年后,桥体沉降控制在3mm以内,桥桩无倾斜	
	13	北京地铁10号线知春路站—西土城站区间隧道	近距离侧穿国管局宿舍楼	水平净距为0.9m		采取了袖阀管全断面注浆、双排小导管注浆、CRD工法等措施	暗挖隧道	2008	宿舍沉降是6mm,楼房变形得到了较好控制	
	14	北京地下直径线	北京地铁2号线	盾构与地铁2号线最小净距仅有1.65m	圆砾、卵石土层	加强盾构掘进、管片拼装、同步注浆、二次补强注浆、结构防水设计等过程管理控制	泥水盾构施工,盾构隧道管片内径为ϕ10.5m,管片外径ϕ11.6m,环宽1.8m	2014	对地铁2号线结构变形不得大于3mm	

1.4.1 北京地铁5号线东单站上穿1号线区间工程

北京地铁5号线东单站与地铁1号线王府井站—东单站区间立交,并从其上方穿过,结构间距为0.6m。车站暗挖段跨越1号线(图1-6)。

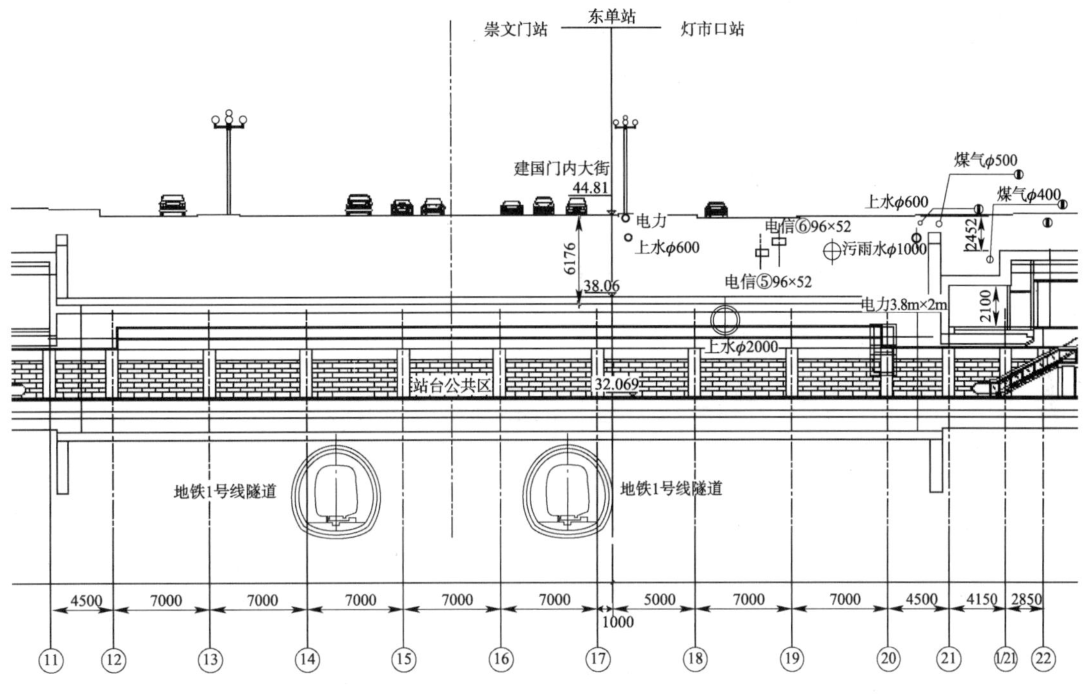

图1-6 东单站与既有1号线关系剖面图(尺寸单位:mm)

东单站两端采用明挖基坑施作,中间采用双柱三跨单层结构形式,采用“中洞法”施工。中洞法按照“小分块、短台阶、早成环、环套环”的原则,将整个断面开挖横向分为侧洞、有柱的柱洞和中洞共5个洞,每洞分上、中、下三层。

施工过程中对地层多次扰动,地表沉降量较大。既有线结构最大隆起7.59mm,轨道最大隆起7.29mm。

1.4.2 北京地铁5号线崇文门站下穿2号线区间工程

北京地铁5号线崇文门站位于崇文门内外大街、崇文门东西大街及北京站西街五条路的交叉路口地下,呈南北走向。车站与既有地铁环线崇文门站东端区间立交,并从其下方穿过,以两条换乘通道相互连接。该站结构为双柱三跨岛式暗挖车站。车站为端进式,两端为双层结构,地下一层为站厅层,地下二层为站台层;中间为单层结构,系站台层。车站总长度208.9m,总宽度24.2m(图1-7)。

北京地铁5号线崇文门站下穿既有2环线区间(其底板与车站单层断面顶部净距为1.98m),采用“φ600管幕+洞柱法”施工(图1-8)。

既有线结构变形预警值和允许值见表1-6。

施工引起的最大沉降为-20mm。

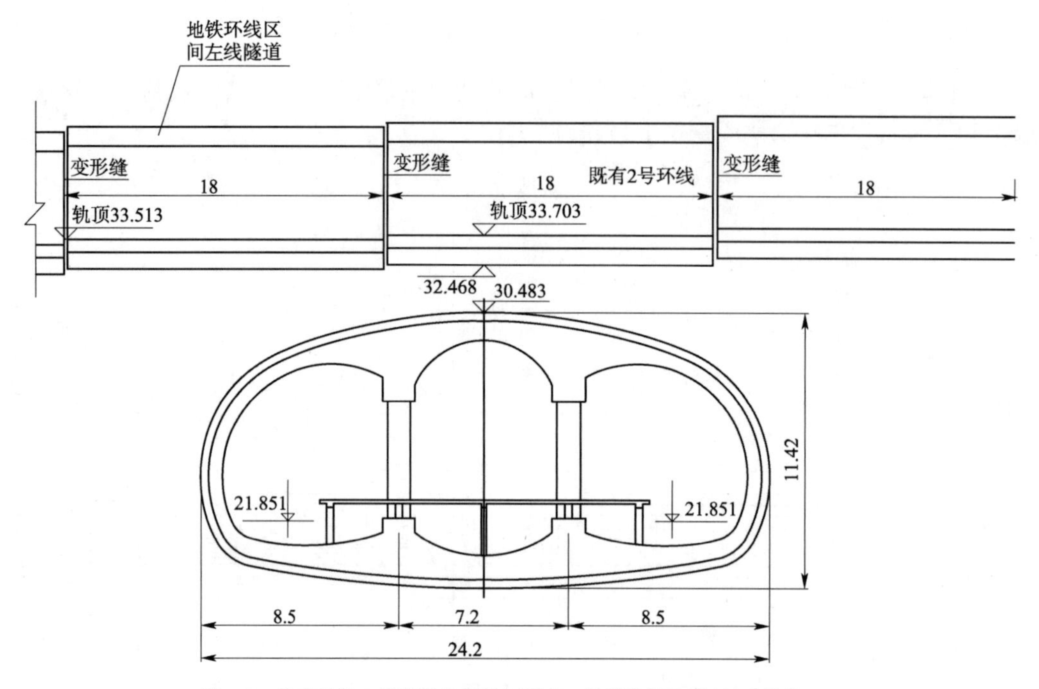

图 1-7　北京地铁 5 号线崇文门站与既有 2 号线位置关系(尺寸单位:m)

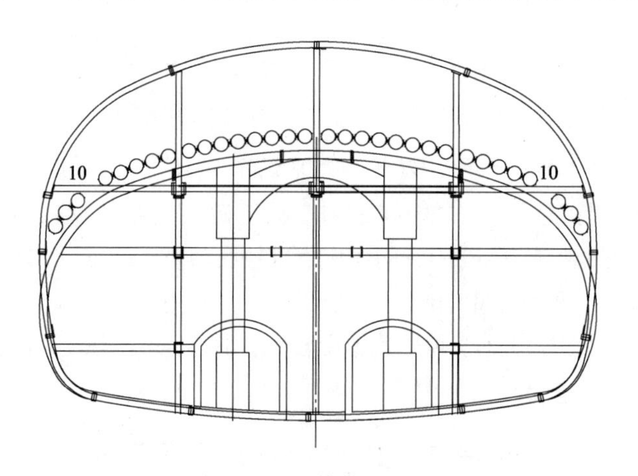

图 1-8　ϕ600 管幕 + 洞柱法

既有线结构变形预警值和允许值(单位:mm)　　表 1-6

变形类别	沉降	上拱
预警值	-30	30
允许值	-40	40

1.4.3　北京地铁 5 号线雍和宫站区间隧道下穿 2 号环线雍和宫站工程

北京地铁 5 号线雍和宫站—和平里北街站暗挖段下穿地铁 2 号线雍和宫站,下穿长度 34.475m。其中完全处在环线地铁底板下的长度为 22.9m。通过对穿越段地层的超前加固、

CRD 法开挖、补充注浆等,实现了安全穿越,既有结构累计沉降:内环为 3.1mm,外环为 3.2mm,远小于给定的沉降控制值 15mm。

1.4.4 北京地铁 10 号线公主坟站零距离下穿 1 号线公主坟站

公主坟站主体结构中部垂直下穿既有 1 号线公主坟站,为单层双跨的平顶直墙结构,采用 CRD 暗挖法施工,标准断面见图 1-9,与 1 号线公主坟站断面关系见图 1-10。

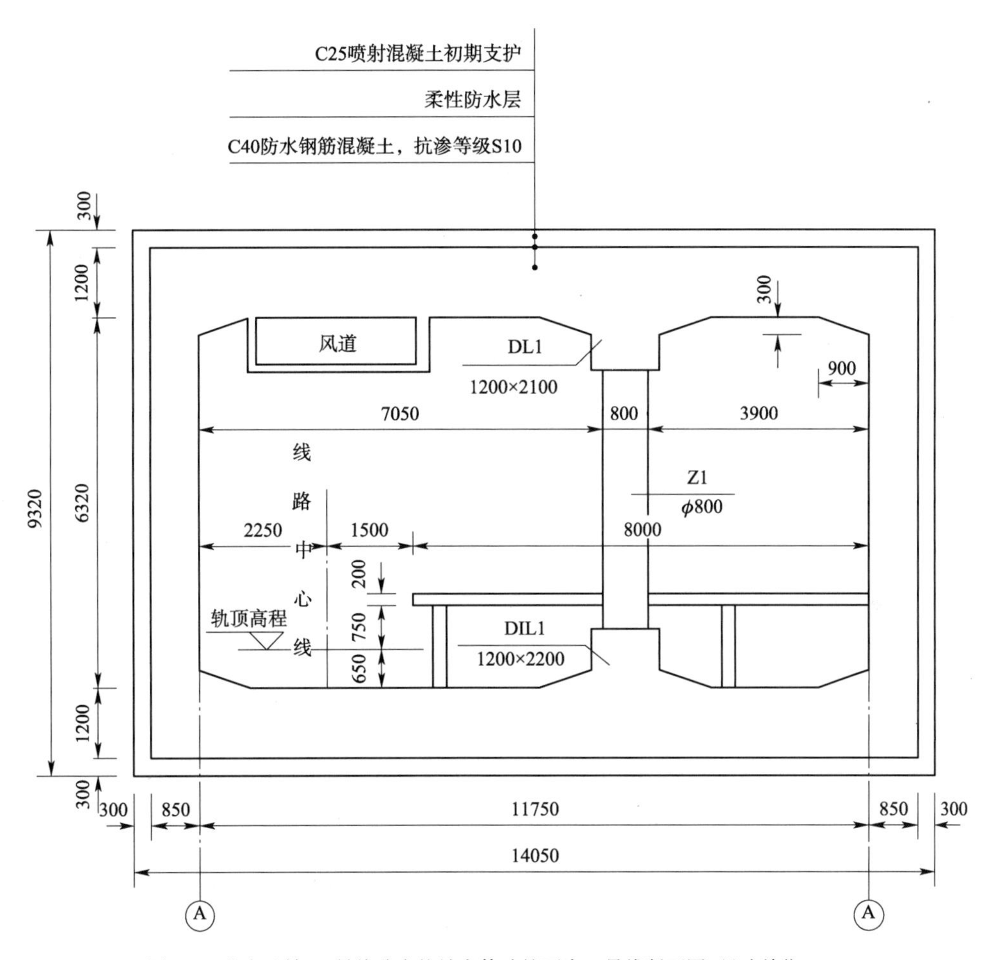

图 1-9 北京地铁 10 号线公主坟站主体暗挖下穿 1 号线断面图(尺寸单位:mm)

综合分析可见,北京地铁在建项目均有近距离穿越既有地铁区间和车站的工程,其中 5 号线崇文门站下穿既有环线区间,结构最小间距仅为 1.98m;东单站以最小间距 0.5m 上穿既有 1 号线区间;雍和宫区间以 0.26m 的间距下穿 2 号环线雍和宫站。

对于地铁隧道穿越既有线的工程,在施工前,应对既有结构的安全可靠性和耐久性作出评估,同时对施工对既有结构造成的附加影响进行充分的分析和预测,并在比较和优化分析的基础上提出相应的技术措施,在现场实施过程中还应进行监测,以便对施工方案及时进行调整。其核心是控制既有线及其结构的沉降量和变形量,使施工所造成的附加影响降到最小。

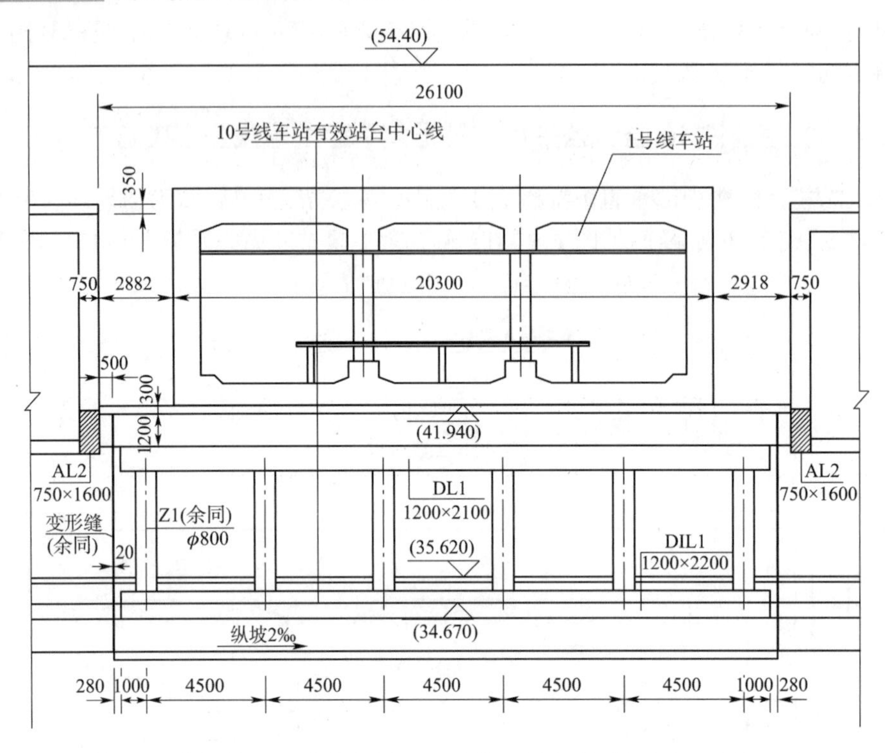

图1-10 北京地铁10号线公主坟站与1号线公主坟站断面关系(尺寸单位:mm)

1.5 浅埋暗挖隧道穿越既有铁路线工程

1.5.1 南水北调中线总干渠下穿石太铁路工程

(1)工程范围

南水北调中线总干渠与石太铁路线交叉工程设计范围全长155m,均位于干渠直线段上。其中进出口U形槽过渡段各5m。渠道下穿石太铁路采用三孔小净距隧道形式通过,隧道长145m。工程总平面布置图见图1-11。

南水北调中线总干渠与石太铁路引入线交叉工程设计范围全长172m,均位于直线上。渠道下穿石太铁路引入线采用小净距三孔明、暗挖隧道形式通过,隧道单孔共计162m,其中单孔暗挖长134m,单孔明挖长28m(图1-12)。

隧道三孔间净土柱8.7m,每孔断面为马蹄形带仰拱形式,每孔开挖断面最大跨度11.8m,最大高度11.2m,衬砌完成后内净最大跨度9.1m,净高8.5m,每孔内净空面积62.89m^2。水面至拱顶内缘的距离为2.5m,过水面积占隧道净断面面积的80%。拱顶距地表覆土厚度约为6.5m。本工点总水头损失控制值为0.079m。衬砌采用复合式衬砌,初期支护厚度为350mm,采用C25喷射混凝土+I20a@500mm型钢钢架+ϕ8@200×200钢筋网片,二次衬砌厚700mm,采用C35钢筋混凝土结构,过水衬砌厚300mm,采用C30钢筋混凝土结构。

(2)工程地质与水文地质条件

暗渠所处地段地表主要为第四系上更新统冲~洪积物,局部被全新统人工填土覆盖,下部为下更新统冰积及冰水沉积物，具体岩性特征由老至新分述如下。

下更新统（Q_1）埋深一般在41m以下。灰绿、灰白、褐红等杂色，土质不均匀，以黏土为主，局部含砂量较大，并夹有少量灰白色强风化泥质砂岩碎块，可塑。

上更新统（Q_2）包括砾石、黏土、含砾壤土、黄土状壤土、砾砂。

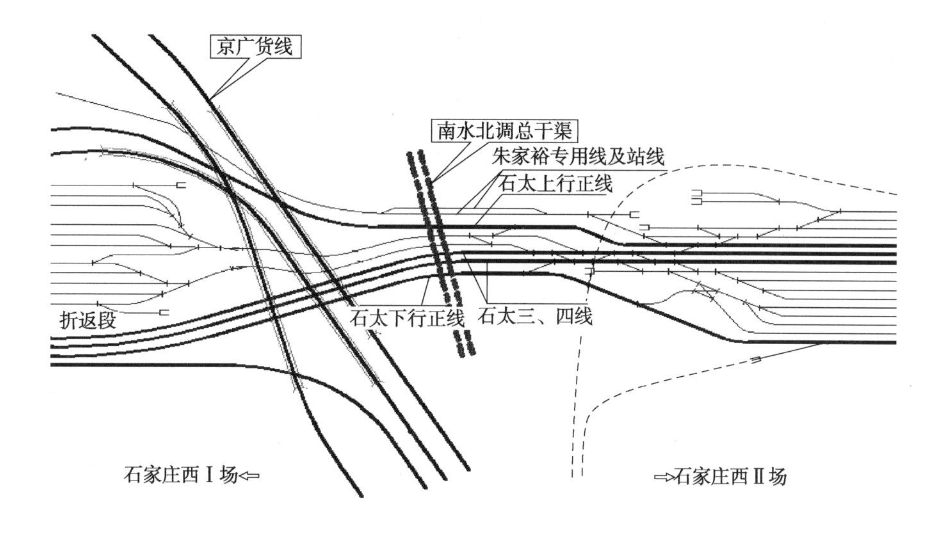

图1-11 工程总平面布置图

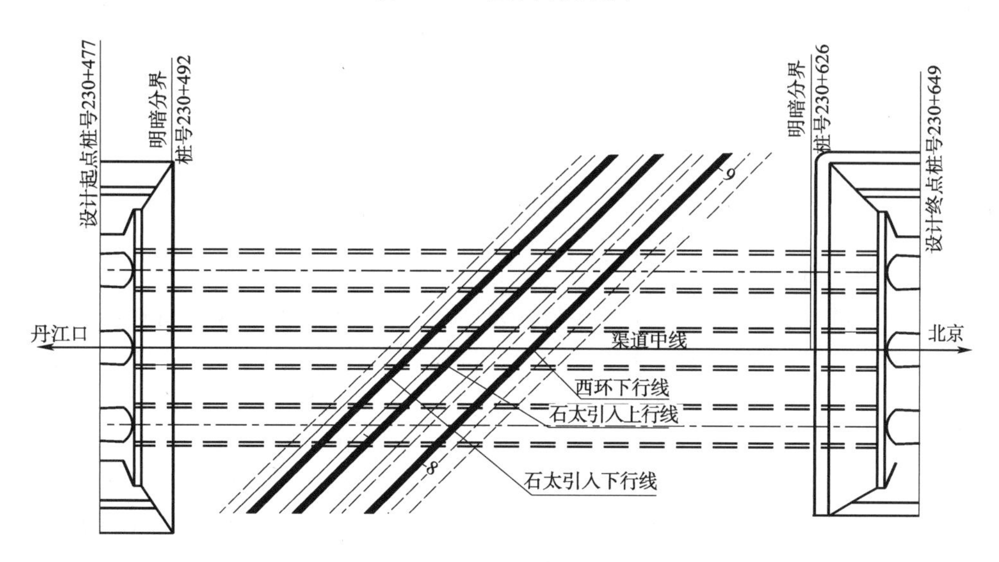

图1-12 穿越石太铁路平面布置图

①砾石：埋深一般在34～36m之间，厚3～5m。褐、黄褐及黑褐色，成分以石英岩、砂岩为主，花岗岩、辉绿岩次之，多呈次圆状，大于2mm的颗粒占全重的68.7%左右，余为砂土填充，潮湿～饱和，中密。

②黏土：棕红、棕黄色，土质较均匀，黏粒含量较高，局部含有夹有少量卵、砾石，半干硬～硬塑，具有膨胀性。埋深一般在17.5～18.0m之间。

③含砾壤土：呈层状夹于黏土中，黄、褐黄色，土质不均匀，以粉土为主，其间含有较多的

卵、砾石，粒径一般为20~80cm，含量为10%~40%不等，局部夹有薄层砾砂及壤土，可塑。厚5.0~8.0m。

④黄土状壤土：黄、褐黄色，土质不均匀，以粉土为主，局部黏粒含量较大，具有垂直节理及孔隙，含少量钙质结核，偶见黑色铁锰结核，可塑。厚3.4~10.5m。不具湿陷性。

⑤砾砂：呈层状夹于黄土状壤土中，灰褐、黄褐及浅灰色，砂质不均匀，成分以长石、石英为主，卵、砾石含量占全重的28.1%~41.1%，且主要分布在砾砂的底部，潮湿—饱和，中密。厚1.6~4.0m。

全新统(Q_4)主要为既有路堤筑的壤土及砂壤土，厚度一般为0.5~4.0m。

地质剖面图见图1-13。

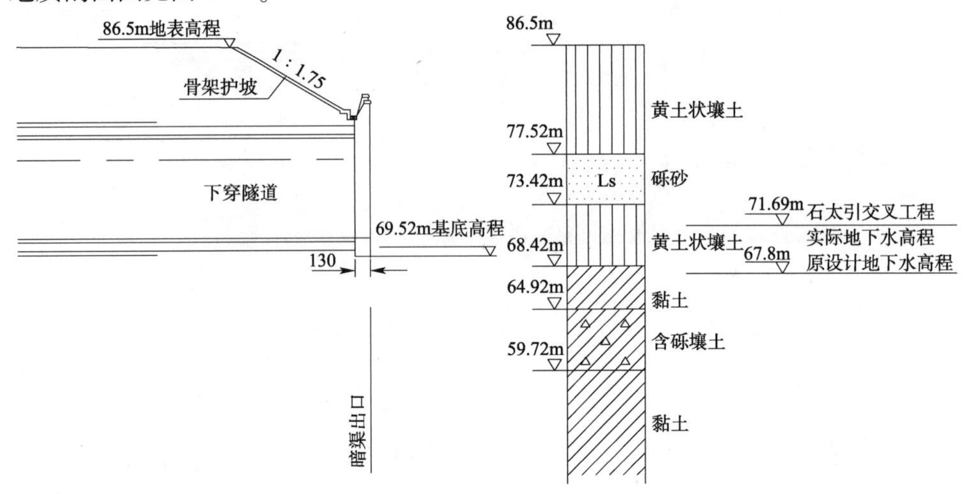

图1-13　地质剖面图

工点区的地下水主要为赋存于黄土状壤土下部及赋存于砾石中的承压力，主要受大气降水补给，地下水埋深18.7~19.05m。

(3)地表建筑物及管线

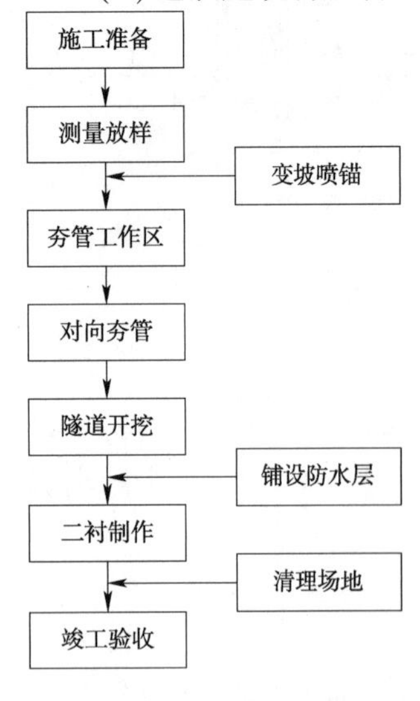

图1-14　施工流程示意图

渠道在与石太铁路线交叉处下穿8条既有铁路，依次为石太下行线，石太三、四线，机车出、入库线，石太上行线，宋家峪专用线，站线。渠道在与石太铁路引入线交叉处下穿3条既有铁路，分别为石太引入上下行线和西环下行线，石太引入线上下行线线间距约为7.45m，石太引入线上行线与西环下行线线间距约为11.44m，同时需下穿西环下行线西侧既有高挡墙，属悬臂式露肩挡土墙，墙高3.7~4m。

隧道上方区域有较密集的铁路线缆，涉及通信、信号、电力等，主要分布在既有铁路两侧，平行于铁路方向。因经多次重布和调整，存在大量废旧缆线，故情况更为复杂，施工过程中应探明缆线，做好保护措施。

(4)施工总体方案

根据本工程特点，开挖隧道两端头采用明挖法施工，下穿铁路部分采用暗挖法施工(图1-14)。

工程先在隧道两端头施作明挖基坑,形成夯管工作区,再在工作区进行夯管帷幕作业,夯管帷幕施工完成(图1-15)后开挖基坑至设计高程,然后进行正洞暗挖施工,采用CRD法开挖,每循环进尺为0.5m;台阶间距控制在3m左右,采用小导管超前注浆预加固技术,初期支护为C25型钢网喷混凝土,隧道内采用无轨运输。暗挖施工至路基坡脚处时进行既有线加固施工(图1-16),采用分离式3-5-3扣轨纵横梁加固体系,隧道初期支护贯通后,从一端开始施作防水层及衬砌混凝土结构。

图1-15 大管棚施工完成

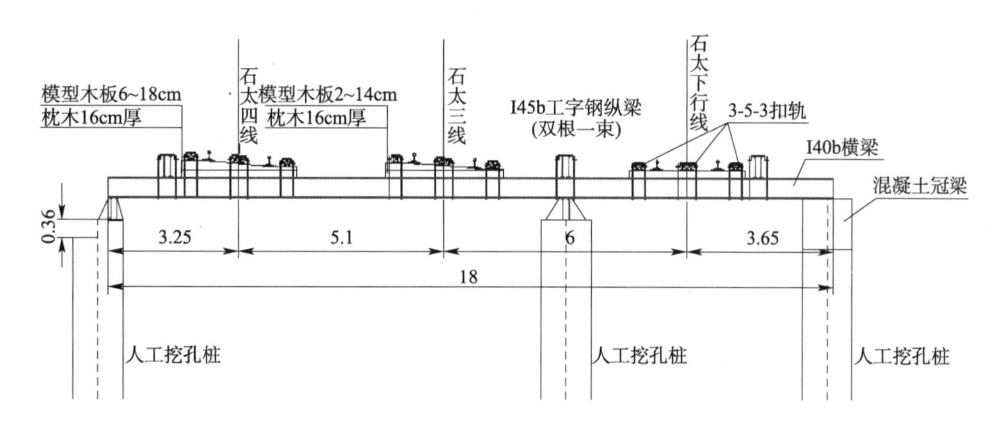

图1-16 既有铁路线路加固示意图(尺寸单位:m)

1.5.2 太兴铁路超近距侧穿既有线工程

(1)工程概况

新建太兴铁路某1号隧道为全长133m的单线隧道,最大埋深约23m,距既有太岚铁路隧道洞净距为8m。2号隧道为全长876m的单线隧道,距既有太岚铁路隧道洞净距为8m。新建隧道与既有隧道位置见图1-17。

(2)不良地质

1号隧道进出口端山坡坡度较陡,基岩裸露,岩性为砂岩夹页岩,岩体受节理切割,风化较严重,山坡上有零星危岩落石,进出口碎石土为弃渣。

2号隧道进出口端山坡坡度较陡,基岩裸露,岩性为砂岩夹页岩,岩体受节理切割,风化较严重，山坡上有零星危岩落石。隧道顶部砂质黄土覆盖，结构疏松，垂直节理较发育，具有湿陷性。

图 1-17　新建隧道与既有隧道位置图

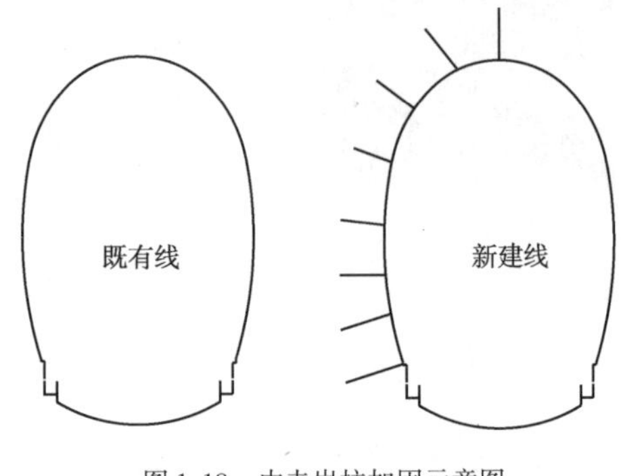

图 1-18　中夹岩柱加固示意图

(3)总体施工方案

根据对既有隧道的检测结果，先进行既有隧道加固(图 1-18)。新建隧道施工按照新奥法的原理，采用光面爆破技术，锚喷初期支护，以量测数据为施工依据。开挖采用钻孔台车和风动凿岩机钻孔实施减震控制爆破，轮式装载机装渣，自卸汽车出渣，利用湿喷机进行支护。二次衬砌采用 12m 衬砌台车全断面进行，混凝土在搅拌站集中拌和，由混凝土输送车输送，混凝土输送泵灌注，附着式振捣器配合插入式振捣器捣实。

(4)施工效果

通过对既有隧道净空收敛及新建隧道的地表沉降、净空收敛等的监控量测，既有隧道有向新建隧道方向变形的趋势，变形量不大，隧道拱顶下沉量不大，所有收敛位移的变化均在正常范围以内。

光面爆破效果好，爆破振动速度都控制在 5cm/s 以内，符合业主和设计单位的安全振速范围，既有隧道在新建隧道施工过程中的安全性和稳定性得到保证。

1.6　穿越既有线工程主要特点

1.6.1　邻近既有线的距离小

随着地铁线网密度的加大，穿越既有线工程越来越多，由于线位、高程、走向、线形、地质等因素制约，邻近距离越来越小，甚至出现了零距离穿越既有线，也就是说，新建地铁密贴既有线结构施工。

1.6.2　施工对既有线的影响大

既有结构的安全是施工顺利进行和既有线正常运营的重点考虑因素。地铁隧道开挖引起卸荷作用,使地层产生沉降,同时列车运营引起的结构振动对既有结构下部土体的扰动,加剧了既有结构沉降,而既有结构及无缝钢轨的变形限制非常严格(结构变形≤10mm,轨距增宽≤6mm,轨距减窄≤2mm,单线两轨高差≤4mm),因此,设计、施工上必须采取强有力的措施保证施工引起的沉降在允许范围内,以保证既有线在施工过程中不停用、不减速。如何将既有结构的变形控制在限制标准内,保证既有线的正常行车,这也是穿越既有线最重要的、最具挑战性的课题。

1.6.3 施工安全要求高

在施工过程中,地层承载力差,开挖引起的地层应力波迅速传到地表,从而引起的地表沉降明显,对周边环境的影响较大,超过一定限度时易致整体失稳发生塌方。因此,对地层预加固、开挖方法、支护衬砌等提出了更高的要求。所以,如何有效控制浅埋暗挖隧道施工扰动诱发的地表沉降变形,成为浅埋地下工程设计、施工、研究的重点、难点和热点问题。基于控制地表变形、减小对环境的不利影响、降低施工成本等要求,形成了各种适用于浅埋暗挖隧道的施工方法。

浅埋暗挖隧道工程,通常具有工期长、规模大、技术复杂、地质条件不确定、不良地质多,施工中的意外事故和施工造成的环境影响对工程的进展产生的影响很大等特点。因此,有必要以科学的方法和手段研究风险发生和变化的规律,使之尽可能接近并反映实际的变化情况,防患于未然,使风险造成的损失降至最低程度。

1.6.4 风险管理难度大

在浅埋暗挖法施工的安全监控及其安全评估方面,大都采用施工监测方法,采集相应数据,及时分析,确定管理基准,实现及时反馈。但是,由于监测结果存在一定的滞后性,因此,其安全预测评估存在不确定性,也无法直观、清晰地反映隧道的安全状态。同时,由于没有巡视工作面的地质条件、支护结构状态等,以及缺乏对于安全管理体系的评估、对于施工作业队伍安全施工水平的评估,因此对安全状态的评估是不全面的。

而且,浅埋暗挖隧道具有工作面多、安全风险源复杂、地质条件异常复杂、施工工序交叉等特点,由于隧道工作面是施工最集中的地方,不确定因素很多,给安全施工带来隐患,其安全控制非常困难。

1.7 穿越既有线施工关键技术

1.7.1 既有线结构安全性评价

穿越既有线设计、施工前,需要对既有线进行安全性评价,评价的主要内容应包括:评估施工引起的既有线结构沉降变形对其现状结构的影响;评估施工引起的既有线结构沉降变形对其轨道及行车安全的影响。

1.7.1.1 评估施工引起的既有线结构沉降变形对其现状结构的影响

评估既有线结构在施工期间的安全性,主要看其发生沉降变形之后内力的大小。施工以前,既有线结构处于初始平衡状态。通过计算,可得出结构的内力,即初始内力。施工以后,既有线结构发生了沉降,结构的初始平衡状态被打破,待沉降变形稳定之后,结构又达到了新的平衡,结构内力相对于施工前有了变化。

初始状态的计算内力值与变形引起的内力增量叠加,即可得到结构在沉降变形后的实际内力。

同时,根据既有线结构的材料强度、结构尺寸、所配钢筋及结构现状检测评估报告,通过强度控制及裂缝控制两种工况,可计算出既有线结构各部位所能承受的最大内力,即允许内力。

将既有线结构的实际内力与允许内力相比较,即可判断既有线结构的工作状态,进而评估其安全性。

1.7.1.2　评估施工引起的既有线结构沉降变形对其轨道及行车安全的影响

(1)沉降。根据施工引起的既有线结构沉降速率,得到轨道结构的最大日沉降量;根据施工引起的既有线结构累计最大沉降量控制值,得到轨道结构产生的累计最大沉降量。依据最大日沉降量和累积最大沉降量对轨道进行安全评估。

(2)道床开裂或剥离。由于既有线结构变形缝处在沉降影响范围以内,变形缝处的差异沉降可能会导致变形缝两侧的整体道床因挤压、摩擦而不能与结构同步下沉,从而导致在一定范围内与结构底板剥离,对比预测最大剥离与结构的差异沉降值,评估道床与结构剥离状况。

(3)轨道结构几何形位变化。轨道结构产生变形时,需要密切监测并及时进行调整及养护,否则在运营过程中,轨道结构几何形位将难以满足行车要求。几何形位的偏差超标,将使轨道结构受力异常,可能会在结构变形缝两侧产生扣件弹条折断、扣件螺栓套管拉脱等现象。

1.7.1.3　安全性评估

在达到以下三个条件的基础上,浅埋暗挖隧道在穿越既有线轨道结构施工过程中能确保安全运营。

(1)确保将最大累计沉降、最大差异沉降、沉降影响范围以及沉降速率控制在预测值之内。

(2)既有线结构发生变形后,仍能保证安全使用,且限界仍满足行车安全的需要。

(3)对既有轨道结构采取一定的监测及预防措施,并在变形超过相关标准时,及时有效地对轨道结构进行调整和维护。

1.7.2　既有线地层超前加固技术

浅埋暗挖法隧道穿越既有线施工中,都要进行既有线地层的超前加固。应根据地层条件、与既有线的距离、施工条件等,选择合适的地层超前加固措施,以提高地层强度,形成地层拱的稳定效应、拉杆效应和挡土墙效应,减小开挖引起的地层下沉,保证隧道开挖面的稳定。

地层超前加固,包含两部分内容:一是沿工作面拱部或环绕隧道周边布置的超前预加固,二是正面土体的超前加固。

目前,地层超前加固的方法主要有小导管、管棚、旋喷、洞内深孔注浆、地表注浆等。使用比较普遍的是小导管、管棚、洞内深孔注浆。

1.7.2.1 小导管注浆

超前小导管一般用 $\phi30\sim\phi50$ 的焊接钢管或无缝钢管制作而成,布置梅花形溢浆孔,孔间距 10~15mm,梅花形布置孔径 $\phi8\sim\phi10$,见图 1-19。为便于打入地层,前端常做成尖靴状,后端焊一圈 $\phi8$ 钢筋加固。

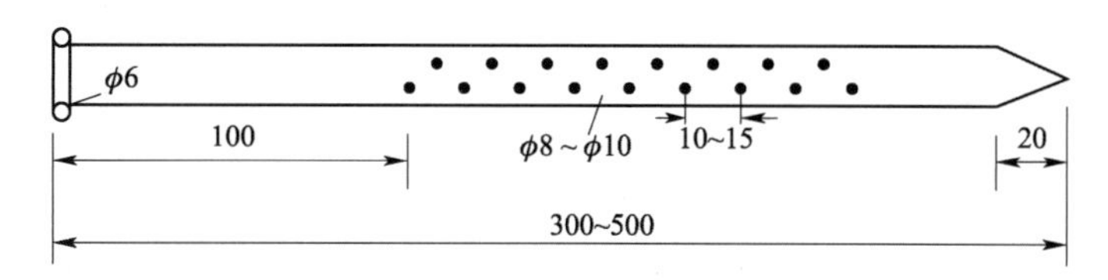

图 1-19 小导管加工图(尺寸单位:mm)

小导管间距,一般为 30cm,外插角 5°~15°,外插角不宜过大,以减少超挖。长度为 2.5~3.5m,管子打入 2.3~3.3m,外露 20cm,小导管搭接长度不小于 1m。其布设如图 1-20、图 1-21所示。

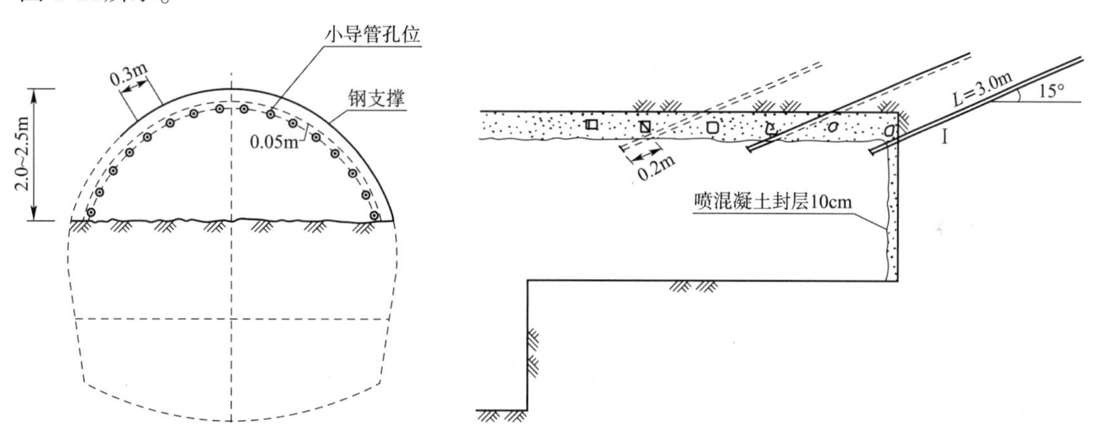

图 1-20 小导管注浆横剖面图

图 1-21 小导管注浆纵剖面图

如果布设双层小导管,第一层小导管角度宜为 5°~15°,第二层小导管角度宜控制在 30°~45°,注浆材料采用水泥—水玻璃双液浆,注浆压力控制在 0.3~0.5MPa。

1.7.2.2 大管棚

管棚一般是沿地下工程断面周边的一部分或全部,以一定的间距环向布设,以形成管棚群。沿周边布设的长度及形状主要取决于地形、地层以及地中或地面和周围建(构)筑的状况,一般采用以下几种形状,见图 1-22,其中图 1-22a)~f)采用较多。

(1)扇形布置。用于隧道断面内地层比较稳定,但拱部附近的地层不稳定的场合。

(2)半圆形布置。用于隧道下半部地层稳定,但起拱线以上的地层不稳定的场合。此外,即使地层比较稳定,但地表周围有结构物,埋深很小时也多采用此种布设。

(3)门形布置。隧道除底部外,布置成半圆—侧壁的门形,隧道基础稳定,但断面内地层

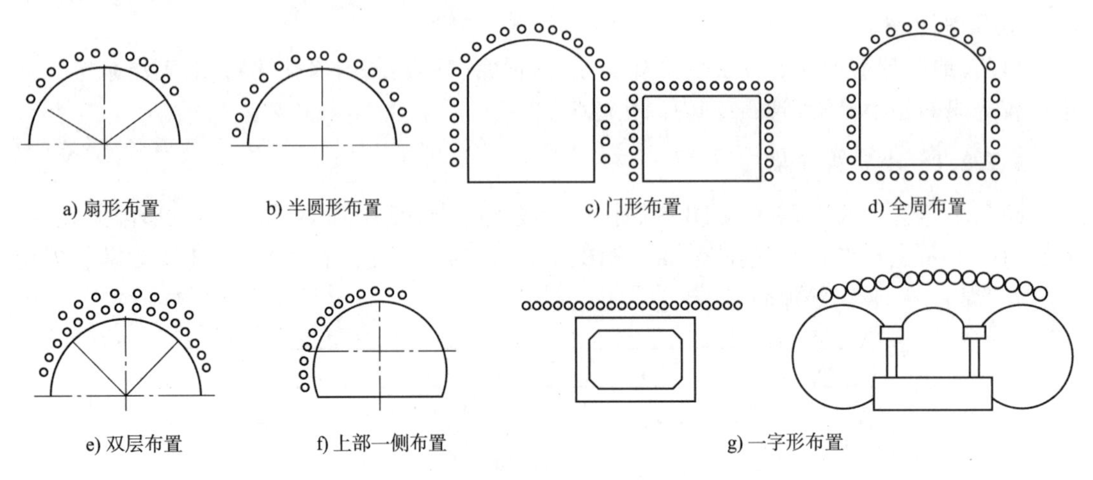

图 1-22　管棚布设形状示意图

及上部地层不稳定时采用。

(4)全周布置。用于软弱地层或膨胀性、挤出性围岩等极差的场合。但不提倡采用,可用垂直底部和边墙锚杆注浆取代,效果更好。

(5)双层布设。用于隧道上部有重要设施,拱部地层是崩塌性的、不稳定的,或地铁车站等大断面隧道施工,或突破河海底段施工时采用。

(6)上部一侧布置。隧道一侧有公路、铁路、重要结构物等需防护,或斜坡地形可能形成偏压时采用。

(7)一字形布置。在铁路、公路正下方施工,或在某些结构物下方施工时采用。

管棚一般选用 $\phi80 \sim \phi300$ 的钢管,管棚长度一般为 10 ~ 35m 不等。间距 30 ~ 50cm,外插角 0° ~ 5°,外插角不宜过大,以减少超挖。

钢管的打入随钻孔同步进行,并按设计要求接长,接头应采用厚壁管箍,上满丝扣,确保连接可靠。钢管打入后,应及时隔孔向钢管内及周围压注水泥浆或水泥砂浆,使钢管与周围岩体密实,并增加钢管的刚度。注浆次序为:先向钢管周围与地层的空隙内压注水泥浆液(水: 水泥 = 1: 1),当沿全管长注完后,再用 1: 1 水泥砂浆进行钢管内充填注浆。

1.7.3　下穿铁路既有线线路加固技术

线路加固是保证隧道掘进过程中列车安全运行的重要措施,此项工作在隧道开挖前进行。流程见图 1-23。

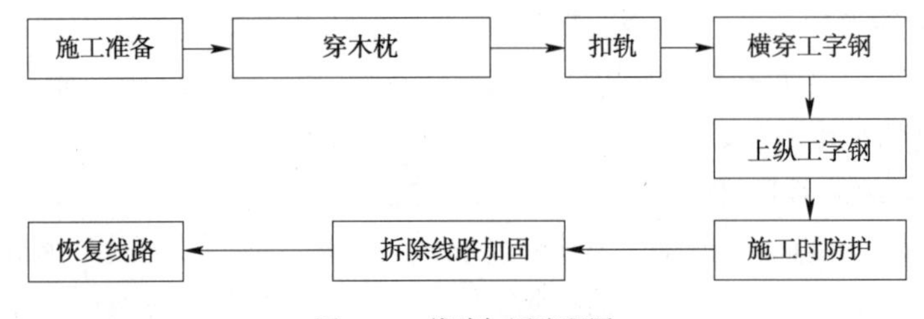

图 1-23　线路加固流程图

1.7.4 变位分配控制技术

既有结构变位分配控制原理，就是采用理论计算结合施工经验，将既有线的总变位控制值分解到每一个施工步序中，建立既有结构分步施工沉降控制标准。在施工中，根据既有结构的监测结果，及时掌握施工动态，将监测结果与分步施工控制标准相对比，随时了解既有结构变位发展情况，分析过大变位产生的原因，及时采取措施，将变位控制在安全范围内。

既有结构变位分配控制流程如图1-24所示。

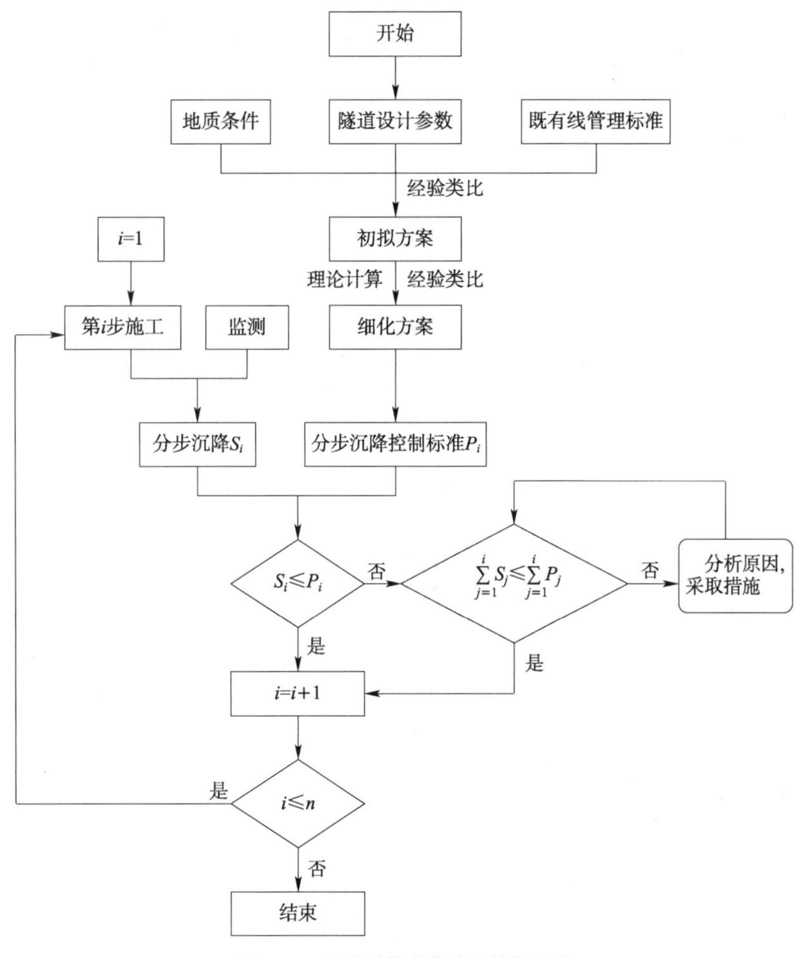

图1-24 既有结构变位分配控制流程

1.7.5 土方开挖技术

浅埋暗挖法土方开挖方法，主要有全断面法、台阶法、分部开挖法（CD法、CRD法、单侧壁导坑法、双侧壁导坑法等）。浅埋暗挖隧道穿越既有线施工时，通常采用控制沉降更为有效的分部开挖法，化大为小，减小一次开挖暴露的土体面积，尽快实现封闭成环，减小地层沉降。

在市区软弱、松散的地层中,单从控制地层位移的角度考虑,浅埋暗挖施工方法择优的顺序为:CRD 法→眼镜法→CD 法→上半断面临时闭合法→正台阶法。

1.7.6 初期支护技术

采用浅埋暗挖法施工的地铁隧道,初期支护一般采用"锚管 + 钢筋网 + 喷混凝土 + 钢拱架"支护体系。格栅钢架:间距 50 ~ 75cm,横截面外轮廓尺寸 20cm × 25cm,主筋 4ϕ22,腰筋 8ϕ16;钢筋网:ϕ6,间距 15cm × 15cm;喷 C20 混凝土,厚度 30 ~ 35cm;在拱脚和拱架连接部位施作锁脚锚管,并注浆。其基本参数见表 1-7。

基本参数　　表 1-7

项目		材料及规格	结构尺寸
初期支护	超前小导管	ϕ32 × 3.25mm,L = 2.7m	纵向间距 1.0m,环向间距 0.3m
	钢筋网	ϕ6.5,100mm × 100mm	拱墙铺设
	喷射混凝土	C20	厚度 0.35m
	格栅钢拱架	ϕ25,ϕ14,ϕ16 钢筋,I22a	纵向间距 0.5m

1.7.7 回填注浆技术

浅埋暗挖隧道,应进行背后回填注浆,这对于控制地层沉降、防渗堵水都有非常明显的效果。回填注浆分为初期支护回填注浆和二次衬砌背后回填注浆。

1.7.7.1 初期支护回填注浆

(1)背后注浆管的安设

初期支护背后注浆管为 ϕ32 普通焊接钢管,管长约为 0.5m。注浆管沿拱顶布置,每断面不少于 3 根,纵向间距 3 ~ 5m,必要时也可在仰拱下布管,一般均采用预埋方式布管。根据实际情况,初期支护背后注浆管布设在位移变化较大处或渗漏水处,也可有针对性地对某位置用风钻钻孔布管注浆。

(2)注浆工艺

背后回填注浆工艺流程,如图 1-25 所示。

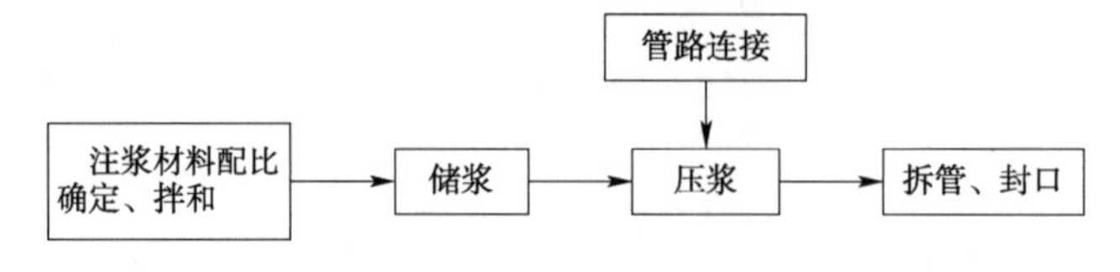

图 1-25　回填注浆工艺流程

背后注浆常采用水泥砂浆,其配比为:水灰比 = 0.5 ~ 1.0,灰砂比 = 1∶2 ~ 1∶2.5。注浆压力为 0.3 ~ 0.5MPa。

(3)注浆施工

①注浆之前,清理注浆孔,安装好注浆管,保证其畅通。

②注浆必须连续作业,不得任意停泵,以防浆液沉淀,堵塞管路,影响注浆效果。

③注浆顺序。

注浆应由高处向低处,由无水处向有水处依次压注,以利于充填密实,避免浆液被水稀释离析。

④注浆时,必须严格控制注浆压力,以防大量跑浆和使结构产生裂缝。

⑤注浆结束标准。

当注浆压力稳定上升,达到设计压力并持续稳定10min,不进浆或进浆量很少时,即可停止注浆,进行封孔作业。

⑥停浆后,立即关闭孔口阀门,然后拆除和清洗管路,待浆液初凝后,再拆卸注浆管。

⑦为了确实地获取注入浆液质量和数量,必须保管好全部证明书及测量数据等,并根据注浆情况,及时跟踪、变更施工参数。

1.7.7.2 二次衬砌背后回填注浆

(1)背后注浆管的安设

①二次衬砌背后注浆管布置在拱顶、边墙,每断面3根,纵向间距4~6m。

②在施工缝处环向背贴式止水带设注浆管两个。注浆管一端与固定圆盘连接,采用点粘或者点焊固定在防水板表面,同时用胶带将圆盘四周临时封住。

(2)注浆工艺

二次衬砌背后回填注浆工艺流程参见初期支护回填注浆工艺流程。

①注浆浆液选择及配合比。

二次衬砌背后回填注浆材料选用水灰比为1:0.5~1:0.4的水泥浆,水泥浆中添加2%~3%的MgO微膨胀剂。

②注浆设备及压力。

二次衬砌背后回填注浆设备,参见超前小导管注浆设备。注浆压力根据实际情况来定,一般为0.3~0.5MPa。

③注浆施工参见初期支护回填注浆。

1.7.8 补偿注浆技术

为有效控制既有线结构沉降,在浅埋暗挖隧道穿越既有线施工过程中,对既有线结构下方土体进行补偿注浆,避免结构的累积变形或突发变形。补偿注浆管纵向间距1000mm,每断面预埋3根ϕ25注浆管,注高强、速凝、超细水泥浆液,注浆压力不大于0.3MPa(图1-26)。

1.7.9 临时支撑拆除技术

浅埋暗挖隧道采用CD法、CRD法和双侧壁导坑法施工。一般情况下,断面形状特殊(扁平或高墙平拱),受力条件差。原则上讲,随着各分部开挖支护的完成,初期支护结构一经闭合,应能承受土体的全部荷载和地面附加荷载,临时支撑就不再受力。但施作的初期支护结构刚度,尤其是在分多部开挖完成的结构接头处,因混凝土不够密实,夹土或存在空洞的现象经常存在,会给结构的稳定和安全造成一定影响。所以,在拆除中隔墙等临时支撑进行二次衬砌结构施工时,必须特别谨慎,不能轻视拆除过程中的信息化施工。

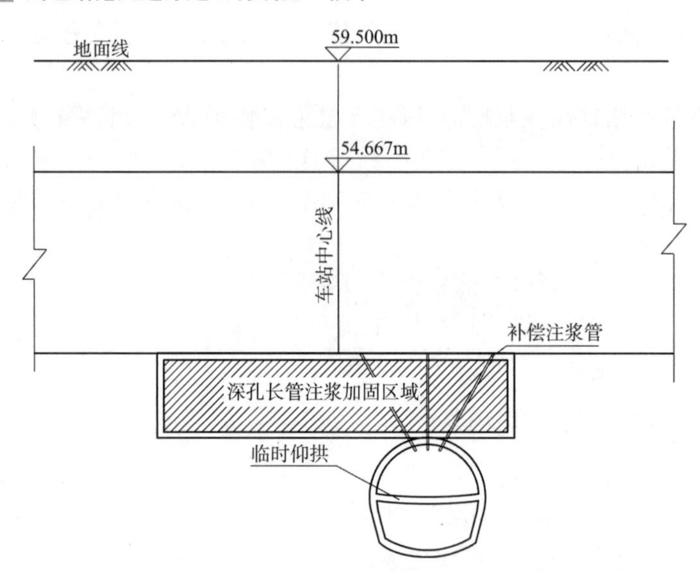

图 1-26　下穿既有线土体补偿注浆示意图

1.7.10　二次衬砌施工

单跨平顶直墙结构形式用于下穿现有地铁车站,采取与现有车站刚性接触,受力状况更好。单跨平顶直墙结构二次衬砌施工步序,如图 1-27 所示。

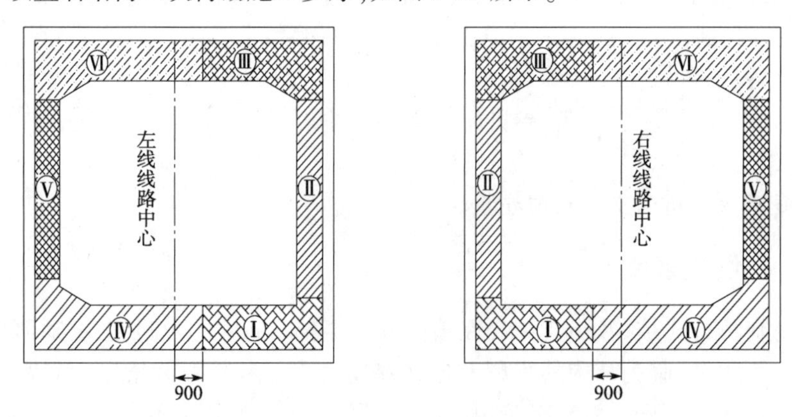

图 1-27　单跨平顶直墙施二次衬砌分幅断面图(尺寸单位:mm)

如选择全断面衬砌,则首先必须清楚设计所给的初支参数是否为整跨结构而定的。如果初支参数(如初支厚度等)仅能满足分部开挖的小导洞的受力荷载,则此时只能采取换撑维持原结构受力状况不变,分部衬砌逐步将整体二次结构合拢。

1.7.11　信息化施工

穿越既有线施工,必然会引起既有线结构的变位,为保证既有线结构的安全和正常运营,在既有线周边施工期间,必须对既有线的结构状态进行全天候的实时监控量测,使新工程的施工对已有正常运营线路的安全不产生即时或潜在的影响。传统监测技术在高密度的行车区间内无法实施,且不能满足对大量数据的采集、分析以及及时准确的反馈,因此采用

远程自动化监测系统对既有线的结构和轨道变形进行24h监控量测对确保既有线的正常运营、安全施工尤为重要。它可使人们随时掌握既有线的安全运行情况,指导工程安全施工。

1.7.11.1 远程监测系统组建

既有线的远程自动化安全监测,一般由传感器、数据采集单元、计算机、信息管理软件及通信网络构成。各种测量控制单元(DAU)对所辖的仪器按照监控主机的命令设定的时间自动测量,并转换为数字量,暂存于DAU中,并根据监控主机的命令向主机传送所测数据。监控主机根据一定的判据对实测数据进行检查和在线监控,并向管理主机传送经过检验的数据入库。管理主机主要是对存储的数据进行处理和分析,并向各级主管部门发送有关安全方面的信息(图1-28)。

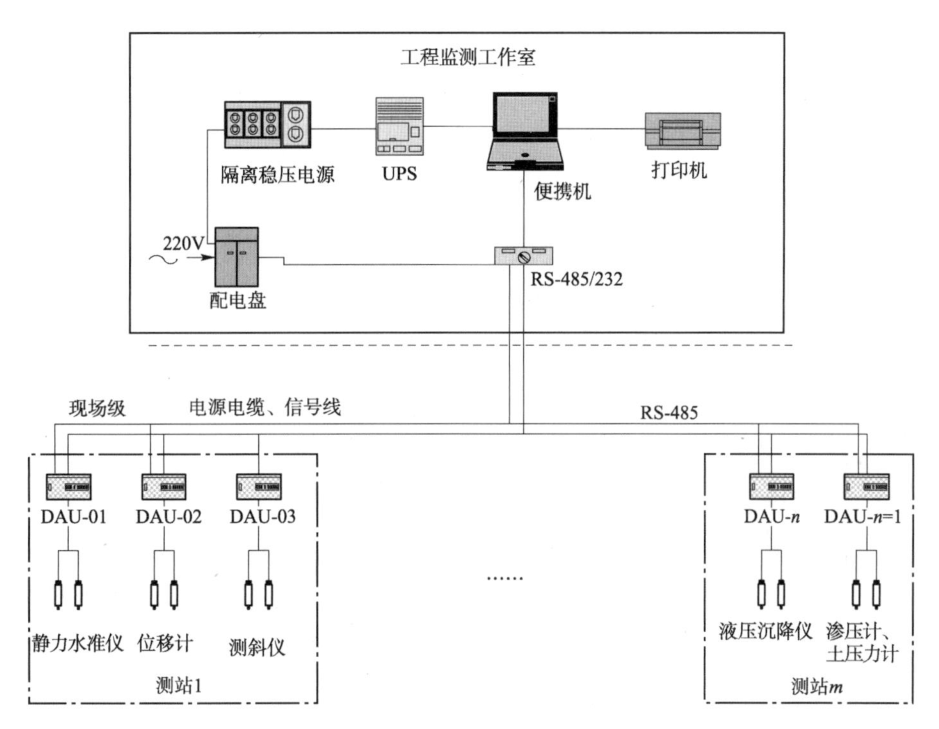

图1-28 远程自动化监测系统组成

1.7.11.2 既有线远程监测项目

为保证施工安全,及时了解既有地铁线路的安全状况,可确定以下对既有线的监测项目(表1-8)。

某隧道下穿地铁车站自动化监测项目 表1-8

监测项目	方法及仪器	监测精度(mm)	监测频率	预警值(mm)	报警值(mm)	控制值(mm)	监测目的
车站结构沉降	静力水准	0.1	实时监测	-3.5/+1.4	-4/+1.6	-5/+2	掌握施工对车站结构的影响

续上表

监测项目	方法及仪器	监测精度（mm）	监测频率	预警值（mm）	报警值（mm）	控制值（mm）	监测目的
车站结构变形缝差异沉降	静力水准	0.1	实时监测	±1.6	±1.6	±2	掌握施工对车站变形缝的影响
走行轨结构沉降	静力水准	0.1	实时监测	-3.5/+1.4	-4/+1.6	-5/+2	掌握施工对道床结构的影响
走行轨结构左右水平变形	梁式倾斜仪	0.1	实时监测	-3.5/+1.4	-4/+1.6	-5/+2	掌握施工对道床结构的影响
走行轨水平距离变化	变位计	1.0				+4,-2	掌握施工对轨道几何形位的影响

1.7.11.3 远程监测现场实施

远程监测系统组建中，传感器的安装是监测系统正常运行的前提。传感器工作环境复杂，既要保证仪器安装稳固，又不可破坏既有线的主体结构，更不能影响既有线的正常运行，还要避免产生安全隐患，因此对仪器的安装进行了专门的研究设计，并由各相关部门对其进行审核。

1.7.11.4 远程监测信息反馈

(1)监测反馈及报警制度

根据工程特点，远程监测系统构建完毕后，采用全天候无人值守模式进行监测，施工关键阶段进行及系统巡检时实行人工干预模式进行监测。全部监测数据（数据采集及数据分析）均由计算机管理，日常监测汇报及报警程序根据监测反馈流程图（图1-29）所示流程进行，以确保既有线安全运营。

(2)信息反馈模式

通过远程监测系统监测中心的主控计算机控制MCU单元采集数据，由专业人员结合施工情况分析数据，形成由既有结构健康状态、施工现况、新建车站安全状态等组成的综合信息，根据时效性、便捷性、规范性的要求，以多种信息传输途径将信息反馈于相关的管理部门（图1-30）。

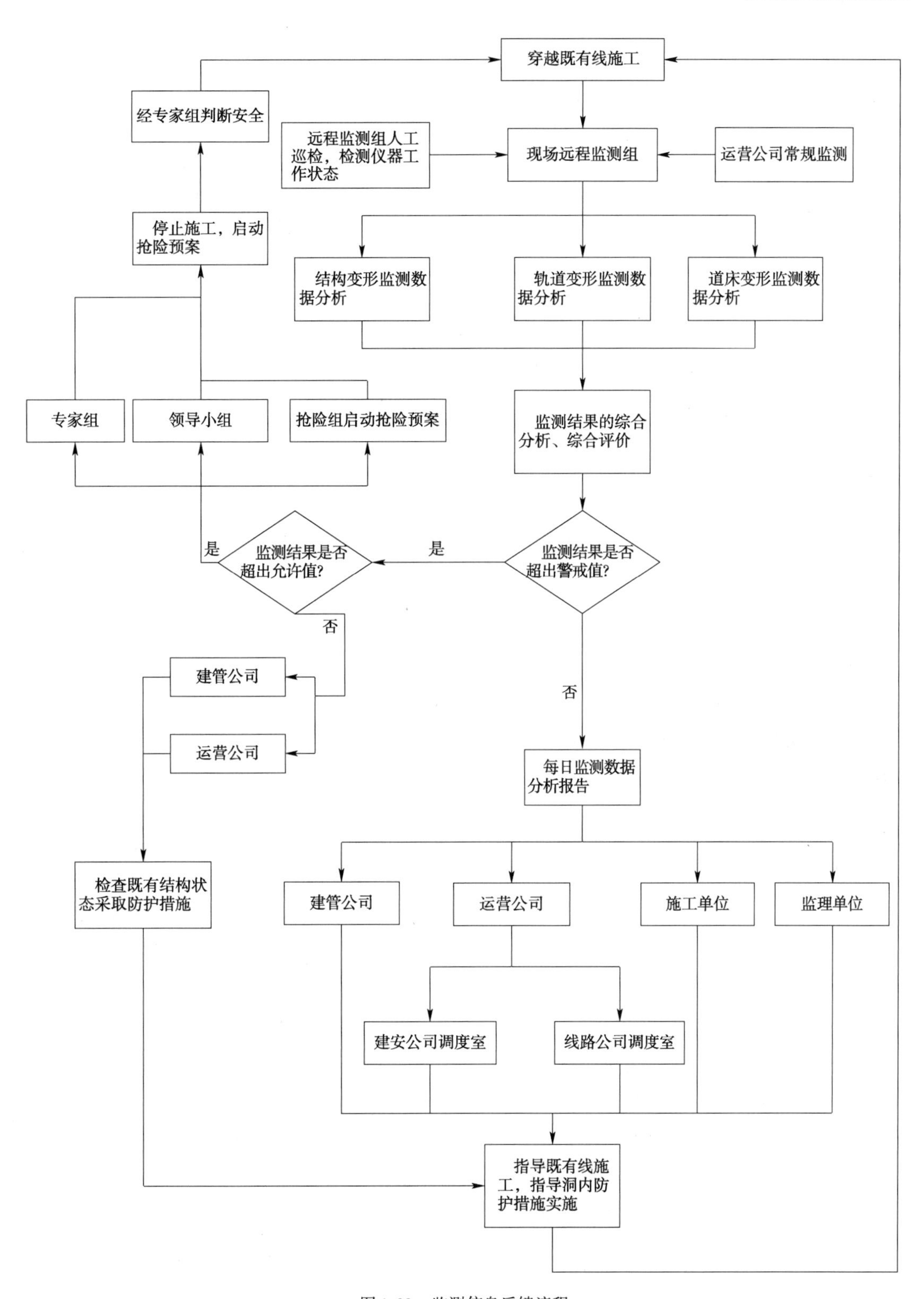

图 1-29　监测信息反馈流程

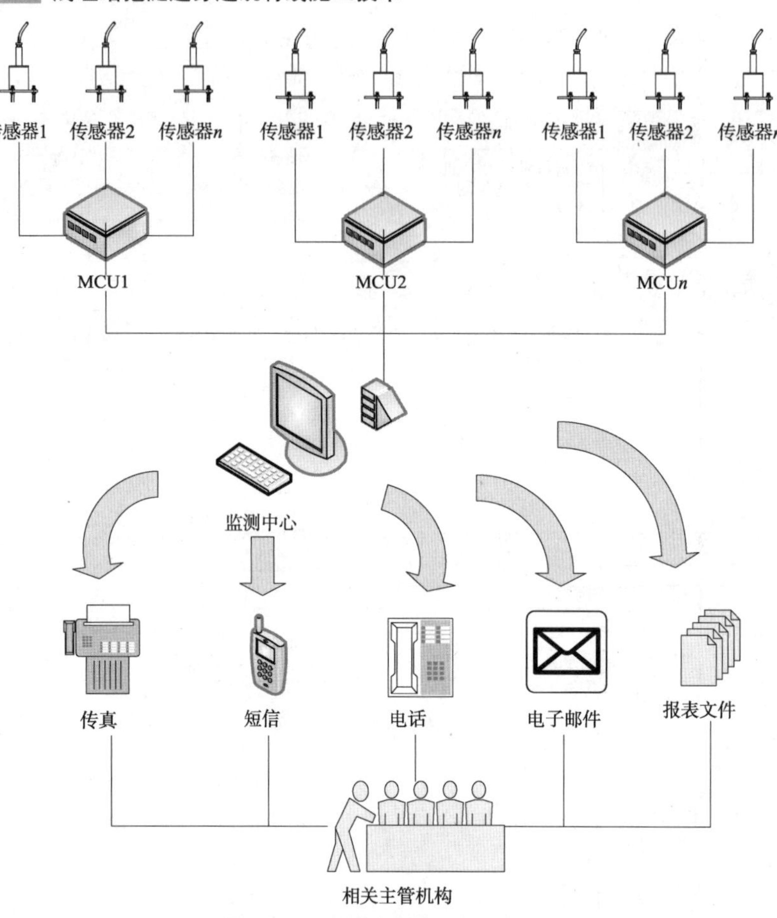

图1-30 监测信息反馈途径示意图

1.8 穿越既有线施工“二十字”法

浅埋暗挖隧道穿越既有线施工,应严格遵循“二十字”法。具体为:安全评估、影响预测、确定指标、制定措施、监控量测。每一环节都要严格按照程序进行,保证工序质量。

(1)安全评估。包括调查和安全性评估两个环节,即通过对既有线的调查,在此基础上进行安全性评估。

(2)影响预测。主要是通过数值模拟和经验对比分析,对施工引起的既有线结构变形进行预测和分析。

(3)确定指标。依据影响预测结果,结合既有线运营要求和结构变形控制要求,综合确定变形控制指标,如既有结构沉降、轨道沉降等。

(4)制定措施。根据确定变形控制指标,反馈指导设计,制定专项方案,明确控制沉降变形的措施,包括既有线预加固、地层加固、开挖支护方法等内容。

(5)监控量测。制定专门的监控量测方案,实现对既有线实施远程自动监测,及时分析,及时反馈,及时采取措施,确保既有线变形在允许范围内,从而保证运营的安全。

第2章　工程环境调查及其安全性评价

2.1　浅埋暗挖隧道施工工程环境调查

根据浅埋暗挖隧道施工的影响范围，确定进行环境调查的范围，开展建(构)筑物、地下管线、既有线结构等调查，最后根据调查结果及相关规范要求，明确建构筑物允许变形量，即确定环境控制标准，进而得到施工允许沉降控制标准。

2.1.1　调查范围

隧道施工影响区划分标准见表2-1。

隧道施工影响区划分标准　　表2-1

受隧道影响程度分区	区域范围
强烈影响区(Ⅰ)	隧道正上方及外侧$0.7H_i$范围内，即$D+2\times0.7H_i$
显著影响区(Ⅱ)	隧道外侧$0.7\sim1.0H_i$范围内，即$D+2\times0.7H_i\sim D+2\times1.0H_i$
一般影响区(Ⅲ)	隧道外侧$1.0\sim1.5H_i$范围内，即$D+2\times1.0H_i\sim D+2\times1.5H_i$

注：1. H_i为隧道底板埋深，D为隧道洞径。

2. 本表适用于埋深小于3倍洞径的隧道。

从表2-1可以知道，隧道施工影响区包含强烈影响区、显著影响区和一般影响区。环境调查，应该根据环境所在影响范围进行不同程度的调查核实，但是只要环境处于隧道施工影响区，均要进行环境的调查。所以，环境调查的范围应该为一般影响区。

穿越既有线工程调查范围包括：施工影响范围内地面建构筑物、地中管线、既有线结构等。

(1)重要建(构)筑物：既有地铁(含国铁)、超高层建筑物、荷载较大的高层建筑物、年久失修的一般建筑物及古代建筑、基础条件差的建筑物、差异沉降较敏感的建筑物、需要重点保护的建筑、重要的烟囱、水塔、地下人防工程等。

(2)重要市政桥梁：高架桥、立交桥、基础条件差的桥梁、年久失修已有严重结构破损或经过大修的桥梁、大型跨江河桥梁等。

(3)一般建(构)筑物：一般的中、低层民用建筑、厂房、油库、车库、地下通道等。

(4)地下管线：埋设于地下的给水、排水、燃气、热力、工业等各种管道以及电力和电信电缆。

2.1.2　调查方法及内容

2.1.2.1　周边建(构)筑物

(1)调查方法

调查方法包括建(构)筑物竣工资料收集、分析，建(构)筑物状况的现场踏勘，记录、测量建构筑物主体结构。为保存一定的声像资料,在调查的同时,应进行专门的摄影记录。一些重要建构筑物,应由具有相应资质的第三方进行调查、评估工作。

联系建构筑物所有权人和管理人,在业主在场的情况下,进行目检并记录在工程影响范围内所有建筑物在施工前的状况。确定既有建筑物的已有破损情况,必要时,对建筑物进行直接调查和物理调查,以作为工程施工时,对其采取措施,进行有效的保护。

(2)调查内容

①对招标文件给出的建(构)筑物资料进行分析并加以确认。

②制定并填写详细的调查表,列出一般情况以及有关材料、状况和已有损坏和或在目检中发现的损伤等特殊情况。

③对施工影响范围内的既有建筑物及附属建筑物的状况、内外构件,包括表面修整和维修情况进行目检。摄影资料中包括各种缺陷,如裂缝、湿迹、抹面脱落和其他损坏。已有裂缝需要量测出裂缝长、宽度,并做好记录。

④记录并拍摄主要结构裂缝、开裂和磨损的混凝土、外露或锈蚀的钢筋。重要照片要加示意草图及说明,以显示相应拍摄物的位置。

⑤制定并填写每栋建筑物的调查表(如编号、一般状况、特殊状况)。

⑥调查二层或更高层建筑物垂度,竖向允许误差为10mm。

2.1.2.2 地下管线

地下管线现场探测前,必须全面搜集和整理测区范围内已有的地下管线资料和有关测绘资料。宜包括下列内容:已有的各种地下管线图;各种管线的设计图、施工图、竣工图及技术说明资料;相应比例尺的地形图;测区及其邻近测量控制点的坐标和高程。

地下管线探测,应查明地下管线的平面位置、走向、埋深或高程、规格性质材料等。

(1)探查方法

地下管线探查必须在充分搜集和分析已有资料的基础上,采用实地调查与仪器探查相结合的方法进行。

走访沿线所有地下管线的主管单位,以确保没有管线资料被遗漏,对所有有关的地下管线应在现场进行探查和确认。

在施工影响范围内的管线,实地调查时,应查明每一条管线的种类、位置、形状、尺寸和材料性能。各种地下管线实地调查的项目可按表2-2选择。应准确定出其位置并填写管线点调查表。并将调查结果递交相应部门确认。

对明显管线点上所出露的地下管线及其附属设施应做详细调查、记录和量测,查清每一条管线的情况。实地调查时,宜邀请熟知本地区地下管线的人员参加。

应根据任务要求、探查对象和地球物理条件选用探查隐蔽地下管线的物探方法,主要方法包括电磁法、直流电法、磁法、地震波法等。

(2)探查内容

地下管线探查时,应在现场查明各种地下管线的敷设状况(即管线在地面上的投影位置和埋深),同时应查明管线类别、材质、规格、载体特征、电缆根数、孔数及附属设施等。

①埋深探测:地下管线的埋深可分为内底埋深、外顶埋深和外底埋深。量测何种埋深,应根据地下管线的性质和委托方的要求确定。地下沟道或自流的地下管道,应量测其内底

埋深;有压的地下管道,应量测其外顶埋深。直埋电缆和管块,应量测其外顶埋深;管沟,应量测其内底埋深。地下隧道或顶管工程施工场地的地下管线探测,应量测外底埋深。

各种地下管线实地调查项目 表2-2

管线类别		埋深		断面		根数	材质	构筑物	附属物	载体特征			埋设年代	权属单位
		内底	外顶	管径	宽×高					压力	流向	电压		
给水			△	△			△	△	△				△	△
排水	管道	△		△			△	△	△		△		△	△
	方沟	△			△		△	△	△		△		△	△
燃气			△	△			△	△	△	△			△	△
工业	自流	△		△			△	△	△		△		△	△
	压力		△	△			△	△	△	△			△	△
热力	有沟道	△			△		△	△	△		△		△	△
	无沟道		△	△			△	△	△		△		△	△
电力	管块		△		△	△	△	△	△			△	△	△
	沟道	△			△	△	△	△	△			△	△	△
	直埋		△	△		△	△	△	△			△	△	△
电信	管块		△		△	△	△	△	△				△	△
	沟道	△			△	△	△	△	△				△	△
	直埋		△	△		△	△	△	△				△	△

注:△表示应实地调查的项目。

②断面量测:地下管道及埋设电缆的管沟,应量测其断面尺寸。圆形断面应量测其内径;矩形断面应量测其内壁的宽和高,单位用毫米表示。

③材质调查:地下管道应查明其材质(如铸铁管、钢管、混凝土管、钢筋混凝土管、塑料管、石棉水泥管、陶土管、陶瓷管、砖石沟等)。

④数量调查:埋设于地下管沟或管块中的电力电缆或电信电缆,应查明其电缆的根数和孔数。

2.1.2.3 既有线结构调查

(1)混凝土外观与裂缝调查

采用观察法检查混凝土外观,主要检查:结构表面的各种损伤及范围、损伤发生的时间和发生速度。混凝土表面的损伤,包括裂缝、蜂窝、麻面、起鼓、疏松、剥离、剥落、集料外露、磨损、塌陷、漏水痕迹、锈迹等。裂缝等调查采用钢尺、卡尺、塞尺等。

(2)混凝土强度检测

混凝土强度的检测,采用回弹法、超声波回弹综合法、面波法等,必要时结合钻芯取样抗压试验来进行。

(3)混凝土碳化深度及钢筋保护层厚度测试

检测分原位检测和取样检测,采用原位检测时宜进行取样验证。混凝土保护层采用钢筋探测仪进行检测,同时辅以少量小破损的办法,用游标卡尺实际量测钢筋保护层,对钢筋位置探测仪所测数据进行校核。

(4)混凝土氯离子含量检测

宜用混凝土中氯离子与硅酸盐水泥用量之比表示,当不能确定混凝土中硅酸盐水泥用量时,可用混凝土中氯离子与胶凝材料用量之比表示。

(5)混凝土碱含量检测

以单位体积混凝土中碱含量表示。

(6)钢筋锈蚀状况检测

检测采用无损检测(电化学方法)和小破损试验相结合的办法。电化学方法采用钢筋锈蚀仪,对怀疑锈蚀的部位进行小破损试验。

2.2 既有建(构)筑物结构安全评估

2.2.1 施工预测评估的原则

(1)依据浅埋暗挖隧道工程的特点,抓住施工的重难点和特、一级风险工程,有针对性地进行安全评估。

(2)根据工程地质与水文地质条件、周围环境以及施工方法,预测施工对周围环境的影响。

2.2.2 施工预测项目

根据工程特点、地质条件、施工方案、地面建筑物的相对位置、地下管线分布情况、既有线结构等,对以下项目进行施工预测。

(1)地面沉降预测

施工前,对地面建筑物的相对位置、基础类型、围岩条件等进行详细调查,采用有限元分析系统软件,对隧道施工过程中的地面沉降进行施工检算,预测地面沉降量,依此对建筑物的沉降与变形进行预测。

(2)地下管线沉降预测

施工前,对地下管线的相对位置、埋深、类型等详细调查,对隧道施工过程中的地面沉降进行施工检算,预测地面沉降量,依此对地下管线的沉降进行预测。

施工前,根据管线类型、位置及埋深等,对基坑周边重要的地下管线进行注浆保护。施工过程中,对管线进行监控量测,根据量测结果确定保护方案。

(3)既有线结构变形预测

施工前,对隧道开挖及结构施工过程中的既有线结构变形进行预测。

(4)既有建筑物结构变形预测

施工前,采用有限元分析系统软件,对隧道施工等引起的地面沉降进行检算,由此预测建筑物沉降及倾斜沉降量,分析结果,及时采取相应的措施确保建(构)筑物结构安全。与地表建(构)筑物有关的容许变动值,见表2-3。

建筑物的地基变形允许值　　表 2-3

变形特征		地基土类别	
		中、低压缩性土	高压缩性土
砌体承重结构基础的局部倾斜		0.002	0.003
工业与民用建筑相邻柱基的沉降差	框架结构	0.002l	0.003l
	砌体墙填充的边排柱	0.0007l	0.001l
	当基础不均匀沉降时不产生附加应力的结构	0.005l	0.005l
单层排架结构(柱距为6m)柱基的沉降量(mm)		(120)	200
桥式吊车轨面的倾斜(按不调整轨道考虑)	纵向	0.004	
	横向	0.003	
多层和高层建筑的整体倾斜	$H_g \leq 24$	0.004	
	$24 < H_g \leq 60$	0.003	
	$60 < H_g \leq 100$	0.0025	
	$H_g > 100$	0.002	
体型简单的高层建筑基础的平均沉降量(mm)		200	
高耸结构基础的倾斜	$H_g \leq 20$	0.008	
	$20 < H_g \leq 50$	0.006	
	$50 < H_g \leq 100$	0.005	
	$100 < H_g \leq 150$	0.004	
	$150 < H_g \leq 200$	0.003	
	$200 < H_g \leq 250$	0.002	
高耸结构基础的沉降量(mm)	$H_g \leq 100$	400	
	$100 < H_g \leq 200$	300	
	$200 < H_g \leq 250$	200	

注:1. 本表数值为建筑物地基实际最终变形允许值。
2. 有括号者仅适用于中压缩性土。
3. l 为相邻柱基的中心距离(mm);H_g 为自室外地面起算的建筑物高度(m)。
4. 倾斜指基础倾斜方向两端点的沉降差与其距离的比值。
5. 局部倾斜指砌体承重结构沿纵向6~10m内基础两点的沉降差与其距离的比值。

2.3　某地铁车站下穿既有线工程调查实例

2.3.1　工程概况

北京地铁5号线某车站结构为双柱三跨岛式暗挖车站。车站为端进式,两端为双层结构,地下一层为站厅层,地下二层为站台层;中间为单层结构,系站台层。车站总长度208.9m,总宽度24.2m,站台宽度14m。车站顶板覆土:双层结构为8~9.3m,单层结构为

13.5m。车站顶板距既有环线结构底板仅1.98m(图2-1)。

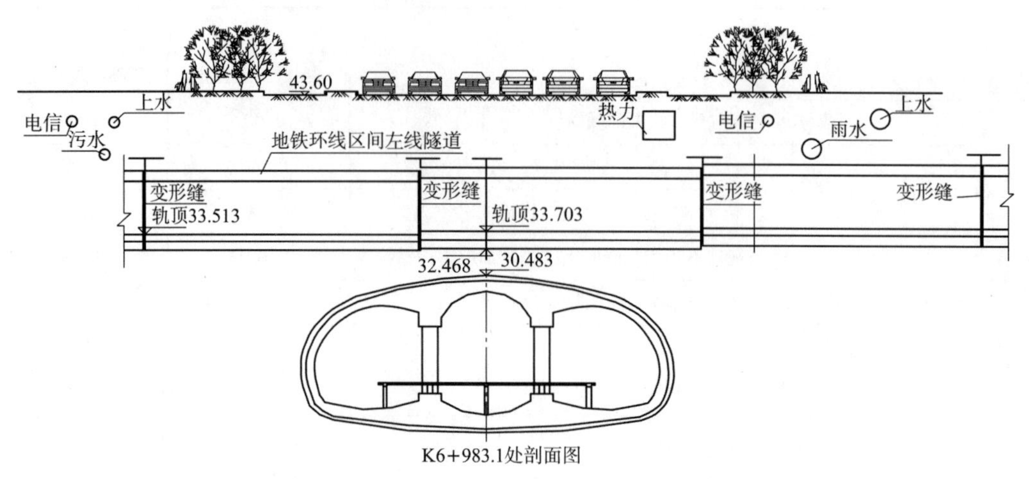

图2-1　北京地铁5号线暗挖车站与既有地铁1号线区间立交断面图(高程单位:m)

工程场区地层,由既有线结构底板处自上至下地层依次为:④$_3$粉细砂层、④$_4$中粗砂层、⑤卵石圆砾层、⑤$_1$中粗砂层、⑥$_1$黏土层、⑥粉质黏土层、⑦$_1$中粗砂层、⑦$_3$黏土层、⑦$_1$中粗砂层,见图2-2。

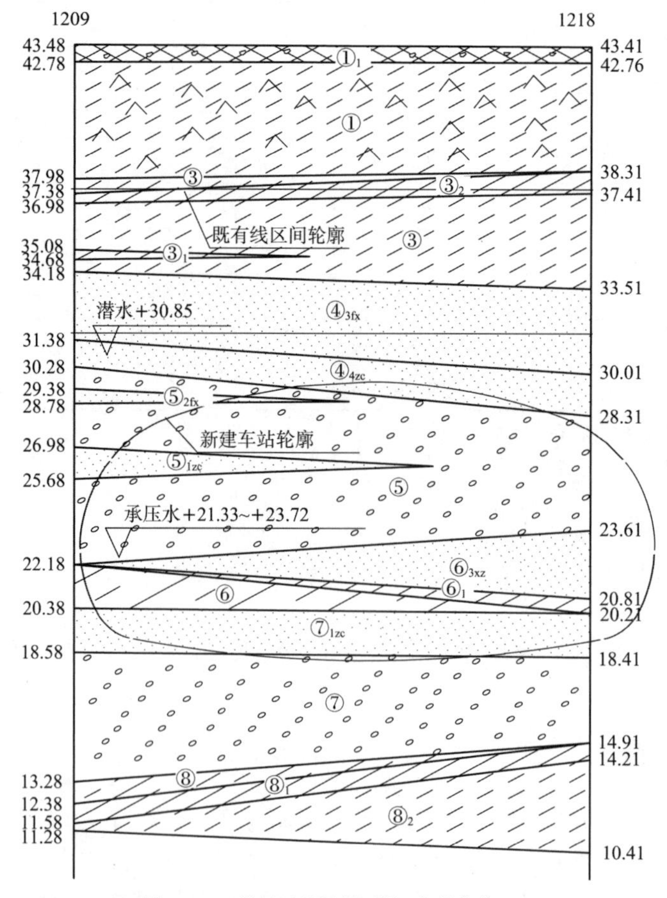

图2-2　工程场区地层剖面图(高程单位:m)

地下水分布情况为：

(1)上层滞水。含水层为①粉质黏土层、③中粗砂层，主要接受大气降水、灌溉水渗透补给和管沟渗漏补给。渗透系数小于 $1.2\times10^{-4}\sim6.0\times10^{-4}$cm/s。

(2)潜水。水位高程为30.85m，含水层为④$_3$ 粉细砂层、④$_4$ 中粗砂层、⑤卵石圆砾层、⑤$_1$ 中粗砂层、⑤$_2$ 粉细砂层；渗透系数 $6.0\times10^{-4}\sim6.0\times10^{-2}$cm/s。地下水径流方向为自西南向东北，该层水具有弱承压性。

(3)承压水。水位高程为21.33～23.72m，含水层为⑦$_1$ 中粗砂层、⑦$_2$ 细中砂层、⑦卵石圆砾层；渗透系数为 $6.0\times10^{-2}\sim6.0\times10^{-1}$cm/s。地下水径流方向自西南向东北。施工受潜水和部分承压水的影响。

2.3.2　既有线结构概况与检测评估

隧道结构为C28(300号)钢筋混凝土方形框架结构，底板和侧墙厚度为0.7m，顶板厚度0.8m，每18m设置一条变形缝，单个隧道的断面尺寸为5.9m×5.9m。车站结构位于既有环线 $R=350$m 的曲线上，既有线两个隧道的外轮廓总宽度由16.5m渐变为13.5m，西宽东窄。既有线左右线结构有六条变形缝受到施工的影响，分别是左线三条变形缝；右线三条变形缝，变形缝对应左右线里程不同是由于结构在该范围位于曲线上造成。

为全面了解既有结构现状和施工影响程度，应在施工前对既有隧道结构进行全面的检测和评估。

(1)混凝土外观与裂缝调查

调查表明，部分混凝土表面出现蜂窝麻面现象，混凝土裂缝多为竖向裂缝，裂缝主要呈中间宽两端细、上端细下端宽两种形态。裂缝宽度在0.1～1mm之间。结合结构工作环境、裂缝形态及走向，推测裂缝为环境温差引起的混凝土胀缩造成的。

(2)混凝土强度检测

检测数据表明，混凝土强度基本满足设计要求，但由于浇筑质量较差，浇筑时存在不同程度的离析现象，导致混凝土强度离散性较大，个别区域强度不满足设计要求。

(3)混凝土碳化深度及钢筋保护层厚度测试

混凝土保护层采用CM9钢筋位置定位仪进行量测，同时辅以少量小破损的办法，用游标卡尺实际量测钢筋保护层，对CM9钢筋位置定位仪所测数据进行校核。

检测结果表明，内外环边墙区域钢筋保护层厚度基本满足原设计要求，顶板所测区域钢筋保护层厚度小于原设计要求。边墙所测区域混凝土碳化深度未达到钢筋保护层厚度。

(4)混凝土氯离子含量检测

氯离子含量的测试结果显示，地铁的最大 Cl^- 含量取为0.2%，表明混凝土芯样 Cl^- 含量均未超标。

(5)混凝土碱含量检测

混凝土碱含量测试值，见表2-4。

碱含量测试分析结果　　表 2-4

序　号	检测单元	芯样编号	碱含量(kg/m³)
1	内环单元	5 号芯样	1.368
2	外环单元	9 号芯样	1.690

根据《混凝土结构设计规范》(GB 50010—2010)的规定,当使用碱活性集料时,混凝土中最大碱含量限值为 3kg/m³,可见内、外环芯样均未超过限值。

(6)钢筋锈蚀状况检测

检测采用无损检测(电化学方法)和小破损试验相结合的办法。电化学方法采用 GXY-1 型钢筋锈蚀仪,对怀疑锈蚀的部位进行小破损试验。

等电位图显示,钢筋锈蚀的可能性很小,暴露其中的钢筋,检查发现其中的钢筋没有锈蚀。

综上所述,既有结构基本是完好的。

2.4 既有线结构安全性评价

当新线隧道从既有线下方横向穿越的时候,既有结构的可能破坏模式可以归结为以下几种:

(1)结构的拉伸、剪切破坏。

(2)结构体间的铰接破坏。

(3)结构与道床的脱开破坏。

(4)结构横向的扭剪破坏。

在地铁隧道中,均采用强度高、耐久性能好的整体道床。典型的地铁隧道整体道床结构尺寸,见图 2-3。道床的建筑高度一般为 540mm,混凝土强度等级为 C30,轨枕下道床厚度一般不小于 150mm。设中心排水沟。轨枕系采用 C50 钢筋混凝土预制而成,横断面为梯形,底部有钢筋与道床相连。

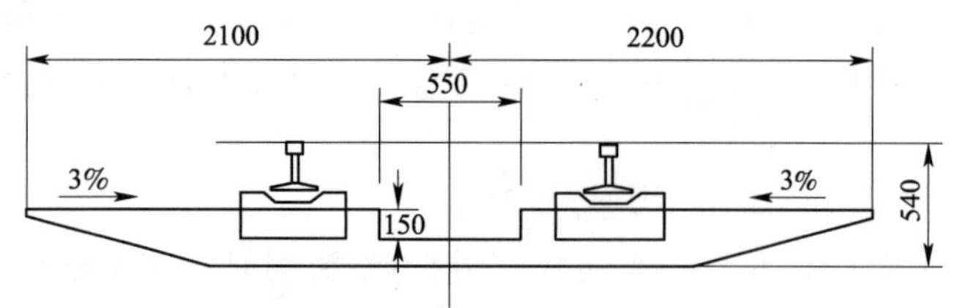

图 2-3　整体道床结构示意图(尺寸单位:mm)

在道床上面,通过弹性扣件将轨枕与轨道连接为一体,而在底部,则是道床直接作用于隧道底板,两者之间不存在钢筋连接,仅在施工过程中将底板表面凿毛,所以能够承受的拉力极为有限。当隧道结构在变形缝处发生差异沉降时,整体道床会因为受轨道的约束而与结构底板产生相对位移,其结果使道床与结构底板发生局部脱开,同时,轨道和道床的附加内力相应增加。

通过对既有结构监测资料的提炼与分析可知,既有结构的变形具有以下特点。

(1)既有结构为现场浇筑的混凝土框架结构条件下,既有结构的变形表现为刚性特点,即结构自身变形很小,既有线的变形主要表现为结构间的差异沉降。

(2)由于轨道的约束,使得道床与结构间变形不同步,同时,道床表现出一定的柔性特征。

(3)沉降槽发展过程中,既有结构会因为各点在沉降槽中位置不同而产生差异沉降,进而使结构发生横向扭转,但一般来讲因开挖引起的扭转是暂时的,工作面通过后结构会恢复,但由补偿注浆引起的扭转则是永久性的变形。

对应以上变形特点,结构可能的破坏模式包括以下 4 种。

(1)结构纵向拉伸、剪切破坏。刚性结构因土体沉降槽的开展而使结构中段脱开土体,进而产生横力弯曲,该种破坏为结构的主要破坏方式。

(2)结构间的铰接破坏。当土体沉降量较大,使得相邻结构体相互靠近而产生三铰点铰接,结构间会产生咬合(铰接)破坏,三铰拱的形成不利于既有结构的安全运营,应尽量避免。

(3)结构与道床的脱开破坏。采用叠合梁模型,在已知结构沉降量的条件下可以较为精确地计算出结构与道床之间的脱开程度,评价轨道与道床的受力。

(4)结构横向的扭剪。研究表明,施工过程中结构的自由扭转剪切力较小,不构成对结构的破坏。

2.5　保护措施

2.5.1　地表建(构)筑物保护

对于施工影响的建(构)筑物保护,主要是通过超前支护、开挖、初期支护的控制来减小地面沉降,进而达到保护建(构)筑物的目的,同时对周边建筑物加强监测。对于特殊变形要求的建(构)筑物,还要进行必要加固措施,如注浆预加固等。施工前应制定专项保护方案,针对可能出现的地面不均匀沉降、结构开裂等进行模拟计算、方案论证,切实确保相邻建(构)筑物的安全。

2.5.1.1　下穿建(构)筑物

浅埋暗挖隧道,由于地面交通繁忙,地下管线密布,当地面不具备加固保护条件时,应在洞内采取保护措施。

(1)洞内地层预加固

采用大管棚与小导管注浆相结合方式,以大管棚超前支护为主,超前小导管注浆支护为辅,加固隧道拱顶周围的土体,纵向加固范围以过建构筑物前后各 5m。

大管棚采用 ϕ120 钢管,管周交错布设溢浆孔,间距 100 ~ 150mm。综合考虑地质条件、结构形式和洞内钻进条件,大管沿隧道拱顶环向布设,间距 0.5m,管棚钢管接头采用丝扣连接,丝扣长度不小于 15cm。

(2)开挖支护

隧道开挖支护前采用 ϕ42 小导管注浆预加固地层,小导管长 3.5m,每 2m 一个循环,环向间距 0.333m。

开挖支护施工中,缩短开挖支护间距,严格遵守“严注浆、短进尺”原则。初期支护封闭后,应及时进行背后回填注浆。

隧道开挖采用正台阶法施工，分上、下两部开挖，台阶长度控制在一倍洞径之内，上半断面采用环形开挖预留核心土，人工开挖，下半断面人工掏槽（边墙格栅处），机械开挖核心土并装渣。初期支护采用钢格栅＋连接筋＋C20喷混凝土支护体系。台阶法施工步骤见表2-5。

台阶法初支施工工序　　表2-5

序号	施工工序示意图	文字说明
1	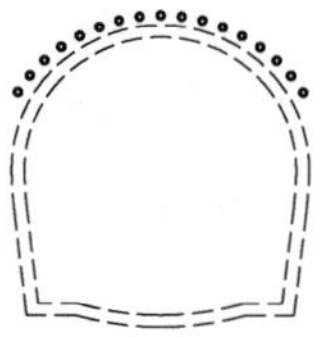	拱部超前小导管预注浆加固地层
2	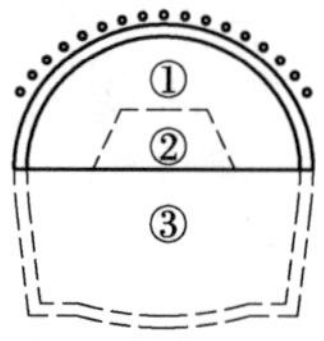 ① ② ③	开挖拱部土体①、保留核心土。施作拱部初支
3	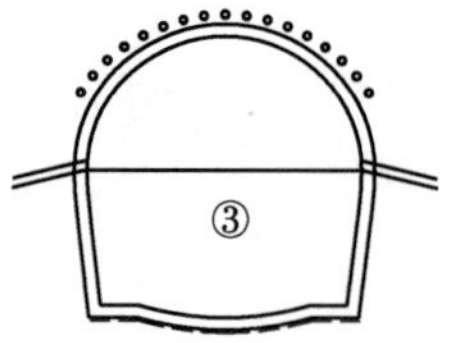 ③	打锁脚锚管，开挖核心土②
4		开挖③部土体，施作边墙，仰拱初期支护封闭成环

（3）技术要点

①开挖前，应采取超前预支护和预加固措施，做到预加固、开挖、支护三环节紧密衔接。当地层自稳能力差或开挖工作面停工时间较长时，采取增加临时仰拱、喷混凝土封闭掌子面等辅助施工措施。

②加固区范围内全部采用人工开挖，减小隧道开挖进尺，缩小格栅间距为0.5m，及时喷混凝土支护，尽量减少因开挖对土体的扰动。上、下断面台阶长度宜控制在3～5m。

③对锁脚锚管应及时注浆加固，加强拱脚承载力。

④开挖过程中，上半断面宜采用环形开挖，尽可能保留核心土；下半断面开挖时，边墙宜

采用单侧或双侧交错开挖,仰拱应尽快开挖,缩短全断面封闭时间。

⑤做好开挖的施工记录和地质断面描述,加强对洞内外的观察。

⑥拱顶埋设注浆管,封闭成环后及时回填注浆,填充初支背后的空隙,减少拱顶下沉。

⑦开挖过程中,必须加强监控量测,当发现拱顶、拱脚和边墙位移速率值超过设计允许值或出现突变时,应及时施工临时支撑或仰拱,形成封闭环,控制位移和变形。

2.5.1.2 侧穿建构筑物

常采用施作隔离桩技术进行保护。施工一排直径0.8m、间距1.0m、长14m、主筋12ϕ22钢筋、桩身为C25钢筋混凝土钻孔灌注桩,将邻近建构筑物基础与隧道隔开。

其施工工艺流程,如图2-4所示。

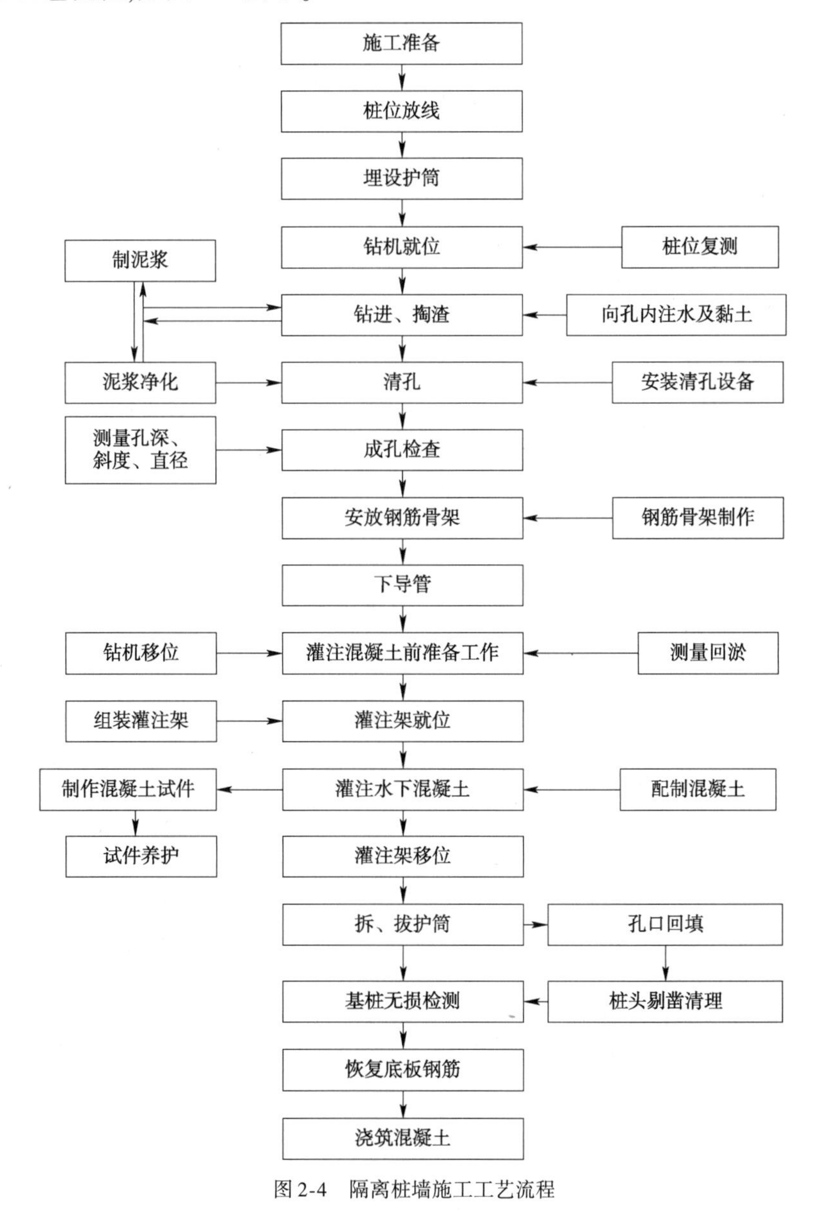

图2-4 隔离桩墙施工工艺流程

2.5.2 地下构筑物保护

对地下构筑物的保护，一般采取构筑物自身保护措施和洞内超前支护措施相结合的联合保护方法。现以工程实例简要说明。

2.5.2.1 工程概况

某浅埋暗挖隧道工程，在施工范围内，盖板河依次上穿西南风道、车站主体、东南出入口。盖板河与西南风道呈平行状态，与车站主体和东南出入口基本呈垂直正交状态，因此应对施工过程中受影响的盖板河进行保护，以保证车站正常施工和盖板河的安全。

资料显示，盖板河距离结构拱顶2.92m，结构外尺寸为3.99m×3.28m(宽×高)，盖板河的侧墙及底板为现浇混凝土结构，盖板为预制混凝土结构。每20m左右有一沉降缝，在需保护的范围内共有3道沉降缝。枯水季节(每年11月~第二年5月)槽内水深5~10cm，汛期高峰为2.5~3.0m，由于该结构修建于20世纪60年代，年代久远，底板下地层因渗漏水，被软化，并可能在局部地带形成水囊，为避免施工过程中上层土体塌陷造成灾难性的安全事故，防患于未然，应对盖板河内应进行保护。洞内采取超前大管棚与小导管联合支护，全断面注浆法，确保枯汛期施工全过程防止漏水、渗水的技术措施。

盖板河与车站关系，如图2-5、图2-6所示。

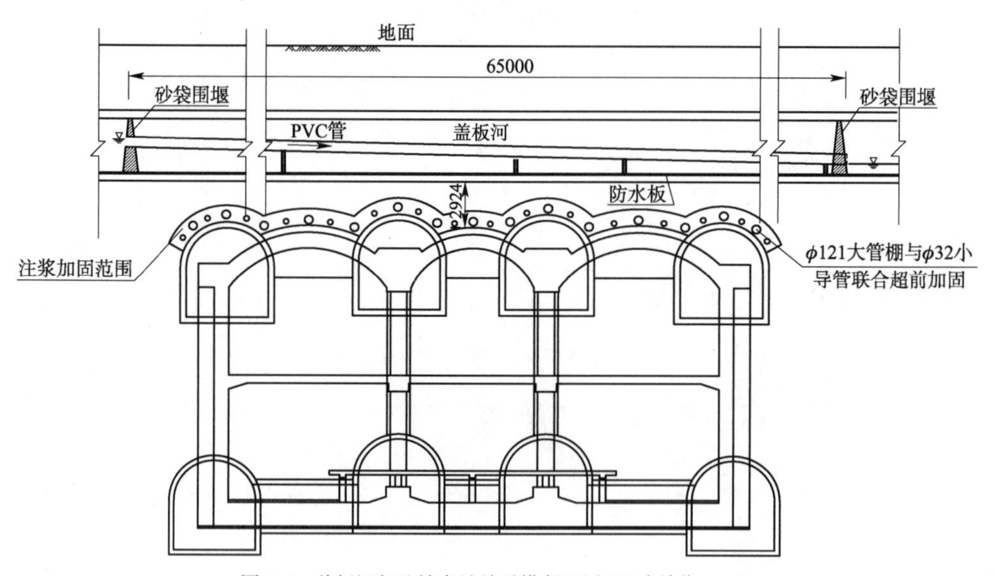

图2-5 盖板河与地铁车站关系横断面图(尺寸单位:mm)

2.5.2.2 设计加固主要参数

(1)大管棚设计参数

大管棚主要设计参数见表2-6。

(2)小导管设计参数

小导管采用热轧钢管，长度为2.5~3.5m，管径32mm。一般情况下采用单排小导管沿130°范围的轮廓线布置，小导管环向间距按设计为0.3m，外插角13°~15°，小导管纵向搭接长度≥1.5m。

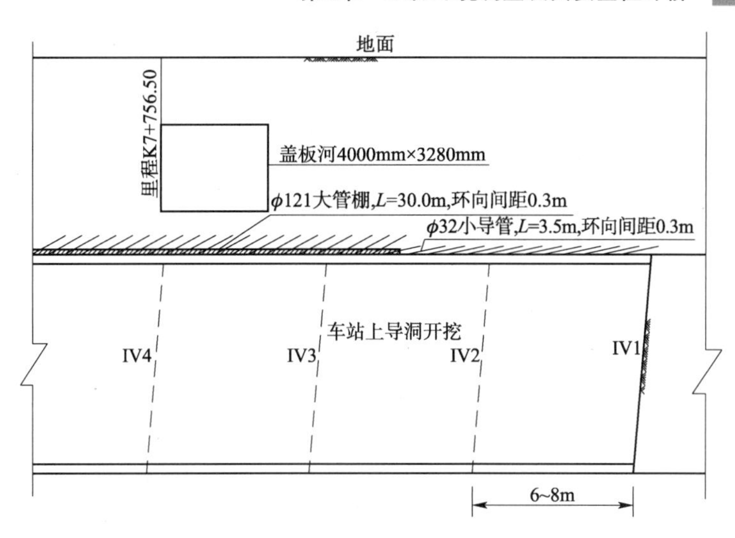

图 2-6 盖板河与地铁车站关系纵断面图

大管棚主要设计参数 表 2-6

项目编号	技术参数	施工标准及技术要求
1	管棚设计长度	主体结构:共打设 104 根 ×90m ①主体过盖板河段:从西南临时通道一次打入,计 104 根 ×30m ②紧急出入口临时通道向南、北两侧打入,每侧各打一次,各 104 根 ×20m ③西北临时通道进入主体一次打入,计 104 根 ×20m 西南风道: 西南风道过盖板河和热力沟段共 39 根 ×60m,分两次打设,每次各打 39 根 ×30m
2	管材标准	主体结构:管径为 121mm、t = 6mm 的热轧无缝钢管 风道结构:管径为 108mm、t = 5mm 的热轧无缝钢管
3	布设范围	拱部轮廓线外 100mm
4	管棚坡度	3‰
5	方向	与中线平行
6	管棚与结构关系	钢管中心超出结构外轮廓尺寸线 100mm
7	布设间距	300mm
8	管节长度	3 ~ 5m
9	施工误差	左右偏差≤150mm,上偏差≤150mm,下偏差≤100mm
10	接头错缝要求	接头错开距离 >1.0m,同一断面接头数量 <50%
11	管节连接方式	焊接

(3)注浆参数

注浆材料及配合比,可根据不同地质情况和要求采用以下几种。

①改性水玻璃浆。配合比为硫酸: 水玻璃 =1: 1.8 ~1: 2.2,pH =3.1 ~3.5。该注浆主要适用于无水的粉细砂层。

②纯水泥浆。原材料为掺入10%微膨胀剂的普通水泥,水灰比0.45~0.6。该注浆主要适用于砂卵石层。

③水泥—水玻璃双液浆。水泥采用32.5R普通硅酸盐水泥,水玻璃为35Bé。水泥浆液与水灰比为1∶1.2~1∶1;水泥浆液与水玻璃体积比为1∶1。该注浆主要适用于细砂、粉砂、粉土层及带水的砂层。

2.5.2.3 大管棚施工

大管棚施工配备的主要机具:TT145型夯管锤、注浆泵。

大管棚施工工艺流程,如图2-7所示。

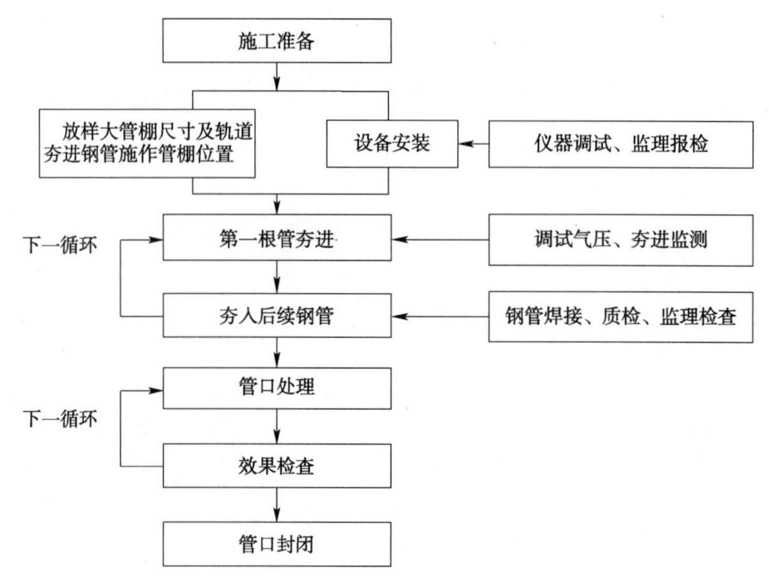

图2-7 大管棚施工工艺流程

2.5.2.4 超前加固地层

在车站过盖板河地段,在大管棚间隙间打超前小导管预注浆加固地层,该段地层为中粗砂层,注浆浆液选用水泥—水玻璃双液浆,注浆管采用3.5m长ϕ32钢管,环向间距0.3m,注浆范围为拱部超出结构轮廓线6m范围,如图2-5所示。

2.5.2.5 跟踪注浆

在车站拱部土体内预留跟踪注浆管,根据监测数据进行后退式分段注浆,加固地层。

2.5.2.6 掌子面注浆

在车站拱部实施掌子面注浆,加固管线渗漏水处地层。

2.5.3 地下管线保护

2.5.3.1 地下管线改移

地下管线保护最直接的方法就是改迁,即将管线迁出地铁车站或隧道范

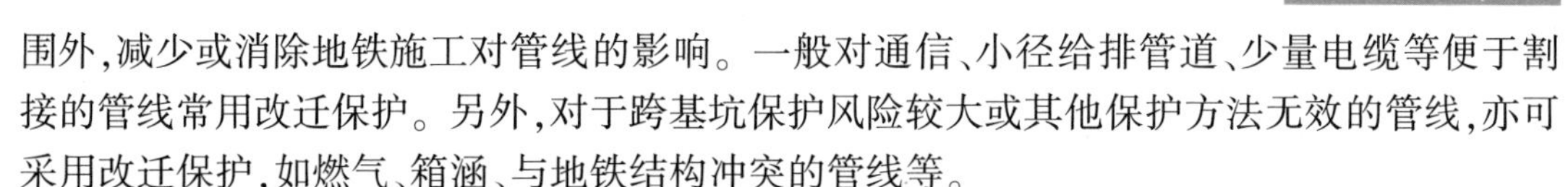

围外，减少或消除地铁施工对管线的影响。一般对通信、小径给排管道、少量电缆等便于割接的管线常用改迁保护。另外，对于跨基坑保护风险较大或其他保护方法无效的管线，亦可采用改迁保护，如燃气、箱涵、与地铁结构冲突的管线等。

根据新线路的性质，管线改迁分为永久改迁和临时改迁。

2.5.3.2 管线悬吊

管线悬吊指的是，利用柔性悬索或者刚性梁，对横跨基坑的管线进行悬吊的一种保护措施。有时，为了减小悬吊跨度、增加安全性，会在悬吊设施中部增设临时立柱或者斜拉锚索。管线悬吊在地铁施工（主要是车站、附属基坑）中应用相当广泛，适用于无法改迁或者改迁代价过高的各类管线。

管线悬吊可以分为：围护支撑悬吊（利用混凝土支撑等悬吊）、钢索悬吊、型钢悬吊、组合型钢悬吊、贝雷梁悬吊等，如图2-8所示。综合考虑管线的性质、材质的刚性和自重、悬吊的跨度等因素，选择合理的悬吊方式。

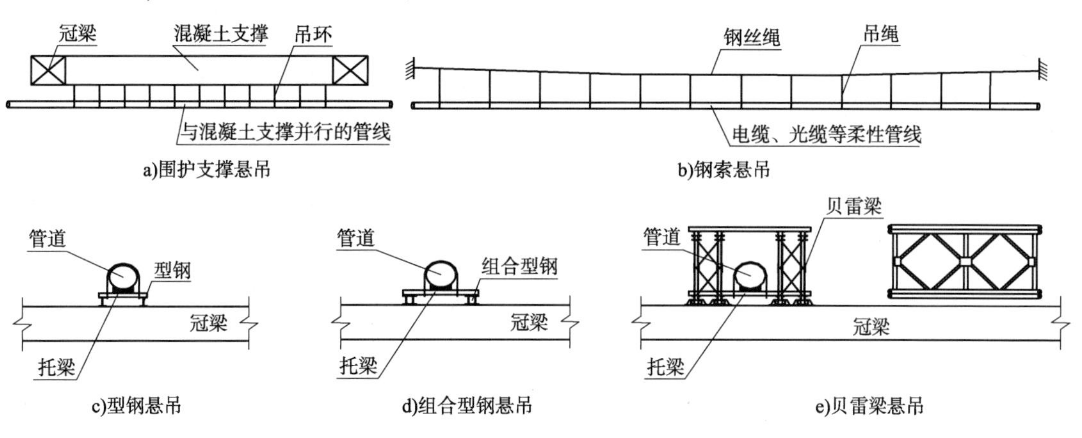

图2-8 各种形式管线悬吊

根据悬吊位置，即管线线路是否变动，管线悬吊分为原位悬吊和换位悬吊。原位悬吊，就是原线路上对相应管线进行悬吊保护；换位悬吊，就是将管线改迁至附近已施工的围护结构上进行悬吊，然后废除原线路进行围护结构施工。

两者相比较，前者节约成本和工期，不存在管线二次回迁问题，但不便于围护结构的封闭；后者可以保证围护结构的倒边施工和封闭，但是在成本和工期上没有前者合理。

在实际施工过程中，根据管线的性质、材质、基坑开挖深度、地质条件等进行合理的选择。其中，给水管由于碰口停水等特殊原因，一般采用换位悬吊。

对于原位悬吊，有时为了保证围护结构的封闭性，可以将管线临时截断，待围护结构施工完成后再进行悬吊保护。

2.5.3.3 管线加固

许多管线虽然与地铁车站或隧道结构不冲突，但是易受沉降或交通疏解影响发生损坏，这种情况下就必须对管线进行加固保护。管线加固保护主要有以下几种方法。

（1）注浆加固

注浆加固是施工中常用的一种加固方式，适用于对沉降敏感的管线，可以有效地加固土体,减少沉降,确保管线的安全。根据注浆的位置,分为地面注浆加固和洞内注浆加固。

地面注浆加固是直接对管线周围的土体进行加固以保护管线的一种方法。应根据地质条件、管线状况和位置等,选择合适的注浆量、注浆压力、配合比等参数。

超前小导管注浆、深孔注浆、管棚施工等方式,对掌子面前方地层进行加固,从而保护影响范围内的管线。例如深圳地铁 5 号线兴东站—留仙洞站区间 2 号竖井,左线隧道北侧有一条燃气管线并行,燃气管直径 200mm,材料为 PE 管(部分为钢管),埋深 1.5m 左右,距离左线隧道最小水平距离 4.0m,隧道拱顶埋深 11 ~ 30m。路面沉降使燃气管线发生较大沉降。针对以上情况,立即停止降水,采用洞内深孔注浆等措施,最终有效地控制了地面沉降,保证了燃气管线的安全,如图 2-9 所示。

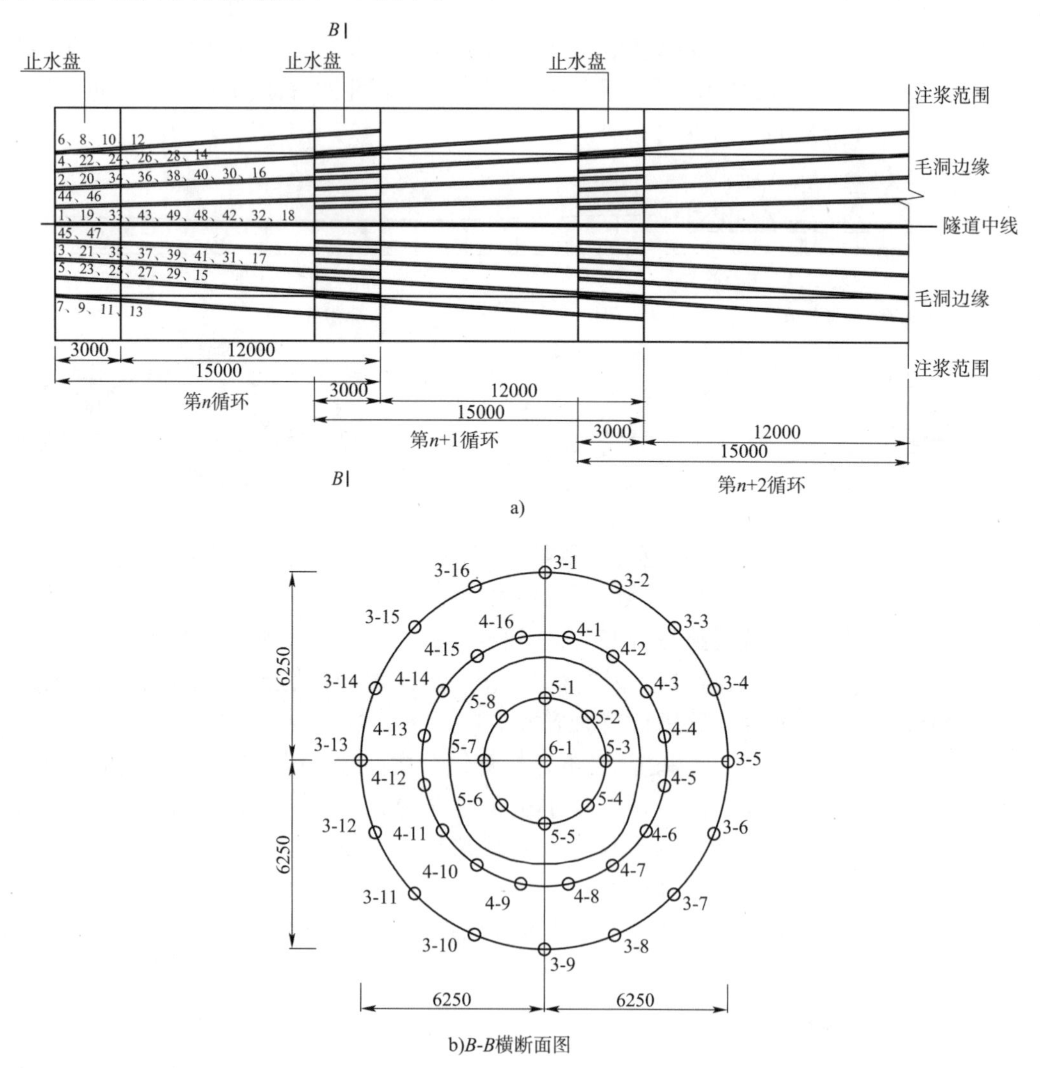

图 2-9　洞内深孔注浆示意图(尺寸单位:mm)

(2)包封加固

包封加固,即对原有管线进行包封,以达到加固的目的,如套管保护、混凝土包封、箱涵包封等。

例如，深圳地铁5号线兴东站，南侧砖墙电缆沟原处于人行道上，因车站主体施工交通疏解该处变更为临时车行道，原有结构无法满足行车要求。因此，在电缆沟砖墙外加筑钢筋混凝土侧墙，并加盖承重盖板，以保护原有砖墙结构，如图2-10所示。

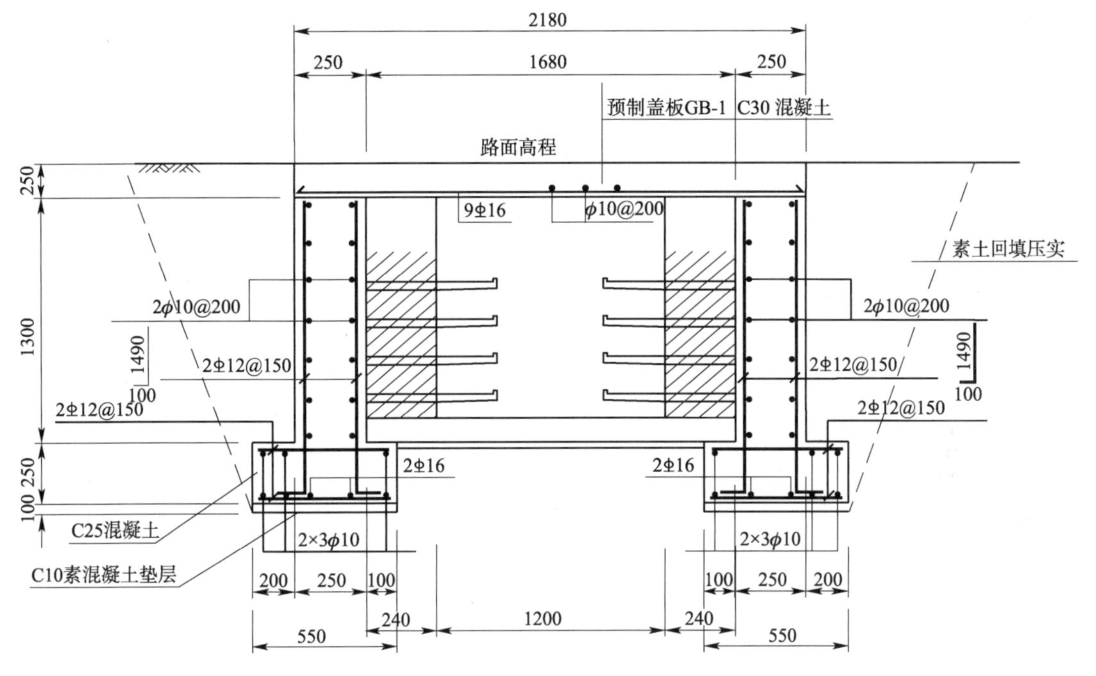

图2-10　电缆沟包封加固(尺寸单位:mm)

(3)换管加固

有些管线材质老化，或者离地铁施工区域过近，很容易受地铁施工的扰动而发生损坏。这种情况，采用注浆加固是无效的，必须将原有管道进行更换(包括材质更换)，以达到保护管线的目的。

(4)内衬管加固

换管加固的代价相对较大，内衬管加固法是一种相对经济的方法，这种方法，是在“雨、污水管线两端利用检查井或在管线上方开洞，敷设内衬管”，以增强管道对沉降的承受能力。尽管内衬管加固法比较经济，但是实际施工比较困难，所以应用并不十分广泛。

(5)支撑加固

支撑加固法，即“沿线设置若干支撑点支撑管线”，如打设支撑桩、设置支墩等。这种方法在给水管、燃气管等带压管道的拐弯处经常用到，亦适用于土体可能产生较大沉降而造成管线悬空的情况。支撑体分为临时性的和永久性的：“对于前者，设置时要考虑拆除时的方便和安全；对于后者一般结合永久性建筑物进行”。

(6)卸载保护

施工期间，场地内会大量堆放钢筋、支撑、水泥等材料。为了避免大幅增加下方管线的竖向荷载，应控制管线上方材料的堆放。这种减少荷载保护管线的方法即为卸载保护法。其荷载并不局限于堆放的材料，还包括建筑物、临时设施等。施工场地的规划，如建筑物、设施、材料堆放场的布置，应该综合考虑对各类管线的保护。在实际工程的施工组织设计中，应加强这方面的工作。

2.5.4 既有线隧道结构修补处理技术

2.5.4.1 严重开裂地段的治理——拆除重建法

如隧道二次衬砌拱、墙的某一段或某一局部混凝土上出现多条纵向、环向或斜向裂缝,互相交叉,将衬砌分成大大小小的块体,且主要裂缝宽度在5.0mm以上,很可能造成混凝土局部坍塌、掉块,可采用拆除重建法进行整治。

拆除重建法,即拆除隧道既有的一次衬砌结构,施作新的素混凝土或钢筋混凝土结构,具体做法如下。

(1)做好要点计划或交通管制,切断高压电源,并建立严密的防护、警戒体系,以保证作业安全,条件允许时尽量关闭交通进行整治。

(2)在严重破碎地段,设置型钢护拱,以防止结构突然恶化,危及行车或施工安全。

(3)将作业台架或活动作业平台移到拆除部位附近,进行既有衬砌拆除作业。拆除应采用静态破碎和凿除相结合的方法,分段、分片拆除,每循环拆除长度不宜超过1.5m,同一循环中应分成4~6片拆除。如采用控制爆破时,应合理控制总装药用量和单段最大起爆药量及堵塞方式,以减小冲击波、飞石和爆破振动对既有衬砌的影响。

(4)对于采用复合式衬砌的隧道,拆除后如发现原初期支护已破坏或围岩稳定性较差,应立即进行喷锚作业,以防止围岩失稳和落石危及行车和施工安全;如原支护结构较好,围岩比较稳定,不会发生落石,可初喷3~5cm后继续进行拆除作业;如围岩稳定性较差,应按设计图纸完成喷锚支护后,再往前进行拆除作业。

(5)在拆除过程中,应加强对原衬砌结构和新的初期支护结构的监控量测和信息反馈工作,及时掌握病害发展情况及围岩和新的支护结构稳定信息,以便调整病害整治方案,修正设计和施工参数。

(6)通过监控量测确认初期支护基本稳定后,可进行二次衬砌作业。如在通车的情况下进行隧道病害整治时,应加强交通管制,做好安全防护。

(7)二次衬砌混凝土达到设计强度后,应进行拱部回填灌浆,保证拱部充填密实。

2.5.4.2 挂网喷浆或喷钢纤维混凝土

如二次衬砌混凝土拱、墙出现局部拉裂、压溃、掉块或主要裂缝宽度在1.0~5.0mm之间,可采用局部凿除补强法,根据围岩稳定或原初期支护破坏情况,可打锚杆、挂网、喷混凝土,具体做法如下。

(1)采用机械凿除或静态破碎的方法拆除局部裂损、压溃部位,并用高压风将岩面或原初期支护或围岩表面冲刷干净。

(2)在凿除部位打锚杆、挂单层或双层钢筋网(如喷素混凝土),根据围岩稳定情况,决定锚杆长度,锚杆尽量锚固在完好岩层上。

(3)根据围岩或原初期支护稳定情况,采用干喷法或湿喷法喷混凝土或钢纤维混凝土,如喷射厚度较大,应分多次喷射,每次喷射厚度边墙不宜超过8cm,拱部不宜超过5cm。为了提高混凝土的防水性能,最好掺入防水剂、抗裂剂等混凝土外加剂,以改善喷混凝土的防水

效果。

(4)当喷射面距离原衬砌内表面3~5cm时,用防水砂浆涂抹,以增强防水能力。

对于受拉破坏的部位,尽量喷钢纤维混凝土。由于钢纤维在混凝土中纵横交错均匀分布,大大提高了喷层的抗拉、抗压、抗弯强度和耐久性及喷层与岩层的黏结力,减少了喷层收缩裂纹的产生,提高了喷层的抗渗性,增强了防水效果。根据挪威、加拿大等国测试,钢纤维喷混凝土的抗压强度一般可达到60~70MPa,最高达100MPa,单轴抗拉强度4~5MPa,抗弯强度8~10MPa,黏结力提高50%,耐久性增达5~10倍,韧性提高10~50倍,抗冲击能力提高8~30倍,这些指标均已超过钢筋网素喷混凝土,而且它还能够提供比后者更高的承载能力,成本增加不多。钢纤维混凝土特别适用于松软、破碎、大变形和承受动载作用的围岩和产生拉、压或剪切破坏的隧道二次衬砌修补。

2.5.4.3 锚固注浆法或嵌入钢拱架法

对于宽度在0.5~1.0mm之间且密度较小的混凝土裂缝,主要采用锚固注浆法或嵌入钢拱架法进行修补加固。

锚固注浆法,主要是将带有裂缝的混凝土块体通过锚杆进行加固,固定在稳定的岩体上,以限制裂缝进一步发展,同时为了增加锚杆抗拔力,建议使用中空螺纹锚杆,并进行灌浆。锚固注浆施工工艺如下。

(1)搭设作业台架,进行测量放线,标出锚杆孔位,锚杆间距应控制在1.0~2.0m为宜,且孔口距最近的裂缝不宜小于50cm,钻孔宜成梅花形布置,拱部间距应小一些,边墙可大一些。

(2)采用YT-28型风枪或锚杆钻机钻孔,开孔位置偏差不宜大于5cm,垂直度偏差不应大于1.5%。

(3)钻孔完成后,应用高压风、水将钻孔内岩粉吹、洗干净。

(4)安装锚杆,锚杆外表面宜带有螺纹,直径不宜小于22m,长度3~5m为宜。

(5)在孔口附近,安装止浆塞和排气管,进行压水或压入稀浆试验,检查止浆塞是否漏水,如漏水应进行处理(图2-11)。

(6)利用注浆泵通过杆体进行注浆,注浆材料一般情况下采用普通水泥浆或水泥砂浆,如地层孔隙率太小难以注入时可注超细水泥浆,如地层中水量较大可注入TGRM特种水泥灌浆料或化学浆液。

(7)排气孔出浆后,且注浆压力达到0.3~0.5MPa时可结束注浆。

(8)待砂浆达到一定强度后,锚杆末端安装垫板并用螺母上紧,如设计为预应力锚杆,则在上螺母以前应进行张拉,达到设计拉拔力后进行锚固。

嵌入钢拱架法是沿隧道周边凿入深20~30cm、宽15~25cm的环向槽,将型钢或格栅拱嵌入其中,喷混凝土后进行抹面。其造价较低,但施工困难,结构强度不均,且影响混凝土外观质量。

2.5.4.4 套衬补强法

如隧道围岩为Ⅲ~Ⅳ级,其稳定性较差,锚固注浆作用不大。因此,对于宽度在0.5~1.0mm且密度较大,但无明显错动迹象的混凝土裂缝,主要采用套衬补强法。套衬补强后,由于增加了混凝土厚度,因而改变了结构的受力特征,提高了衬砌的整体性和承载能力。套衬补强适用于净空要求不太严格的隧道,而对于净空不允许缩小的隧道则不能使用。钢筋混凝土套衬补强的主要施工步骤如下。

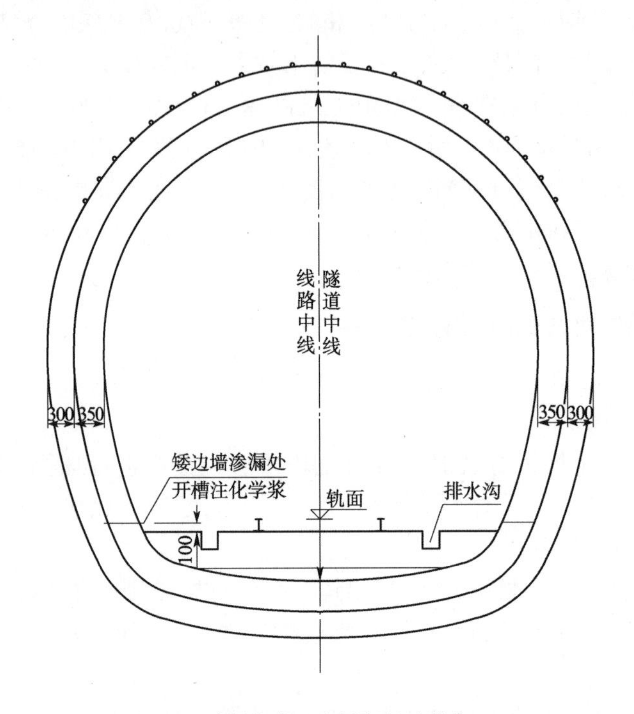

图 2-11 渗漏水治理示意图(尺寸单位:mm)

(1)将原混凝土面凿毛、冲净并在墙脚部位施作单排或双排植筋钻孔,钻孔直径不宜小于22mm,孔距以15~20cm为宜。

(2)工作台架就位,按设计要求绑扎单层或双层钢筋。

(3)模板架设,浇筑混凝土。混凝土宜用细石混凝土,强度等级不宜低于C25,厚度不宜小于20cm。

(4)待混凝土达到设计强度的70%或2.5MPa以上时,可拆模、养护。

(5)由于套衬混凝土厚度较薄,一般情况下拱部混凝土很难浇筑密实,建议待混凝土达到设计强度后,进行回填灌浆。灌浆宜采用水泥砂浆,压力应控制在0.3~0.5MPa。

2.5.4.5 凿槽嵌补法

如衬砌混凝土裂缝宽度在0.3~0.5mm之间,且无明显的剪切错动和渗漏水迹象,且裂缝范围较小、数量较少,可采用凿槽嵌补法修补,具体的施工步骤如下。

(1)用小扁凿沿裂缝凿开一道沟槽,槽宽2~5cm,槽深根据裂缝深度确定,最大深度不得超过2/3衬砌厚度,用钢丝刷清除缝内浮渣,并用高压风或吸尘器吹或吸干净缝内尘土,保证缝内无水干燥。

(2)在缝的两侧面和底面涂刷底胶,底胶厚度宜为0.3mm左右,用涂刷方法铺匀。

(3)用配制好的接缝材料进行填缝,并捣固密实。目前嵌缝的主要材料有聚合物水泥砂浆、聚氨酯类和沥青胶泥类等,对于基面潮湿的裂缝宜用水溶性材料。

(4)用防水砂浆或其他材料将裂缝表面抹平,并进行合理养护。

2.5.4.6 局部灌浆堵漏法

如衬砌混凝土裂缝宽度在0.3~0.5mm之间,范围较大或有明显错动迹象及渗漏水迹象,对结构的承载能力会产生一定的影响,可采用埋管直接注浆法修补加固,具体的施工步骤如下:

开槽→清洗→封槽→沿缝两侧钻斜孔→清孔→埋设注浆嘴→试调注浆压力→注浆→注浆检查→拆管→封孔。

(1)沿渗水裂缝开槽。

①裂缝开槽必须用电动切割机开槽,不得用手工凿槽。

②开槽宽度:裂缝两侧各15mm的位置切割两条缝,缝深30mm,切缝长度向裂缝两端各延伸200~300mm。

③采用电锤沿缝凿除缝间的混凝土,形成U形槽,要求槽体平整,尺寸准确,不得侵入U形槽体外的混凝土,并在U形槽帮两侧100mm以内凿毛。

(2)清洗槽体和槽帮,做到干净。

(3)采用改性环氧聚合物水泥胶粉封槽,填平U形槽,并在槽帮两侧100mm的混凝土面抹3mm的改性环氧聚合物水泥胶粉。

(4)沿裂缝两侧注浆钻孔:注浆孔的位置距裂缝115mm,孔位两侧错开布置,间距250mm斜孔,内倾角约60°,孔深250mm左右,孔径10~12mm,见图2-12。

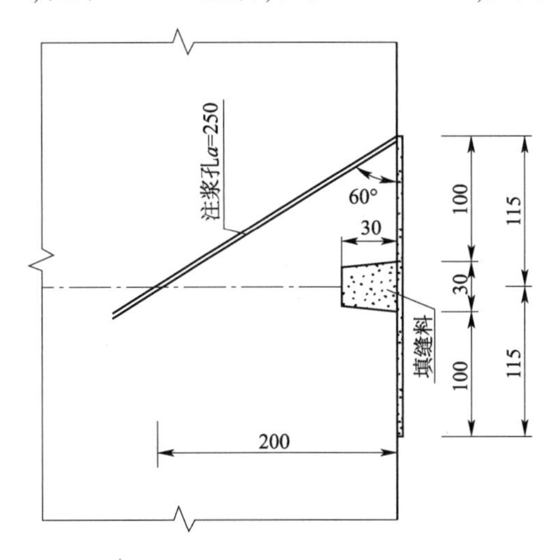

图2-12 施工缝渗漏水处理示意图(尺寸单位:mm)

(5)注浆孔用高压水冲洗干净。

(6)埋设注浆嘴,并用强度高的堵漏材料或改性环氧砂浆封堵注浆孔嘴位,确保注浆嘴与钻孔紧密结合。

(7)注浆输入管连接注浆嘴进行注浆,要求如下。

①开始在第一孔注浆时,进行注浆压力试调,根据裂缝和地下水情况,确定稳定压力。

②试调压力时,压力可从0.2MPa起压,逐渐上升,一般控制在0.5MPa为理想压力,但

应根据现场情况改变注浆参数。

③注浆量可选用4L/min的量级。

④根据设定的注浆压力，当浆液在管内循环时，该孔注浆成功，可转移邻近注浆孔继续注浆。

(8)采用改性环氧灌浆料作为注浆材料，不用水冲灌，不得采用水溶性聚氨酯作为注浆材料。

(9)注浆结束后，用清洗剂清洗干净多余注浆料和机具设备。

(10)断管后采用环氧砂浆封孔。

①严禁在有机灌浆材料中加各种溶剂(如丙酮)和水。

②注浆材料保存时，严密封紧，防止与水接触和裸露。

局部点渗漏水治理措施：

(1)在渗漏水点直接钻孔，孔深200mm，孔径10～12mm。

(2)在渗漏水点注浆孔位外缘再钻两个孔，一个为辅助注浆孔，孔深150mm，孔径10～12mm，另一个辅助孔为排气孔，孔深150mm，孔径10～12mm(图2-13)。

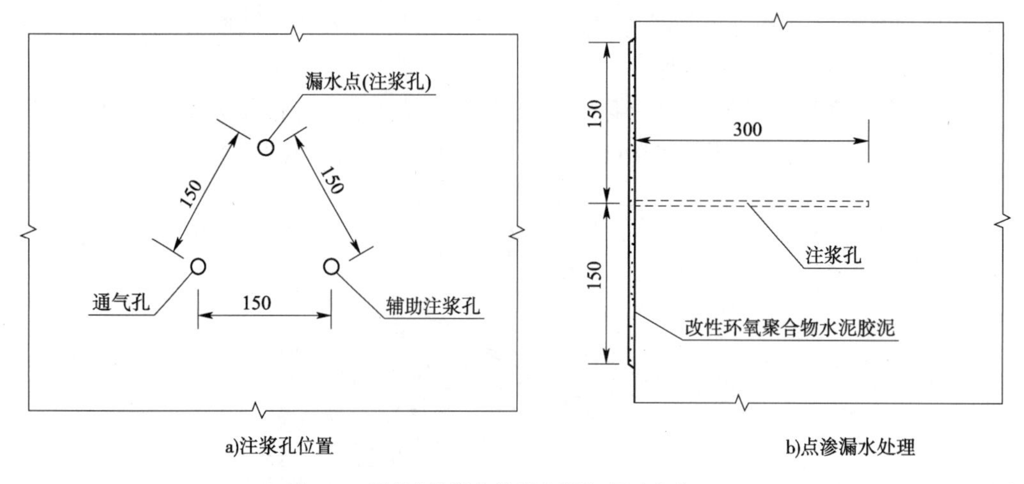

图2-13　局部点渗漏水处理示意图(尺寸单位：mm)

(3)冲洗干净后，安设注浆嘴。

(4)在注浆孔的周围混凝土基面上凿毛并冲洗干净。

(5)凿毛的混凝土面上涂抹改性环氧聚合物水泥胶泥，厚度为3mm，要求平顺，厚度均匀，无裂纹。

(6)注浆：按施工缝注浆的方法操作。若排气孔出浆，应将通气孔堵塞。

(7)拆管封管。

2.5.4.7　直接涂抹法

如裂缝宽度在0.1～0.3mm之间，且无明显的剪切滑移和渗漏水迹象，对结构的承载能力影响不大，不影响结构安全和正常使用，可采用直接涂抹法进行处理，涂抹材料建议用水泥基渗透固结型材料，具体施工步骤如下。

(1)用凿除、喷砂、酸洗、钢丝刷洗、高压水或风冲等方法，让裂缝周围的基面粗糙、干净。

(2)将涂抹材料的各组分按比例调和、搅匀。

(3)用抹子、滚筒、尼龙刷、专用喷枪等工具将混合料涂刷或喷射到基面上,涂刷时应注意来回用力,以保证凹凸处都能涂上,喷涂时喷嘴距涂层要近些,以保证灰浆能喷射进表面微孔或微裂成中。一次涂刷厚度不宜超过0.2mm,且混合料应在规定时间用完。

(4)当需涂第二层时一定要等第一层初凝后,呈潮湿状态时进行,如太干则应喷洒些水,对基面润湿。

(5)在夏季露天施工时,如温度超过30℃,建议在早、晚进行,以防止涂抹材料过快干燥失水;如在冬季施工,温度低于5℃时,应采用防冻措施,对于凹陷处涂料堆积不易过厚,否则易引起开裂。

(6)涂抹后必须加强养护,涂层初凝后宜用喷雾式,防止洒水时涂层破坏。同时防护过程中应避免雨淋、霜冻、日晒、风吹、污水冲刷及5℃以下的低温。露天施工用湿草袋覆盖较好,如果使用塑料膜作为保护层、必须注意架开,以保证涂层的“呼吸”及通风。

如裂缝宽度在0.2(0.1)~0.3mm之间,无明显的剪切滑移或渗漏水迹象,对结构的承载能力会产生一定的影响,但对结构安全和正常使用影响不大,可先采用埋管注浆堵水,再采用直接涂抹法进行处理。

2.5.5　既有线轨道加固

既有线轨道加固是既有线地段的安全防护备用措施,主要有以下几项内容。

2.5.5.1　防止钢轨不均匀下沉

对钢轨、扣件及道床等进行全面检查和维护,达到铁路工务维修规则和计划维修标准,确保轨道结构状态稳定。

扣件调高措施:为防止轨枕块之间钢轨产生不均匀下沉,轨枕块间隔钢轨与整体道床之间空隙用木板塞紧,使钢轨承受的荷载均匀传递至整体道床。当结构下沉量偏大,有可能影响运行时,可采取调高垫板的措施解决轨道变形。

(1)调高量≤10mm时,采用调高垫板进行调高。

(2)调高量>10mm时,可将铁垫板加厚12mm,实现调高22mm。

(3)受影响段每隔2.5m设置一根绝缘轨距拉杆。

2.5.5.2　防止区间隧道变形缝处的不均匀沉降

在施工影响范围内,为防止沉降缝处结构的不均匀下沉,采取对底板结构加固的方法。两端长出沉降缝10m,加固形式用扣轨梁。

(1)扣轨梁用50kg/m轨组成,轨道与中心水沟之间用2根50kg/m轨,轨道外侧用3根50kg/m轨。

(2)扣轨梁每隔0.6m设一道“U”形卡,“U”形卡用6mm厚、5cm宽的扁钢。

(3)扁钢与结构底板及整体道床之间用地脚螺栓连接。地脚螺栓用ϕ20螺纹钢制成,地脚螺栓穿透整体道床,进入底板内30cm,用钢筋锚固胶将螺栓植入底板内,地脚螺栓上端做丝扣与“U”形卡用螺母固定。

2.5.5.3 道床与结构剥离的预防措施

道床与结构剥离时，按结构变形分析，剥离是沿线路纵向的，轨道不会出现三角坑、扭转等变形，应加设防脱护轨和轨距拉杆来保证行车安全。施工前应做好以下准备工作。

(1)对受影响地段轨道全面整修一遍，扣件全部拧紧，轨距、水平调整正确。

(2)下穿施工前，对现有线路进行测绘，对现有轨道线路进行整修。

(3)检查车轮和钢轨，保证轮轨的良好匹配，对磨耗严重的车轮进行旋圆，磨耗严重的钢轨进行更换。

第3章　沉降控制标准确定

3.1　环境影响效应分析

3.1.1　应力环境影响效应

对于地铁隧道开挖来说，开挖支护方法对环境的影响很大，不同的开挖方法和支护结构使隧道周围的应力路径变化不同，即隧道的开挖支护是一个动态的过程，随着每一步的开挖支护，地层中各点的应力状态也在不断变化。

3.1.1.1　浅埋隧道开挖应力变化

隧道开挖的过程，也是应力释放、变化的过程。开挖后增加了临空面，洞壁由原来的三向应力状态改变成二向应力状态，地层中的应力场发生了变化，表现为一个方向应力不变，而临空面应力由于释放而减小，其释放率的变化受空间效应和时间效应的影响。应力释放造成向隧道内的位移，又进一步造成其相邻地层的应力变化。由于应力的调整，相邻的围岩也随之向隧道内位移，一直到由于切向应力的作用在围岩中达到新的平衡时才进入初步稳定状态。这种应力—位移的交替变化会逐渐向远离洞周的地层深部发展，对于浅埋隧道，由于覆盖层厚度小，应力的变化可以波及地表，引起地表沉陷。

根据弹性理论，在围岩中开挖半径为 r_0 的圆形隧道后，其隧道周边的二次应力状态可用下式表达。

径向应力：
$$\sigma_r = \frac{p_h + p_v}{2}\left(1 - \frac{r_0^2}{r^2}\right) + \frac{p_h - p_v}{2}\left(1 - \frac{4r_0^2}{r^2} + \frac{3r_0^4}{r^4}\right)\cos 2\varphi \tag{3-1}$$

切向应力：
$$\sigma_t = \frac{p_h + p_v}{2}\left(1 + \frac{r_0^2}{r^2}\right) - \frac{p_h - p_v}{2}\left(1 + \frac{3r_0^4}{r^4}\right)\cos 2\varphi \tag{3-2}$$

剪应力：
$$\tau_{rt} = -\frac{p_h - p_v}{2}\left(1 + \frac{2r_0^2}{r^2} - \frac{3r_0^4}{r^4}\right)\cos 2\varphi \tag{3-3}$$

$$p_v = \gamma H$$
$$p_h = K_0 \gamma H$$

式中：r_0——隧道开挖半径；

r——自隧道中心算起的径向距离；

φ——自水平轴算起的极坐标中的角度；

p_v——垂直方向的压应力；

p_h——水平方向的压应力；

K_0——侧压力系数。

对于浅埋隧道，$K_0=0$，根据式(3-1)～式(3-3)计算可得隧道开挖后围岩应力分布，见图3-1、图3-2。

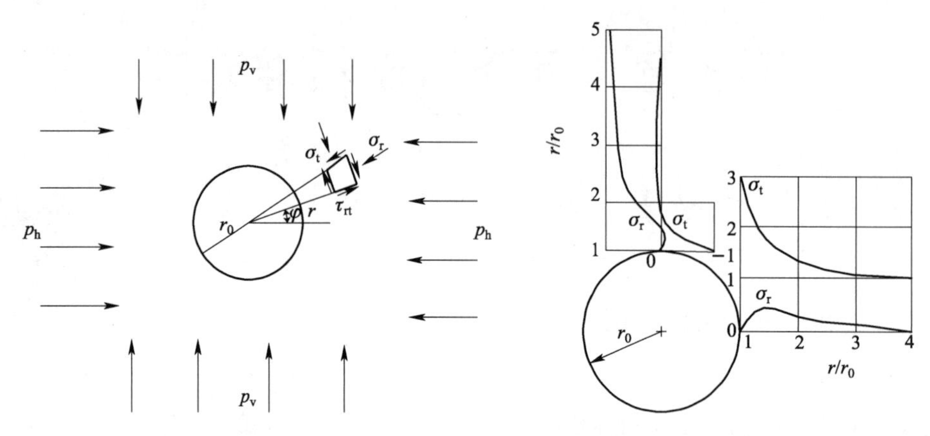

图3-1　围岩应力计算简图　　图3-2　隧道开挖后应力分布($K_0=0$)

通过计算，当$K_0=0$时，在弹性应力状态下，隧道拱顶的切向应力大小等于初始应力，为拉应力(负值)，隧道水平洞壁切向应力较大，达到3倍初始应力，产生了较大的应力集中，在2倍洞径左右的地方，应力基本接近围岩的初始应力，这从理论上证明，浅埋隧道开挖单侧横向影响范围是2倍洞径。

从上面的分析可以看出，隧道开挖后引起的围岩应力重分布是局限在一定范围的，在离隧道开挖周边比较近的地方，应力集中度高，出现塑性区，随着时间推移，塑性区范围逐渐扩大，基本稳定后，塑性区的范围是隧道洞径的1～2倍。在离隧道开挖周围比较远的地方，应力集中度低，越远影响越小，属于弹性变性区。

3.1.1.2　地表影响范围确定

1)变形区域划分

应力的变化，使围岩在隧道周围产生开挖影响区域，一般包括影响区和非影响区，影响区包括塑性变形区和弹性变形区。塑性变形区的出现，意味着在较大垂直应力和较小侧向应力作用下，岩(土)体内出现破裂面，并与原岩有相对运动，在重力的作用下可能沿破裂面发生剪切破裂、滑移、大变形、坍塌，隧道周边的变形随着塑性区的扩大而增大；而弹性变形区隧道变形具有线弹性特点，变形大小与岩(土)体的物理力学特性有关。浅埋隧道开挖变形区域分布，如图3-3、图3-4所示。

2)纵向地表影响范围确定

(1)纵向地表变形

隧道沿纵向开挖过程中，可用下式描述开挖面前方($y\leqslant0$)和后方($y>0$)的隧道变形。

$$\frac{U_b}{U_{b\max}}=\left[1+\exp\left(\frac{-y/R}{1.10}\right)\right]^{-1.7} \tag{3-4}$$

相应地，隧道纵向地表变形可用下式确定。

$$\frac{U_a}{U_b}=1.0-\alpha\left(\frac{h}{2R}\right) \tag{3-5}$$

式中：U_a——地表变形；

U_b——隧道变形；

$\frac{h}{2R}$——覆跨比；

R——隧道洞径的1/2；

α——与施工方法有关的常数，取0.32～0.36。

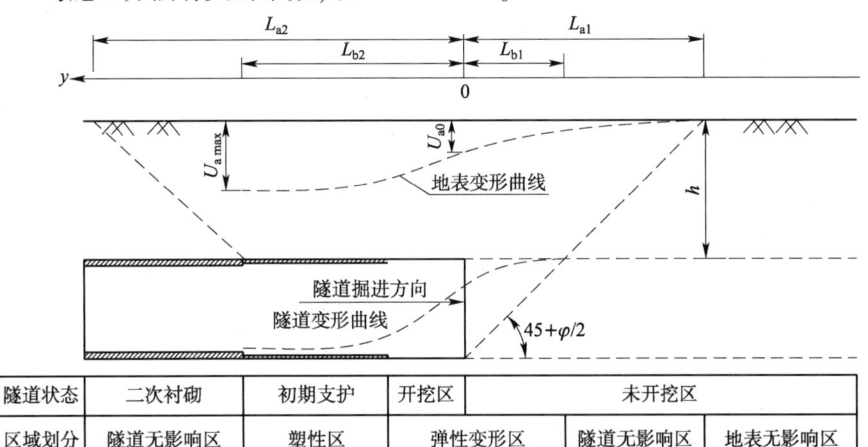

隧道状态	二次衬砌	初期支护	开挖区	未开挖区	
区域划分	隧道无影响区	塑性区	弹性变形区	隧道无影响区	地表无影响区

图3-3　隧道沿纵向变形区域分布示意图

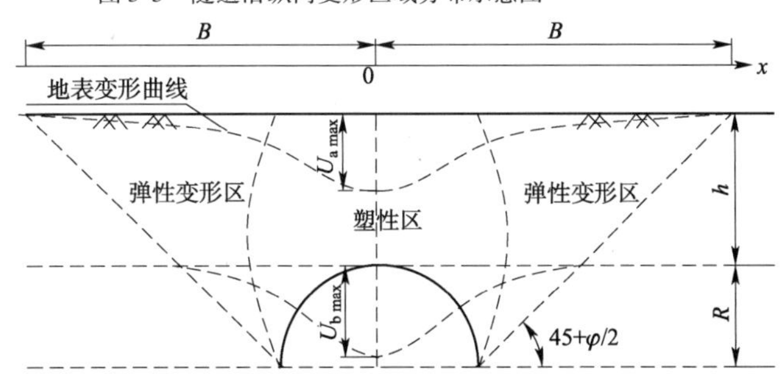

隧道状态	未开挖区			开挖区	未开挖区		
区域划分	地表无影响区	隧道无影响区	弹性区	塑性区	弹性区	隧道无影响区	地表无影响区

图3-4　隧道沿横向变形区域分布示意图

沿隧道纵向地表变形值仅是开挖面距离与洞径比值的函数，当$y=0$时，即开挖面的拱顶变形$U_0=0.308U_{max}$，也就是说，当隧道掘进通过开挖面时，拱顶已经产生了变形。同时，当$y=-2R$时，$U_0\approx0$；当$y=8R$时，$U_0\approx U_{max}$。表明隧道变形范围为开挖面前方1倍洞径（即$L_{b1}=2R$），开挖面后方4倍洞径（即$L_{b2}=8R$），隧道变形区域大小为5倍洞径（即$L_b=10R$）。

（2）纵向地表影响范围

对于深埋隧道来说，应力状态接近于静水压力状态，不受隧道开挖影响，没有形成45°+$\varphi/2$的破裂面，其开挖影响范围可认为就等于5倍洞径。对于埋深较浅的隧道，隧道开挖对地表变形敏感，易形成45°+$\varphi/2$的破裂面，因此，开挖影响范围往往大于深埋隧道的开挖影响范围。

$$L=L_{a1}+L_{a2} \tag{3-6}$$

$$L_{a1} = L_{b1} + h\cot\left(45° + \frac{\varphi}{2}\right)$$

$$L_{a2} = L_{b2} + h\cot\left(45° + \frac{\varphi}{2}\right)$$

式中：L——地表变形范围长度；

L_{a1}、L_{a2}——分别为开挖面前方、后方地表变形长度；

L_{b1}、L_{b2}——分别为开挖面前方、后方隧道变形长度；

h——隧道覆土层厚度。

3）横向地表变形范围确定

（1）横向地表变形

隧道开挖、初期支护过程中，横向变形具有对称性，即沿着隧道开挖断面中线，变形是对称的，这一特点已经经过理论和大量实践所证实。

横向地表变形可用 Peck 公式表示：

$$U_a = U_{a\max}\exp\left(-\frac{x^2}{2i^2}\right) \tag{3-7}$$

$$U_{a\max} = \frac{V_i}{i\sqrt{2\pi}}$$

$$i = \frac{h + R}{\sqrt{2\pi}\tan\left(45° - \dfrac{\varphi}{2}\right)}$$

式中：V_i——隧道开挖引起的单位长度地层损失；

i——变曲点距隧道中线的距离；

φ——土层内摩擦角。

（2）横向地表变形范围

当 x 趋向无穷远处时，很明显地表变形为 0。实际上，隧道施工引起的地表变形区域是有限的，对于单洞隧道，地表横向影响宽度 $2B$ 可以表示为：

$$B = R + (R + h)\tan\left(45° - \frac{\varphi}{2}\right) \tag{3-8}$$

3.1.2 地下水环境影响效应

3.1.2.1 地下水渗流特性

1）开挖应力与地下水渗流

（1）开挖前地下水渗流特性

地铁隧道开挖前，土体变形位移由于受到限制处于平衡状态，其土体孔隙充填地下水及部分气体，处于基本稳定状态。地下水的流动受到大气、周围环境等综合因素影响，其孔隙水（静水或动水）也处于相对平衡状态。

（2）开挖后地下水渗流特性

地铁隧道开挖过程中，土体的应力状态发生改变，在各种条件的复杂作用下，应力进行重新分配，并达到新的动态平衡状态。在此过程中，土体中的孔隙相应地发生改变，这包括

孔隙的几何特性和分布特点的改变。同时,隧道开挖后,由于松动区效应,开挖引起土体的透水能力增大。

2)地下水渗涌的条件

隧道渗涌水是由于隧道的掘进破坏了含水层结构,使水动力条件和岩土体力学平衡状态发生急剧改变,以至地下水体所储存的能量以流体(有时有固体物质伴随)高速运移形式瞬间释放而产生的一种动力破坏现象。隧道涌水是否发生,需满足一定的条件,即含水围岩的能量储存性能和释放性能、水动力性能和岩土体稳定性能等。

(1)含水围岩的能量储存条件

隧道涌(突)水发生的储能条件指能够形成大量地下水的地质条件。除岩土体中储存的大量地下水体具有较高静水压力外,其他应力的综合作用也会使岩土体储存较大能量。包括:①岩土体的结构体(骨架)在静水压力、构造应力和重力等作用下产生的应变能;②静水压力等对地下水体压缩产生的应变能;③在高水头压力作用下,地下水产生的运动势能。一旦能量达到一定程度,在隧道开挖过程中,必然发生释放,引起地下水向隧道高速涌出而形成涌(突)水。

(2)地下水动力条件与含水围岩的能量释放条件

虽然含水围岩中储存了大量能量,但隧道涌突水能否发生,尚取决于隧道能量释放条件,即控制隧道涌突水的主要条件为其能量释放条件,包括水压及相对隔水层的厚度,其中最主要的是地下水的动力性能。根据对一些矿井巷道的发生涌(突)水时的水压与隔水层厚度的统计,有:

$$D = \frac{P}{\delta} + d \tag{3-9}$$

突水系数(T_s)水压与有效保护层厚度之比为:

$$T_s = \frac{P}{B_e} = \frac{P}{B - B_p} \tag{3-10}$$

当 $T_s > d$ 时,容易发生突水。

(3)含水围岩的稳定性

隧道开挖直接影响到含水围岩的稳定性,造成隧道的涌水突水。如果直接开挖掉相对隔水层,将揭露出地下水体并产生突发性灾害(涌水甚至突泥)。即使掌子面处存在一定厚度的隔水层,由于隧道开挖引起的围岩松弛和围岩应力集中,围岩发生变形破坏,从而使相对隔水层的有效保护层厚度相应减小,增加了隧道涌水的可能性。

3.1.2.2　地下水渗流数学描述

对于土体结构而言,地下水渗流可以概化为非均质各向同性、三维非稳定流系统。

根据连续性原理,并考虑地下水的补给,可以得到:

$$\frac{\partial}{\partial x}\left(K_x \frac{\partial h}{\partial x}\right) + \frac{\partial}{\partial y}\left(K_y \frac{\partial h}{\partial y}\right) + \frac{\partial}{\partial z}\left(K_z \frac{\partial h}{\partial z}\right) + W = S_s \frac{\partial h}{\partial t} \tag{3-11}$$

式中:　h——渗流场中任一点的水头;

K_x、K_y、K_z——分别为 x、y、z 方向的渗透系数;

W——地下水系统的源(汇)项;

S_s——储水率；

t——时间。

式(3-11)即为地下水渗流的数学控制方程。

3.1.2.3　降水作用

通常饱和土是由液态水和固态土粒两部分组成。土层中的液态水分成结合水和自由水两类。结合水是在分子引力作用下吸引在土粒表面的水体，这种引力可高达几千至上万个大气压，因此这类水通常只有在加热成蒸汽时才能和土粒分开。自由水是指土粒表面电场影响范围之外的重力水和毛细水，井点降水一般是降低土体中自由水形成的水面高程。在地铁施工中采取降低地下水位的措施的作用有：

(1)保持干燥作业，改善施工环境。

(2)增加土体稳定性。

这是因为隧道开挖至地下水位以下时，周围地下水会向隧道方向渗流，从而产生渗流力，对隧道工作面的稳定产生不利影响。此时采用井点降水的方法可以把基坑周围的地下水降到工作面以下，不仅能保持坑底干燥、便利施工，而且消除了渗流力的影响，防止流砂产生，防止工作面渗涌水，从而增加了工作面稳定性。

(3)提高土体物理力学性能指标。

对于开挖而言，可提高土体稳定度，从而提高支护体系的稳定度和强度保证，减少支护体系的变形。

(4)提高土体固结程度，增加土体抗剪强度。

降低地下水位是一种有效的加固土体的方法，设原土体在自重应力作用下已完全固结，土体应力分布如图3-5所示，线①和②之间为土体有效应力。采用井点降水之后，地下水位降低 $\Delta H \cdot \gamma_w$ 的垂直附加应力。采用井点降水之后，下卧层的有效应力随着孔隙水压力的消散而增加，相应的土体抗剪强度也逐渐增长。对降水深度 ΔH 范围内的土层，其含水率因降水而显著减小，其重度从浮重度提高到饱和重度。这部分土层在增加的自重应力作用下逐渐固结，土体抗剪强度相应增长。

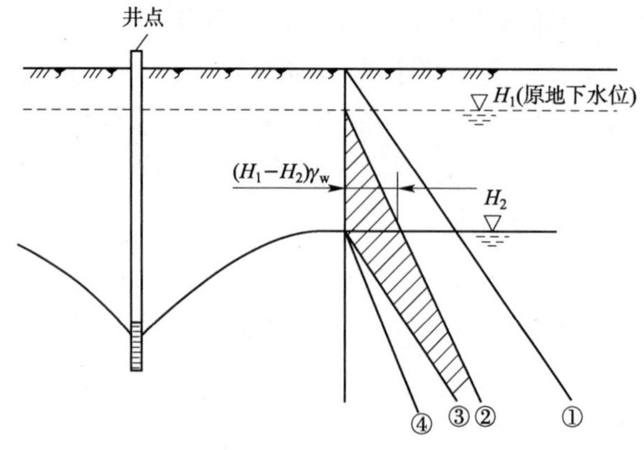

图3-5　降水加固原理

①-总应力线；②-原静水压力线；③-降水后孔隙水压力线；④-$t=\infty$孔隙水压力线；▨-增加的有效应力；H_2-降水后的地下水位

应该注意的是：只有降水深度 ΔH 范围内的土层强度在降水数天之后就有明显增长，对降水线以下的土层，尤其是黏性土，其强度的增长需要有一定的土体固结时间，土层夹砂越多，强度提高越快。

3.1.2.4 降水引起的沉降

(1)沉降机理

在地铁隧道工程施工中，常采用井点降水以满足施工要求，但随着地下水不断被抽出而引起井附近的地面沉降，使得地面开裂、地下管线断裂、附近建筑物的墙壁裂开、室内地坪坍陷等。

在孔隙承压含水层中，抽汲地下水引起承压水下降，必然导致含水层(砂层、砂砾层)和其上、下相对隔水层(黏土层)中孔隙水压力随之减小。由有效应力原理可知：土中覆盖层荷载引起的总应力是由孔隙中的水和土颗粒骨架共同承担的。由水承担的部分称孔隙水压力，它不能引起土层的压密，通常称之为中性压力；而由土颗粒骨架承担的部分则不能直接造成土层的压密，通常称为有效压力，两者之和称为总应力。假定抽水过程中土层中的总应力不变，那么孔隙水压力的减小必然导致土中有效应力的等量增大，结果引起土层骨架沉降。

抽水期间的地面沉降由两部分组成：一是含水层的压缩变形，由于含水层中砂粒自身强度较高，加之颗粒周围存在带压的水，当水位降深较小时，砂粒之间的位置难以得到调整，宏观上表现出的压缩量极小，且很快趋于稳定；二是上部黏性土层的释水压密，符合太沙基一维固结理论，在降水期间，由于抽水时间有限(一般2~4个月)，在这段时间内，黏性土的固结度一般在0.2左右，释水压密的压缩模量一般在1.0~1.6cm之间，在抽水过程中，因排水会使承压含水层的孔隙水压力降低，如果水位降深为 ΔH，则孔压改变量为 $\gamma_w \Delta H$，在总应力不变的条件下，根据有效应力原理，减小的孔隙水压力会转换成有效应力增量，也就是这个有效应力增量使含水层压密(即承压水水头)每降低1m，有效应力增量为10kPa。随着抽水过程的延续，承压含水层的压密逐渐稳定，上部隔水层开始释水压密，由于黏性土层的渗透系数和固结系数极低，释水压密遵从渗透固结规律缓缓发展，即使水位恢复到原有状态，这种现象仍将滞后一段时间才逐渐停止。可见抽水引起的地面沉降，既发生在含水层中，同时也发生在黏性土中，只是不同阶段降水引起地面沉降的形成过程和影响因素是多方面的，也是很复杂的。

(2)降水沉降估算

在降水期间，降水面以下的土层通常不可能产生较明显的固结沉降量，而降水面至原始地下水面的土层因排水条件好，将会在所增加的自重应力条件下很快产生沉降，通常降水所引起的地面沉降即以这一部分沉降量为主，因此可以采用下列简易的方法估算降水所引起的沉降值：

$$S = \frac{\Delta p \Delta H}{E_{0.1 \sim 0.2}}$$
$$\Delta p = \frac{\Delta H \gamma_w}{2} \tag{3-12}$$

式中：ΔH——降水深度，指降水面和原始地下水面的深度差，m；

Δp——降水产生的自重附加应力，kPa；

γ_w——水的重度，g/cm³；

$E_{0.1\sim0.2}$——降水深度范围内土层的压缩模量，kPa，可根据土工试验资料，或查该地区的《地基基础设计规范》得到。

(3)地面沉降与地下水位降深的关系

根据统计分析，得到北京地面沉降与地下水位降深之间的关系：

$$S = 2.45\sqrt{\frac{\ln(s+1)}{E_s}}\ln\left(\frac{\Delta H}{100}+1\right) \tag{3-13}$$

式中：S——各计算土层总厚度；

E_s——各土层的加权压缩模量；

其他符号意义同前。

3.1.2.5 宣武门车站降水影响效应

1)水文地质条件

宣武门车站结构主体采用暗挖法，基底埋深约24m，自上至下围岩依次为粉细砂④$_3$层、中粗砂④$_4$层、卵石圆砾⑤层、中粗砂⑤$_1$层、粉细砂⑤$_2$层、粉质黏土⑥层、黏土⑥$_1$层、粉土⑥$_2$层，细中砂⑥$_3$层、卵石圆砾⑦层。考虑有效的降水措施降低水位至结构底板下1.0~2.0m，各土层渗透系数见表3-1。

土层渗透系数　　表3-1

土层名称	层底高程(m)	渗透系数(cm/s)
④$_3$ 粉细砂	33.41~36.23	5.0×10^{-3}
④$_4$ 中粗砂		5.0×10^{-2}
⑤卵石圆砾	30.21~32.30	1.0×10^{-1}
⑤$_1$ 中粗砂		5.0×10^{-2}
⑤$_2$ 粉细砂		5.0×10^{-3}
⑥粉质黏土	26.01~28.00	1.0×10^{-5}
⑥$_1$ 黏土		1.0×10^{-6}
⑥$_2$ 粉土		5.0×10^{-4}
⑥$_3$ 细中砂		1.0×10^{-2}
⑦卵石圆砾	13.50~15.88	2.0×10^{-1}
⑦$_1$ 中粗砂		5.0×10^{-2}
⑦$_2$ 粉细砂		5.0×10^{-3}

注：地表高程为42m。

场区层间潜水含水层(卵石圆砾⑦层)透水性好，水量较大，建议采用有效的降水措施降低水位至结构底板下1.0~2.0m。

2)降水设计

(1)降水方法选择

降水方法的选择一般要考虑土层的粒径、渗透系数、降水深度、周边环境要求、施工条件等因素。考虑渗透系数时,其降水方法的选择见表 3-2。

挖土深度和降水方法的关系 表 3-2

<table>
<tr><td rowspan="2">挖土深度
(m)</td><td colspan="4">土 层 名 称</td></tr>
<tr><td>粉质黏土、粉土、粉砂</td><td>细砂、中砂</td><td>粗砂、砾石</td><td>大砾石、粗卵石(含有砂粒)</td></tr>
<tr><td rowspan="2"><5</td><td rowspan="2">单层井点
(真空法、电渗法)</td><td rowspan="2">单层普通井点</td><td>井点</td><td rowspan="2">抽水</td></tr>
<tr><td>表面排水</td></tr>
<tr><td>1~12</td><td rowspan="2">多层井点、喷射井点
(真空法、电渗法)</td><td colspan="2">多层井点</td><td rowspan="2">—</td></tr>
<tr><td>12~20</td><td colspan="2">喷射井点</td></tr>
<tr><td>>20</td><td>—</td><td colspan="3">深井或管井</td></tr>
</table>

各种不同的颗粒的土采用的降水方法见图 3-6。

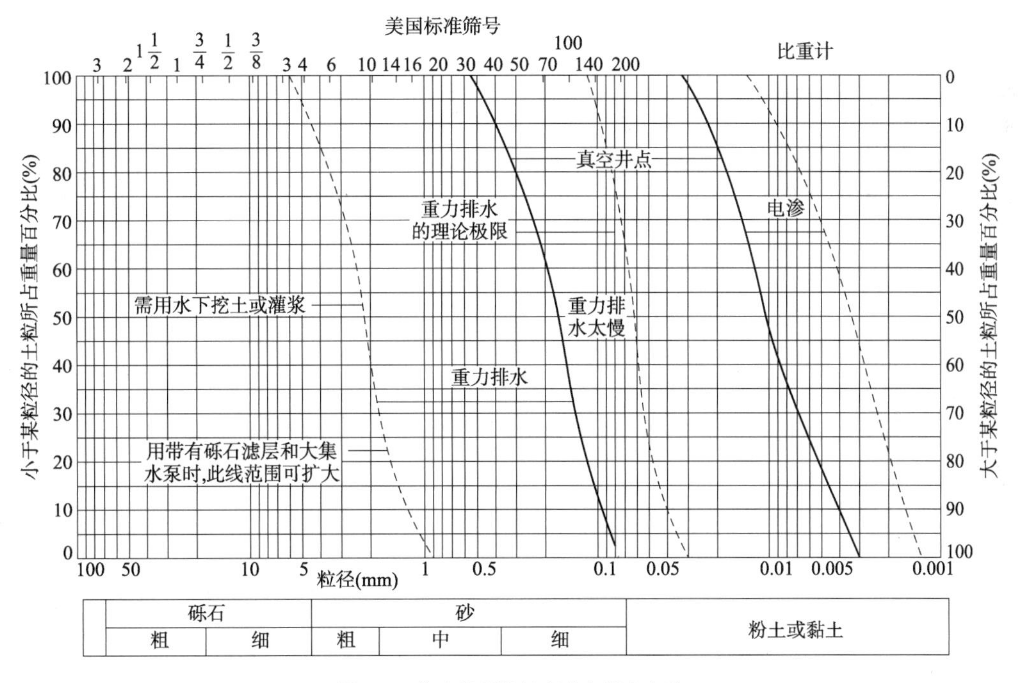

图 3-6 按土的颗粒级配确定降水方法

不同的挖土深度所采用的降水方法,见表 3-2。

降水方法及适用范围,见表 3-3。

降水方法及适用范围 表 3-3

<table>
<tr><td rowspan="2">降 水 方 法</td><td colspan="3">适 用 范 围</td></tr>
<tr><td>适 用 地 层</td><td>渗透系数(cm/s)</td><td>降水深度(m)</td></tr>
<tr><td>集水明排</td><td>含薄层粉砂的粉质黏土,黏质粉土,砂质粉土,粉细砂</td><td>$1\times10^{-7}\sim2\times10^{-4}$</td><td><5</td></tr>
<tr><td>轻型井点</td><td rowspan="2">含薄层粉砂的粉质黏土,黏质粉土,砂质粉土,粉细砂</td><td rowspan="2">$1\times10^{-7}\sim2\times10^{-4}$</td><td><6</td></tr>
<tr><td>多级轻型井点</td><td>6~10</td></tr>
</table>

续上表

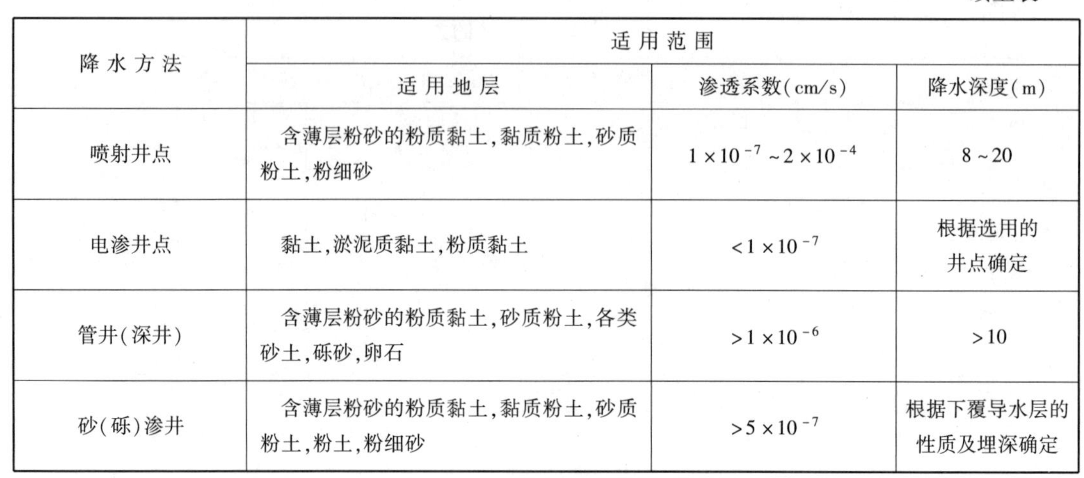

<table>
<tr><th rowspan="2">降水方法</th><th colspan="3">适用范围</th></tr>
<tr><th>适用地层</th><th>渗透系数(cm/s)</th><th>降水深度(m)</th></tr>
<tr><td>喷射井点</td><td>含薄层粉砂的粉质黏土,黏质粉土,砂质粉土,粉细砂</td><td>$1\times10^{-7}\sim2\times10^{-4}$</td><td>8~20</td></tr>
<tr><td>电渗井点</td><td>黏土,淤泥质黏土,粉质黏土</td><td>$<1\times10^{-7}$</td><td>根据选用的井点确定</td></tr>
<tr><td>管井(深井)</td><td>含薄层粉砂的粉质黏土,砂质粉土,各类砂土,砾砂,卵石</td><td>$>1\times10^{-6}$</td><td>>10</td></tr>
<tr><td>砂(砾)渗井</td><td>含薄层粉砂的粉质黏土,黏质粉土,砂质粉土,粉土,粉细砂</td><td>$>5\times10^{-7}$</td><td>根据下覆导水层的性质及埋深确定</td></tr>
</table>

综合土层渗透系数、降水深度、工程要求等,降水方法确定为井点降水(管井)。

(2)降水设计参数

①降水范围。

a.工程降水包括宣武门站及两个车站风道,车站长197.3m,宽24.4m,车站底板埋深约24m,均处在地下水位之下,采用暗挖法施工,需采取降水措施。

b.该站范围内地下水为层间水,水位埋深17.50~24.30m,含水层为卵石圆砾层,中粗砂充填;车站结构底板处于层间水水位以下6m左右。

c.降水要求。层间水水位降至暗挖结构底板下0.5m。

②降水井选择。

a.充分考虑施工对交通的影响,车站采用管井井点降水方案。管井为无砂水泥管管井,井点距结构外墙距离≥2.4m。

b.降水井结构及设计参数。降水井设计参数,见表3-4。

降水设计参数 表3-4

<table>
<tr><th>位置</th><th>井类型</th><th>井径(mm)</th><th>管径(mm)</th><th>井管类型</th><th>井深(m)</th><th>井间距(m)</th><th>滤料(mm)</th><th>井数(个)</th></tr>
<tr><td>西南风道</td><td rowspan="5">潜水完整井</td><td rowspan="5">600</td><td rowspan="4">φ273/4</td><td rowspan="4">桥式滤水管</td><td rowspan="5">≥36m(进入黏质粉土10层(2m)</td><td rowspan="2">4~5.5</td><td rowspan="5">2~4
3~7</td><td>36</td></tr>
<tr><td>西北风道</td><td>21</td></tr>
<tr><td>施工竖井临时通道</td><td rowspan="3">6~8</td><td>14</td></tr>
<tr><td>车站主体</td><td>74</td></tr>
<tr><td>延长降水区域</td><td>400</td><td>无砂混凝土管</td><td>19</td></tr>
</table>

③降水井结构。降水井结构如图3-7所示。

3)降水施工工艺

(1)工艺流程

降水施工工艺流程如下。

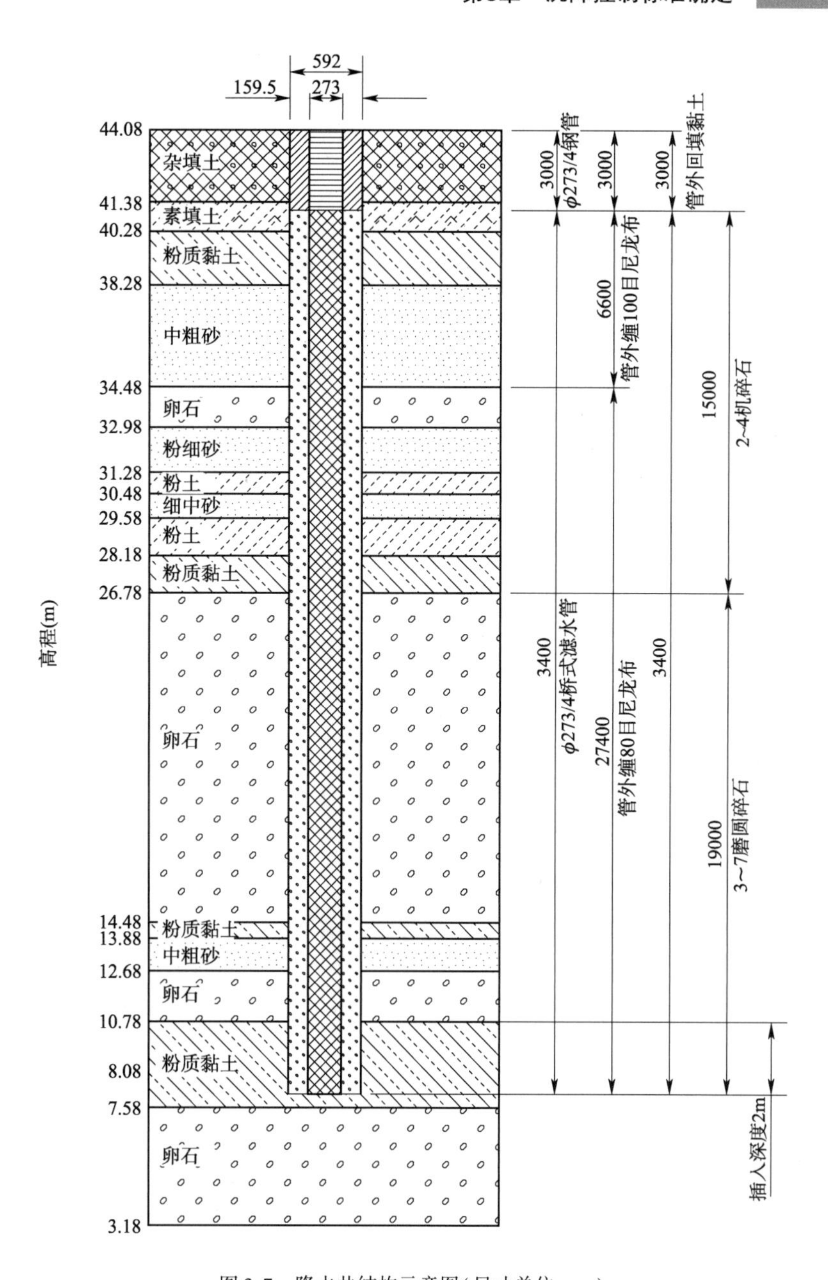

图3-7　降水井结构示意图(尺寸单位:mm)

①做降水前的准备工作,如查明地下管线与建筑物的情况,做好临时护挡和各种警示牌,确保临时电路和水管的完好。

②确定挖孔的具体位置。

③调整钻机,并挖孔达到指定位置。

④填充滤料,开始洗井。

⑤安装水泵,开始抽水。

详细的工艺流程见图3-8。

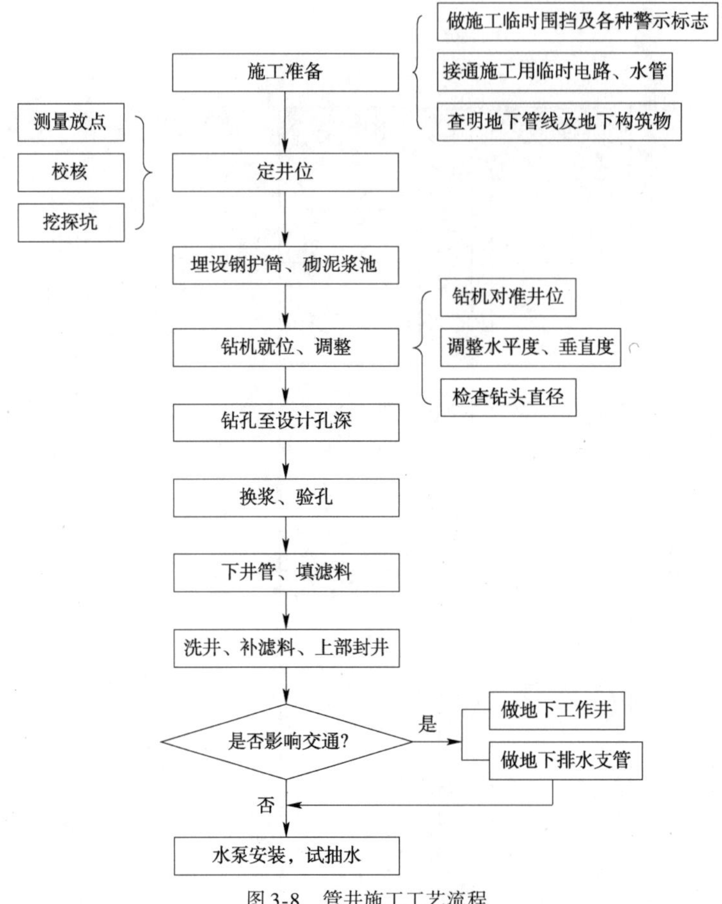

图 3-8　管井施工工艺流程

(2)降水井施工关键技术

①成孔。采用反循环钻机成井,井径不小于 700mm,井孔应保持圆正垂直,孔深不小于设计值。

②替浆。井管下入前注入清水置换,泥浆泵抽出沉渣并测定井深。

③吊放井管。井管采用无砂混凝土管或钢管,在预制混凝土井鞋上放置井管同时水位以下包缠 1 层尼龙网,缓缓下放,当管口与井口相差 200mm 时,接上节井管,接头处用尼龙网裹严,以免挤入泥砂淤塞井管,竖向用 2 ~ 4 条 30mm 宽、长 2 ~ 3m 的竹条固定井管。为防止上下节错位,在下管前将井管依井方向立直。吊放井管要垂直,并保持在井孔中心,为防止雨水泥砂或异物流入井中,井管要高出地面不小于 200mm,并加盖临时保护。

④填滤料。井管下入后立即填入滤料。滤料沿井孔四周均匀填入,宜保持连续,将泥浆挤出井孔。填滤料时,应随填随测滤料填入高度,当填入量与理论计算量不一致时,及时查找原因。不得用装载机直接填料,应用铁锹下料,以防不均匀或冲击井壁。洗井后,如滤料下沉量过大,应补填至井口下 1m 处,其上用黏土封填。滤料为 2 ~ 4mm 干净石屑,杂质含量不大于 3% 。

⑤洗井。由于是反循环钻机施工的降水井,采用下泵试抽洗井,用潜污泵反复进行抽洗,直至水清砂净。洗井应在成井 8h 内进行,以免时间过长,护壁泥皮逐渐老化,难以破坏,

影响渗水效果。洗井过程中，应观测水位及出水量变化情况。

⑥排水管及电缆铺设。各抽水井排水采用硬塑料管就近与雨污水井或雨水箅相连，挖槽宽30cm、深50cm，排水管与电缆合槽铺设，排水管向水流方向的倾斜以1‰为宜，排放水必须达到市政管理部门的要求，及时发现并关停、处理出水含砂量较大的抽水井。

(3)降水运行

为了保证降水施工的正常进行，在施工的过程中应该做到以下几点。

①降水期间，应对抽水设备和运行状况进行维护检查，每天检查不应少于3次，并应观测记录水泵的工作压力，电动机、水泵温度，电流，电压，出水等情况，发现问题及时处理，使抽水设备始终处在正常运行状态。

②抽水设备应进行定期保养，降水期间不得随意停抽。

③注意保护井口，防止杂物掉入井内，经常检查排水管、沟，防止渗漏。

④在更换水泵时，应测量井深，掌握水泵安全的合理深度，防止埋泵。

⑤发现基坑(槽)出水、涌砂，应立即查明原因，组织处理。

⑥当发生停电时，应及时更新电源，保持正常降水。

(4)地下水的动态监测

为准确掌握地下水动态变化，及时采取必要的处理措施，在抽水影响半径内呈放射状布设观测孔，并在抽水影响半径以内的高大建筑物、古建筑物、危防类建筑物、地下构筑物旁设置观测孔。通过观测孔测出水位高程变化、排水量、排水含沙量等数据。

(5)降水沉降监测

在降水井的两侧沉降区域内，选择具有代表性的高大建筑物(如中国图片社)、构筑物(既有地铁出入口通道等)布设沉降监测点。沉降观测点布设于建筑物的边角处及中心位置。在降水施工开始前，对所布沉降点进行两次监测，取其中数作为初始数值，以确定建筑物在不受外界环境影响下的沉降值。降水开始后每7d监测1次，连续观测3次，如日沉降变化量≤0.04mm，则改为每15d监测1次。若日沉降变化量>0.04mm，则继续加密监测。每监测3次提交一次成果报告，如发现建筑物沉降值接近3cm时，应分析原因，采取补救措施。

实际施工中，降水运行与主体结构施工同步进行，很难定量区分出哪一部分沉降是由于降水运行引起，哪一部分是由于主体结构施工引起。理论分析认为，降水引起的地表沉降占总沉降的20%～30%，并与降水方法、降水井的布设、降水运行的时间等密切相关。

3.2　沉降控制标准

对地铁隧道施工环境起控制作用的因素，有邻近地面建构筑物的允许变形量、交通路面的允许变形量、邻近地下构筑物允许变形量及邻近地下管线的允许变形量。

为了保护环境，设计及施工要将隧道开挖对周围环境的影响控制在允许的限度内。根据对周围环境条件的调查、研究，计算分析其邻近建构筑物的允许变形值，确定隧道开挖支护引起的地表沉降的允许值，以此作为施工环境的控制标准。

地下管线的允许变形，应该根据施工中在最不利工况下导致管线产生最大曲率、最大扭角的沉降允许值，并在此情况下不影响管线的正常使用。因而要探明地铁隧道施工影响区

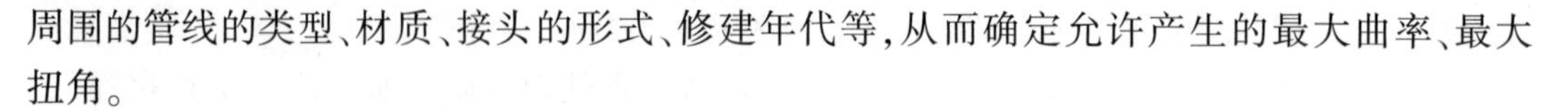

周围的管线的类型、材质、接头的形式、修建年代等，从而确定允许产生的最大曲率、最大扭角。

3.2.1 建(构)筑物变形控制标准

3.2.1.1 建(构)筑物对变形的反应

(1)建(构)筑物破坏与差异沉降之间的关系

由于隧道的开挖造成的地层沉降直接关系地表建筑物能否安全使用，而对建筑物差异沉降引发的建筑物倾斜则是判定建筑物是否安全的一个标准。表3-5为差异沉降和相应建筑物的反应。

差异沉降和相应建筑物的反应 表3-5

建筑物结构类型	δ/L(L为建筑物长度，δ为差异沉降)	建筑物反应
一般砖墙承重结构，包括有内框架的结构；建筑物长高比小于10；有圈梁；天然基础(条形基础)	达1/150	分隔墙及承重墙出现相当多的裂缝，可能发生结构破坏
一般钢筋混凝土框架结构	达1/150	发生严重变形
	达1/500	开始出现裂缝
高层刚性建筑(箱形基础、桩基)	达1/250	可观察到建筑物倾斜
有桥式行车的单层排架结构的厂房；天然地基或桩基	达1/300	桥式行车运转困难，不调整轨面水平难运行，分隔墙有裂缝
有斜撑的框架结构	达1/600	处于安全极限状态
一般对沉降差反应敏感的机器基础	达1/850	机器使用可能会发生困难，处于可运行的极限状态

沉降控制基准，包含两个方面内容：一是出于环控的需要；二是出于工程结构稳定本身的需要。实施的控制基准必须两者兼顾。

(2)建筑物破坏程度与倾斜度之间的关系

建筑物破坏程度可以分为四级，即一级(美观破坏)、二级(功能破坏)、三级(结构破坏)、四级(倒塌)。综合分析得到建筑物破坏程度与倾斜度之间的关系指标，如表3-6所示。

建筑物破坏程度与差异沉降 $\xi=\delta/H$(单位：%) 表3-6

建筑物类型		高度(m)	完好 ξ_0	美观破坏 ξ_1	功能破坏 ξ_2	结构破坏 ξ_3	倒塌 ξ_4
多层建筑物	钢筋混凝土框架结构	$H\leqslant24$	0.0	0.2	0.5	1.0	6.0
	砌体承重结构	$H\leqslant22$	0.0	0.1	0.4	1.0	5.0
高层建筑		$24<H\leqslant60$	0.0	0.06	0.3	0.7	5.0
		$60<H\leqslant100$	0.0	0.04	0.25	0.5	3.0
		$H>100$	0.0	0.02	0.2	0.4	2.0

续上表

建筑物类型	高度(m)	完好 ξ_0	美观破坏 ξ_1	功能破坏 ξ_2	结构破坏 ξ_3	倒塌 ξ_4
高耸结构	$H \leq 20$	0.0	0.1	0.8	2.0	4.0
	$20 < H \leq 50$	0.0	0.05	0.6	1.5	3.0
	$50 < H \leq 100$	0.0	0.03	0.5	1.0	2.0
	$100 < H \leq 150$	0.0	0.02	0.4	0.8	1.6
	$150 < H \leq 200$	0.0	0.015	0.3	0.6	1.2
	$200 < H \leq 250$	0.0	0.01	0.2	0.4	1.0

注:表中给出的数值均是各级别破坏的下限值,高耸结构的指标仅供参考。

(3)建筑物破坏与最大裂缝宽度之间的关系

建筑物破坏与最大裂缝宽度之间的关系可以表示为表3-7。

建筑物破坏程度与最大裂缝宽度的关系(单位:mm) 表3-7

结构形式	完好	美观破坏	功能破坏	结构破坏	倒塌
砖混结构	0.0	0.2	1.0	10.0	25.0
框架结构	0.0	0.3	2.0	15.0	30.0

3.2.1.2 建筑物沉降控制标准

桩基础建筑物允许最大沉降值不应大于10mm。天然地基建筑物允许最大沉降值不应大于30mm。

3.2.1.3 建筑物倾斜控制标准

建筑物允许沉降差控制标准如表3-8所示,多层和高层建筑的整体倾斜允许值如表3-9所示。

建筑物允许沉降差控制标准 表3-8

变形特征		地基变形允许值	
		中、低压缩性土	高压缩性土
砌体承重结构基础的局部倾斜		0.002	0.003
工业与民用建筑相邻柱基的沉降差	框架结构	$0.002l$	$0.003l$
	砌体墙填充的边排柱	$0.0007l$	$0.001l$

注:l为相邻柱基的中心距离(mm)。

多层和高层建筑的整体倾斜允许值 表3-9

变形特征	地基变形允许值
$H_g \leq 24$	0.0040
$24 < H_g \leq 60$	0.0030
$60 < H_g \leq 100$	0.0025
$H_g > 100$	0.0020

注:H_g为自室外地面起算的建筑物高度(m)。

3.2.2 交通路面变形控制标准

城市地铁隧道,为了避免从建筑物基础下穿造成建筑物的过大损坏及运营噪声等对居民的生活影响,一般都选择在交通道路下穿行,因此,不可避免地会对路面造成或多或少的影响。大量实践显示,隧道施工对路面的影响主要来自3个方面:一是开挖工作面失稳等原因造成的路面塌陷;二是由于注浆加固地层控制不当使浆液通过土体孔隙喷出地面,出现"冒浆"现象;三是施工产生的路面沉降不均,从而导致路面出现车辙、开裂甚至路面板断裂等。

3.2.2.1 沥青路面面层破损类型

沥青混凝土路面在隧道工程影响下可能产生的破坏应该是较短时间内形成的,典型的破坏形式包括沉陷和车辙,破损分类分级见表3-10。

沥青路面破损分类分级　　表3-10

破损类型		分级	外观描述	分级标准
变形类型	沉陷	轻	深度浅,行车无明显不适感	深度小于或等于25mm
		重	深度深,行车明显颠簸不适	深度大于25mm
	车辙	轻	变形较浅	深度小于或等于25mm
		重	变形较深	深度大于25mm

3.2.2.2 路面破坏程度

为了建立路面沉降与路面破坏程度的关系,需要按照纵向裂缝宽度作为路面破坏程度的评判标准,如表3-11所示。

路面破坏程度与纵向裂缝关系　　表3-11

路面破坏程度	基本完好	轻微破坏	中等破坏	严重破坏
纵向裂缝宽度 w(mm)	$w<0.1$	$w\leqslant3$	$3<w\leqslant15$	$w>15$

3.2.3 地下管线变形控制标准

地层变形对地下管线的影响程度见表3-12。

地层变形对地下管线影响的初步估计　　表3-12

地表最大沉降值(S_{max})(mm)	刚性管线	柔性管线
$S_{max}\leqslant10$	与其他原因(如安装、交通荷载、季节变化等)相比,管线应力增加并不显著	
$S_{max}>10$	地层变形对管线的影响应详细评价	—
$S_{max}>25$	管线应力肯定会显著增加,小直径管线有可能损坏	—
$S_{max}>50$	大直径管线有可能损坏	管线应力可能会有显著增加,地层变形对管线的影响应详细评价

3.2.4　环境控制标准确定

依据施工影响范围内邻近建构筑物、地面交通路面、地下构筑物、地下管线等的使用现状、保护等级、重要性、基础形式、邻近程度等,进行环境允许变形值的计算分析。

3.2.4.1　根据地面建构筑物不均匀沉降确定

(1)建筑物相邻桩基一部分位于沉降槽内

在建筑物相邻柱基间距小于或等于沉降槽拐点 i[图3-9a)]的情况下,当基础产生的倾斜值不大于相应建筑物允许倾斜值时,可以下式表示:

$$\frac{\Delta S}{L} \leqslant [f] \tag{3-14}$$

式中:L——建筑物相邻柱基础间距;

$[f]$——建筑物的允许倾斜;

ΔS——差异沉降值。

从沉降槽曲线可知,在拐点 i 处曲线斜率最大,以此极限条件下的坡度值不大于相应建筑物允许倾斜值作为限制条件。此时,差异沉降(不均匀沉降)达到最大[图3-9a)],从而得允许最大沉降差为:

$$\Delta S = [f]i \tag{3-15}$$

由 Peck 曲线可知,当 $x=i$ 时,得出地表下沉的最大斜率为:

$$K_{\max} = \frac{0.61}{i} S_{\max} \tag{3-16}$$

由极限条件 $K_{\max} \leqslant [f]$ 即 $\frac{0.61}{i} S_{\max} \leqslant [f]$,并假定建筑物最大允许倾斜与 $K_{\max}$ 相等,此时地表最大允许沉降量为:

$$[S_{\max}] = \frac{0.61}{i} [f] \tag{3-17}$$

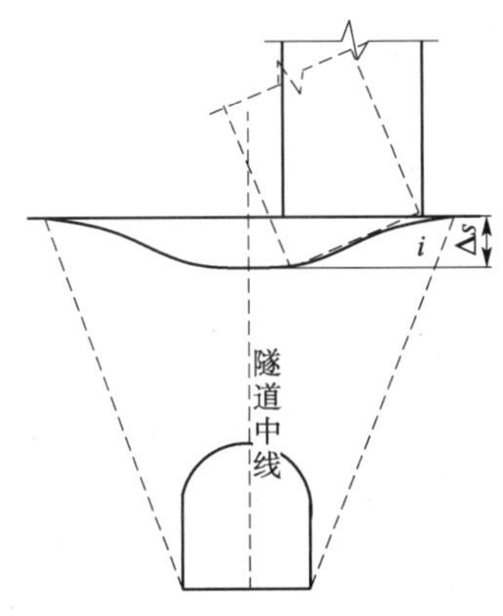

a)建筑物相邻柱基间距小于或等于沉降槽拐点

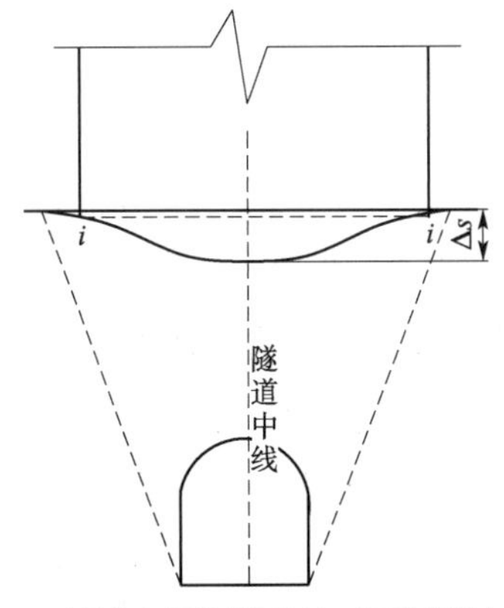

b)建筑物相邻柱基间距大于沉降槽拐点

图3-9　隧道施工对建筑物影响示意图

(2)建筑物相邻桩基全部位于沉降槽内

当建筑物相邻柱基间距大于或等于 $2i$ 时,即结构物横跨在隧道之上,沉降对建筑物的

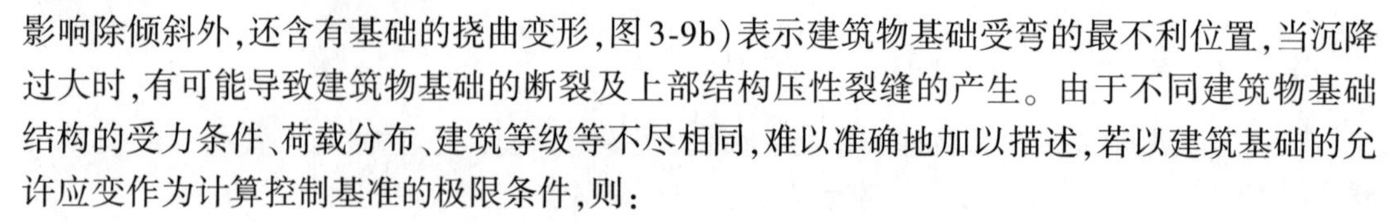

影响除倾斜外，还含有基础的挠曲变形，图3-9b）表示建筑物基础受弯的最不利位置，当沉降过大时，有可能导致建筑物基础的断裂及上部结构压性裂缝的产生。由于不同建筑物基础结构的受力条件、荷载分布、建筑等级等不尽相同，难以准确地加以描述，若以建筑基础的允许应变作为计算控制基准的极限条件，则：

$$[S_{max}] = \sqrt{([\varepsilon]i + i)^2 - i^2} \tag{3-18}$$

$$[\varepsilon] = \frac{[\sigma]}{E}$$

式中：$[\sigma]$——基础的极限抗拉强度；

E——基础弹性模量。

综上所述，控制基准值的确定首先应计算出建筑物允许沉降值，然后与地层允许沉降值比较，取其中最小的允许沉降值作为最后的控制基准值。

3.2.4.2 根据交通路面沉陷开裂确定

路面沉陷开裂控制指标可以根据路面沉陷形成的裂缝宽度来评判，故需要建立裂缝宽度与最大沉降量之间的关系。

交通路面的一般规格为9.0～34.5m，现在假定隧道沿着两车道9m宽路面中线下面穿行，也即两幅路面中间。路面地基变形按照Peck公式计算，隧道深度取12～15m，则沉降槽宽度系数i至少在4m以上，即反弯点基本超出横向路面的范围，发生整体纵向裂缝的可能性较小，不考虑。而纵向上路面长9m，地基沉降槽的反弯点在路面范围内，因此会在前后四幅路面板上出现横向裂缝，当事故发生在板块交界处下方时，可能产生最大裂缝，宽度可按照几何方法计算，如图3-10所示。

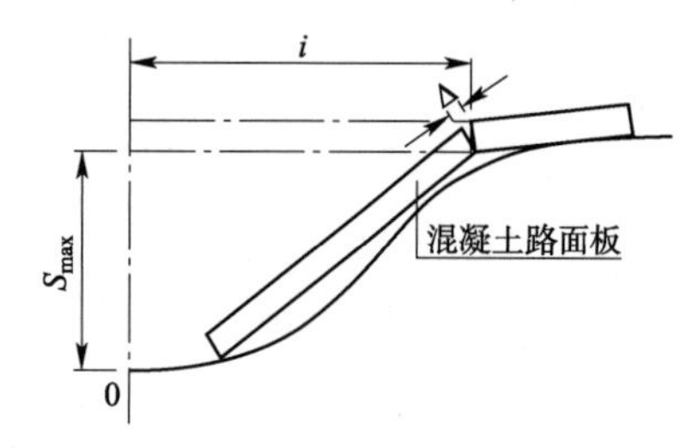

图3-10 混凝土板裂缝宽度计算示意图

断板的斜率按照最大沉降值与沉降槽宽度比值近似，则裂缝宽度可用下式计算：

$$\Delta = h \times \left| \arctan\left(\frac{S_{max}}{i}\right) \right| \tag{3-19}$$

式中：Δ——裂缝宽度；

h——混凝土板厚度，一般规格为25～35cm。

其他符号意义同前。

3.2.4.3 根据地下管线最大沉降、曲率、转角确定

隧道开挖时，与地下管线之间必然会产生相互作用，管线的存在也必然会对地层产生影响，地层变形也会使管线上产生弯矩，图3-11表示具有连续刚性接头的管线所受弯矩的形式与隧道位置的关系。坐标系原点位于隧道开挖面正上方，x/i轴平行于隧道轴线，$+x/i$方向为隧道掘进的方向，y/i轴在管线平面内垂直于隧道轴线，纵轴垂直向下，通过隧道开挖面中心。同时，管线上产生的弯矩及其抵抗地层变形的能力也会受到管线接头位置、接头的结构形式等的影响。

一般来说，焊接的、法兰的、水泥或灰浆填充的接头可看作是理想刚性的；橡胶垫圈推入

式接头、栓接密封管机械接头和橡胶密封管机械接头则可看作是理想柔性的。

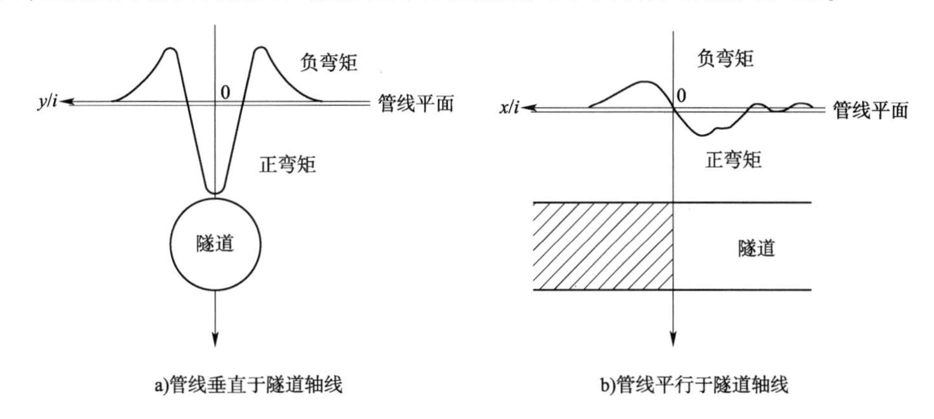

图3-11　管线下方隧道开挖所引起的管线上的弯矩

1）地下管线最大沉降值确定

隧道开挖会引起管线处地层的径向变形和轴向变形，可以通过如下方法确定地下管线的最大沉降值。

（1）地表沉降槽宽度系数 i_0

$$\frac{i_0}{R}=\left(\frac{Z_0}{2R}\right)^{0.8} \tag{3-20}$$

式中：Z_0——覆土厚度；

R——隧道半径。

（2）管线平面上沉降槽宽度系数 i_p

$$\begin{cases} i_p = i_0 - 0.43Z_p & (\text{黏性土}, 3 \leqslant i_0 \leqslant 24) \\ i_p = i_0 - 0.28Z_p & (\text{砂土}, 6 \leqslant i_0 \leqslant 10) \end{cases} \tag{3-21}$$

（3）管线平面上最大沉降值

$$S_{Z_p,\max}=\frac{i_0}{i_p}S_{Z_0,\max} \tag{3-22}$$

2）地下管线变形参数的确定

对于刚性接头连接的管道来说，由于地层的不均匀沉降引起的弯曲应力很大，甚至会引起管道断裂。但是弯矩会在接头处连续通过，不会造成接头旋转，即转角不会变化。

对于用柔性接头连接的承插式管道来说，在管道使用过程中，由于地层不均匀沉降引起的纵向弯曲应力，一般不会超过管道吊装运输时的应力。

基于此，对于刚性管线而言，其变形参数主要为管线曲率，对于柔性管线而言，其变形参数主要为管线曲率、管线扭转角。

（1）刚性管线变形参数的确定

根据管线曲率与管线允许应力关系，可以得到管线安全使用的条件为：

$$R_{p\min} \geqslant [R_p] = \frac{E_p D}{2[\sigma]} \tag{3-23}$$

式中：$[\sigma]$——管道的容许抗拉、压应力；

E_p——管道的弹性模量；

D——管道的直径；

R_{p}——管道的曲率半径。

(2)柔性管线变形参数的确定

①曲率半径

$$R_{p\,\min} \geqslant [R_{p}] = \frac{L_{p}D}{[\Delta]} \tag{3-24}$$

式中：L_{p}——管道管节长度；

$[\Delta]$——管道接头的容许接缝张开度。

②管线扭转角

a. 管线垂直于隧道轴线时，管线接头最不利位置为 $y_{p}=2L_{p}$、L_{p}、0、$-L_{p}$、$-2L_{p}$ 等，最有利位置为 $y_{p}=\frac{3}{2}L_{p}$、$\frac{1}{2}L_{p}$、0、$-\frac{1}{2}L_{p}$、$-\frac{3}{2}L_{p}$ 等，如图 3-12 所示。在 $y_{p}=0$ 处接头的转角为：

$$\theta_{p} = \frac{\left(\frac{S_{Z_{p}}}{S_{Z_{p},\max}}\right)_{L_{p}-0} - \left(\frac{S_{Z_{p}}}{S_{Z_{p},\max}}\right)_{0-(-L_{p})}}{L_{p}} S_{Z_{p},\max} \tag{3-25}$$

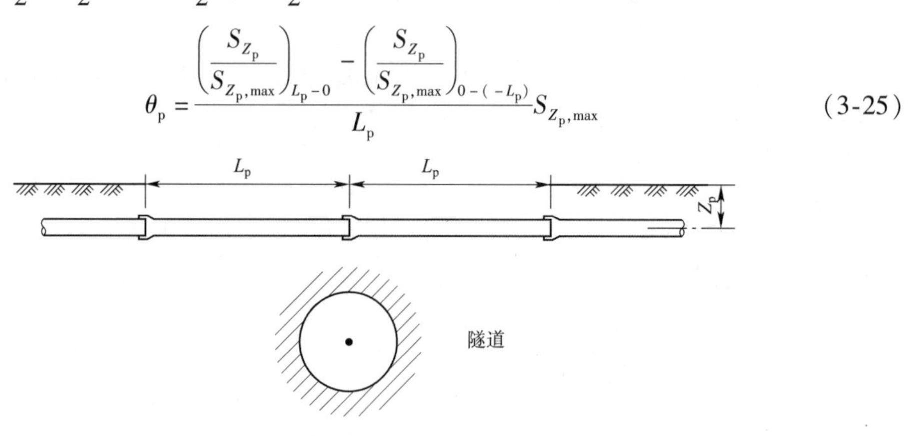

图 3-12　管线接头最不利位置(管线垂直于隧道轴线)

b. 管线平行于隧道轴线时，管线接头最不利位置为 $x_{p}=2L_{p}$、L_{p}、0、$-L_{p}$、$-2L_{p}$ 等，最有利位置为 $x_{p}=\frac{3}{2}L_{p}$、$\frac{1}{2}L_{p}$、0、$-\frac{1}{2}L_{p}$、$-\frac{3}{2}L_{p}$ 等，如图 3-13 所示。在 $x_{p}=L_{p}$ 处接头的转角为：

$$\theta_{p} = \frac{\left(\frac{S_{Z_{p}}}{S_{Z_{p},\max}}\right)_{L_{p}-0} - \left(\frac{S_{Z_{p}}}{S_{Z_{p},\max}}\right)_{0-(-L_{p})}}{L_{p}} S_{Z_{p},\max} \tag{3-26}$$

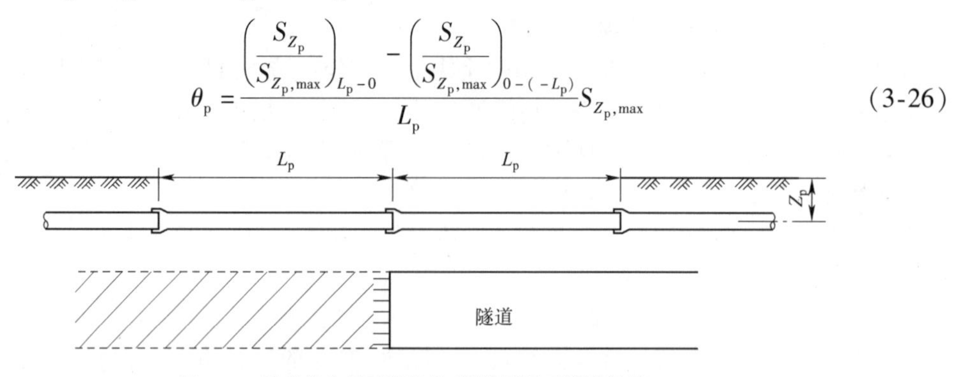

图 3-13　管线接头最不利位置(管线平行于隧道轴线)

3)基于地下管线最大曲率、转角确定的地面最大沉降值

(1)刚性管线

①管线与隧道轴线垂直时，

$$S_{Z_0,\max} \leqslant [S] = \frac{\alpha\beta[\sigma]}{E_p D} \tag{3-27}$$

$$\alpha = \frac{10 i_p^2}{3}$$

$$\beta = \frac{6 i_p}{5 i_0}$$

式中：$S_{Z_0,\max}$——地面最大沉降；

其他符号意义同前。

②管线与隧道轴线平行时，

$$S_{Z_0,\max} \leqslant [S] = \frac{\alpha\beta[\sigma]}{\gamma E_p D} \tag{3-28}$$

$$\gamma = \exp\left(-\frac{x_p^2}{2 i_0^2}\right)$$

(2)柔性管线

①管线与隧道轴线垂直时，

$$S_{Z_0,\max} \leqslant [S] = \frac{\alpha\beta[\Delta]}{L_p D} \tag{3-29}$$

式中：符号意义同前。

②管线与隧道轴线平行时，

$$S_{Z_0,\max} \leqslant [S] = \frac{\alpha\beta[\Delta]}{\gamma L_p D} \tag{3-30}$$

式中：符号意义同前。

3.2.4.4　基于隧道不产生坍塌时的沉降控制标准确定

大量实践及试验资料显示，浅埋未固结砂土隧道采用台阶法开挖时，隧道侧壁正上方的塌方引起的破坏范围很大，以此作为控制条件，按照地基梁理论确定控制标准为：

$$S_{Z_0,\max} \leqslant [S] = \frac{H+D}{2.44}\gamma_p \tag{3-31}$$

$$\gamma_p = \frac{2(1+\mu)}{E}\tau$$

$$\tau = c + \gamma H \frac{\mu}{1-\mu}\tan\varphi$$

式中：D——隧道洞径；

c——土的黏聚力。

3.2.4.5　控制指标的综合确定

综合以上4种控制指标，运用模糊法或赋予权重系数或其中的最小值作为最终环境控制标准。

3.2.5　宣武门站地表沉降控制标准

宣武门站地表沉降控制标准见表3-13～表3-15。

北京地铁4号线宣武门站施工影响范围内建构筑物允许沉降值 表3-13

工程名称	邻近建构筑物名称	建筑物结构基础形式	距离(m)	沉降槽宽度系数 i (m)	建筑物允许沉降值[f](‰)	地层允许沉降值 $S_{max}=\frac{i}{0.61}[f]$ (mm)
西南风道	中国图片社	框剪结构	2	10.756	混凝土(法)3	52.898
					混凝土(日)4	70.531
主体结构(双层)	越秀饭店	框剪结构,筏基	44	10.419	混凝土(法)3	51.241
					混凝土(日)4	68.321
东南出入口	越秀饭店	框剪结构,筏基	3.2	7.327	混凝土(法)3	36.034
					混凝土(日)4	48.046

北京地铁宣武门站浅埋暗挖隧道上方刚性管线地面允许沉降值(部分) 表3-14

管线名称	与隧道方向关系	管径 D (mm)	i_p	系数			管线极限抗拉强度[σ](N/mm²)	管线弹性模量 E (N/mm²)	地面允许沉降值 S_{max} (mm)	
				α	β	γ			$S_{Z0,max}\leqslant[S]=\frac{\alpha\beta[\sigma]}{E_pD}$ 与隧道方向垂直	$S_{Z0,max}\leqslant[S]=\frac{\alpha\beta[\sigma]}{\gamma E_pD}$ 与隧道方向平行
上水管	平行	600	10.08	338.9	1.16	0.5	2.1	50000		55.04
煤气管	垂直	300	10.08	338.9	1.16		2.1	50000	55.04	
雨水管	垂直	500	10.06	337.3	1.16		1.1	22000	39.13	

北京地铁4号线宣武门站基于隧道不坍塌地表允许沉降值 表3-15

覆土厚度(m)	隧道半径 R (m)	土层内摩擦角 φ	泊松比	E (MPa)	γ	τ (kPa)	γ_p	S_{max} (mm)
8	11.45	27	0.27	100	20.0	74.39	0.00289	36.6

综合分析以上4种控制在指标,以最小值作为最终环境控制标准,可得到地表沉降的控制值应为36.6mm。

3.3 穿越既有线沉降控制标准确定

3.3.1 沉降控制标准确定

邻近既有运营地铁线路修建隧道,其首要管理目标是保证既有线路的使用安全。为了达到这一目标,必须首先界定出安全运营所需的既有线的管理标准。包括轨道管理标准和结构管理标准。之后,才能在施工中,以此为标尺,对各施工步序进行有效管理。换言之,不管在施工过程中采用什么方法,使用何种工艺,只要各项管理指标符合预先制定的管理标准,就可以保证既有线的安全使用。所以,既有线安全管理的第一步就是制定出机车正常运行的轨道与结构管理指标和相应的控制值。如何将既有线变位限制在最小范围内应是施工

控制的首要目标。

在既有线为地下铁道线路的情况下，对于既有线的监测和管理不仅包括轨道，还有既有隧道结构。对于既有线的管理包括变形与受力两个方面。

受土体沉降的影响，隧道结构会发生不均匀沉降、扭转，产生变形。作为一个整体，隧道结构会带动道床与轨道一起发生变位。所以，当既有线为地下铁道线路时，应研究轨道、道床与结构间变位关系，根据轨道、道床的控制标准，计算出对既有结构变位的监测管理值。对于结构受力的管理，应先对既有结构现状作出评估，了解混凝土剩余强度、既有裂缝开展程度、钢筋的锈蚀情况等，在此基础上建立既有结构力学模型，分析土体沉降对既有结构产生的附加应力状态。预测结构可能的破坏情况，进而决定是否采取加固措施，最后给出基于强度的结构变形与变位控制标准。与基于既有轨道、道床变位管理的结构变位标准相统一，得出兼顾既有线轨道、道床变位和既有隧道结构强度的既有线变位管理标准。

制定既有线变位监测管理标准是进行施工设计的第一步。一般对于既有线为地表铁路线的情况，其变位管理值大多由运营部门提供。如日本的筑波、三之轮隧道纵向下穿地表既有线时，所规定的地表铁路线沿轨道纵向10m内变位管理值分别见表3-16、表3-17。

JR货运线规定管理值(单位:mm) 表3-16

变形类别	轨间距增量	沿轨道纵向沉降量	轨道侧向平移	两轨道高差
警戒值	±5.0	±9.0	±9.0	±7.0
停工值	±9.0	±13.0	±13.0	±12.0

JR常盘线规定管理值(单位:mm) 表3-17

变形类别	轨间距增量	沿轨道纵向沉降量	轨道侧向平移	两轨道高差
警戒值	±5.0	±5.0	±6.0	±7.0
停工值	±9.0	±10.0	±10.0	±12.0
限界值	±14.0	±15.0	±15.0	±18.0

在意大利横向下穿RAVONE铁路站场的隧道施工中，根据意大利国家铁路规范要求，在时速达80km/h的铁路线下进行隧道施工的情况下，轨道变位管理标准值规定见表3-18。

既有铁路变位管理值 表3-18

变形类别	纵向40m长度内轨道沉降(mm)	轨道差异沉降(‰)		
		纵向3m长度内	纵向7m长度内	纵向10m长度内
警戒值	20	2.5	2.0	1.0
报警值	30	5.0	4.0	3.0

北京地铁4号线宣武门站下穿既有运营地铁2号线宣武门站施工设计中，既有线安全运营限制标准为：结构变形≤10mm，变形缝两端沉降差异≤5mm；轨面下沉≤5mm，轨距增宽≤6mm，减窄≤2mm；单线两轨高差≤4mm；轨道结构纵向变形坡率≤1/2500。

北京地铁5号线崇文门站下穿既有线施工设计中，既有线结构与轨道变位的控制标准由地铁运营公司给出，分别见表3-19、表3-20。

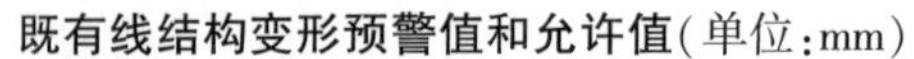

既有线结构变形预警值和允许值(单位:mm)　　表3-19

变形类别	沉降	上拱
预警值	30	30
允许值	40	40

既有线轨道结构变形预警值和允许值(单位:mm)　　表3-20

变形类别		沉降	上拱	平移	沉降差	道床开裂
预警值	每日	3	3	1	2	0.5
	累积	30	30	4	—	1
允许值	每日	4	4	2	3	0.5
	累积	40	40	6	—	1

3.3.2 沉降控制标准值的分解

由于隧道施工,尤其是大断面隧道施工是一项庞杂的系统工程,涉及多种工艺、多道工序,自始至终都是一个动态的、不断变化的过程,每一个施工步序都会对既有结构与轨道产生不同程度的影响。如果所有这些影响的累加仍然维持在既有线管理标准之内,则既有线的安全运营是有保证的。这就启发我们,可以把既有线的管理标准分解到每一步施工步序中,形成施工各具体步序的控制标准或称控制目标,只要单个步序的沉降量得到控制,则整个工程的安全管理就能得以实现。基于以上思路,提出既有结构变位分配控制原理。

顾名思义,既有结构变位分配控制原理,就是采用理论计算结合施工经验,将既有线的总变位控制值分解到每一个施工步序中,建立既有结构分步施工沉降控制标准。在施工中,根据既有结构的监测结果,及时掌握施工动态,将监测结果与分步施工控制标准相对比,随时了解既有结构变位发展情况,分析过大变位产生的原因,及时采取措施,将变位控制在安全范围内。其整个控制过程见既有结构变位分配控制流程(图3-14)。

3.3.3 变位分配控制原理应用流程

采用变位分配控制原理对既有结构变位实施管理的整个过程可以概括为4个阶段,即勘测、预测、监测和对策。

(1)勘测。即根据施工场区地质勘测数据,掌握场区地形、地质条件、土层性质、地下水赋存方式等。对既有隧道结构进行现状评估,了解其健全度,结合新线隧道设计参数和既有线管理标准值,采用经验类比法,初步选定施工方案。

(2)预测。根据既有线安全管理的各项指标,确定施工方案优化指标,采用理论分析和经验类比的方法,预测各阶段性施工可能引起的变位在总体结构变位中所占的比例,再根据总体管理标准值计算各分步施工沉降值,详细研究各施工步序实现其控制变位量的可能性,分析产生沉降的各种可能因素,比选各种可能采取的措施,做到使每一步施工控制都有较为充分的保证。

(3)监测。根据设计的监测指标,在既有线中设置观测点,适时记录既有线在施工过程中所发生的各种变位值,为施工控制和安全管理提供依据。

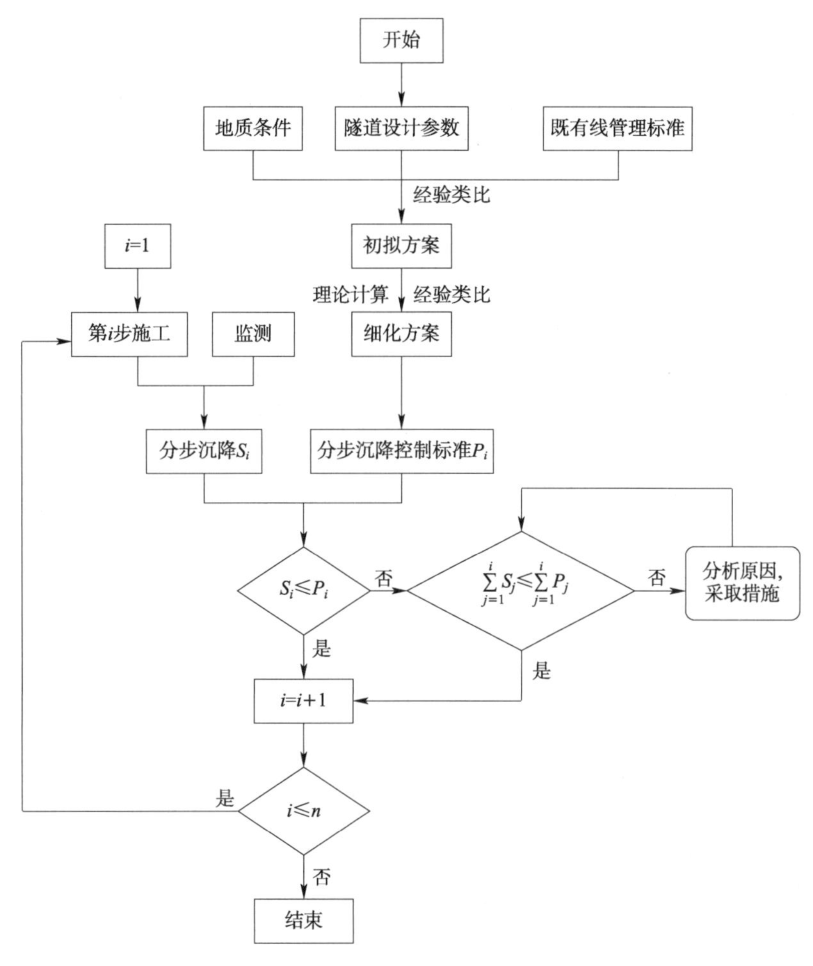

图3-14　变位分配控制流程

(4)对策。根据设计好的细化施工方案，按计划分步施工，及时掌握既有线监测信息，与(2)中所确定的分步变位控制标准相对照，根据两者符合或偏离的程度，决定施工的进程。对过度变位要分析其原因，拿出相应的对策，修改施工方案。其控制的底线是施工累计沉降要小于分步变位累计管理值，即满足下式：

$$\sum_{j=1}^{i} S_i \leqslant \sum_{j=1}^{i} P_i \tag{3-32}$$

式中：S_i——第 i 步施工导致的既有结构变位监测值；

P_i——第 i 步施工既有结构变位设计值。

若偏离过大，就要研究恢复方案。

根据变位分配控制原理对既有线变位进行施工管理有如下优势：

(1)将总体变位控制量分解到每一步工序中，使每一步施工都有明确的变位控制目标，具有很强的可操作性。

(2)对既有线变位有一个整体规划，可以明确施工控制的重点，做到有的放矢。

(3)及时掌握既有线变位监测值与设计值的偏离动态，及时处理，避免了风险的积累，使既有线变位控制处于积极、主动的状态。

分步变位控制标准的制定要紧密结合施工方案的优化,这一过程要经过以下三个步骤。

(1)施工方案的初步拟订。在充分掌握场区地形、地质条件和新线隧道各项设计参数的基础上,根据经验类比法,研究、选择相似工程条件下曾成功运用的各种施工方法。结合各种具体条件,如施工方的工艺水准、技术力量、设备机具等,对施工方案进行初步筛选,选出2~3种最为可行的施工方案。

(2)施工方案的优化。本步工作的任务是选出最能满足工程要求的施工方案。首先,根据已制定好的既有线变位各项控制指标和控制值,建立施工方案优选指标体系,如既有结构最大沉降量、结构间差异沉降、结构扭转等,然后,采用数字仿真技术,对(1)中所选方案进行数值模拟,观察各项优选指标值能否满足既有线变位控制标准,结合工程经验,评价其结果的可信度。同时,对比各方案优选指标值,遴选出最佳方案。

(3)分步变位控制标准的计算。对优选出的最佳施工方案进行细化,详细研究施工步骤排序、衔接的合理性、措施的安全性、工艺的可行性等,修改其中的不合理部分。利用数值方法,对整个施工过程进行模拟,根据施工模拟的总变位量与各分步变位量,计算各分步施工沉降百分比。再以此变位比率分解既有线变位控制标准中的警戒值和允许值,可以计算出各分步施工的变位警戒值和允许值。结合以往施工经验,研究以上变位分配比率与分步变位控制标准确定的合理性与实现的可能性。经过反复修正,最后给出各分步变位控制标准值。

3.3.4 地铁宣武门站下穿既有运营车站沉降控制标准及分解

3.3.4.1 下穿既有线底板沉降控制指标

为了将总沉降值、差异沉降值、沉降速率都能够控制在范围内,设计分别按照最大值的70%、80%作为预警值、报警值,并在每一施工步序中进行分解,确保每一步序的沉降值都在控制指标内(表3-21)。

既有线底板沉降各施工阶段沉降控制值一览表(主体单层段)　　表3-21

序号	各施工阶段		变形值类别	预警值(70%)	报警值(80%)	最终控制值(100%)
1	管棚施工		最大沉降值(mm)	1.05	1.20	1.50
			最大差异沉降值(mm)	0.35	0.40	0.50
2	左右洞开挖、支护	Ⅰ部	最大沉降值(mm)	1.40	1.60	2.00
			最大差异沉降值(mm)	0.7	0.8	1
		Ⅱ部	最大沉降值(mm)	1.05	1.20	1.50
			最大差异沉降值(mm)	0.7	0.8	1
		Ⅲ部	最大沉降值(mm)	1.75	2.00	2.50
			最大差异沉降值(mm)	0.7	0.8	1
		Ⅳ部	最大沉降值(mm)	0.70	0.80	1.00
			最大差异沉降值(mm)	0.7	0.8	1

续上表

序号	各施工阶段	变形值类别	预警值（70%）	报警值（80%）	最终控制值（100%）
3	衬砌	最大沉降值(mm)	1.05	1.20	1.50
		最大差异沉降值(mm)	0.35	0.40	0.5
4	结构完成最大值	最大沉降值(mm)	7.00	8.00	10.00
		最大差异沉降值(mm)	3.5	4.0	5
		最大沉降速率(mm/d)	1.05	1.2	1.5

3.3.4.2 下穿既有线轨道沉降控制指标

为了将总沉降值、单线两轨高差值都能够控制在范围内，设计分别按照最大值的70%、80%作为预警值、报警值；并在每一施工步序中进行分解，确保每一步序的沉降值都在控制指标内（表3-22）。

既有线轨道沉降各施工阶段控制指标(单位:mm)　　表3-22

序号	各施工阶段		变形值类别	预警值（70%）	报警值（80%）	最终控制值（100%）
1	管棚施工		最大沉降值	0.52	0.6	0.75
			最大两轨高差值	0.42	0.48	0.6
2	左右洞开挖、支护	Ⅰ部	最大沉降值	0.7	0.8	1
			最大两轨高差值	0.56	0.64	0.8
		Ⅱ部	最大沉降值	0.52	0.6	0.75
			最大两轨高差值	0.42	0.48	0.6
		Ⅲ部	最大沉降值	0.88	1.0	1.25
			最大两轨高差值	0.7	0.8	1
		Ⅳ部	最大沉降值	0.35	0.4	0.5
			最大两轨高差值	0.28	0.32	0.4
3	衬砌		最大沉降值	0.52	0.6	0.75
			最大两轨高差值	0.42	0.48	0.6
4	结构完成最大值		最大沉降值	3.5	4	5
			最大两轨高差值	2.8	3.2	4

第4章 浅埋暗挖隧道下穿既有线施工技术

为了保证既有线的结构安全和正常运营,应采用既有线地层超前加固,比选确定下穿段土体开挖方法,确定各施工步序变形控制基准,对既有线进行远程自动监测等,以确保施工对既有线的影响最小。

4.1 下穿既有线地层超前加固技术

4.1.1 端头土层加固

在开挖接近既有结构时,由洞内向既有结构方向注浆加固前上方地层,使之形成竖向加固体,以限制掌子面接近既有结构时造成的既有结构水平位移。注浆加固范围拱部为3m以上,两侧边墙为2m,加固范围如图4-1所示。

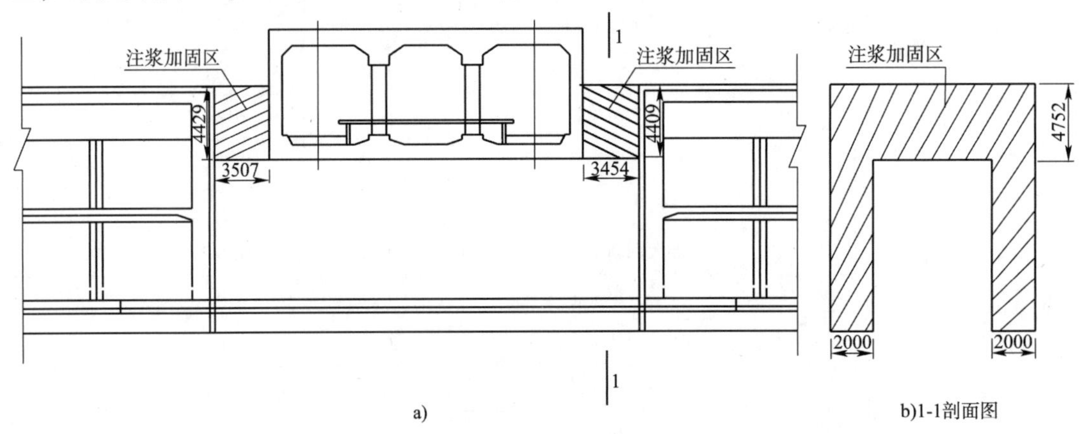

图4-1 端头土层注浆加固范围示意图(尺寸单位:mm)

端头土层进行全断面注浆,采用超前小导管注浆,注浆纵向长度3~5m。注浆管采用ϕ32钢管,在无水或经降水后的砂及砂砾层中,使用普通水泥浆液,有水地层注浆浆液可采用水泥—水玻璃双液浆,注浆压力控制在0.3~0.5MPa。

4.1.2 穿越段地层超前加固技术

4.1.2.1 超近距下穿段地层超前加固技术

(1)超前管棚支护

超前管棚支护是邻近隧道施工有效的超前支护方式,可以保证隧道开挖支护在有效的保护之下进行。管棚超前支护加固地层主要适用于软弱、砂砾地层或软岩、岩堆、破碎带地层,根据国内外的经验,在公路、铁路、地铁既有线下方修建地下工程,见图4-2;在地中及地面结构物下方修建地下工程见图4-3～图4-5。

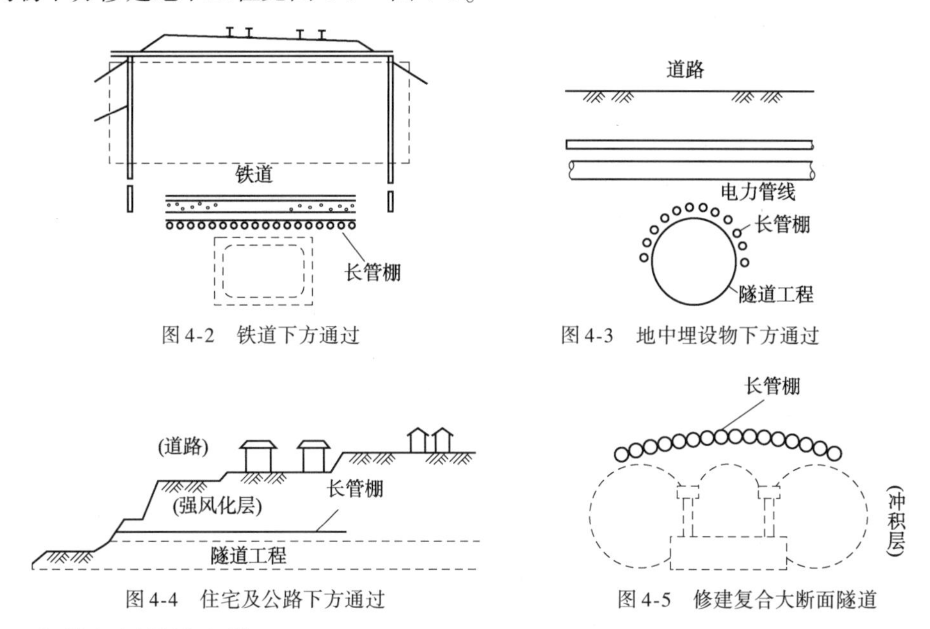

图4-2　铁道下方通过　　图4-3　地中埋设物下方通过

图4-4　住宅及公路下方通过　　图4-5　修建复合大断面隧道

(2)超前加固设计参数

管棚的长度确定,应视隧道所处地形、地质及地面、地中建(构)筑物状况而定。特别是在地质条件预计比较复杂的情况下,为了慎重起见,应该沿隧道轴向进行试验钻孔,取得更详细的数据来决定管棚的施工区长度。从确保管棚施工质量出发,管棚长度一般为10～35m不等。

大直径管棚多为ϕ150～ϕ600,但是管棚的管径应视支护需要选择,不宜太大,一般以150mm以下为好(图4-6)。一般采用钻孔顶进法、夯管法、顶管法和套管(可作为管棚)施作。

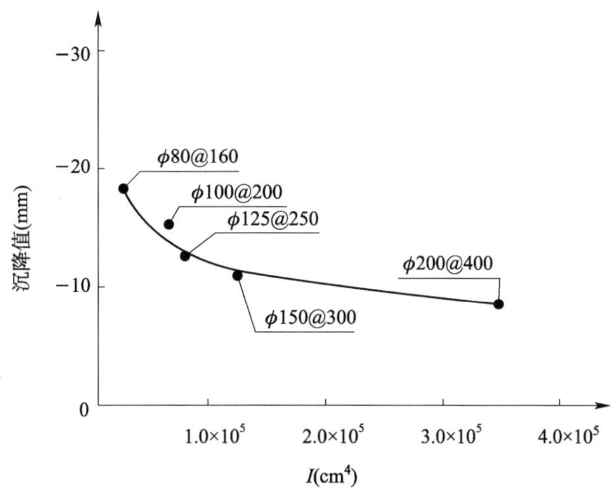

图4-6　管棚刚度与理论沉降曲线

钢管环向布设间距对防止上方土体坍落及松弛有很大影响,施工中须根据结构埋深、地层情况、周围结构物状况等选择合理的间距。下穿段一般采用的间距为0.3～0.5m,刚度大的大中直径钢管连续布设。管棚主要参数如表4-1所示,管棚布置如图4-7、图4-8所示。

管棚主要参数　　表 4-1

项目编号	技术参数	施工标准及技术要求
1	管棚单根长度	$L=6\text{m}$
2	材料标准	直径 150 ~ 600mm
3	方向	与中线平行
4	布设间距	300 ~ 500mm
5	施工误差	左右偏差≤100mm,上偏差≤100mm,下偏差≤50mm
6	管节连接方式	管棚连接套连接
7	注浆压力	0.3 ~ 0.5MPa
8	浆液类型	超细水泥浆/无收缩水泥浆

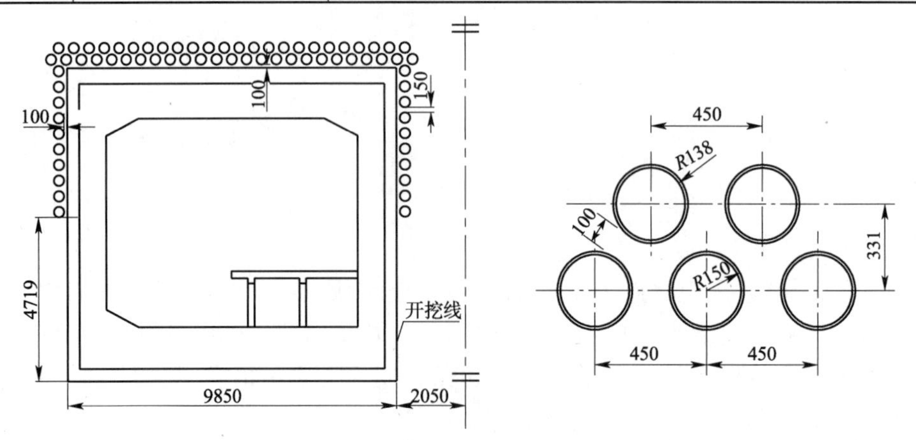

图 4-7　管棚布置横断面图(尺寸单位:mm)

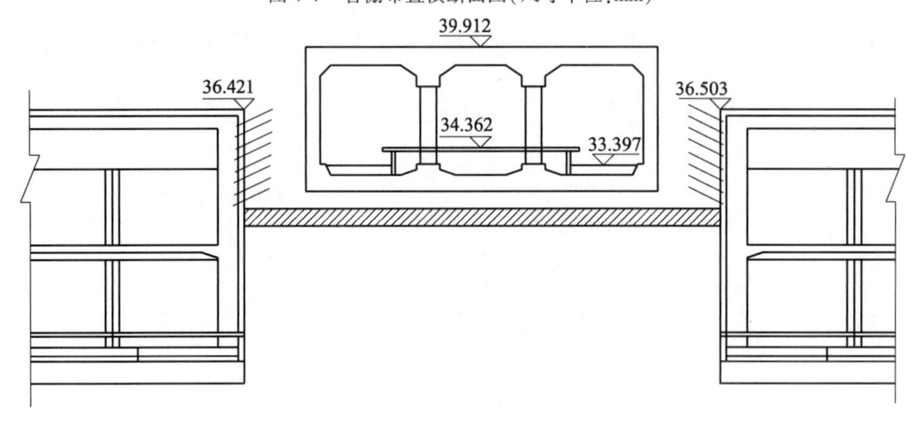

图 4-8　管棚布置纵断面图(高程单位:m)

(3)超前管棚支护施工流程

超前管棚支护施工工艺流程如图 4-9 所示。

①测量放出管棚位置,同时钻机就位。

②依据每根管棚的中心线、高程及管棚的角度,安装钻架。

③安装管棚及钻头:钻机定位完成后,将专用钻头和管棚连接好,并连接好钻机上的风水管。

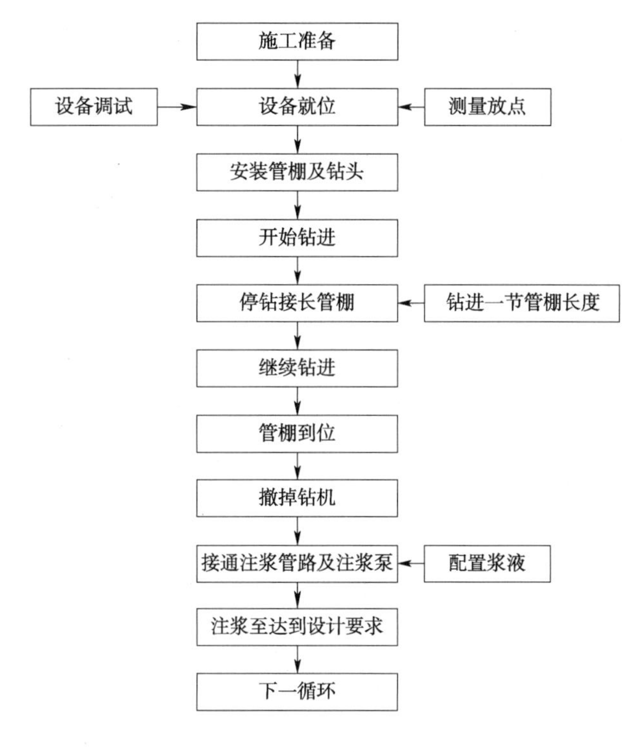

图4-9　管棚施工流程

④管棚钻进：为了确保管棚的方向、坡度和精度，在进行钻进前，测量人员对管棚位置进行放样，放样完成后，调整好钻机角度开始钻进。

⑤管棚接长：在第一节管棚钻到位后，使用迈式管棚专用连接套连接两节管棚，然后继续钻进直至设计位置。

⑥撤掉钻机：管棚钻进到位后，锁紧卡钎器，反转钻机，将管棚从钻机连接套卸下，移开钻机。继续钻进安装下根管棚。

⑦管棚注浆：为增加管棚自身的刚度及钢管之间的整体性，防止地层空洞影响地铁结构安全，更好地起到承载作用，钢管打入后，应及时隔孔向钢管内及周围压注水泥浆或水泥砂浆，使钢管与周围土体密实，并增加钢管的刚度。

注浆次序为：先采用后退式注浆向管周与地层的空隙内压注水泥浆液或水泥-水玻璃双液浆，当沿全管长注完后，再用1:1水泥砂浆进行钢管内充填注浆。注浆时钢管尾部设止浆封堵钢板，并在钢板上设注浆孔，采用注浆泵向注浆孔内注无收缩水泥浆，注无收缩双液浆时，水灰比为0.4～0.5，水泥浆: 水玻璃为1:1，注浆压力0.5MPa（根据注浆效果和监测情况调整），浆液扩散半径一般为0.6～0.8m。管棚注浆采用注浆压力和注浆量双控标准，如有异常情况发生，必须停止注浆施工，查明原因后再进行施工。

⑧管头封闭处理：所有管棚注浆完毕，将多余管头割除，堵头墙处按设计封闭。

(4)施工要点及注意事项

①施工前必须喷射5cm厚的混凝土封闭工作面，保证注浆时浆液不向工作面外流出。

②钻进时严格控制管棚的点位、仰角、钻深，保证管棚间距、仰角及钻深。

③管棚钻进过程中,随时注意观察工作面情况,如有出水现象,及时注浆,边注浆边钻进,以防突水事件发生。

4.1.2.2 下穿段正面土体超前加固技术

开挖面正面土体的超前加固主要是保证开挖过程中土体的稳定性,并尽可能减小拱顶下沉,进而降低施工对既有线的影响。通常对开挖面及周边一定范围内土体进行超前注浆加固,注浆管 $\phi32$,上断面间距 50cm 梅花形布设,垂直开挖面,单长 2.5m,隔榀布设。侧墙加固范围不小于 2m,按间距 30cm 布设,单长 3m,水平夹角 45°,隔榀布设,如图 4-10 所示。开挖面注浆采用常规导管注浆工法,风镐顶进,KBY-50/70 双液注浆泵注浆,浆液采用水泥浆或水泥—水玻璃双液浆。

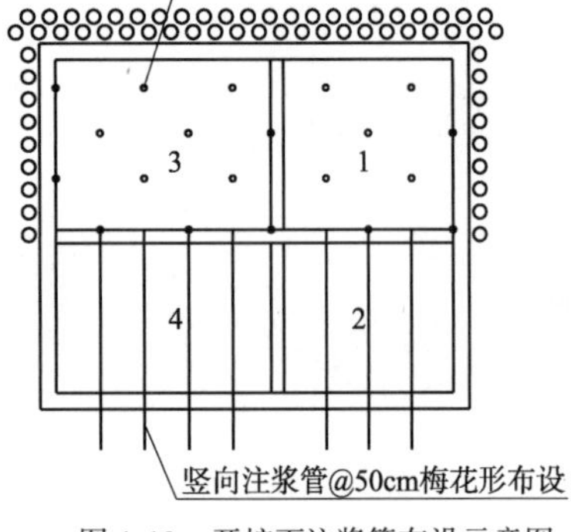

图 4-10 开挖面注浆管布设示意图

下半断面竖向布设以便于开挖,单长 5m,间距 50cm 梅花形通长布设。开挖面排管注浆的主要作用是在未开挖支护前控制前方开挖面土体的变形。侧墙包括临时中隔墙超前小导管按间距 30cm 布设,单长 2.5m,隔榀布设。侧墙排管注浆的作用主要是进一步超前加固开挖侧面的土体以防变形。采用常规导管注浆工法,风镐顶进,KBY-50/70 双液注浆泵注浆,浆液采用水泥—水玻璃双液浆。开挖面注浆管布设见图 4-10,开挖面土体加固范围见图 4-11。

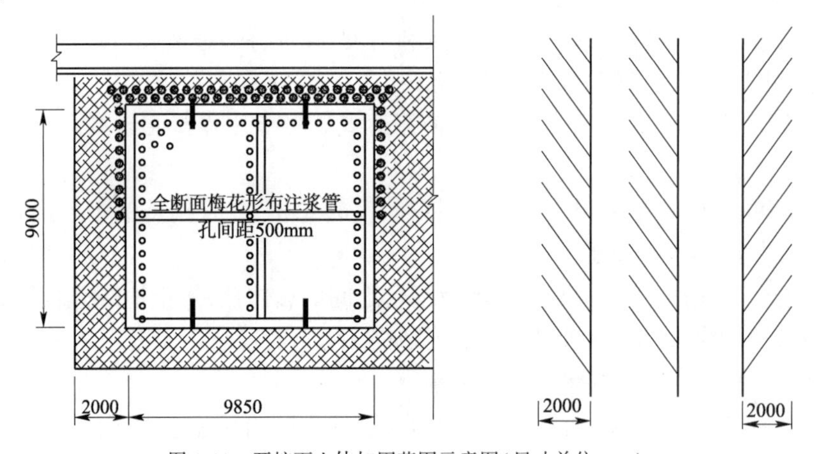

图 4-11 开挖面土体加固范围示意图(尺寸单位:mm)

4.2 土方开挖施工技术

4.2.1 开挖方法选择

浅埋隧道施工方法的选择,应以地质条件为主要依据,结合工期、隧道长度、断面大小、施工单位的机械设备能力和施工技术水平等因素综合考虑。同时,应尽量采用新技术、新工艺、新设备,以提高施工速度,保证施工质量,提高施工效率,改善劳动条件。还应考虑到围

岩发生变化时，开挖方法的适应性和变更的可能。浅埋隧道开挖方法是由可行性、安全性、工期可控性、经济性4个子系统构成。从系统工程理论出发，统筹兼顾，全面考虑，选择最优的开挖方法。对下穿既有线工程而言，开挖方法的选择应该围绕控制隧道开挖引起的沉降来进行。

运用开挖方法比选决策方法——层次权重决策分析法对下穿既有线工程土方开挖方法进行选择。

对修建浅埋暗挖隧道的地下工程的4种主要开挖方法进行评价：①上半断面临时闭合法；②眼镜法；③CD法（中隔墙法）；④CRD法（交叉中隔墙法）等。

确定采用通常的4个评价指标：①方案的施工难度；②地表最大累计沉降；③工期；④造价。

通过论证，各开挖方法比较见表4-2。

开挖方法对比 表4-2

工法名称			上半断面临时闭合法	眼镜法	CD法	CRD法
示意图						
评价指标	1	施工难度	较复杂	最复杂	一般	复杂
	2	预测地表沉降	较大	较小	小	最小
	3	施工速度	快	最慢	一般	慢
	4	工程造价	较低	最高	中等	高

按照评价指标，对上述4种施工方案进行综合比选。

根据层次权重决策分析法从控制开挖引起的沉降出发，可以综合排出总的排序结果，其结果见表4-3。

施工方案总的排序结果 表4-3

施工方案	评价指标				总排序结果
	C_1	C_2	C_3	C_4	
	0.051	0.523	0.139	0.287	
P_1	0.271	0.051	0.494	0.523	0.260
P_2	0.045	0.139	0.048	0.051	0.096
P_3	0.494	0.287	0.330	0.287	0.304
P_4	0.190	0.523	0.128	0.139	0.341

从表2-11可以明显看出，从控制最大沉降出发，施工方案④CRD法（交叉中隔墙法）最优，其次是③CD法（中隔墙法），再次是①上半断面临时闭合法，②眼镜工法最差。

同时，数值模拟CD法和CRD两种工法下穿既有线隧道施工过程，对其既有线结构的最大位移、地表沉降、隧道拱顶下沉、水平收敛、变形缝差异沉降进行了分析。结果表明，CRD法效果明显好于CD法，其中地表沉降降低14.63%，隧道拱顶下沉降低9%，收敛降低44%；既有线位移降低12%；变形缝差异沉降降低19.5%。

CRD法在下穿既有线工程中应用很普遍，将大跨可对分成两个小洞室，也是利用变大跨为小跨的指导思想。在施工中也应严格遵守正台阶法的施工要点，尤其要考虑时空效应，每一步开挖要快，必须及时步步成环，工作面留核心土或用喷混凝土封闭，消除工作面的应力松弛而引起沉降值增大。地下工程工作面不宜同时多开,类似外科手术,开口越小越好,打开后应立即缝合,我们也应遵守这个原则。要注意当跨度小于6~7m时,不宜采用CRD法,这样可避免因分块过多、空间过小、进度太慢而增大沉降值。由于时间加长,变位会增大,所以,软弱不稳定地层,在超前支护的作用下,应快速施工,快速通过不良地层,是减少下沉量的最有利的方法,所以方法的选择必须因地制宜。

另外,可以考虑采用竖直的中隔墙,改善受力状态。

4.2.2 开挖顺序确定

车站单层段采用平顶直墙结构形式,CRD法施工。设计要求主体施工控制既有线底板最大总沉降值10mm,变形缝处最大差异沉降值为3mm。其中开挖初支阶段的沉降值占总沉降值的70%,为施工的关键步序。因此,合理选择开挖步序并采取有效措施合理控制各部沉降值对控制沉降至关重要。

选择开挖步序,必须考虑的一个重要条件是,两个单洞中间上方是既有站变形缝。

根据本工程条件,开挖步序主要有三种方式可供选择,分别见图4-12~图4-14。

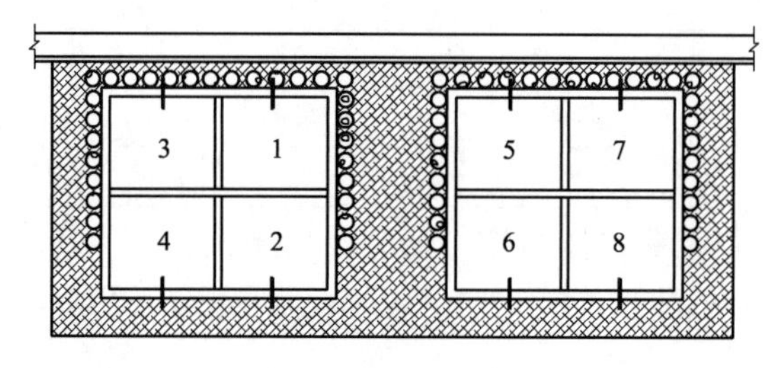

图4-12　开挖步序方式1

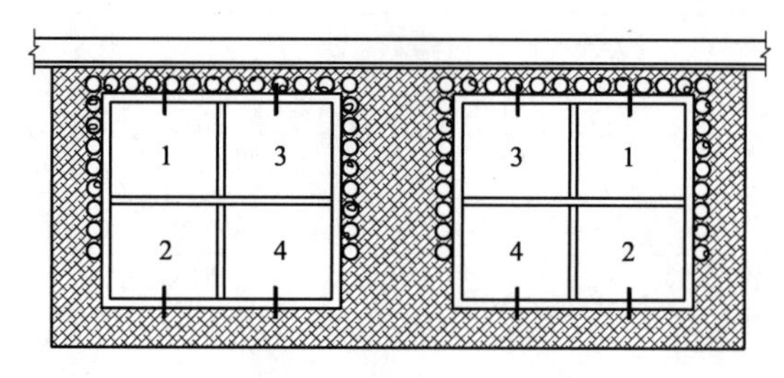

图4-13　开挖步序方式2

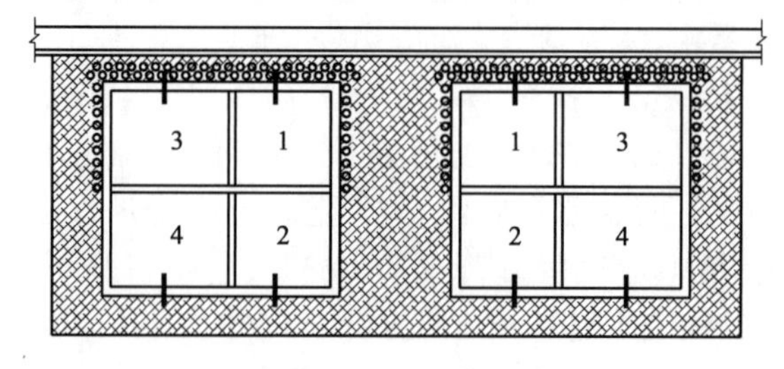

图4-14　开挖步序方式3

开挖步序方式1是两个单洞分次进行,即左侧单洞贯通后再施工右侧单洞,以减少群洞效应的不利影响,其中单洞靠近沉降缝的内侧先行。此方式对总体控制沉降有利,但因两个

单洞中间上方是既有站变形缝，而变形缝处的差异沉降指标仅为3mm，若按此步序开挖，沉降缝处容易产生不均匀沉降。

开挖步序方式2是两个单洞对称同时进行，先施工远离沉降缝的外侧洞，再施工靠近沉降缝的内侧洞。此步序既对总体控制沉降有利，也对控制差异沉降有利。若按此步序施工，1、2部因远离沉降缝，施工时既有结构沉降会较小，但会出现既有结构沉降反应滞后甚至出现与3、4部引起的结构沉降叠加的可能性。另一方面，因1、2部因远离沉降缝，出现沉降时对既有底板下进行补偿注浆效果不明显，很难抬升，而待3、4部施工时再行补偿注浆就很被动。

综合以上两种步序的优缺点，若采用第三种步序就可实现"扬长避短"，即严格遵循对称原则，左右线同时、对称进行，并且既有线两端同时、对称进行，先施工靠近沉降缝的1、2部，为既有底板特别是沉降缝处底板的补偿注浆尽早提供条件。1、2部施工时可随时进行补偿注浆，3、4部施工时，可在1、3部同时进行补偿注浆，若按此步序施工，就较好地取得了补偿注浆、控制沉降的主动权。因此，最终确定采取第3种步序。

4.2.3　开挖工艺

CRD法施工时，一般采用人工开挖、人工出渣开挖方式。CRD法施工流程见图4-15。

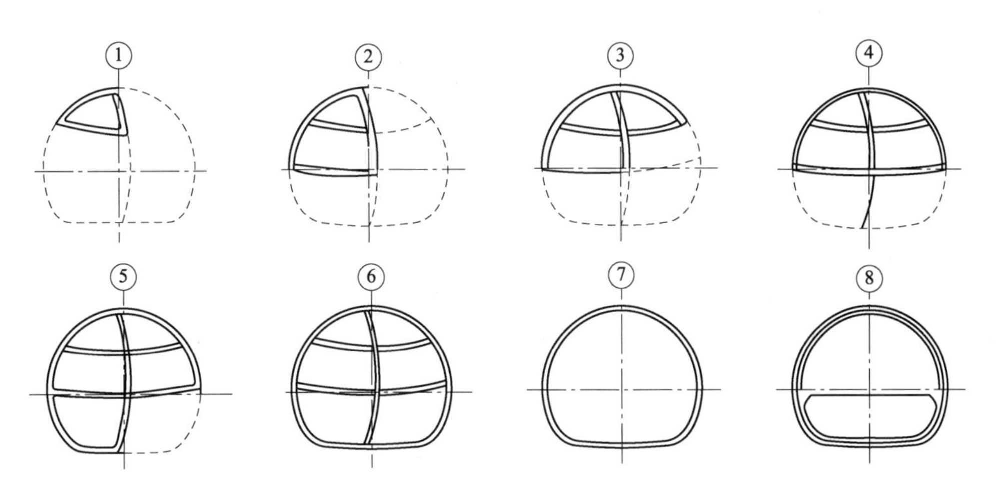

图4-15　施工工序

①-Ⅰ部开挖支护；②-Ⅱ部开挖支护；③-Ⅳ部开挖支护；④-Ⅴ部开挖支护；⑤-Ⅲ部开挖支护；⑥-Ⅵ部开挖支护；⑦-临时支撑拆除、防水施作；⑧-二次衬砌

开挖按6步进行，分为左侧洞室自上而下顺序Ⅰ、Ⅱ、Ⅲ，右侧洞室自上而下顺序Ⅳ、Ⅴ、Ⅵ部分开挖，做到步步成环封闭（图4-15）。

CRD工法工艺流程和部分施工参数见图4-16。

4.2.4　开挖关键技术

4.2.4.1　控制台阶长度和高度

在条件允许时，要尽量缩短台阶长度，但应考虑到喷射混凝土支护强度增长的要求，确定各部台阶长度，如图4-17所示。

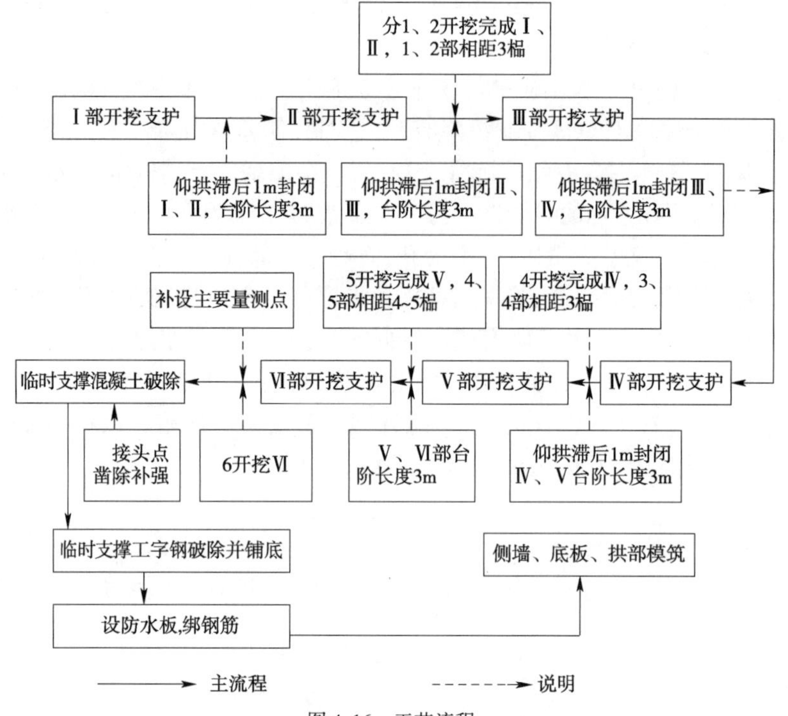

图4-16　工艺流程

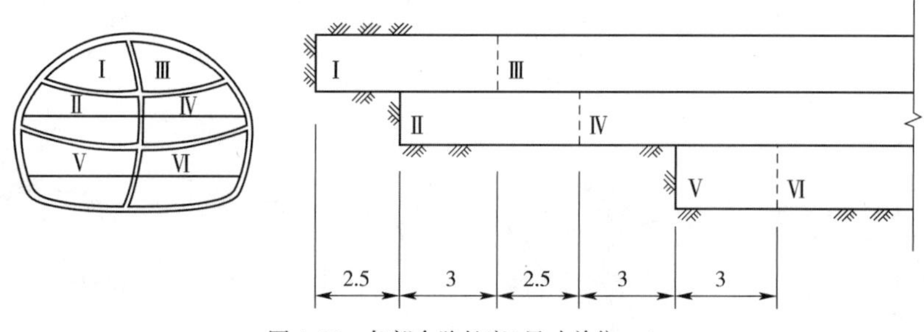

图4-17　各部台阶长度(尺寸单位:m)

控制每次开挖进尺0.5m,台阶长度2.5~3m,右侧导洞开挖时,其开挖面距离左侧导洞同一层开挖掌子面1倍开挖跨度距离,即6~9m。

Ⅰ部、Ⅲ部开挖时通常预留核心土,地层稳定性较差时,机械开挖核心土后,人工开挖拱部弧形。核心土顶部距拱顶1.6m,便于工人架设钢拱架,距边墙3.0m,核心土长度不小于3.0m,核心土开挖面积应大于开挖断面积的1/2,核心土尾部为1∶0.75的斜坡。

第一个台阶高宜取2.5m,有利于快速将顶部初期支护、钢架安装定位,有利于安全。从防止工作面失稳考虑,台阶应有一定长度,从减少地表下沉,尽快封闭成环考虑,又不允许留过长的台阶,故定为1.0D~1.5D合适(D为洞室开挖宽度)。

4.2.4.2　稳固开挖面脚部

脚部的稳定控制拱顶下沉作用很大,在开挖、修正至设计轮廓线后立即初喷3~5cm混凝土,即使铺设钢筋网、架设拱架,在拱脚50cm处,与钢架密贴向两侧按斜向下倾角45°~60°打设锁脚锚管,锁脚锚管长度3m左右,钢管上钻溢浆孔,注水泥浆。锁脚锚管与钢架焊接牢固,复喷至设计厚度(图4-18)。

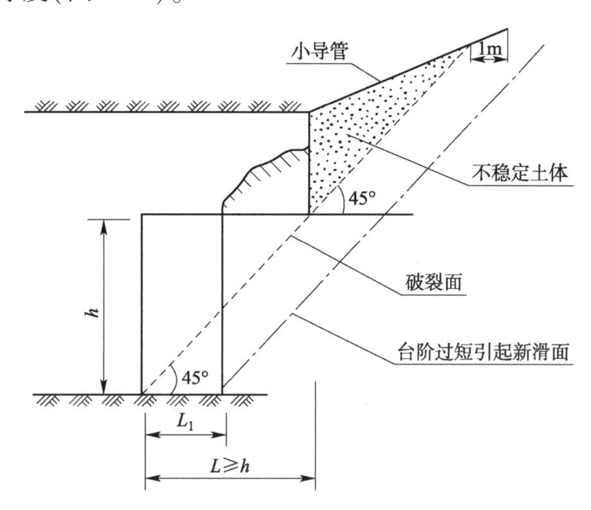

图4-18　开挖面稳定分析

4.2.4.3　尽早设置临时仰拱,使支护结构成环

由于临时仰拱对抑制未闭合结构早期的下沉和水平位移起关键作用,所以各部仰拱设置的早晚及其封闭质量,直接影响到各部结构的沉降和两侧土体的水平位移大小。

据量测数据统计分析,在开挖后的结构完成后18h内封闭仰拱,其沉降量一般只比同步封闭仰拱时增加6~8mm,并因步步成环,有效控制两侧土体水平位移在10mm之内。但因结构强度要求,仰拱的封闭时间应在喷混凝土作业完成后12h才施作为宜。

因此,在条件具备时,开挖后的结构与仰拱施作最好同步进行,或者在开挖后结构完成以后18h内封闭仰拱。

4.2.4.4　管超前,严注浆,及时回填

用CRD法施工的底层多处于无胶结、土质松散、自稳性差的原状土层,所以必须对工作面进行超前加固后开挖。

一般,小导管注浆多设计为一次排管注浆,进行两榀开挖支护,然后再施作第二循环小导管。当拱架间距较小、拱架厚度较大、排管角度小时,导管易侵入开挖支护净空。排管角度增加将加大管端加固半径,造成第二榀开挖时未加固地层坍落、超控。因此,对不同的地层,应采取如下不同措施。

(1)杂填土层。采用ϕ22钢筋斜插锚固栅架进行超前加固,实践中得到较好效果。

(2)粉细砂层。采用小导管酸性水玻璃注浆,按一榀一排一注进行加固。

(3)圆砾土层。采用1m短管注水泥浆加固。

由于喷混凝土的自重作用,在钢筋网面因初期支护背后形成空隙,如不及时回填注浆,地层将很快下移,发展成地表沉降。但回填注浆过早易造成结构下沉,压力过大会破坏结构。

所以,要求回填注浆,在临时仰拱封闭后及时进行,浆液采用水泥与细砂之比为1:0.5,按1:1水灰比灌入,注浆压力需控制适宜,一般应小于0.5MPa。回填注浆的主要部位,应注意工程分部施工的结构接合部,如拱架连接处、拱架基础、拱部衬砌与地层之间间隙等。

拱架连接处，为了安装螺栓和拱架连接之便，留有局部超挖空间，系喷射混凝土死角，如不及时回填注浆，极易造成坍落。

拱架基础，原则上应保持原状土，如造成超挖应回填密实，并垫钢板或木板，确保拱架不产生垂直位移，并需打设锁脚锚管，避免早期沉降量过大。

拱部衬砌与地层之间间隙，应及时进行充填注浆，迟后工作面3m左右，在拱部左右45°处埋设注浆管，当喷好混凝土1d后即可充填。

据现场实测资料，上述部位按设计进行的回填注浆地段，比未注浆或滞后注浆段，其沉降量明显减少，有时达40%以上。

4.2.4.5 加强施工过程动态管理

引起地表下沉的原因是多方面的，控制沉降措施也必须从多方面进行。现场技术人员应时刻注意量测结果，随时发现失控点，及时采取补救措施，进行动态管理。

为预防出现某点失控，采取补救措施有两种：一是高压回填注浆，二是洞内补充深层加固注浆。

4.3 初期支护施工技术

初期支护基本形式为网喷混凝土 + 钢拱架 + 锁脚锚管，挂钢筋网，喷C20混凝土，厚度250~300mm。一般采用格栅拱架，间距50cm，拱架之间采用环向间距1m的钢筋连接，并在拱架接头部位及拱脚及时施作锁脚锚管，注水泥浆，加强接头处和拱脚部位的稳定性和强度。

4.3.1 喷混凝土施工

喷射混凝土是浅埋暗挖法施工的主要支护手段之一。喷射混凝土就是把掺有速凝材料的混凝土，用喷射机械通过一定的压力喷射到地下工程开挖后的壁面上，从而快速形成具有一定强度的支护结构。喷射混凝土具有与围岩密贴并共同迅速产生承载能力，形成支护结构共同变形等特性，能很快抑制地层变位，对于施工安全十分有利。

4.3.1.1 喷射方式

喷射混凝土可分为干喷、潮喷和湿喷三种方式。其中湿喷混凝土按其输送方式的不同又可分为风送式、泵送式、抛式和混合式，应根据工程实际情况选择。

(1)干喷法

用搅拌机将集料和水泥拌和好后，投入喷射机料斗，同时加入速凝剂，将混合料输出，在喷头处加水喷出。该法因粉尘回弹量大已很少采用。例如1.7m^3的干拌和料中只有1m^3混凝土可以粘到隧道壁上。

(2)潮喷法

将集料预加水，一般加到砂的含水率为6%以下，石的含水率为2%以下，使集料浸润成潮湿状，用手可握成团不散，再在喷头处加水喷射，从而可降低在上料和喷射时的粉尘，喷射工艺流程与干喷类似，回弹可控制到15%左右。

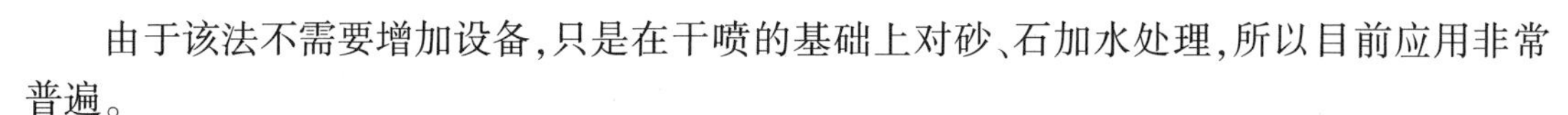

由于该法不需要增加设备,只是在干喷的基础上对砂、石加水处理,所以目前应用非常普遍。

(3)湿喷法

用喷射机压送拌和好的混凝土至喷头,在喷头处添加速凝剂喷出。有稀流(空气悬浮法)湿喷法和稠流(泵送挤压法)湿喷法两种,稀流式喷射泵为转子型,稠流式喷射泵类似混凝土输送泵是活塞式喷射泵。

该法所需设备较多,机型还不过关,尤其在可靠性、耐久性上喷射机问题较多,使用成本也高,液体速凝剂在运输、使用和保管上多有不便,所以国内外虽有应用,但还不能全面推广,国内虽进口有湿喷机型,如 ALTVA280、265 型等,但多属于潮喷范围,并非真正的湿喷机械。

(4)二次搅拌水泥裹砂喷射法(SEC)

分别由泵送砂浆系统和风送混合料系统两套机械组成。在拌湿后的部分砂中投入全部用量的水泥,强制拌和成以砂为核心外裹水泥的球体,再二次加水与减水剂拌和成砂浆;另一部分砂、石与速凝剂则按配合比配料,强制拌和成潮湿混合料。然后分别通过砂浆泵及喷射机,将拌和成的砂浆及潮湿混合料由高压胶管送到混合管混合,然后由喷头喷出。

另外,在二次投料工艺中,还有净浆裹石工艺拌制喷料。净浆裹石法是将水泥按一定的水灰比拌成黏稠状的灰浆,再投入粗集料,使石子表面包裹上一层低水灰比的水泥浆,然后再投入砂子、水及外加剂拌匀即成。

与 SEC 工艺一样,该工艺也能使水泥达到充分水化,在拌和物中分布均匀,使混凝土强度提高。其原理建立于:混凝土的强度主要取决于硬化水泥浆的强度和硬化水泥浆与集料界面之间的黏结强度。

分次投料工艺种类很多,应根据现场施工条件合理选择。通过对实测回弹物料的分析可知,回弹物料中各组分的比例大致为水泥(C)∶砂(S)∶石(G)=1∶2∶7,粗集料所占回弹比例达 70% 以上,因此,采用以粗细集料为核心的分次搅拌,预先使砂、石颗粒表面形成黏结塑性层的喷射工法,(简称水泥裹砂、石喷射法),对于减少回弹是十分有利的。

4.3.1.2　各种喷射方法的特点

实践证明,喷射工艺不同,对减少粉尘和回弹影响很大,4 种工艺的回弹率、粉尘大小按下列顺序逐渐减小:干喷法 > 潮喷法 > 湿喷法 > 裹砂法 > 裹砂、石法。

各种喷射工艺的特点见表 4-4。

各种喷射方式的特点与粉尘、回弹的比较　　表 4-4

项目	干喷	潮喷	湿喷	裹砂式喷射
喷混凝土质量	由于在喷嘴处加水与拌和料混合,所以质量取决于作业人员的熟练程度和能力	由于砂、石料预湿后,在喷头处第二次加水、水化较好,所以质量有所提高	能事先将包括水在内的各种材料正确计量,充分混合,所以质量容易控制	由于集中了干喷、湿喷的优点,所以质量好,强度高
作业条件	由于供应干混合料,所以供料作业的限制少	因在地面对集料进行预湿,所以供料作业的限制少	供料较困难,操作也麻烦,设备所占空间较大	设备的规模较大,其适用范围是有限的,同时操作和工艺较复杂

续上表

项目	干喷	潮喷	湿喷	裹砂式喷射
一般采用的水平运输距离(m)	40~60	40	20~40	40
粉尘	多	较少	少	少
回弹	较多	较少	少	少
故障处理	较容易	较容易	堵管后处理较困难	较困难
清洗、养护	容易	较容易	麻烦	较麻烦

4.3.1.3 喷射混凝土的原材料

喷射混凝土的原材料包括水泥、砂、石、水、速凝剂、减水剂等。

(1)水泥

应优先采用普通硅酸盐水泥,在软弱围岩或土质隧道(浅埋暗挖法多属此类)应考虑采用早强水泥,水泥强度等级不低于42.5MPa,使用前应做水泥和速凝剂匹配强度试验,对喷射混凝土采用的水泥应满足以下要求。

①硬化开始时间:1.5~4.0h。

②比表面积:2500~4500cm^2/g。

③水泥的标准抗压强度:1d为7MPa,7d为15MPa,28d为30MPa以上。

④泌浆:20cm^3以下。

⑤C_3A含量,若SO_4^{2-}含量超过400mg/L,则C_3A含量应在3%;若SO_4^{2-}含量超过1000mg/L,应尽量减少C_3A含量,而使用耐盐基性高的水泥。

⑥碱性含量:应低于0.6%以下,当集料与水泥中的碱性有反应时,最好采用低碱性水泥。

⑦当遇到含腐蚀性的酸性水时,应选用硫酸盐水泥。

⑧过期、受潮的水泥不能应用。

(2)砂(细集料)

应采用硬质洁净的中砂或粗砂,细度模数宜大于2.5(一般为2.8~3.2);含水率一般应控制在5%~7%;相对密度大于2.5;吸水率小于3%;黏土含量小于0.25%;冲洗试验流失量小于5%。

(3)石(粗集料)

应采用坚硬耐用、粒径不大于15mm,级配良好的碎石或卵石。含水率一般为2%~3%;相对密度大于2.5;吸水率小于3%;冲洗试验流失量小于1%;黏土含量小于0.25%。一般采用连续级配法选择砂、石的级配。

(4)水

喷射用水不得使用污水及pH值小于4的酸性水和含硫酸盐量按SO_4^{2-}计算超过水重1%的水。

(5)速凝剂

须采用质量合格、对人体危害小的速凝剂。使用前应进行水泥适应性试验及速凝效果

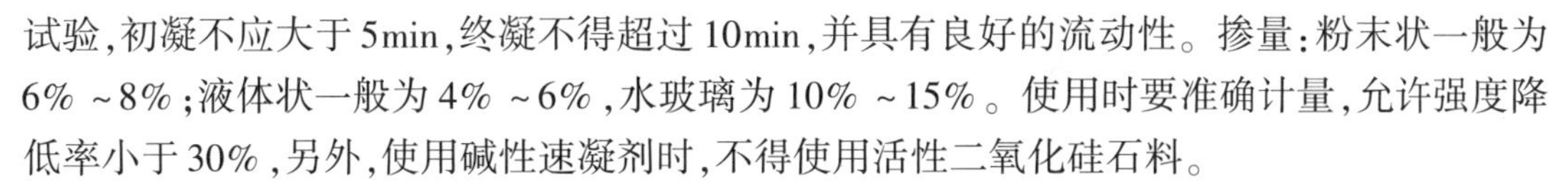

试验，初凝不应大于5min，终凝不得超过10min，并具有良好的流动性。掺量：粉末状一般为6%~8%；液体状一般为4%~6%，水玻璃为10%~15%。使用时要准确计量，允许强度降低率小于30%，另外，使用碱性速凝剂时，不得使用活性二氧化硅石料。

（6）减水剂

在喷混凝土特别是在湿喷混凝土中掺入一定数量的减水剂可减小水灰比，提高混凝土的流动性。使用前须进行减水剂与水泥适用性及减水效果试验，以确定最佳掺量，一般添加量为水泥质量的0.5%。

（7）添加剂

①粉煤灰：为减少水泥用量或改善喷射混凝土的和易性，可加入适量的粉煤灰，掺量一般为水泥质量的15%左右，粉煤灰要有足够的细度，比表面积大于400m^2/kg，碳素含量小于5%，SO_3含量小于2.5%。

②硅粉：掺加适量的硅粉可改善喷射混凝土的黏结性和结合性，可使一次喷射厚度增大。一般添加量为水泥质量的3%~5%。硅粉的比表面积大于1800mm^2/kg；粒径平均为0.2mm；SiO_2含量大于85%~90%；碳素含量小于5%；碱含量小于1%；游离CaO小于0.1%；水溶性为100%。

4.3.1.4 喷射混凝土配合比

其配合比应根据经验和配比试验确定，并满足强度和喷射工艺的要求。一般采用集灰比1∶4~1∶5；集料中含砂率为60%~70%；水灰比：干喷时0.35~0.45、湿喷时0.45~0.65；为了改善喷射混凝土效果，水泥用量一般应大于普通混凝土，通常喷射用量为350~450kg/m^3，为了降低回弹率，可适当改变配合比，具体措施为：增加水泥用量；增加砂粒成分；减少最大集料尺寸（最好在10mm以内）；控制集料的含水率；加入粉煤灰、硅粉或黏稠剂等。

4.3.1.5 喷射混凝土施工机具

喷射机是喷射混凝土施工中的主要设备，为了确保喷射质量，减少回弹和粉尘，提高作业效率，喷射机应符合下列要求。

（1）密封性能良好，输料连续、均匀。

（2）混合料的搅拌必须采用强制式搅拌机，搅拌时间大于30s，而一般搅拌机或人工搅拌，喷射强度要降低30%~50%。

（3）输料软管及密封胶板应具有良好的耐磨性能，有自动调紧装置，保证不在密封板之间漏风、漏灰。

（4）喷射供水设施应保证喷头处的水压比风压大0.1MPa以上且压力稳定，通常进水压力大于或等于0.3MPa，可采用向水箱中通高压风或增设增压泵的办法来稳定水压。

（5）风压随喷射机类型不同而不同，当采用转子型时，喷射工作风压一般为0.15MPa左右。

（6）允许输送的集料最大粒径为15mm，输送距离（干混合料）：水平100m，垂直30m。

（7）喷射机的转子料腔应不易在大水灰比（$W/C=0.4\sim0.5$）条件下黏结堵塞。转子型喷射机的工作原理见图4-19，其喷射方向和喷层厚度的关系见图4-20。

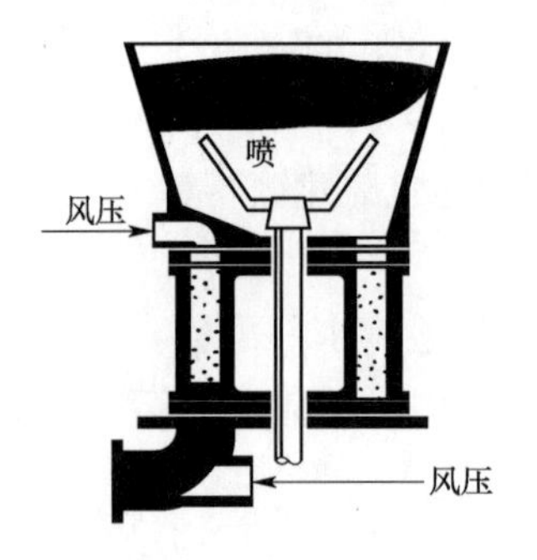

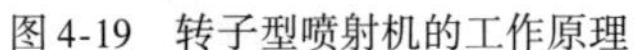

图4-19　转子型喷射机的工作原理

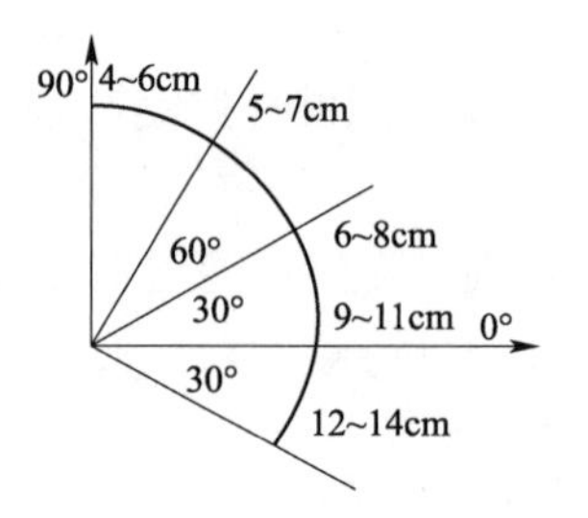

图4-20　喷射方向和喷层厚度的关系

4.3.1.6　喷射混凝土施工

喷射混凝土施工可以分为干喷、潮喷、湿喷三种方式,浅埋暗挖法隧道一般采取潮式喷射混凝土技术。

潮式喷射混凝土是将集料预加水,一般加到砂的含水率为6%以下,石的含水率为2%以下,使集料浸润成潮湿状,用手可握成团不散,再在喷头处加水喷射,从而可降低在上料和喷射时的粉尘,喷射工艺流程与干喷类似,见图4-21、图4-22。回弹可控制到15%左右。

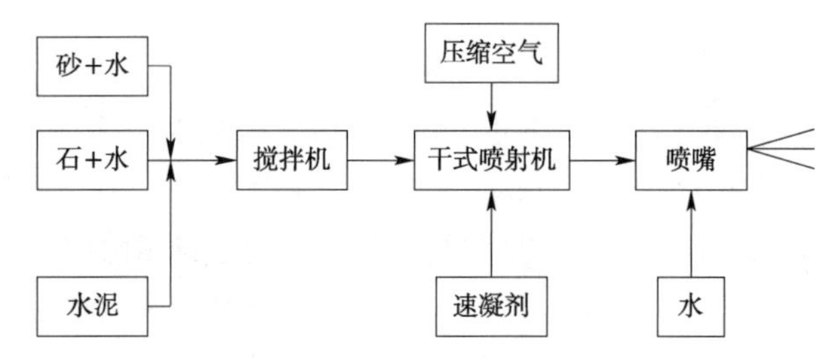

图4-21　潮喷法工艺流程(砂石平均含水率4%~6%)(一)

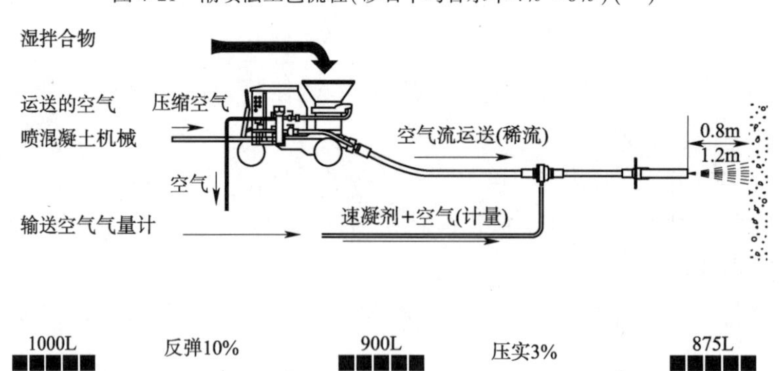

图4-22　潮喷法工艺流程(砂石平均含水率4%~6%)(二)

由于该法不需要增加设备,只是在干喷的基础上对砂、石加水处理,所以目前应用普遍。

(1)喷射作业

喷射作业应分段、分片、分层、由下而上顺序进行,若岩面有较大凹洼时,应先填平凹洼处,一次喷射厚度可根据喷射部位和设计厚度来确定,一般分2~3次喷成,一次喷射厚度一般拱部为5～8cm,墙部为8～10cm,每次喷射的间隔时间为30min左右,一次喷射厚度过大,会出现喷层下坠,流淌与岩石黏结不好。若一次喷层厚度过小,则集料易于回弹,所以一次喷射厚度一般不应小于石子最大粒径的两倍,以减少回弹。

喷射作业必须紧跟开挖面,间隔时间不得大于4h,在砂、土质隧道中,开挖后应立即喷射混凝土,以防塌方,必要时宜先喷一层适当加大速凝剂掺量的早强水泥砂浆,并减少喷射机工作风压,然后再正常喷射混凝土。

(2)砂层地段喷射混凝土施工

在砂层地段喷射混凝土,由于砂层易脱落,砂层与喷射混凝土不易黏结而增加了施工难度,为此,施工时应采取以下措施。

①喷射前应紧粘砂层先铺挂细钢筋网,并用粗钢筋环向压紧后方可喷射混凝土。

②在正式喷射混凝土前,先喷一层加大速凝剂掺量的水泥砂浆,并适当减小喷射机的工作风压,使水泥砂浆形成一薄壳后再正常喷射混凝土。为了防止喷层与砂层之间空隙的存在,需在适当位置预留注浆管,进行喷层背后充填注浆,以减少地表下沉。

(3)有水地段喷射混凝土施工

在有水地段进行喷射混凝土施工时应采取以下措施,以确保喷射混凝土质量。

①改变混凝土配合比,增加水泥用量,先喷水灰比为0.2～0.3的混合料,待其与涌水融合后,再逐渐加大水灰比喷射。

②喷射时,先从远离出水点开始,逐渐向涌水点逼近,将散水集中,然后安设导管将水引出,再在导管附近喷射混凝土。

③当涌水范围较大时,应设树枝状排水盲沟后再喷射混凝土。

④当涌水严重时,可设置泄水孔,即在不同出水点钻孔,设滤水导管,边排水边喷射混凝土。

4.3.2　钢拱架施工

钢拱架是在喷、锚、网支护中作为加强承载能力的构件。在喷、锚、网支护所组成的初期支护结构不能及时安全地承受开挖所引起的土体压力的情况下,当地层不能自稳、顶部锚杆又无法及时施作,工作面必须采取超前支护时,必须设置钢拱架。钢拱架只能在开挖超前支护中先承受松动土体(高3～4m)的压力,钢拱架架立后必须在最短时间内喷射混凝土覆盖,使喷混凝土和钢架共同受力,尽快提高承载能力,使承载力的增长速度大于土体压力增长速度,做到安全施工。钢拱架一般与超前支护配合。

浅埋暗挖法隧道,尤其在下穿既有线工程中,常采用CRD法施工,其中隔壁以及临时仰拱采用型钢代替钢筋格栅,有以下优缺点和缺点。

优点:①型钢格栅加工比钢筋格栅加工简单易行,在初期支护施工的高峰期,对格栅的需求量很大,可以很好地满足施工生产的需要;②施作二次衬砌时,可以大大提高破除中隔壁以及临时仰拱混凝土的速度,由于混凝土与型钢间属于型钢混凝土组合,型钢与混凝土之间的咬合程度不及钢筋混凝土,所以给混凝土的破除带来了极大的便利。

缺点:型钢与混凝土结合后的刚度不及钢筋混凝土;弧形型钢格栅加工的精度不及钢筋格栅;型钢格栅所需的钢材质量要大于钢筋格栅所需钢材的质量,替换后每米质量增加

35%，钢格栅一般每米质量21kg，工字钢每米质量27.9kg，材料费增加32元，加工费每米18元左右，格栅每米加工费在52元左右，因此，经济上比较，两者相差不大。

4.3.2.1 钢拱架的制作

格栅钢架在现场设计的工作台上加工。工作台为$\delta=20$mm的钢板制成，其上根据不同断面的钢架主筋轮廓放样成钢筋弯曲模型。钢架在胎模内焊接，控制变形。按设计加工好各单元格栅钢架后，组织试拼，检查钢架尺寸及轮廓是否合格。

钢拱架制作应注意以下几点。

(1)沿隧道周边轮廓误差不大于3cm，平面翘曲应小于±2cm，接头连接要求同类之间可以互换。

(2)钢架外轮廓线尺寸等于开挖外轮廓线尺寸减去钢架与围岩间预留的5cm空隙。

(3)型钢弯制钢架，按钢架设计尺寸下料，钢架分节长度宜小于4m。

(4)网构钢架在胎模内焊结时，应控制其变形。

(5)钢架制好后应进行试拼，检查钢架尺寸，轮廓是否合格。

(6)格栅钢架必须明确标准类型和单元号，并分单元堆放于地面干燥的防雨篷内。

4.3.2.2 钢拱架安装

格栅钢架在初喷3~5cm后安设，钢拱架安装应做到以下几点。

(1)钢拱架安装前应检查工作面开挖净空并清除钢架底脚处虚渣，不允许超挖拱脚底部，出现超挖时，应垫方木或型钢进行高差调整，尺寸允许误差横向为±5cm，高差为±5cm。

(2)分段钢架用人工在工作面组装成整榀钢架，连接螺栓要拧牢固。

(3)钢拱架安装后中线允许误差为±3cm，高程允许误差为±3cm，钢拱架垂直度允许误差为±2°。

(4)钢拱架校正后，沿拱部周边每隔2.0m用对口混凝土楔子将钢拱架与地层间楔紧。

(5)两榀钢拱架之间沿钢拱架周边每隔1.0m用特制的ϕ23螺栓拉杆进行纵向连接，也可采用焊接拉杆连接，但焊接一定要牢固，钢拱架纵向连接好后，应按设计迅速进行挂网喷锚支护。

4.3.3 钢筋网制作与铺设

钢筋网一般和喷混凝土、钢拱架配合使用，内外双层布设，网片采用ϕ4或ϕ6@150的钢筋网片。

4.3.3.1 钢筋网的制作

钢筋网一般是在施工前预先做好后运到工作面铺设的，具体制作是：用ϕ4或ϕ6Q235圆钢筋事先点焊加工成150mm×150mm的片状网格，钢筋网片不宜过大，一般为1m×2m。若需双层铺设时，可将两层交错排列而形成75mm×75mm的网格。

4.3.3.2 钢筋网的铺设

钢筋网的铺设应注意以下几点。

(1)钢筋网应与锚杆、钢架或其他锚固装置连接牢固。

(2)片状钢筋网的搭接长度不小于200mm。

(3)钢筋网必须用喷混凝土覆盖,至少有20mm厚。

4.3.4 锁脚锚管

(1)工艺流程:机械就位→钻孔→打设→调整浆液配比→封口→注浆。

(2)设备:风镐、吹管(20mm钢管,自制)、掏钩($\phi 8$钢筋,自制)、注浆泵、导管、球阀(II-SA-40DG-25)、高压胶管(PG-40DG-25)、高压接头、水箱(1m^3)、普通胶管等。

(3)孔位布设:锚管沿拱脚及格栅连接处设置,外插角与水平面夹角为45°~60°,管长2.5~3.5m。

(4)注浆材料:水泥砂浆。

(5)注浆参数:浆液配比1:1水泥砂浆,注浆压力0.2~0.3MPa。

(6)注浆效果:能保证拱脚稳定。

4.3.5 初期支护背后回填注浆

为保证格栅与地层密贴,及时回填注浆填充初期支护与地层之间的空隙,对于控制土体的变形沉降和初支结构,由于基础扰动,造成整体沉降极为有利。在格栅钢架架立后,喷射混凝土时预先埋设注浆钢管,钢管长70cm,间隔10cm打设花眼,用胶带封口,埋入地层30cm。埋设部位在拱顶、拱腰、拱脚、墙中等处。待喷射混凝土达到一定强度后,向预埋管内注水泥浆,孔隙较大部位注水泥砂浆。纵向每1~3m布设一根注浆管,环向1~3m布设一根,开挖3~4m后进行回填注浆,注浆压力控制在0.3~0.5MPa,注浆按由上向下的顺序逐次进行。对地层自稳能力较差地段,施工中要及时进行初期支护背后注浆。

4.3.5.1 回填注浆管布置

回填注浆管布置见图4-23。

浆液采用无收缩水泥浆,用砂浆泵注浆,施工过程中由于回填注浆要求紧跟初支结构进行,虽然对初支喷混凝土进行了早强和提高强度,注浆时仍要严格控制注浆压力在0.2~0.5MPa之间,如浆液扩散效果不理想,可采取加密回填管的措施进行处理,不得提高注浆压力,防止结构变形。

根据施工沉降监测情况,回填注浆在施工过程中有可能需要反复进行,当开挖和回填注浆发生矛盾时,开挖施工给回填注浆让路。

4.3.5.2 注浆工艺

背后回填注浆工艺流程如图4-24所示。

4.3.5.3 注浆施工

(1)注浆之前,清理注浆孔,安装好注浆管,保证其畅通。

(2)注浆必须连续作业,不得任意停泵,以防浆液沉淀,堵塞管路,影响注浆效果。

(3)注浆顺序:注浆应由高处向低处,由无水处向有水处依次压注,以利于充填密实,避免浆液被水稀释离析。

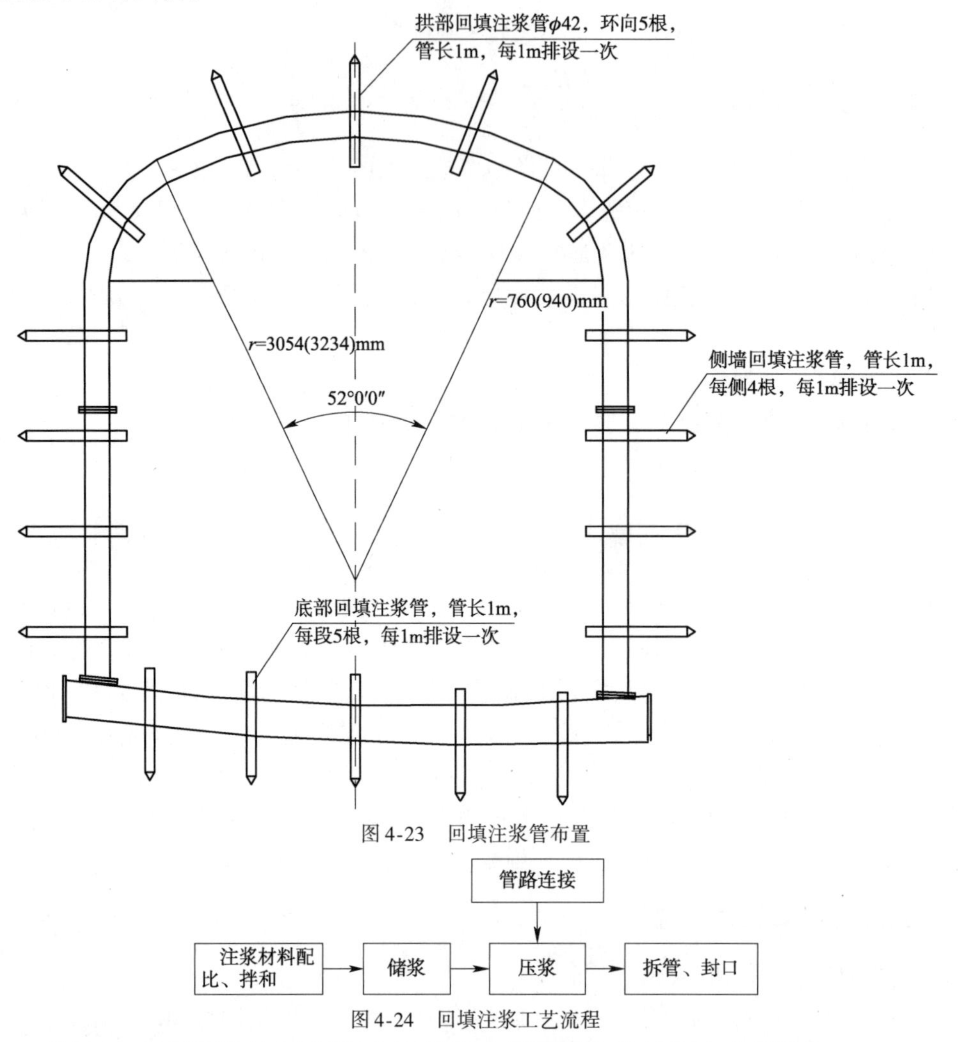

图4-23 回填注浆管布置

图4-24 回填注浆工艺流程

(4)注浆时,必须严格控制注浆压力,以防大量跑浆和使结构产生裂缝。

(5)注浆结束标准:当注浆压力稳定上升,达到设计压力并持续稳定10min,不进浆或进浆量很少时,即可停止注浆,进行封孔作业。

(6)停浆后,立即关闭孔口阀门,然后拆除和清洗管路,待浆液初凝后,再拆卸注浆管。

(7)为了确实地获取注入浆液质量和数量,必须保管好全部证明书及测量数据等,并根据注浆情况,及时跟踪、变更施工参数。

4.4 严控既有线沉降的特殊措施

下穿既有线隧道工程施工,严格遵守浅埋暗挖法“十八字”方针外,为了将沉降控制在更加严格的范围内,现在北京地铁下穿既有运营地铁工程,既有线的结构沉降控制标准最高达到3mm,常规控制方法很难实现该目标。

因此,应采取一些特殊措施,常见的包括:及时跟踪补偿注浆技术、千斤顶预加力技术和注浆抬升技术等。

4.4.1　及时跟踪补偿注浆技术

暗挖段下穿既有地铁线,为保证既有地铁的安全运营,除在隧道施工时采取强支护(大管棚+小导管超前注浆,刚性支撑、回填注浆等)措施外,还应采取动态跟踪注浆。

跟踪注浆技术是针对地面地下重要建筑物因其地基下沉造成基础下沉危害建筑物安全而采取的,以全过程密集监控量测为指导,以控制基础沉降为目的的动态加固技术。在隧道开挖前建立量测基准值各建筑物的警戒值,隧道开挖时连续监测,及时实施跟踪补偿注浆。

4.4.1.1　通过试验方式确定注浆方案及参数

结合工程现场条件及加固要求,采用双重管注无收缩浆液工艺,在施工现场附近进行试验,试验时,监控量测全过程跟踪,分析量测反馈结果、探坑检查注浆效果及砂浆参数之间的联系,从试验中掌握该地区注浆参数:由地层孔隙率及浆液固结体在土中分布状态确定控制浆液扩散范围,总结出布孔密度、注浆量、注浆压力与由地面隆起量时效的关系。

4.4.1.2　预注浆固结基底土层

注浆时要求先注仰拱部位,使结构处于稳固的基础上,以避免结构整体下沉。

4.4.1.3　及时施作跟踪补偿注浆

开挖过程中,在拱顶预埋补偿注浆管,管顶接近既有线底板,间距按1m梅花形布设。

各部对称通过既有线过程中,视其沉降情况,向既有线底板下进行注浆,通过控制注浆压力和注浆量有效填充既有站底板下因土体沉降产生的空隙。

仰拱回填注浆管按间距1m梅花形布设,单长1.0m,根据量测信息进行注浆,以确保格栅钢筋底部的承载能力,防止格栅整体下沉。

4.4.2　千斤顶预加力技术

为控制暗挖施工对既有车站沉降控制,在结构开挖初支侧壁及临时中隔壁沿纵向每2m设置一组(3个)千斤顶,千斤顶采用120t液压自锁式千斤顶。

千斤顶设置在顶部格栅与侧壁格栅连接处,待初期支护封闭成环后,立即给千斤顶施加初顶力,确保初支与既有线底板顶紧。

施工过程中根据监测情况,随时调整千斤顶顶力,及时控制既有结构及轨道安全,千斤顶应具备单独顶升和整体协同顶升功能。

初期支护贯通后,立即施作二次衬砌。千斤顶锁死,保证千斤顶在二次衬砌达到强度前始终发挥作用。

千斤顶纵向间距 2m,每断面共计 3 个。二次衬砌施工时,千斤顶直接浇入结构混凝土内。

型钢支撑封闭成环,且拱顶型钢横撑架设完成后,即可进行预加顶力,使千斤顶与型钢顶梁、顶梁与地铁结构间顶紧。仰拱封闭成环后,即施加 30 ~ 70t 的顶力,初期支护结构强度达到一定要求后,施加设计荷载 70 ~ 90t 的顶力,并根据监测结果,动态调整千斤顶顶力。千斤顶布置如图 4-25 所示,千斤顶处格栅节点如图 4-26 所示。

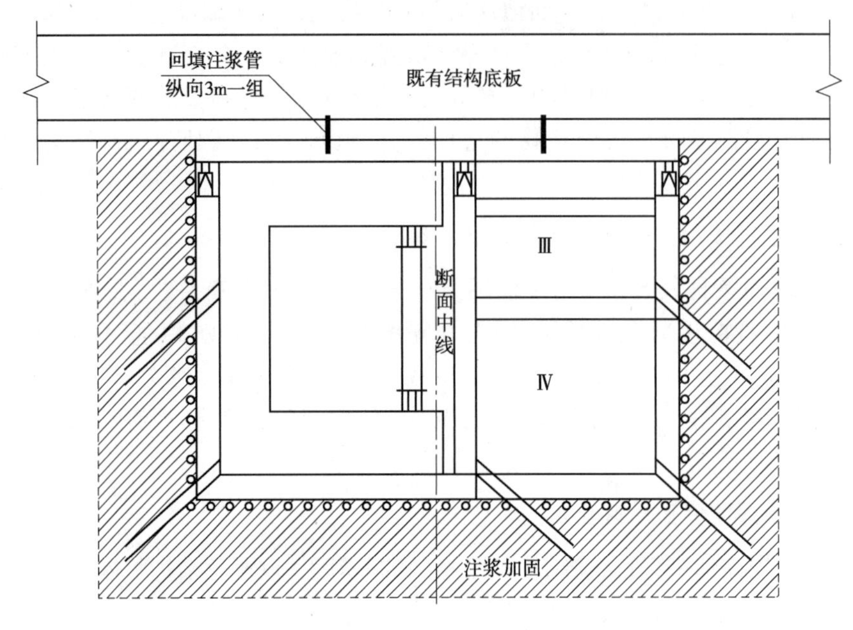

图 4-25　千斤顶布置示意图

4.4.3　注浆抬升技术

所谓注浆抬升技术,就是采用注浆产生的压力使被抬物上移的技术。城市地铁建设引起的周围建筑物、道路、管线、既有线的不均匀沉降危害十分严重,注浆抬升技术正在被广泛用于控制和恢复沉降。

地层注浆抬升建筑物的效应,首先是由地层变形扩张,引起基础(桩基)位移,最后传至上部结构,从而引起结构的抬升和次生内力。同时,由于建筑物的存在,其自重和刚度也影响了注浆周围土体及地表的移动。因此,地层注浆—土体—建筑物是互相作用、互相制约的。由于上部结构所用材料的刚度与地基土体的刚度差异很大,所以地基的变形与结构的变形具有不协调性,当抬升过大使结构变形和内力超过允许值时甚至会使建筑物产生破坏。

进行地层注浆—土体—建筑物的共同作用分析,所要考虑的影响因素很多,如浆液扩散区域分布、地层变形量、注浆区域岩土体特性等。

4.4.3.1　注浆抬升的工艺设计

注浆工艺设计,包括灌浆压力、流量、扩散半径、注浆时间及其相互关系,这些参数的确定不仅取决于注浆材料的工作性能，还取决于被注地层的性质。以下主要是针对注浆抬升工程中，在注浆工艺设计时所要考虑和解决的几个问题。

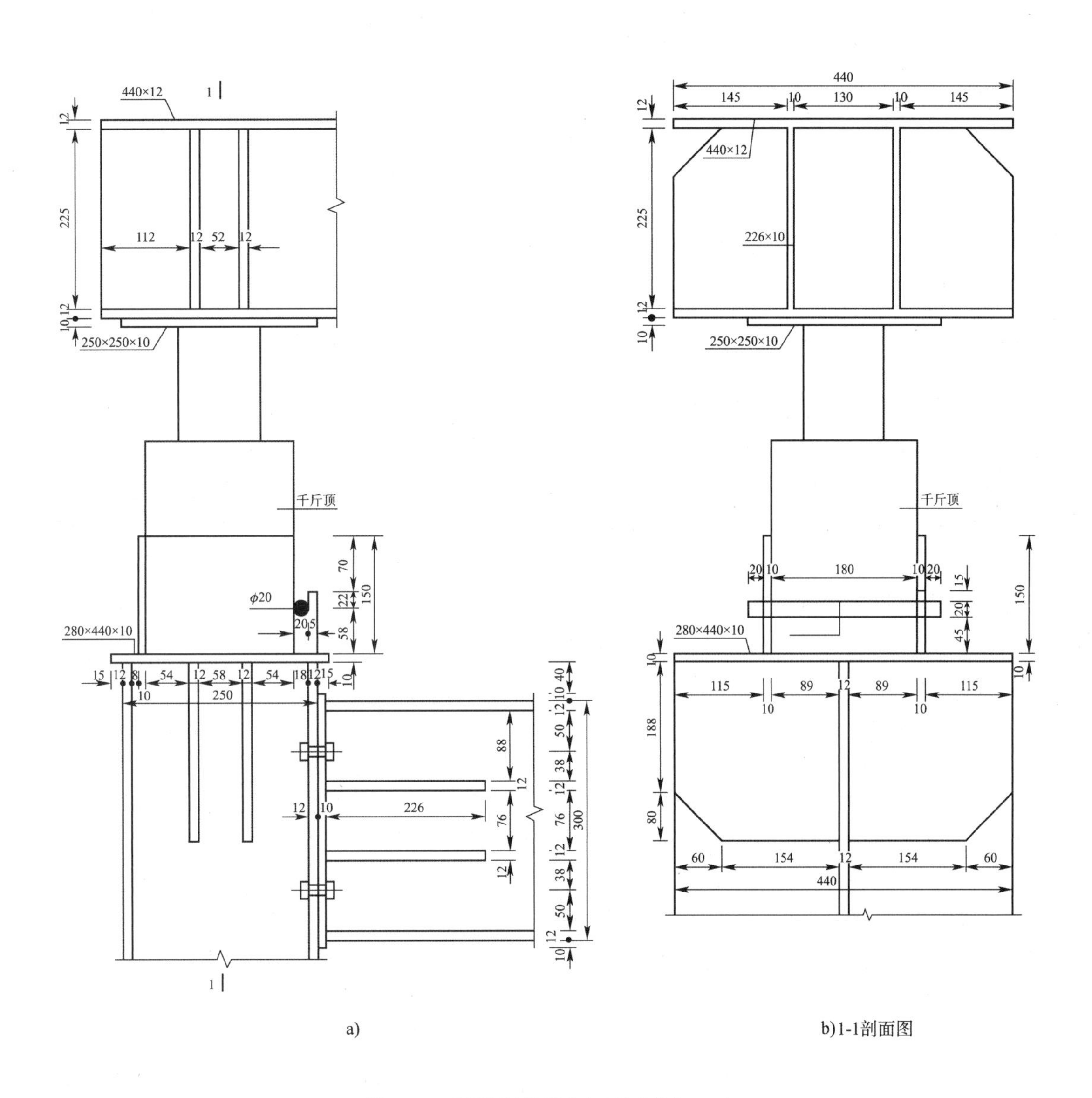

图4-26　千斤顶处格栅节点(尺寸单位:mm)

(1)注浆材料的选择

材料选择时应满足两个基本的条件:①材料要有较好的可灌性和流动性，以防止结构的局部受力而造成破坏;②材料要具有较高的早期强度，以满足注浆时平衡上部结构荷载，使注浆停止时抬升量不至于回落太大。

另外，在材料选择时，还需综合考虑凝胶时间、可注性、强度、抗分散性、耐久性及可操作性等因素，进行不同地质条件和注浆方案下注浆材料的选取。根据土质情况的不同，可将注浆材料的选择列于表4-5。

不同土质对注浆材料的选择　　表 4-5

土质名称		注浆材料
黏性土和粉土	粉土 黏土 黏质粉土	水泥类注浆材料及水玻璃悬蚀型浆液
砂质土	砂 粉砂	渗透性溶液型浆液(但在预处理时使用水玻璃悬浊型)
砂砾层界面		水玻璃悬浊型浆液(大孔隙) 渗透性溶液型浆液(小孔隙) 水泥类或水玻璃悬浊型浆液

(2)注浆压力的确定

在注浆抬升工程中,注浆压力过小,则抬升压力过小,难以达到抬升目的。采用较高的注浆压力,在保证注浆质量的前提下,使钻孔数可能减少。高的注浆压力还能使一些微细孔隙张开,有助于提高可注性。当孔隙中被某种软弱材料充填时,高注浆压力能在充填物中造成劈裂灌注,使软弱材料的密度、强度和不透水性得到改善。此外,高注浆压力还有助于挤出浆液中的多余水分,使浆液结石的强度提高。但注浆压力过大,则容易发生漏浆和冒浆。实践证明注浆压力控制在 1.5 ~ 2MPa 为宜。

注浆压力值与地层土的密度、强度和初始应力、钻孔深度、位置及单次抬升量等因素有关,而这些因素又难于准确地预知,因而宜通过现场注浆试验来确定。

(3)注浆顺序

注浆抬升应从沉降量较大的部位向沉降量较小的部位推进,在达到沉降量基本相同的情况下再逐次均匀抬升。且一般不宜采用自注浆地带某一端单向推进压注方式,应按跳孔间隔注浆方式进行,以防止串浆。对有地下动水流的特殊情况,应考虑浆液在动水流下的迁移效应,从水头高的一端开始注浆。

注浆时应采用先外围、后内部的注浆顺序;若注浆范围以外有边界约束条件(能阻挡浆液流动的障碍物)时,也可采用自内侧开始顺次往外侧的注浆方法。塑料阀管注浆时,注浆芯管每次上拔高度应为 330mm;花管注管每次上拔或下钻高度宜为 500mm。对沉降量较大的部位,应分次抬升,每次抬升量以 30 ~ 40mm 为宜。同时,以抬升为目的的注浆宜采用单管交替注浆工艺,即一个注浆孔先注水泥浆液一段时程后,紧接着在同一个注浆孔内注入水玻璃,并如此往复循环,以便快速固结形成抬升力。

(4)注浆孔距的确定

注浆范围和注浆半径确定后,就可以确定孔间距。确定孔间距时,既要考虑最大限度地发挥每个注浆孔的作用,减小工程造价,又要考虑孔与孔之间的相互搭接,达到均匀受浆。对于加固注浆,一般采用等距布孔,梅花形布置。孔间距一般为 0.8R(扩散半径),排间距为孔距的 0.87 倍。在砂性土层渗透注浆孔距取 0.8 ~ 1.2m;在黏性土层,劈裂注浆孔间距取 1.0 ~ 2.0m。对于注浆孔的布置原则,应能使被加固土体连成一个整体。同时,对于非桩基基础,注浆点的覆盖土厚度不应小于 2m。因为在上部结构某点受力同时,除该点的变形调

整外，在该点周围必产生一定的应力集中，如果集中力过大，那么集中范围内则可能产生结构开裂或地面隆起。

4.4.3.2　施工注意事项

(1)注浆压力控制。一般的情况是注浆开始阶段，压力很小，随着注浆的进行，注浆压力不断升高。当压力达到施工所需的最大值时，调节注浆泵的流量，以便控制注浆压力维持这一注浆压力。个别的孔注浆一段时间后，如果注浆压力一直为零或者压力很小，应检查附近地区有无冒浆现象。发现冒浆，立即停止注浆，挖开冒浆处，然后用速凝砂浆进行封堵。如果是因为注浆压力过大而造成的冒浆，则适当减小压力，或者增加浆液的浓度。在注浆抬升过程中要求对周围的地面、地下管线进行监测，防止发生因注浆压力过大而引起管线错动或堵塞地下水管等不良影响。

(2)注浆流量控制。一般来说，随着注浆的进行，保持注浆压力不变，注浆流量会不断变小；保持注浆量不变，则注浆压力会逐步升高。如果某个孔注浆量较大，则应在浆液中加入适量的速凝剂，或者采取间歇注浆的办法。当注浆量较小时，在对周围环境不产生不良影响的情况下可适当提高注浆压力。

(3)在注浆过程中发生表面冒浆时，轻微者，可以稍停注浆，让其自行凝固。严重者，可采用浓浆液、降低压力、中断间歇等办法。

(4)注浆过程中宜先稀浆后浓浆。浆液应搅拌均匀，在抽入高压泵之前必须进行过滤。注浆时先慢速压浆，逐步达到设计要求，并尽可能保持压力稳定。

(5)抬升过程中应进行精确观测，严格根据观测结果指导注浆，要特别严防因注浆过量而发生超量抬升，产生不可弥补的后果。

由于注浆路段地基构造的多变性与发育程度的不同，在注浆施工中可能会遇到以下各种施工质量中出现的通病，为此提出以下防治措施，见表4-6。

常见施工事故及防护措施　　表4-6

可能产生的质量隐患	产生原因	质量预控措施	补救措施
可注性差	①选择浆液及配比不当； ②注浆压力不当，浆液扩散半径小	①通过试验，选择恰当浆液和配比； ②适当加大压力； ③浆液中加缓凝剂、流动剂、加气剂、附加剂	①对水泥双液，如调整参数可注性仍差，改用水泥—水玻璃浆液； ②局部扩散半径小时，增加注浆孔
冒浆	①浆液效果不好，或用套管嵌入止浆，套管嵌入不好； ②灌浆压为过大	①调整注浆压力； ②限制进浆量； ③间歇注浆； ④重新嵌套管或下止浆塞	必要时在止浆处下套管，用水泥砂浆封住，重打孔、注浆
串浆(浆液从其他注浆孔流出)	两孔连通性好	①加大第1次序孔间的距离； ②适当延长相邻施工时间间隔； ③用止浆塞于串浆部位上方2~3m处； ④两相邻串浆同时灌浆	

续上表

可能产生的质量隐患	产生原因	质量预控措施	补救措施
浆液过量流失到非注浆部位	①灌注压力过大； ②浆液过稀； ③泵量过大	①采用低压或自流灌浆； ②改用较浓浆液； ③加速凝剂； ④间歇注浆； ⑤控制施工程序，先封闭外围及吸底层； ⑥用泵量较小的泵	在注浆范围的边缘及底部用水泥—水玻璃浆液，调制配比，甚至在几分钟到几十分钟内凝固

4.4.4 工程实例

4.4.4.1 工程概况

北京地铁某暗挖区间，下穿某大厦东侧营业门厅，隧道右侧洞进入其宽度方向约3m，隧道拱顶距门厅基础底面3.6m。

门厅为单层、28.2m跨、13m宽的拱形桁架屋面结构，屋面支撑在两侧承重墙上，承重墙为钢筋混凝土结构(条形基础)；其正面临街侧为一高16m、长28m的扇形玻璃幕墙体，沿隧道走向，位于隧道结构右中线上方，基础为两个独立的条形素混凝土结构(500mm × 900mm)，埋深为0.9m，承重墙与玻璃幕墙各为独立基础，相互脱开。

地质情况由上到下为杂填土(0 ~ 5m)，黏质粉土(5 ~ 9m)，粉细砂层(9 ~ 13m)。地下潜水位为 -5m，施工的隧道在杂填土和黏质粉土中，穿越的杂填土较松散。

隧道结构为共用中隔墙双联拱隧道，施工方法采用中洞法施工。隧道下穿门厅的施工将对该门厅产生影响，厅内需正常营业。结构及门厅的关系如图4-27所示。

4.4.4.2 施工影响

隧道施工过程中对门厅基底土层的扰动，极有可能影响到门厅的结构安全。

施工隧道中洞时，在门厅附近地面监测到的沉降槽及沉降曲线，如图4-28所示。

中洞施工完后的量测结果表明，门厅玻璃幕墙最大下沉量为22mm，门厅与主楼交接处最大沉降量为10mm，差异沉降为12mm。处于安全状态，但门厅已整体略向外倾斜，与大厦主楼出现10mm左右裂缝。

4.4.4.3 注浆顶升方案

(1)利用注浆技术对门厅基础进行动态跟踪注浆，保证门厅基础的稳定，随侧洞掘进，根据量测结果对结构沉降部位跟踪注浆，顶升门厅基础。

(2)在门厅侧墙及玻璃幕墙基底进行动态注浆控制沉降。注浆采用双重管无收缩注浆工艺，其工艺流程如图4-29所示。

(3)注浆材料：浆液采用无收缩双浆液(水泥 + 水玻璃 + 凝固剂)，该浆液的优点是结石率高(近乎100%)，强度较普通水泥—水玻璃双液浆高。

(4)注浆设备：注浆设备主要有油压75A型钻机、注浆泵、浆液搅拌桶等，其中钻机为改良型,具有钻孔/注浆一体功能,能够实现定位定向注浆,机动性强,工效较快。

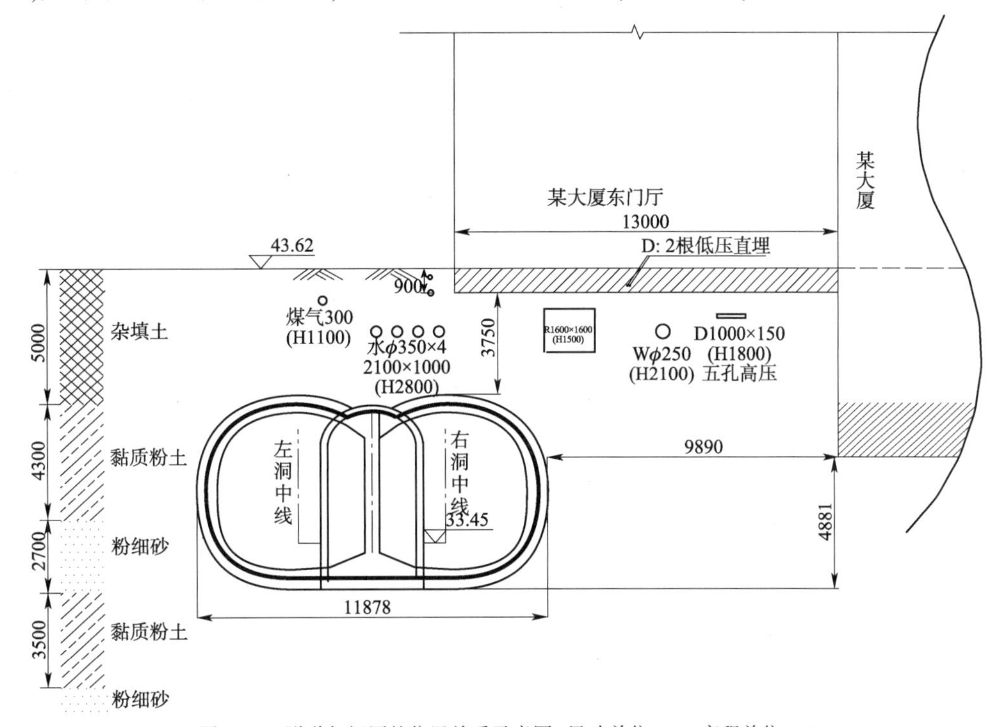

图4-27 隧道与门厅的位置关系示意图(尺寸单位:mm,高程单位:m)

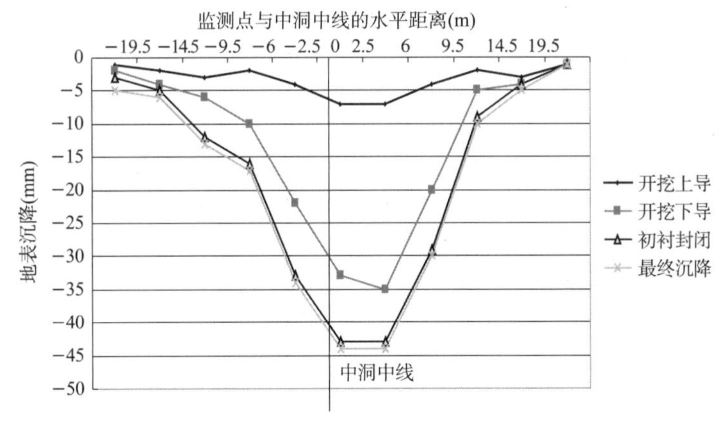

图4-28 中洞施工时地表沉降变化曲线

(5)注浆参数:两侧承重墙基底注浆压力为 $p=0.3\sim0.6$MPa;玻璃幕墙基底注浆压力为 $p=0.1\sim0.3$MPa。

(6)施工步骤。

①止浆墙的施作:为控制浆液流向,先施作止浆墙,如图4-30所示。

②预注浆固结基底土层:施工前预注浆固结基底土层,主要目的是使基底土层固结一定的厚度,为下一步调控沉降

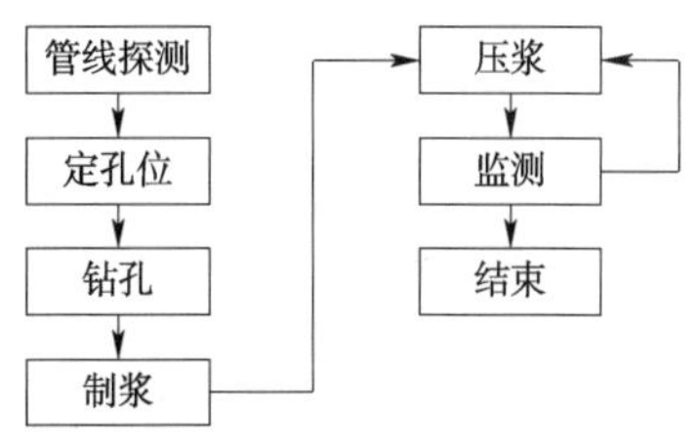

图4-29 工艺流程

的动态注浆提供具有一定刚度的受力面，又可防止在建筑物基础与止浆墙之间的缝隙漏浆。根据中洞施工时门厅的沉降情况，可在此注浆阶段将门厅基础预先抬高5mm，以期预留一定的沉降量，如图4-31所示。

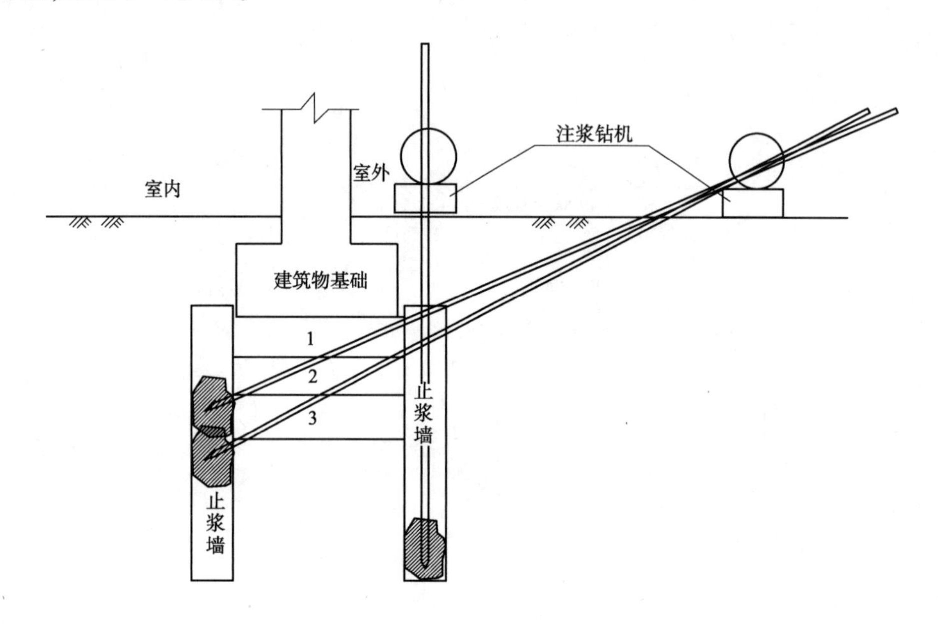

图4-30　止浆墙施工示意图

1-预注浆固结地基土层；2、3-深孔注浆调整沉降

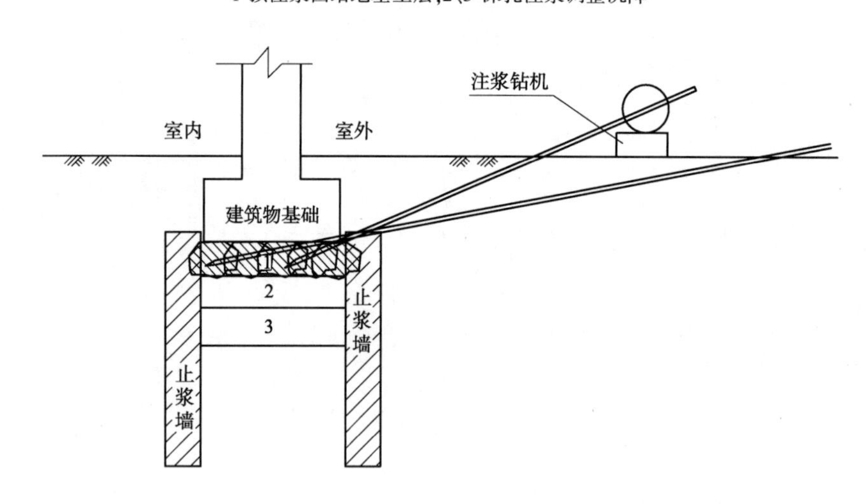

图4-31　预注浆固结基底土层示意图

1-预注浆固结地基土层；2、3-深孔注浆调整沉降

③注浆加固土层时，全过程监控量测，根据量测结果反馈调整注浆压力及注浆量，监测布点主要在门厅的外墙，测点布置见图4-32。

（7）隧道施工过程中动态注浆调整沉降。在隧道侧洞施工通过门厅时，依据地表及建筑物沉降监测结果，当建筑物沉降超过警戒值时，对建筑物实施动态注浆稳定基础并调整其沉降，如图4-33所示；当沉降恢复至原位后即停止注浆。

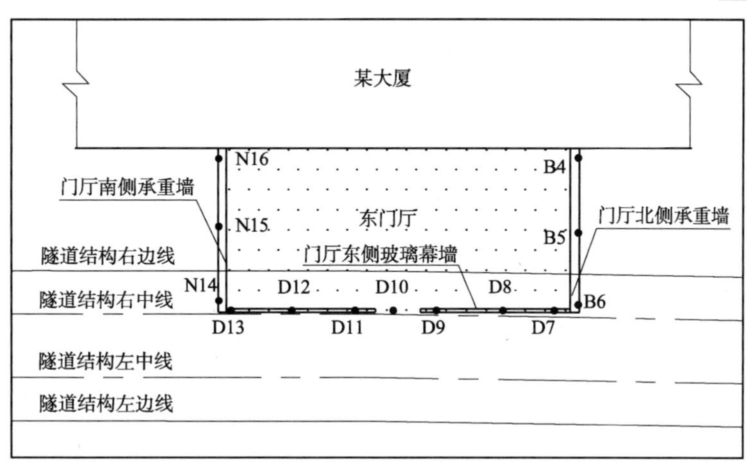

图4-32 监测布点

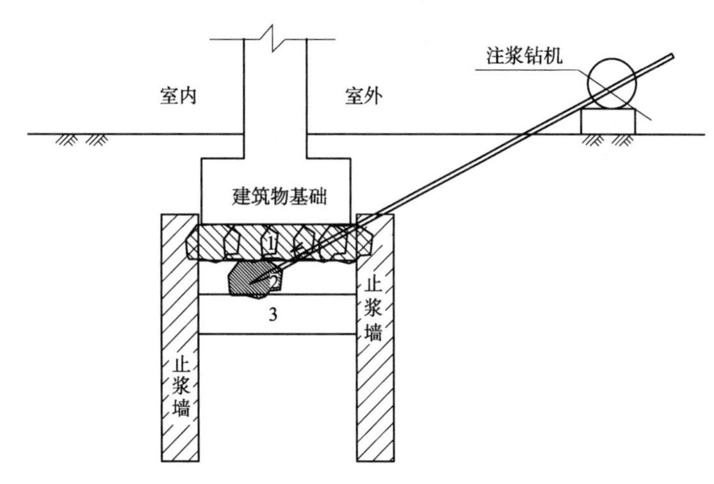

图4-33 深孔注浆调整沉降注浆示意图

1-预注浆固结地基土层;2、3-深孔注浆调整沉降

4.5 临时支撑拆除技术

4.5.1 拆除前初期支护结构稳定性分析

一般地,随着Ⅰ~Ⅵ部(或Ⅰ~Ⅳ部)开挖支护完成,初期支护已经闭合,各断面的变形趋于稳定,可以拆除临时支撑,进行后续二次衬砌施工。但是,开挖支护施工中存在如下一些不可避免的问题:

(1)超前支护、地层加固等的实施已较大程度地改变了原结构的受力状态。

(2)开挖支护施工时,在多部开挖完成的结构接头处,存在混凝土不够密实、夹土或存在空洞的现象。

(3)从量测结果来看,虽然大部分量测数据是正常的,但却存在着不能反映结构偏压和受力不均等现象,以及可能会在拆除时产生受力过大等异常状况。

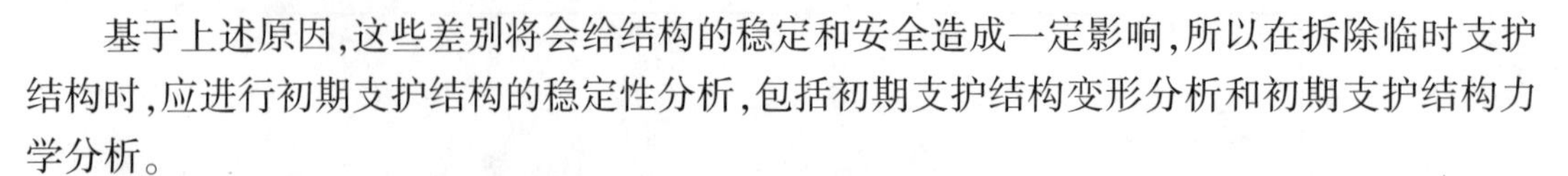

基于上述原因,这些差别将会给结构的稳定和安全造成一定影响,所以在拆除临时支护结构时,应进行初期支护结构的稳定性分析,包括初期支护结构变形分析和初期支护结构力学分析。

4.5.1.1 初期支护结构变形分析

浅埋暗挖隧道初期支护结构变形控制指标包括隧道初期支护拱顶下沉、底板隆起、净空收敛、中柱沉降的允许位移控制值、位移平均速率控制值和位移最大速率控制值。通过对现场监测资料分析,确定初期结构变形是否在要求的控制指标之内。

分析宣武门站采用 CRD 法施工的工程初期支护结构变形,汇总见表 4-7。

宣武门车站初期支护结构变形汇总 表 4-7

工程名称	拱顶下沉			水平收敛		
	实测值(mm)	平均速率(mm/d)	最大速率(mm/d)	实测值(mm)	平均速率(mm/d)	最大速率(mm/d)
西南风道	-17.4	0.025	0.05			
单层段(Ⅰ部)	-26.1	0.038	0.12	6.83	0.05	0.07

浅埋暗挖隧道施工监控量测建议控制标准见表 4-8。

浅埋暗挖隧道施工监控量测建议控制标准 表 4-8

序号	监测项目及范围		建议控制值(mm)	平均速率控制值(mm/d)	最大速率控制值(mm/d)
1	地表沉降	区间	30	2	5
		车站	40		
2	拱底隆起	区间	10		
		车站	10		
3	拱顶下沉	区间	30	2	5
		车站	40		
4	水平收敛	区间	20	1	3
		车站	20		

对比上述表 4-7、表 4-8,可以确定,宣武门站西南风道、西北风道、单层段采用 CRD 法施工,初期支护结构变形稳定。

4.5.1.2 初期支护结构力学分析

浅埋暗挖隧道初期支护结构力学控制指标应包括支护结构内力设计值、中柱内力设计值。通过现场对初期支护结构内力的实测,进行对比分析。

初期支护结构内应力控制标准见表 4-9,可供参考。

结构内应力控制标准　　表4-9

阶　段	初期支护网构拱架主筋拉(压)应力(MPa)	喷混凝土应力(MPa)	
洞内临时支护拆除前	≤240	拉应力	≤0.3
		压应力	≤5
		剪应力	≤0.5
洞内临时支护拆除后	≤265	拉应力	≤0.35
		压应力	≤6
		剪应力	≤0.7

注:1. 因网构拱架失稳破坏主要表现为整体失稳,大多数情况下主筋应力只达到极限强度的2/3左右,所以拱架主筋应力未用足Ⅱ级钢筋的强度。同时,用足主筋强度,初期支护势必开裂,既增加喷混凝土负担,又影响结构防水效果。

2. 喷混凝土拉(压)应力及剪应力,基本上用足设计容许值。

3. 根据试验和经验,考虑洞内临时支护拆除后,结构内应力有±10%左右的调整幅度。

4.5.2　临时支撑拆除施工工艺

临时支撑采用型钢I22a,间距0.5m;双层ϕ8钢筋网,网格间距150mm×150mm;35cm厚C20喷射混凝土。虽然,随着Ⅰ~Ⅵ部开挖支护的完成,初期支护结构一经闭合,应能承受土体的全部荷载和地面附加荷载,则临时支护就不再受力。但是,因为结构设计、注浆施工、支护参数等方面的误差,可能会在拆除时产生受力过大等异常状况。这些差别将会给结构的稳定和安全造成一定影响,所以在拆除临时支护结构时应谨慎。

暗挖隧道拆除临时支撑施工顺序为:施工准备→破除临时支撑系统混凝土→逐榀拆除临时支撑→清理工作面→砂浆抹平→二次衬砌施工。

现以风道为例,说明CRD法拆除临时支撑顺序。

临时支撑拆除施工工艺流程如图4-34、图4-35所示。

4.5.2.1　施工准备

(1)增设临时支撑

破除混凝土前,宜用150mm×150mm方木或工字钢对初支结构进行临时性的支撑,使应力在临时支撑拆除过程中缓慢释放,保证施工安全。

(2)保护成品

破除临时仰拱时,需对其下的防水板、钢筋及混凝土采取保护措施。可按下述方法进行:靠近临时支撑防水板必须衬垫木胶板保护;破除防水板预留接头上部临时支撑时,防水板接头上方挂无纺布,再钉上木胶板条封口,防止破混凝土时渣子掉入无纺布,工钢割除时要将无纺布淋湿,并在防水板根部放木胶板保护;钢筋预留接头上用塑料布或保护帽加黄油保护丝头;已浇混凝土棱角及表面采取上铺木胶板保护,如图4-36所示。

4.5.2.2　三层临时支撑拆除

(1)破除三层Ⅴ、Ⅵ部之间中隔壁混凝土,以减小临时中隔壁附加荷载,削弱临时支护系统刚度。解除各连接点约束,使部分临支系统受力先行转移给初期支护结构。

(2)割除临时中隔壁工钢,将支点切开 3 ~ 5cm 缝隙,根据监测结果判定其安全性。如无异常,割除 1 ~ 2m 高度范围内的竖向工钢,并用纵向工钢将原支撑连成整体。

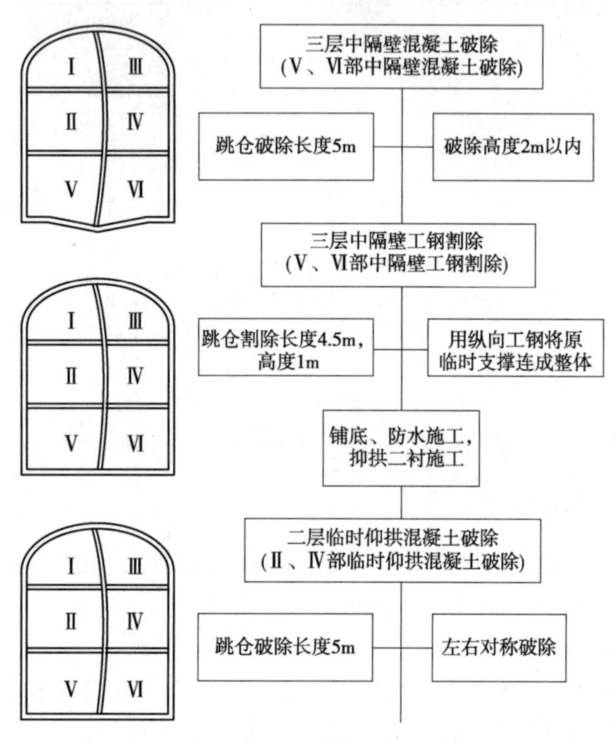

图 4-34 临时支撑拆除示意图(一)

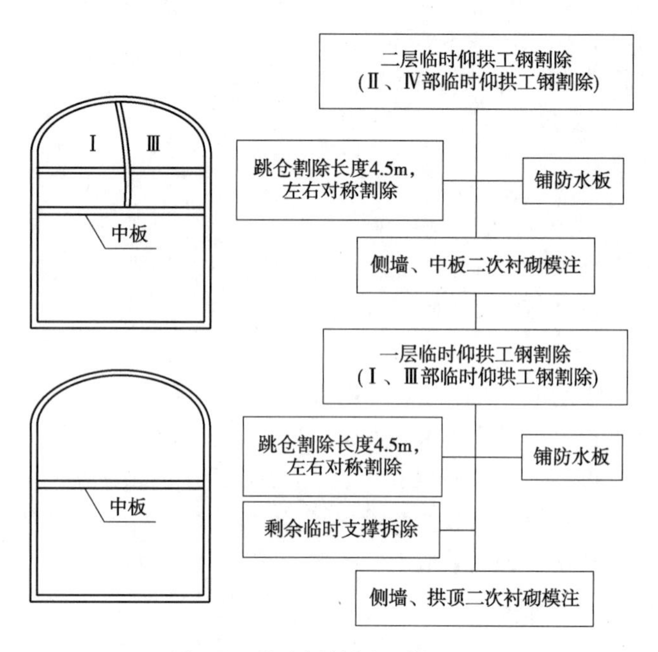

图 4-35 临时支撑拆除示意图(二)

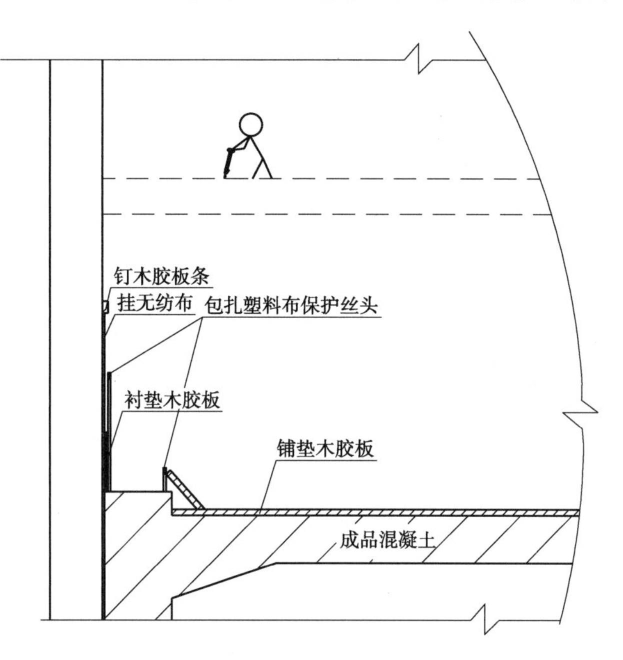

图 4-36 临时仰拱破除时对成品保护措施

拆除钢架应跳拆,先割除 1 号拱,1 号拱割除完成后,再开始割除 2 号拱(图 4-37),使应力缓慢释放;拆除高处钢架时,应先用麻绳悬吊后割除,防止坠落伤人。

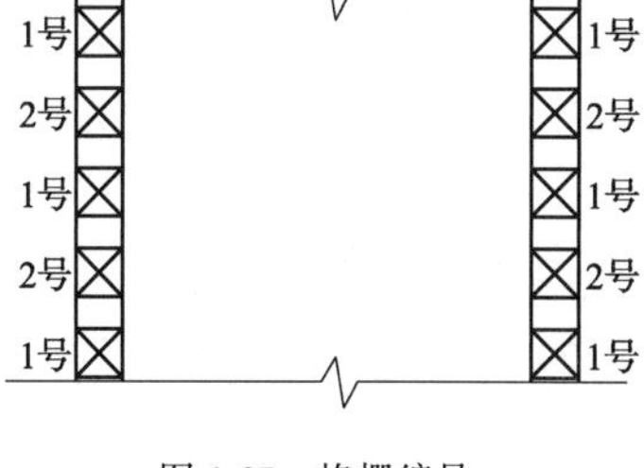

图 4-37 格栅编号

(3)铺底、防水施工,仰拱二次衬砌施工。

4.5.2.3 二层临时支撑拆除

二层临时仰拱混凝土破除,并将Ⅱ、Ⅳ部临时仰拱两端与初期支护结构连接处切开一道窄门,为防万一能立即焊合。

防水施工,中板、边墙二次衬砌施工。

4.5.2.4 一层临时支撑拆除

一层临时仰拱混凝土破除,根据测试结果,如情况许可,继续切开部临时仰拱。将Ⅰ、Ⅲ部临时仰拱两端与初期支护结构连接处切开一道窄门,如情况有异,应立即恢复,采取加固措施后再试。

防水施工,边墙及拱顶二次衬砌施工。

4.5.2.5 剩余临时支撑拆除

首先检查已恢复各段临时中隔壁工钢支撑,确保其牢固稳定后,开始拆除剩余部分临时中隔壁,破除喷射混凝土后拆除各竖向工钢支撑,同样安装工钢横梁,保证后拆段中隔壁整体稳定,见图 4-38。

风道下层边墙结构施工时,为不影响交通,搭设满堂红脚手架时,施工段内可安装门架作为施工通道,见图 4-39。

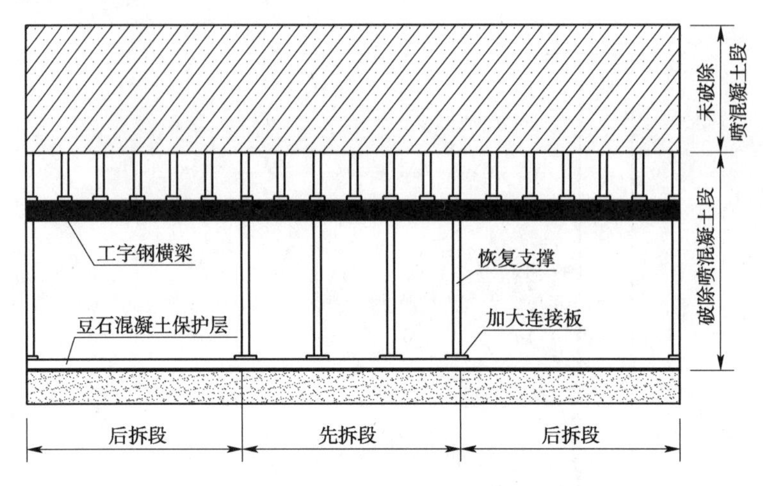

图4-38　风道先拆段恢复及后拆段拆除示意图

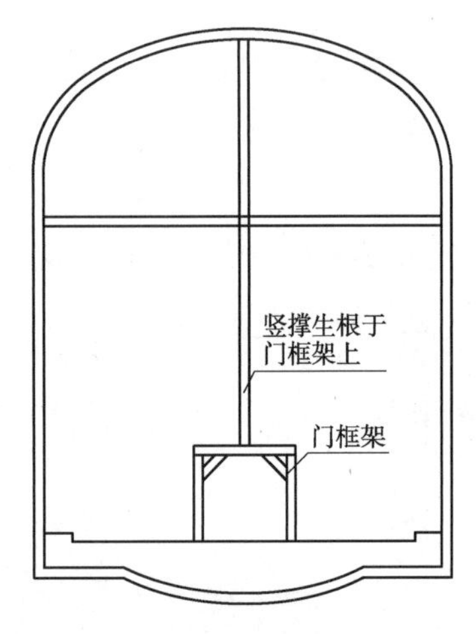

图4-39　风道门架换撑示意图

4.5.3　施工关键技术

4.5.3.1　拆撑时机

大量实践证实，把握好临时支撑拆除时机是控制由于拆撑引起的地表沉降的重要因素。同时，根据对实施过程中结构受力、变形进行模拟分析，发现临支系统过早拆除对控制施工过程中结构变形极为不利，对中墙结构稳定也有影响。因此，决定在全部开挖和初期支护完成后，各断面位移充分稳定后，开始洞内临时支撑拆除。

4.5.3.2　辅助施工

隧道下部的临时支护在拆除前，应对上部临时支护进行稳定性检查，必要时应进行加固处理（增设临时支撑）。同时，破除临时仰拱时需对其下的防水板、钢筋及混凝土采取保护措施。

4.5.3.3　拆撑范围

（1）底板施作拆除长度的确定

①临时支撑拆除前，首先要分段对临时支撑混凝土进行破除，跳仓对中隔壁、临时仰拱混凝土进行破除，破除高度为：中隔壁自三层仰拱底向上1.6m范围，分段长度一般为跨度的一半左右4.5m。临时仰拱混凝土分段长度4.5～5m。

②临时支撑工钢割除范围为：中隔壁竖向工钢自三层仰拱底向上1.6m范围，分段长度为4.5m，并用4.5m的纵向工钢将原支撑连成整体，及时进行该范围内仰拱的基面处理，达到铺设防水板的条件，临时仰拱工钢割除长度为4.5～5m。

（2）边墙及拱部拆除长度的确定

根据通道设计情况划分二衬分段段落，一般为4.5～7.5m。边墙衬砌时需拆除临时仰拱，临时仰拱的拆除长度同二衬分段长度，即4.5～7.5m。拱部衬砌时，对临时中隔墙的拆除长度应视结构形式确定。拱形结构拆除长度一般为6～7.5m；平顶结构拆除长度一般为4.5～6m。不论何种结构形式，拆撑时均应加强结构变形量测，根据量测反馈的信息随时调整施工参数。

4.5.3.4　拆撑方法

临时支撑结构的拆除应根据施工顺序分段进行，按照由下而上的顺序分次拆除，拆除里程段要对称。

拆除方法应视具体施工条件确定，一般有两种方法可供选择：一是分段拆除、跳仓换撑；二是分段拆除、托梁换撑。

第一种方法：分段破除施工影响范围的临时支撑的混凝土后，每隔1～2m留一根竖向支撑，在已成形的防水板保护层上换撑。该种方法适用于一般结构形式和沉降标准不十分严格的结构。

第二种方法：分段破除施工影响范围的临时支撑的混凝土后，对应临时中隔墙位置增设纵向托梁，将临时支撑的竖向力转换至纵向托梁上，为底板施工提供作业空间，待底板施作完成后每隔1.5m左右恢复一道竖向支撑。该种方法适用于平顶直墙结构及沉降标准严格的结构。

4.5.3.5　换撑施工

在第一次防水保护层混凝土达到预期强度后，及时对割除后的工钢进行换撑。换撑一般为每隔1～2m留一根竖向支撑，留设的支撑一般在已成形的防水板保护层上进行换撑。换撑采用型钢I22a，纵向间距为1.5m，上部与纵向4.5m工钢焊接，下部直接撑在已成形的防水板保护层上。

4.5.3.6　后续工序紧跟

纵向每拆除一段后（一次拆除长度），应立即对因拆除而在初期支护上留下的空洞进行回填注浆。并立即进行铺底，铺底达30m后，即进行仰拱、边墙、中隔板和拱顶二次模注。

4.5.3.7　拆除进度的控制

分段拆除过程中，一般分2～3次进行，即底板、边墙及拱部。底板范围临时中隔墙拆除一般每个段落需要一个工作班，底板施工范围防水板完成后，换撑与防水板保护层同步进行；边墙施工时对临时仰拱的拆除与剩余临时中隔墙混凝土的破除一并进行，一般每个段落需要2～4个工作班。拱部施工时，将拱部影响范围剩余竖向临时支撑割除即可，在拱部防水施作之前处理基面时进行。

4.5.3.8　保障措施

（1）拆除临时支撑过程加强量测，如有异常及时采取有效支护后方能拆除。

（2）遵守劳动纪律，服从领导和安全检查人员的指挥，工作时思想集中，坚守岗位，未经许可不得从事非本工种作业，严禁酒后上班，不得在严禁烟火的地方吸烟、动火；严格执行操作规程，不得违章指挥和作业，对违章作业的指令有权拒绝，并有责任制止他人违章作业。

(3)按照作业要求正确穿戴个人防护用品。

(4)破除混凝土下方应设警示牌,禁止通行;工字钢割除必须用麻绳悬吊,割除完成缓缓放下。

(5)施工需搭设脚手架时,脚手架一定要搭设牢固。

(6)班组分散工作时,一般不准单人作业,两人以上时必须指定专人负责安全工作。

(7)用钢丝绳起吊、拖拉重物时,现场人员远离作业半径,并对钢丝绳进行定期保养,检查更换。

(8)遇有不能处理的隐患,要及时上报并采取防范措施,发现危及人身安全的紧急情况,要采取停止作业、撤离人员的果断措施,并立即向上级反映。

(9)施工用电按《施工现场临时用电安全技术规范》(JGJ 46—2005)要求进行设计和检测。施工照明线路电压在施工区域内不大于36V,施工区域以外地段可用220V,动力设备为380V,所有电力设备设专职人员检查维护,并设示警标志。

(10)使用气割时,氧气瓶不得沾染油脂,乙炔发生器必须有防止回火的安全装置,氧气瓶与乙炔瓶要隔离存放。

4.5.4 临时支撑结构拆除控制标准

根据以往经验和试验,为了保证结构刚度和安全,制定拆除临时支护结构监测的控制标准,见表4-10。

临时支撑监测的控制标准　　表4-10

位置	结构安全			不安全		危险	最大限值
	2d内	2d后	稳定值	2d内	2d后		
拱顶沉降	2mm/d	0.5mm/d	0.1mm/d	7mm/d	>2mm/d	15mm/d	25mm
大跨收敛	1.5mm/d	0.1mm/d	0.02mm/d	3mm/d	>2mm/d	8mm/d	15mm
仰拱上浮	0.5mm/d	0.01mm/d	0		>0.5mm/d	3mm/d	

4.6 下穿铁路既有线工程施工技术

4.6.1 下穿铁路既有线工程特点

下穿铁路既有线隧道工程具有防护难度大、施工难度大,管理风险高、沉降控制标准高等特点。

(1)防护难度大、施工难度大。隧道下穿正在运行铁路线,线路运营繁忙,线路等级高,车次对数多,隧道施工过程中需对车辆进行限速,因此施工时必须做好驻站防护工作,确保运营安全。

(2)管理风险高、沉降控制标准高。下穿既有线铁路,施工期间对地表沉降的控制尤为重要,直接影响铁路正常运营安全,大大提高了隧道施工难度;并且隧道采用长大管棚进行超前支护,夯进时地下干扰因素不确定,对于管棚夯进方向的精度控制尤为重要,避免出现下扎或上挑、抬头现象,因此,施工过程中对地表沉降及管棚精度控制提出了较

高的要求。

4.6.2　既有线路基超前加固技术

隧道开挖后易扰动土体，引起地层变形或局部坍塌，为了防止路基局部出现沉陷影响铁路正常运营，在暗挖前对路基土体进行注浆加固。通过注浆，减小土体间的孔隙率，使路基土体得到填充加固，并使浆液与土体形成复合地基，从而提高土层的黏结力，增大内摩擦角值，达到稳定土体、防止坍塌的目的（图4-40）。

4.6.2.1　加固范围

加固深度：自轨底面以下起至隧道拱顶以上。

沿铁路线路方向：隧道边墙外缘外侧2～3m。

垂直线路方向：全长范围内路基均进行加固。

4.6.2.2　注浆材料

根据地层、地下水条件选择合适的注浆材料，常用水泥浆或水泥—水玻璃双液浆。应选用无收缩注浆液，无收缩注浆液属于安全性、高渗透性的注浆材料，有以下优点。

（1）固结硬化时间容易调整。

（2）渗透性良好，特别是对微细砂层的渗透性优异。

（3）地层中有流水的情况下也具有很强的固结性能。

（4）浆液不流失，固化后不收缩，硬化剂无毒，对地下水不会造成污染。

（5）浆液强度、硬化时间、渗透性能可根据现场实际需要任意调整。

4.6.2.3　注浆参数

注浆配合比、压力、扩散半径及注浆量，根据设计要求进行现场试验，再根据试验结果及以往施工经验研究讨论，最终决定施工时的注浆参数。

注浆压力控制在0.5～1.5MPa。施工时若注浆压力不足就达不到填充孔隙的目的，若压力过高就有可能引起线路隆起，所以要严格控制注浆压力。路肩以下5～10m压力控制在0.5～0.8MPa；距路肩10m以下压力控制在0.8～1.5MPa。

严格控制注浆压力，同时密切关注浆量，当压力突然上升或从孔壁、地面溢浆时，立即停止注浆，查明原因后采取调整注浆参数或移位等措施重新注浆。

4.6.2.4　注浆施工

注浆顺序：先内后外，隔孔跳注。钻孔先外侧后内侧，由两侧向中间汇集，若注浆孔位与支撑桩、防护桩或降水井发生冲突，可适当挪移注浆孔位。

注浆时由高压浆泵（160L/min）将浆液通过注浆花管渗透至四周土体内，填充土体颗粒间的缝隙。随时观察注浆压力变化和注浆量，接近地面时，注浆压力调整0.3MPa以下。当遇到水泥浆液扩散过远（跑浆现象）、孔口附近冒浆或注浆压力达到要求时，采用停停灌灌或调整浆液浓度注浆。当注浆量满足设计要求，孔口压力突然上升，浆液难以注入，路基面跑浆或出现异常时，应立即终止注浆，进行下孔位施工。

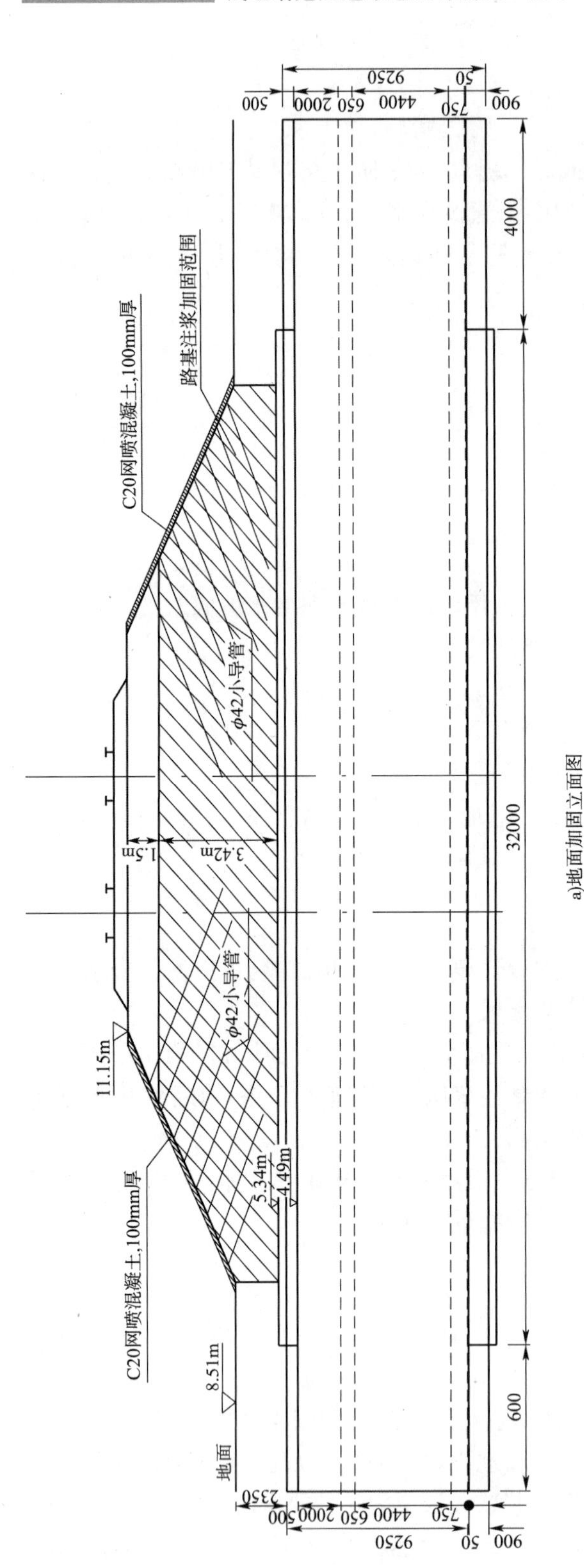

a)地面加固立面图

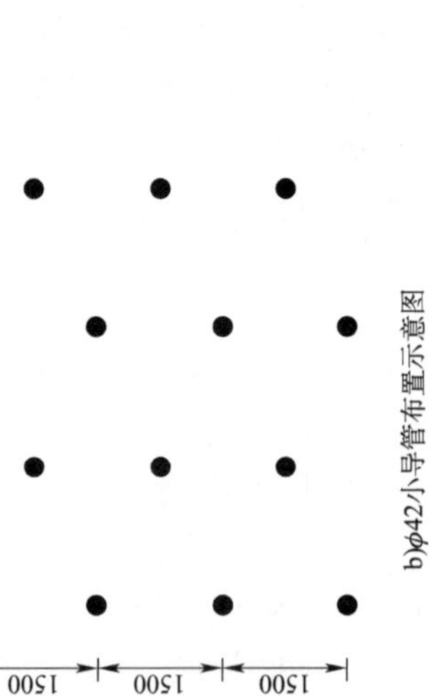

b)φ42小导管布置示意图

说明：1.本图尺寸除高程、里程以米计外，其余均以毫米计。

2.本图为下穿既有铁路施工前对路基下地层的加固设计。

3.穿越铁路段采用暗挖法施工，在施工前需对铁路线路进行加固处理。

4.地层加固及实现方法：采用φ42小导管，长7.10~14.03m，间距1.5m，梅花形布置。

5.注浆材料为水泥浆。

6.施工期间严密监测路基变化，加强地表监测，确保铁路运营安全。

图4-40 路基加固范围示意图(尺寸单位:mm)

距铁路原地面距离较近,对靠近路基面的第一排注浆管将注浆压力减小到0.3MPa以下,并根据实际情况适当减小浆液的注入率。注浆全过程加强施工检查和监测,防止路基溢浆和隆起。

在注浆加固过程中,采用洛阳铲取样检查,对注入效果不好的孔位,在距离该孔位0.5m处进行补注。路基注浆加固完成后,应进行注浆效果检查。

4.6.3 既有铁路线两侧支撑桩施工

在既有线两侧各施作一排支撑桩,桩顶设置通长冠梁,作为线路加固系统的硬支点,采用3-5-3扣轨结合纵横梁加固的方法,整个加固体系支撑在支撑桩冠梁上。

4.6.3.1 支承桩及纵梁施工

为了给扣轨提供支撑力,应施作支承桩及纵向冠梁。

铁路两侧根据计算各设支承桩作为线路加固系统的硬支点,一般情况下,桩径ϕ1250~ϕ1500,桩长25m左右,桩顶设通长冠梁。如发生坍塌时,横梁工字钢可以通过支撑桩硬支点作用把线路架空,不影响正常行车。

因为邻近既有线,如采用钻孔机械设备施工,易造成行车事故。因此,多采用人工挖孔桩。其工艺流程如图4-41所示。

4.6.3.2 施工测量放线

(1)检查复核控制桩点,检查其基线尺寸是否符合点位,是否通视、易量。

(2)用经纬仪及钢尺测出各轴线和桩位,用短钢筋标在地面上。放好每道轴线后,及时报告监理验收,复核后方可施工。

4.6.3.3 挖孔桩施工

(1)锁口护壁施工。第一节桩开挖完成后,绑扎孔口护壁钢筋及支模,再浇筑混凝土。锁口护壁应高出地面30cm以上,防止坠落物体。

(2)开挖土方。挖孔桩每次开挖深度不超过50cm(图4-42),护壁贯穿整个桩身。挖孔桩土方开挖先中间后周边,扩底部分先挖桩身圆桩体,再挖扩底尺寸,从上到下修成,松散土层用铲、镐开挖,每节均应检查中心点及几何尺寸,合格后才能进行下道工作。挖深超过5m后,要用鼓风机连续向孔内送风,风管口要求距孔底2m左右,孔内照明采用防爆灯泡,灯泡离孔底2m。

(3)土方运输。在孔口安装支架及0.5t慢速卷扬机,土用吊桶提升。

(4)护壁钢筋安装。护壁钢筋在现场加工,孔内绑扎,并留足搭接长度,以便下段钢筋搭接(图4-43)。

护壁钢模采用4~8块钢模板组成,插口连接,支模要校正中心位置、直径及圆度。

(5)护壁混凝土施工。护壁混凝土应严格按配合比下料搅拌,坍落度控制在5~8cm为宜,为提高早期强度可适当加入早强剂,混凝土浇筑时分层沿四周入模,用钢钎捣实,施工前将上节护壁底清理打毛,以便连接牢固。为便于施工,可在模板顶设置角钢、钢板制成的临时操作平台,供混凝土浇筑使用。

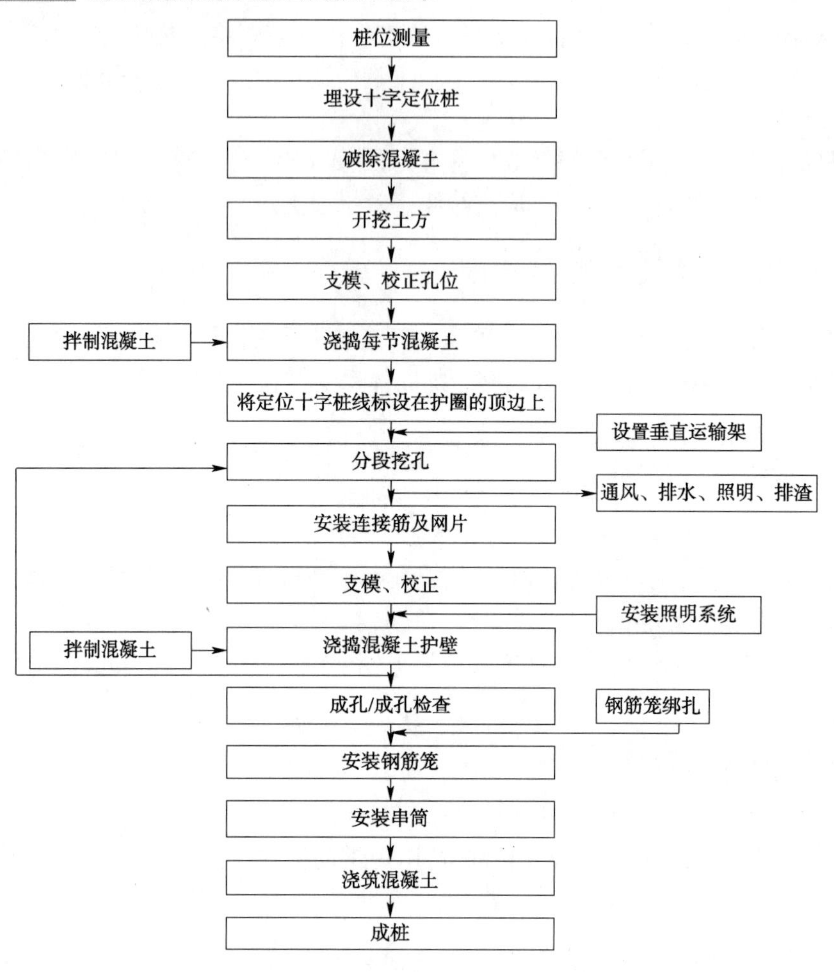

图 4-41　人工挖孔灌注桩施工工艺流程

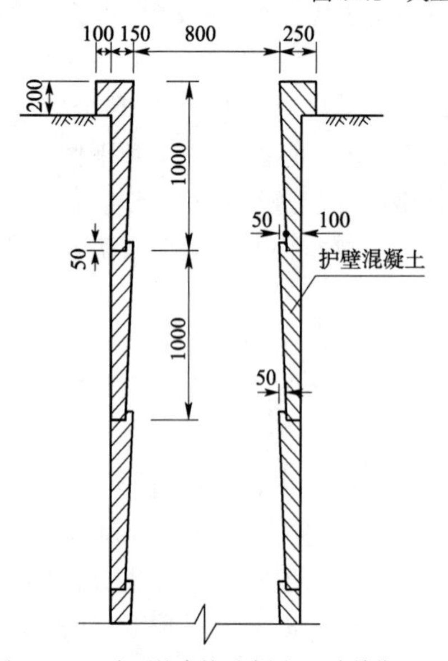

图 4-42　土方开挖支护示意图(尺寸单位:mm)

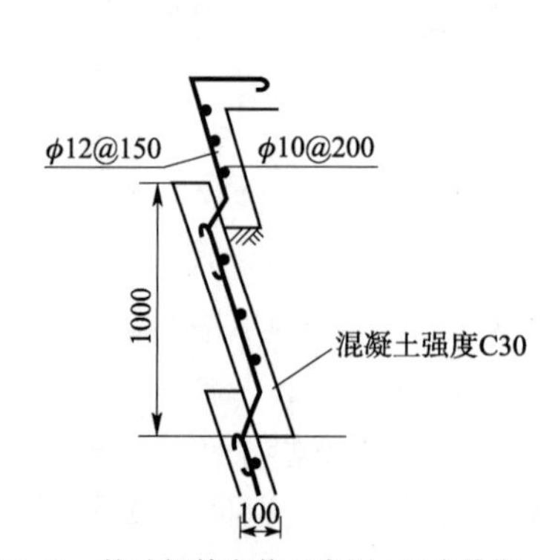

图 4-43　护壁钢筋安装示意图(尺寸单位:mm)

(6)护壁模板拆除。当护壁混凝土养护达到一定强度后,便可拆除模板,再进行下一节施工。

(7)尺寸控制。每节护壁模板拆除后,将桩控制轴线、高程引到每节混凝土壁上,可用十字线对中,吊大线锤,测出中心线,再用尺找圆周,根据基准点测设孔深。

(8)挖孔桩的弃土用手推车运集于空地,然后用挖土机上载汽车运走。

4.6.3.4 桩身钢筋笼安装

桩身钢筋笼纵向筋及加劲箍筋应根据设计图纸要求,在加工棚加工好,并错开焊接搭接接头,吊运至孔口安装。为了便于施工,可在孔内护壁台阶上搭上2~3块方木,垫上模板。钢筋笼固定安装后,在每5m钢筋笼上按120°分配焊3个ϕ8 U形钢筋呈三角形,使钢筋笼不会向任何方向移动,保证笼心位置,确保保护层的厚度,桩身钢筋笼安装绑扎后监理工程师进行验收,并做隐蔽验收记录。

4.6.3.5 桩身混凝土浇灌

浇灌混凝土前,应先清理孔底虚土,经验收签证后,方可开始浇灌。

混凝土配合比经试验室设计并经监理工程师验证后实施,施工现场应做坍落度试验,坍落度控制在8~12cm之间。

混凝土原材料及钢筋等均应由试验室检验合格方可使用。

采用普通方法浇灌混凝土,由串桶导管导入井底,串桶下口离现浇混凝土面保持在2m内,桩顶混凝土在混凝土初凝应抹压平整,避免出现塑性收缩裂纹或环向干缩裂缝,其表面浮浆应及时凿除并超灌20cm,以保证有良好的连接。

4.6.3.6 现场安全管理措施

(1)挖孔桩应高出原地面30cm,防止杂物掉落。井口不得堆放杂物,孔内运出的土石料应堆放在离井口2m以外的地方,并及时清理出场,保持作业场所整洁。

(2)作业井4人为一作业组,井下1人,井上提运土3人,每组不超过两口井。井下作业人员以持续作业时间2h为宜,最长不得超过3h。应勤换井下作业人员,轮换下井作业。

(3)井下有人作业时,井上作业人员不得擅自离开自己的工作岗位,并应密切注意井下作业人员的工作情况,通过井孔上下可靠的联络信号(可通过摇动保险绳或喊话等方式每隔15min联络一次)经常与井下保持联络,发现异常情况,应立即帮助井下作业人员撤离井底,回到地面,并报告项目管理检查处理。

(4)作业人员上下井时,必须乘坐自制专用安全乘人吊笼;不得随意攀爬护壁和乘坐吊桶(或土筐)、吊绳等方式上下井,以防造成高处坠落事故。

(5)作业井口除提升设备底座外,其余空隙均用50mm厚以上的木板铺盖密封。下方距离作业开挖面2m处用钢筋网片做防护板,提升作业时井下工作人员躲于防护板下方,防止因提升作业时物体掉落,发生事故。

(6)井下作业人员应系好安全带,作业时将安全带拴挂在自井口而下的专用保险绳上,并配备专用软梯于各作业井中,以便出现意外情况时能迅速撤离井底回到地面。

(7)井下作业人员在作业过程中,应随时注意井内的各种变化情况,如地下水、流砂、流泥、塌方、井圈护壁变形、有害气体、不明物等,发现问题及时回到井上报告项目管理人员采取措施处理解决。

(8)当挖孔深度开挖超过5m时,均应开始用压力风管引至井底进行送风。特别是有臭水、污泥和异味的井孔,下井作业前必须选取对井内送风1h以上,并进行检测,确认无害后,方可下井作业。作业中不得间断送风,防止有害气体中毒窒息事故发生。地面还须常备氧气瓶等急救用品。

(9)当作业人员下班休息时,井口必须按要求制作钢筋网盖盖好,并设置醒目的安全标志。

(10)夜间禁止挖孔作业。如遇特殊情况需要夜班作业时,必须经现场负责人同意,并有工长和安全员在现场指挥和进行安全监督检查与技术指导。

坚持机械设备"三定"(定人、定机、定岗位)制度和交接班制度。机械操作人员必须严格遵守操作规程、机械运行规程和工程施工规范,确保工程建设安全生产的顺利进行。

投入施工的机械设备应做到技术状况良好、运行正常,同时要定期加强对机械设备的维修保养等。

4.6.4 既有铁路线加固及恢复

线路加固是保证隧道掘进过程中列车安全运行的重要措施,此项工作在隧道开挖前进行。常见线路加固有先抽换木枕和先穿横梁两种方式,其加固流程如图4-44、图4-45所示。

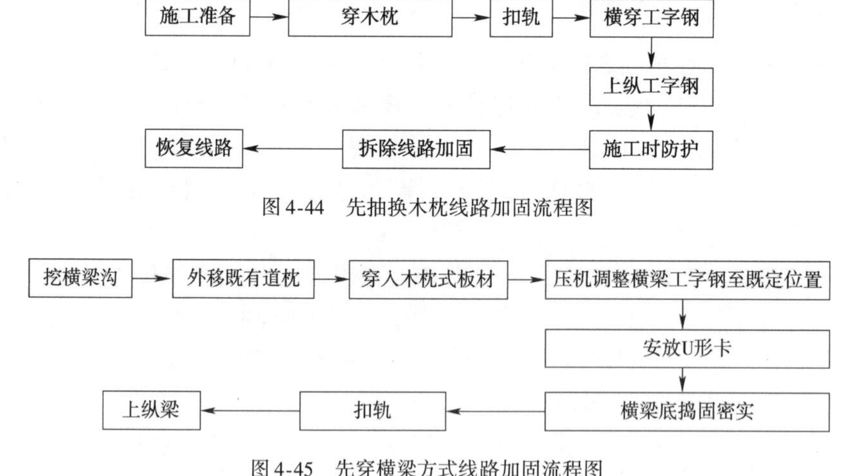

图4-44 先抽换木枕线路加固流程图

图4-45 先穿横梁方式线路加固流程图

(1)施工前准备工作

①线路加固前确认地上地下管线及设备改移完成,并采取保护措施。

②做好与电务,车站的配合,签定施工配合协议。慢行给点的同时,按规定要求设置慢行防护,包括施工作业牌、慢行牌、减速地点标等,晚上安设信号灯。

③按照线路加固图纸(图4-46),技术人员同线路施工负责人一起做好施工前的位置安排。

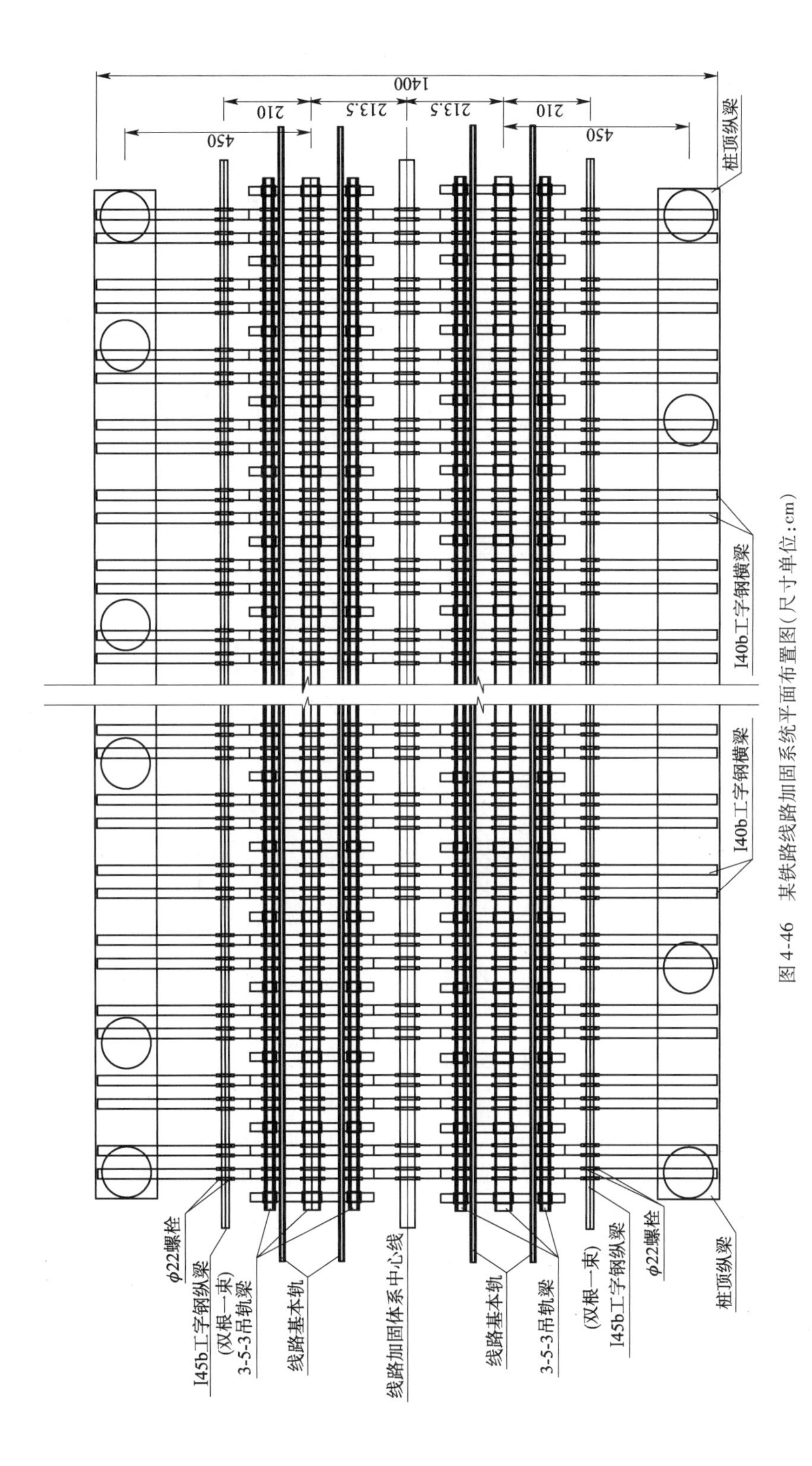

图4-46　某铁路线路加固系统平面布置图(尺寸单位:cm)

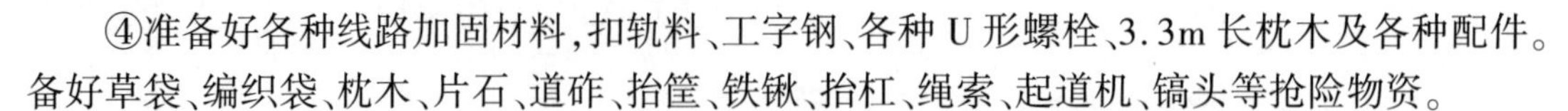

④准备好各种线路加固材料，扣轨料、工字钢、各种 U 形螺栓、3.3m 长枕木及各种配件。备好草袋、编织袋、枕木、片石、道砟、抬筐、铁锹、抬杠、绳索、起道机、镐头等抢险物资。

⑤线路应力放散锁定，隧道外侧各 100m 范围的钢轨螺栓全部拧紧加固。

(2)穿木枕

抽换钢筋混凝土轨枕，两股线路范围内，混凝土枕全部抽换为木枕，木枕为通长 160mm × 220mm 截面的长木枕，长度为 3.2m。要点限速后利用列车间隔按照隔 6 抽 1 的方式进行。枕木采取隔 6 穿 1 的方式进行，每穿完一根，安装 U 形螺栓到既定位置，立即进行捣固，以确保道床稳定。

(3)线路扣轨(图 4-47)

铺设吊轨梁：吊轨梁采用 3-5-3 式钢轨，施工中以人工抬至线路上，按配轨位置放好，组装采用穿袖式，接头错开 2m 以上，并与主轨接头错开摆放，吊轨梁顶面不得高于主轨顶面，吊轨与其下枕木用 ϕ22mmU 形螺栓连接在一起。两端伸出隧道边墙以外各 15m。两条线路的 3 个轨束都完成后，进行无横梁部分吊轨加固，确保每个螺丝拧紧。

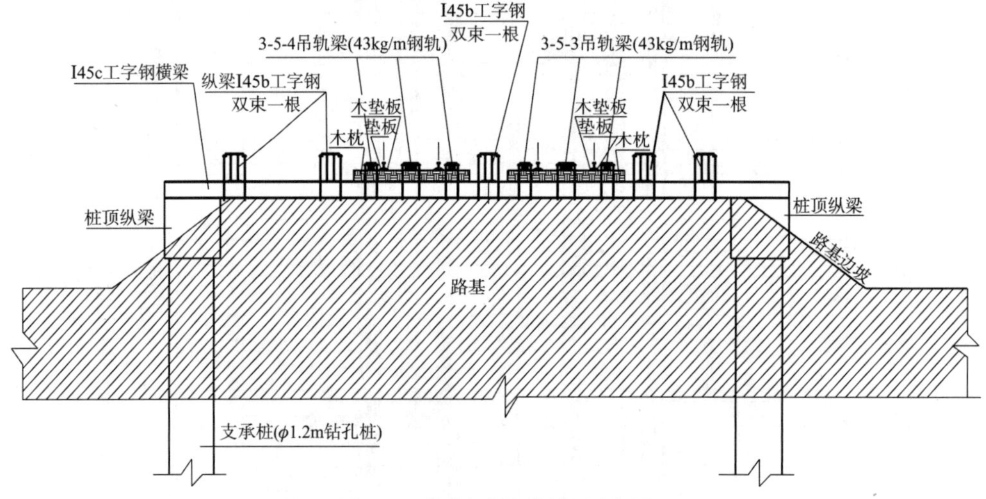

图 4-47　铁路扣轨设计剖面示意图

(4)穿放横梁

根据地质条件，横梁采用 I40b 或 I45b 工字钢，间距 0.9 ~ 1.1m。横向工字钢要有足够的长度，工字钢接头采用两块 1100mm 长、350mm 宽、20mm 厚的夹板对工字钢进行连接，连接接头错开 1.5m，螺栓为 20mm × 80mm，每个接头使用 24 条螺栓。穿横梁施工时，以隔 6 穿 1 的方式按顺序依次间隔进行，确保路基稳定。每穿一根工字钢横梁，立即将梁底石渣捣固密实并将提前放置的扣件螺栓拧紧。穿工字钢的同时在工字钢上面穿入两块 400mm × 150mm × 20mm 的木板，每股线路下面有一块木板。木板上面钢轨底用 400mm × 150mm 的绝缘胶皮，防止连电。

穿放过程中须穿入一根，备紧加固后再穿入下一根，这样依次将全部工字钢穿放完毕并把工字钢横抬梁支撑牢固。

(5)纵梁加固

横梁穿插好后，在距主轨外侧不小于 1.25m 处安装纵梁，纵梁采用 I45b 工字钢，两根一束布置，置于横梁上，用U形螺栓与横梁联接，形成整体结构。使上下层加固形成框架网格状，并在纵梁下设置枕木垛支撑牢固。纵梁两端下方加设枕木垫板，以控制纵梁高程，枕木垫板宽度不少于3根枕木，并与地面接触紧密。

双根工字钢并用作为一组纵梁，纵梁平整顺直，纵梁工字钢连接处错开2m以上。工字钢接头采用两块1100mm长、350mm宽、20mm厚的夹板对工字钢进行连接，螺栓为20mm×80mm，每个接头使用24条螺栓。

为防止纵梁横向位移，在纵梁与枕木间，用100mm×100mm方木作为支撑，并用木楔打紧。

(6)线路恢复

①隧道贯通后即时进行线路恢复，经维修养护后线路恢复正常通行。

②拆除顺序为：拆除纵梁→拆除横抬梁同时补充道砟并修整→拆除3-5-3扣轨→抽换木枕→起道并整修线路→线路稳定整修→恢复正点运输(拆除横梁与补充道砟修整协调进行)。

③横向工字钢采用隔二抽一方式拆除，拆除时抽一根横梁，上一根枕木，立即补充道砟，同时用电镐把道砟捣固密实，然后再抽另一根。

④拆除扣轨要先拆除中间扣轨，再拆两边。拆除后立即抬到线路界限以外，并堆放整齐，避免钢轨弯曲侵入界限，障碍列车运行，造成事故。

⑤列车正常速度运行后，为保证道床稳定仍要加强线路的整修及养护，并及时与所属工务段联系办理交验手续。

(7)线路加固防护措施

严格按照铁道部要求，办理各项签证，精心组织施工，加强施工段安全防护确保行车安全，杜绝事故的发生。

①建立健全安全管理生产组织，认真贯彻以岗位责任制为中心的各项管理制度。

②在施工段内设工地防护员，在线路区间内设驻站员。

③施工前，按审定的方案，除对施工人员进行安全教育外，并确认仪器设备、材料齐全完好，封锁或慢行无差错，防护已设好，各项安全措施已落实，方可发布施工命令。

④施工中随时掌握进度和质量，监督施工人员执行各项安全规定，消除不安全因素。

⑤施工地点与临近车站驻站联络员联系采用对讲机，每施工地点配备防护员4人。

⑥施工单位接到调度命令后，必须确认施工的起止时刻，并按批准方案设好行车防护方可开工，并保证在批准的时间内完成。

⑦在线路作业点上两端500~1000m处设置作业标防护。

⑧施工负责人如发现施工地点有妨碍行车安全异常情况时，除采取紧急措施消除行车故障外，并应立即命令防护员显示停车信号和通知驻站员转告车站值班员暂不放行列车。

⑨防护员必须随身携带必需的防护信号、手信号(红、黄色旗各一面)喇叭、响墩及火炬等信号用品。

⑩驻站员必须与施工负责人、防护员保持联系，及时通报列车运行情况。

(8)安全要求

①施工作业人员要进行岗前安全教育，做好各工种的技术交底工作。

②施工现场防护人员注意观察行车情况，发现来车即使通知施工人员下道避车，并将工

具放在限界以外的安全位置。

③钢轨等金属构件绝不允许在线路中横向抬移,以免脱落造成轨道回路连电事故的发生。线路加固 U 形螺栓全部安装绝缘套(塑料管)。线上作业所使用的工具必须带绝缘套或缠绝缘胶布,如扳手、钢钎、压机把等工具。线路加固紧固螺丝时要在每股线路同侧施工。穿入横梁工字钢要将沟槽适当挖深,在较低股线路的基本轨可缠橡胶垫,严防连电。

④线路施工所用工具,如撬棍、扳手等加套绝缘胶管,以防施工中连电。

⑤工具机具放置应与列车保持安全距离,物料应堆码放置牢固。

⑥实行接车制度,在施工现场前后 800m 和 20m 处各设置一名专职接车人员,接车人员身穿防护服,手持信号旗(灯),并每人配备对讲机一台,当列车到来即将进入施工区域时,接车人员按照规定做出信号或灯光指示,提醒司机降低车速,慢行进入施工区域。

4.6.5 穿越段地层水平高压旋喷超前加固技术

穿越段地层超前加固包括拱顶超前管棚支护、正面土体超前加固、超前帷幕注浆加固、水平高压旋喷等。超前管棚支护施工技术和正面土体超前加固技术与下穿地铁既有线穿越段地层超前加固技术相同。

水平钻孔高压旋喷注浆加固地层施工工艺如图 4-48 所示,单孔单线隧道喷桩施工断面如图 4-49 所示。

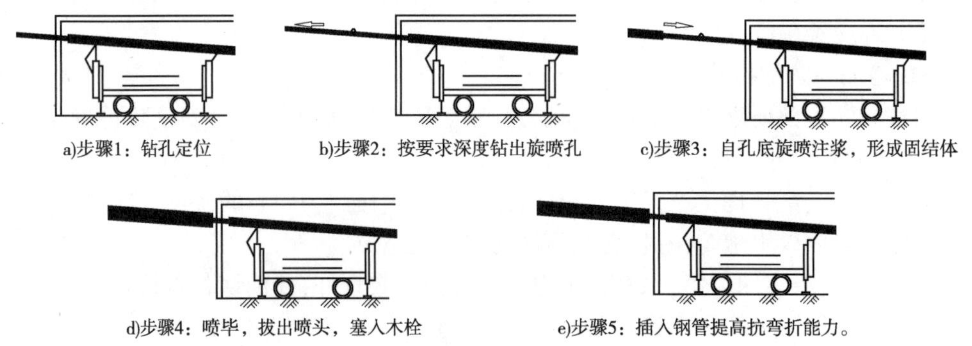

图 4-48 水平旋喷桩施工工艺示意图

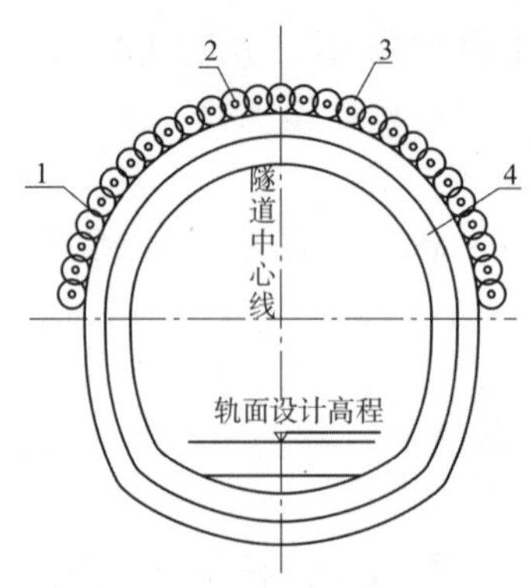

图 4-49 单孔单线隧道旋喷桩施工断面示意图

1-ϕ42 小导管($L=3$m);2-ϕ42 钢管;3-ϕ500 加筋旋喷桩环向间距 400mm,$L=15$m,仰角 5°,环向搭界 100mm,纵向搭界 1737mm,中心插一根 ϕ42 钢管,仰角 5°,$L=15$m;4-ϕ42 超前小导管注浆,C20 喷射混凝土 A3、ϕ8 钢筋网,350g/m^2 无纺布,1.5mm 厚 PVC 防水板,模筑钢筋混凝土(C25,S8)

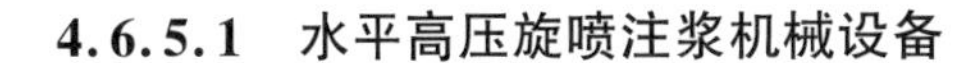

4.6.5.1　水平高压旋喷注浆机械设备

水平旋喷的动力头及给进系统与垂直旋喷结构相同。而由导流器、钻杆、喷头三部分组成的旋喷管，对桩成型质量影响很大，所以对它的性能有着更高的要求。

单管法一般用 $\phi50$ 或 $\phi42$ 的地质钻杆。喷头直径略大于钻杆直径，在喷头侧面圆周上有两个沿钻杆轴线方向相离 40mm，圆周相隔 180°、结构相同的合金钢制喷嘴。浆液喷射方向垂直于钻杆轴线，喷头前端有刀刃用于钻孔破土。

二重管法用两根直径不同的钢管套装，其后端接导流器，前端连喷头，组成一个整体。在喷头侧面圆周上设置一个或两个浆气同轴喷射的喷嘴，气的喷嘴成环状，使高压空气在浆液四周喷出。

三重管法用三根直径不同的钢管套在一起，内管送高压水，中管送空气，外管送浆。在喷头的侧面圆周上设置一个水、气同轴，垂直管轴线喷射的喷嘴，气喷嘴套在水喷嘴之外，空气从环状间隙喷出。而喷出浆液口的位置随喷头形状不同分为尖锥型和平头型两种。尖锥型喷头的喷浆孔放在侧面圆周上，其喷射方向与水、气喷射方向成 180°，而平头型喷头的喷浆孔在喷头的前端部，喷射方向与钻杆轴线一致。

喷头形状的选择视土层而定。平头型喷头装有合金块，有利钻进，如遇到地层中有透镜体或个别卵石，利用这种喷头钻进比较方便。尖锥型喷头端部没有合金块，是用 45 钢加工而成，在黏性土或砂类土等小粒径的地层中旋喷时，比较理想。

喷嘴的作用是：将流体的压能最大限度地转化为动能，使流体在喷嘴中速度剧增。因此，喷嘴的形式对喷射效果的影响较大，经试验比较，以收敛圆锥形最合理，且以圆锥角为 13°的喷嘴性能最好，喷嘴直线部分的长度要短些，后端锥形段要长些最为有益。

导流器是浆液进入旋喷管的总进口，安装在钻杆远离施工面的顶部。其作用是：把静止的高压胶管和旋转的钻杆连接起来，并把高压浆液无渗漏地从胶管送给钻杆和喷头。因此，从结构强度上要能承受一定拉力、振动，同时又要在转动过程中有良好的高压密封性。

止浆器，由于水平旋喷浆液自重无助于填孔成桩，反而起着加大浆液逆流的作用，因此，防止旋喷过程中浆液溢出要有更为有效的方法。美国英格索兰公司在静态注浆法中已在注浆管上装有止浆环囊，注浆时浆液冲入环囊使收缩的环体膨起，堵住空隙减少浆液耗损。

4.6.5.2　推进器导轨与附架

水平旋喷作业要求钻杆长度要大，这样既减少装卸管的辅助作业时间，又可大大减少浆液的漏泄耗损。但推进器导轨又不能过长，否则钻车自重加大、重心抬高且运行不方便，可在导轨托架后面另加托架，需要时装上，不用时卸下。这种结构既避免上述诸多弊端，又有利于钻杆的支承。

4.6.5.3　钻车

水平高压旋喷注浆应采用车式钻机，国外早已有成套设备，它是各种工程钻车中的一种。目前国内用于高压旋喷的钻机，有非车式的 76 型振动钻、GD-2 型旋喷钻机等，都属垂

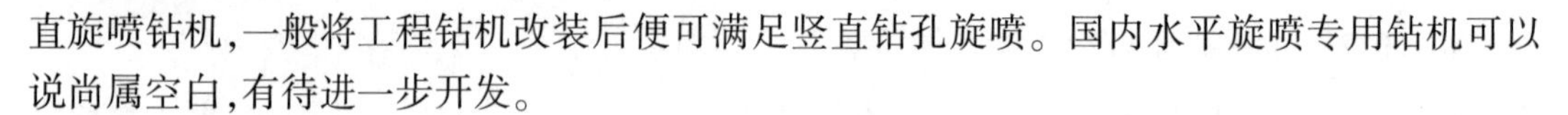

直旋喷钻机，一般将工程钻机改装后便可满足竖直钻孔旋喷。国内水平旋喷专用钻机可以说尚属空白，有待进一步开发。

4.6.5.4 高压发生器

高压发生器是指高压水泵、高压泥浆泵和增压器。泵的压力与流量直接影响旋喷桩直径大小和强度。目前欧洲一些国家生产的泥浆泵压力已达到60MPa，甚至更高，它们早在高压旋喷施工中应用，而我国目前生产的高压泥浆泵仅有20～30MPa的压力。

由于高压旋喷用的浆液主要是水泥浆，属于颗粒性浆液，对泵的缸套磨损较为严重。国产泵的缸套耐磨性差，施工中更换较频繁，尚须进一步研究。

垂直与水平旋喷施工对高压发生器的要求是一样的，但因水平作业更易溢浆，所以对泵的流量控制要求更严，否则溢到施工工地浆液太多，这不仅使浆液耗损加大，而且也污染施工环境。

4.6.5.5 应用情况

这是20世纪80年代初日本在单管旋喷的基础上新开发的专用于水平钻孔旋喷的施工方法。对于土质硬，N值高的黏性土和腐殖土均为合适。意大利已把水平钻孔高压旋喷列为加固与保护隧道围岩的基本方法之一。他们把高压喷射注浆和静态注浆、冻结法、机械预切槽等一并列为隧道围岩加固基本方法。最典型的做法（图4-50）是沿拱部外缘用水平钻孔旋喷柱相搭接形成拱棚，在它保护下开挖上部断面。在用台阶法施工时，为提高拱脚地层的强度，在坑道内两侧倾斜打入钻孔，将旋喷柱联结成墙体。

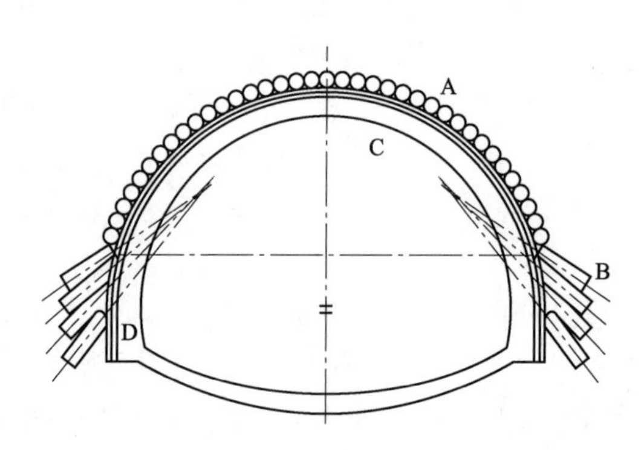

图4-50 意大利实例

A-水平旋喷拱棚；B-倾斜旋喷墙柱；C-混凝土衬砌；D-工字钢加30cm厚喷混凝土

水平钻孔高压旋喷加固隧道围岩在欧美各国得到广泛应用，旋喷引起的地面隆起引起重视。

4.6.6 穿越段地层超前帷幕注浆加固技术

以工程实例说明超前帷幕注浆加固地层方法。

北京市热力隧道工程下穿某铁路，既有线路为4股道。热力隧道采用浅埋暗挖法施工，隧道内断面净宽5.0m，净高3.1m。埋深在铁路轨底7m以下。该处地层自上而下依次为素填土、细砂、中砂、卵石，隧道位于中砂和卵石层中。为控制施工时土体不均匀沉降对地表的扰动和对铁路运营的影响,首先应在隧道开挖前对铁路线进行加固,并在隧道开挖时为保证能在列车慢行期间完成隧道施工,对隧道进行全帷幕注浆,主要施工技术和工艺如下。

在慢行前提前完成一循环全断面帷幕注浆,长度为12m。

4.6.6.1　注浆参数

(1)注浆材料:拱部开挖轮廓线外的注浆范围采用小导管,ϕ48 普通钢管,壁厚3.5mm,管头30°锥体,预留止浆段3.0m。拱部以下注浆范围采用ϕ48 PVC管。

(2)浆液材料:普通水泥+防水外加剂(水∶水泥=0.16∶1),超细加固型TGRM水泥特种灌浆料(水∶TGRM=0.6∶1)。

(3)注浆工艺:先上后下,先外后内,后退式分段注浆(抽管分段设止浆塞)。

4.6.6.2　注浆工序

全断面帷幕注浆加固范围为开挖轮廓外2.5m,纵向注浆长度为35m。一次注浆循环步长为12m(图4-51)。

(1)注浆孔成孔:从拱顶处自上而下、由外向内钻设注浆孔,每成一孔及时退出钻机,安装注浆管。成孔直径为73mm,利于安装注浆管,便于封堵孔壁和管壁间空隙,保证注浆效果。钻孔顺序为:先上后下,先外后内。

注浆管安装完成后,对工作面进行二次封闭,然后进行注浆。注浆采用后退式分段注浆,将12m的注浆管分成10段进行注浆,通过调整注浆管内的止浆阀位置实现分段注浆。封闭工作面后,先注TGRM填充加固型灌浆料(水∶TGRM=0.16∶1),灌浆料能将孔壁和管壁间的空隙填充密实,并具有一定的强度。对所有的注浆管填充加固后,再对每一根管进行分段后退式注浆,注浆材料为超细型TGRM水泥特种灌浆料(水∶TGRM=0.18∶1),注浆压力为0.16MPa,并根据地质情况和注浆效果进行适当调整。注浆范围如图4-52所示。

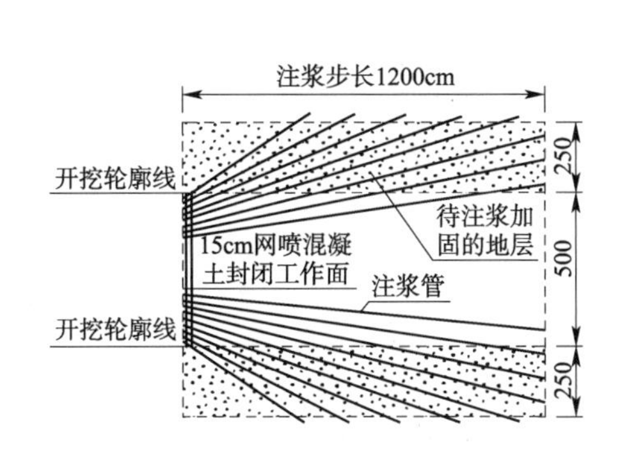

图4-51　注浆管布置示意(尺寸单位:cm)

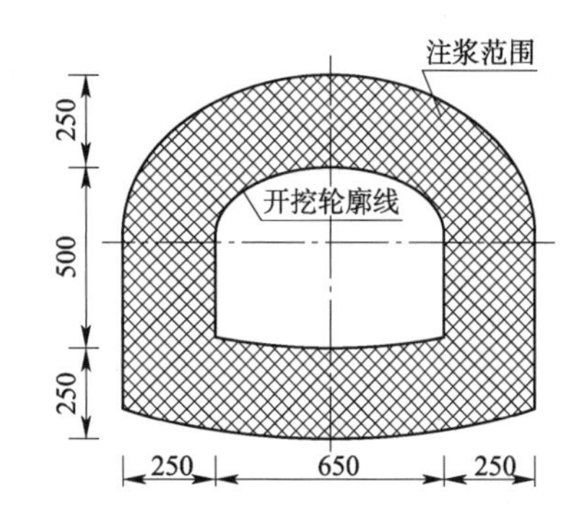

图4-52　注浆范围示意(尺寸单位:cm)

(2)封闭工作面:注浆前要对工作面进行网喷混凝土封闭处理,工作面最小厚度不小于10cm,必要时应铺设钢筋网片并打设锚管,确保注浆时不产生裂纹和隆起。

4.6.7　土方开挖支护施工技术

与下穿地铁既有线土方开挖技术相同。

4.6.8 既有铁路线监控量测技术

为保证施工过程中铁路隧道的安全,隧道开挖时应由具有相应监测资质的第三方对隧道及铁路线路进行不间断测量监控。

4.6.8.1 量测项目

(1)施工全过程洞内、洞外的观察监测。隧道内外观察分开挖工作面观察和已施工区段观察两部分,开挖工作面观察在每次开挖后进行,内容包括掌子面稳定状态、底板是否隆起等,当地质情况基本无变化时,可每天进行一次。对已施工区段的观察每天至少一次,观察的内容包括喷射混凝土、锚杆的状况,以及施工质量是否符合规定的要求。在观察过程中如发现地质条件恶化,初期支护发生异常现象,立即通知施工负责人采取应急措施,并派专人进行不间断观察。

洞外观察包括洞口地表情况、地表沉陷、边坡及仰拱的稳定、地表水渗透的观察。

同时,应观察路基是否有开裂、观察开挖掌子面围岩情况和稳定状态,及已施工地段隧洞支护衬砌情况和结构安全性。

(2)隧道开挖施工时,对地表沉降、轨面高程、地层位移、电气化网杆的倾斜和沉降、隧道内拱顶下沉、洞内收敛、底部隆起进行不间断测量监测(表4-11)。

隧道施工监控量测项目一览表　　表4-11

序号	项目名称	测量频率		
		隧道开挖期间	隧道二衬施工期间	隧道施工完毕后15d
1	地表(路基)下沉	不间断测量	2次/d	1次/d
2	轨面高程	每趟车测量	2次/d	1次/d
3	地层位移	不间断测量	2次/d	1次/d
4	电气化网杆倾斜、沉降	4次/d	2次/d	1次/d
5	隧道拱顶下沉	2次/d	1次/d	
6	洞内收敛	2次/d	1次/d	
7	隧道底部隆起	2次/d	1次/d	

隧道施工完毕线路正常运营期间,连续观测15d,如变化量不增加,停止观测。

隧道施工监测点布置如图4-53所示。

图4-53隧道监测点布置示意图中:

①根据工程类比拟定的收敛变形管理值为:不大于20mm。

②地表沉降允许位移值:不大于10mm。

4.6.8.2 施工监测控制标准

根据设计要求、有关规范及过铁路隧道工程施工经验,提出监控量测控制标准,见表4-12。

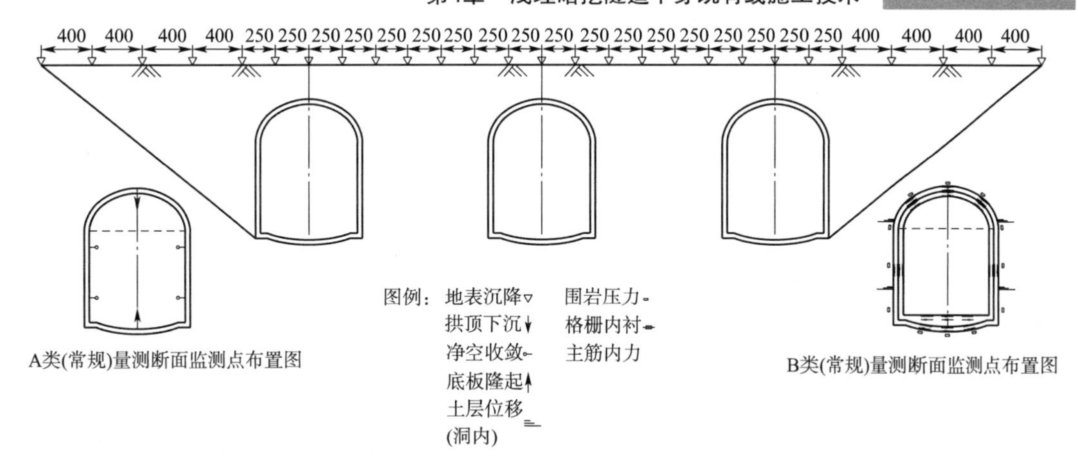

图4-53　隧道施工监测点布置图(尺寸单位:mm)

监控量测控制标准(单位:mm)　　表4-12

序号	监 测 项 目	允　许　值	依　　据
1	地面(路基)下沉	10	设计要求及相应的规范、理论计算
2	接触网杆倾斜	10	
3	拱顶下沉	10	
4	净空收敛	20	
5	底部隆起	10	

在信息化施工中,建立Ⅲ级管理标准(表4-13),监测后应及时对各种监测数据进行整理分析,判断其稳定性,并及时反馈到施工中去指导施工。

监测报警值(单位:mm)　　表4-13

序号	监 测 项 目	允　许　值	安全判别值		
			Ⅲ级管理	Ⅱ级管理	Ⅰ级管理
1	地面下沉	10	5以下	5~10	10以上
2	接触网杆倾斜	10	5以下	5~10	10以上
3	拱顶下沉	10	5以下	5~10	10以上
4	净空收敛	20	10以下	10~20	20以上
5	底部隆起	10	5以下	5~10	10以上

根据监测报警值,确定施工安全级别:

(1)Ⅲ级管理。按施工组织正常作业,按正常频率进行施工监测,做周报表。

(2)Ⅱ级管理。加密施工监测频率,做日报表,并适当调整施工步序。

(3)Ⅰ级管理。停止施工作业,加强施工监测,及时上报监理和指挥部,同时调整施工组织计划,反馈设计,必要时做设计变更。

4.6.8.3 施工监测管理流程和信息反馈

施工监测管理流程如图 4-54 所示。

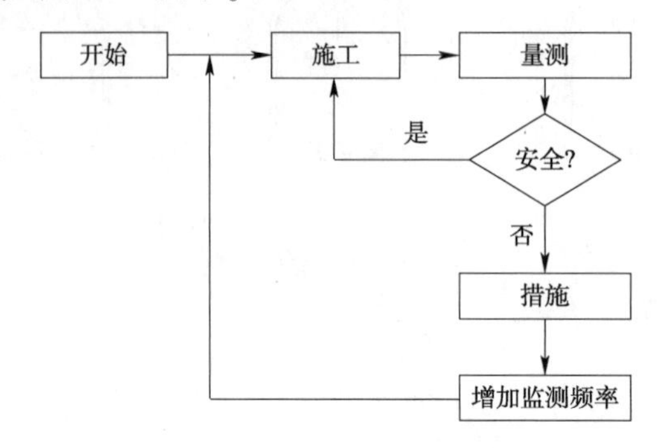

图 4-54 施工监测管理流程

4.6.8.4 监测报告

每次测量完成后,都应进行数据整理,填制数据报表。每日提交全部数据及沉降曲线图,对时态曲线及时进行回归分析以预测可能出现的最大变形值,以便及时采取相应措施进行施工控制。

监控量测数据的分析应包括以下主要内容:

(1)根据量测值绘制时态曲线。

(2)选择回归曲线,预测最终值,并与控制基准进行比较。

(3)对支护及围岩状态、工法、工序进行评价。

(4)监控量测信息反馈应根据监控量测数据分析结果,对工程安全性进行评价,并提出相应工程对策与建议。

监测结果应及时整理,在施工过程中以日报、周报、月报的形式报路局指挥部、工务段、供电段、监理单位、建设单位以及施工单位。工程结束时,提交完整的监测报告。

第5章　浅埋暗挖隧道侧穿既有线施工技术

5.1　概述

侧穿既有线工程是指因条件限制,新建隧道要近距离从既有隧道侧边穿过,包括水平侧穿(图5-1)、倾斜侧穿(图5-2)等方式。

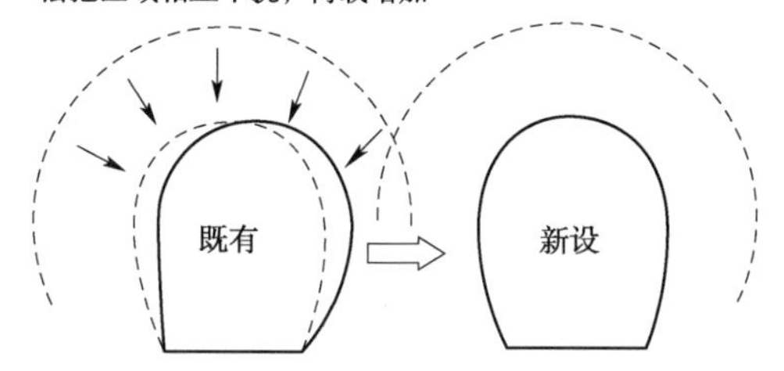

图5-1　新建隧道水平侧穿既有隧道示意图

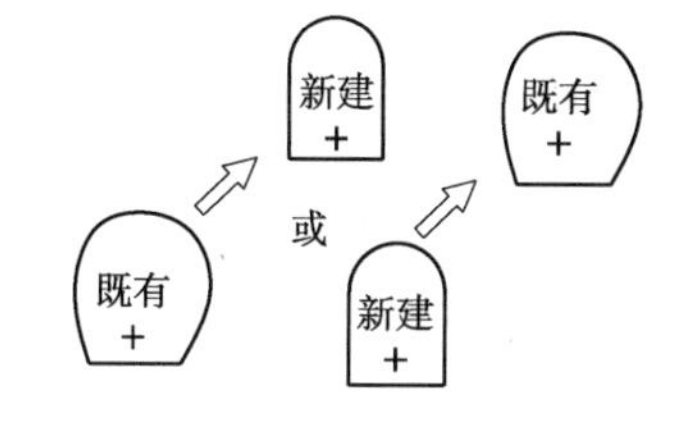

图5-2　新建隧道倾斜侧穿既有隧道示意图

侧穿施工时,既有隧道会产生向开挖方向变形,使侧压力加大。相关学者进行了大量的研究工作,来证明侧穿施工的影响效应。

Terzaghi、Ward 和 Thomas 分别对相邻隧道之间的相互影响做了研究,他们通过现场量测发现,新建隧道对既有隧道的影响是很大的,使既有隧道的衬砌发生了显著的变形,最大径向位移占隧道半径的0.1%和0.12%。

日本学者 M. I. Junica、K. Aoki 等对"第二隧道开挖对第一隧道及地层的影响"问题进行了研究,研究得到两条隧道周围塑性区的大小,隧道施工各阶段的安全可通过各阶段塑性区大小来判定。第二条隧道的施工方法、支护体系和施工管理系统都可以通过考虑第一条隧道塑性区的影响来设计。

杉本光隆等人用能量理论对平行隧道进行了稳定性分析,提出用形状弹性应变能理论进行双洞隧道的稳定性分析,及双洞隧道周边围岩的初步设计。进一步对双洞隧道进行反馈分析,建立在应用该初步设计方法时的围岩物理特性值的推算式,使初步设计方法适用于实际的设计、施工。

对于平行双孔隧道的研究,Hansmire 等通过对软土中两条平行盾构隧道的衬砌变形和地层移动观测,揭示了施工过程和施工工艺对它们的影响。指出土层涉及的变化(像膨胀和压缩)是影响地层移动的主要原因。经过荷载现场量测和理论分析,得出地层对荷载的反应曲线。

韩国学者 Sang-Hwan Kim 研究了软土地层平行隧道的相互影响,研究中总结了一套实验室模型试验程序。该模型试验可用来考虑隧道的邻近度、衬砌刚度在黏土中近距相互作

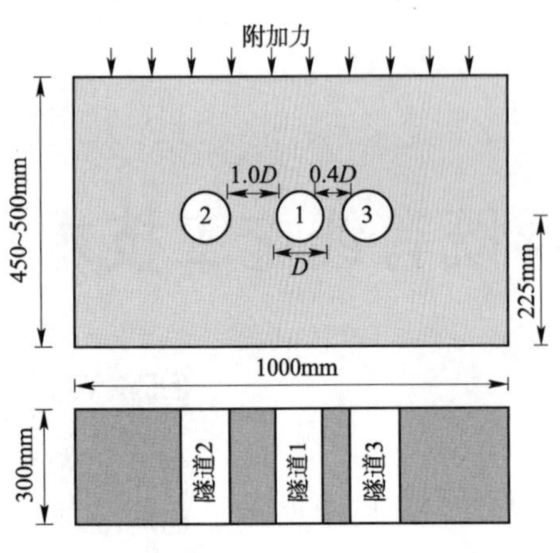

图 5-3 平行隧道模型试验图

用影响。模型试验(图 5-3)在严格控制下进行,试验中安装 3 条隧道以模拟两两隧道的相互作用,用以研究平行隧道的相互影响。

E. S. Liman 等人指出:隧道的开挖会引起隧道开挖面的应力释放,当初期支护起作用时,其应力是由两个因素决定的,一是开挖到的时间,二是该点到现在开挖面的距离。因此,用三维分析才能得到实际的应力—应变场。对于相距很近的双洞隧道(大多数城市地铁最为常用的布置形式),分析时必须考虑开挖顺序所引起的附加影响。

Shahrour 和 Mroueh(1997)采用三维弹塑性有限元方法研究了在无黏性土中两平行隧道施工的相互作用,分析了新建隧道对既有隧道围岩的竖向位移和水平位移的影响,及对既有隧道衬砌结构轴力和弯矩的影响。同时,研究了隧道间距影响。分析显示,当隧道间距为 1*D*(*D* 为隧道直径)时,新线隧道施工引起的沉降为老线隧道施工沉降量的 40%,同时,既有隧道结构的轴力和弯矩有所上升。当隧道间距减至 0.5*D* 时,引起隧道轴线上方 14% 的沉降增量。

S. H. Kim 等人研究发现,邻近隧道施工时受到远处既有隧道的影响并不明显,只有当两隧道之间的距离在小于 0.5*D* 时才应考虑先行隧道对后行隧道的影响。

城市地铁一般都采用双孔隧道,由于其环境的特殊性,两个洞室的距离都比较近,所以施工顺序的不同对地表沉降和其他的环境影响也是不同的。不能用单孔隧道的分析方法分析双孔隧道:第二个洞室开挖时其周围的条件已经和第一个不同,第一个洞室的开挖已经引起了第二个洞室周围初始应力的变化,这和单孔隧道的开挖有很大的区别。对于这一点,H. Duddeck 等人也进行了大量的研究,他们用有限元的方法做了一个两个隧道同时施工的网络模型。

5.2 侧穿既有线工程特点

1)邻近隧道施工引起应力变化

两隧道平行和垂直分布时的力学模型如图 5-4 所示。在分析两个邻近洞室开挖后的应力分布(图 5-5)情况时,S 与 r_0 之间的比值即 S/r_0 是一个至关重要的因素。当 $S/r_0=2$ 时,相当于两个隧道的边相切,这样两个洞室就很难稳定,所以,洞室之间的距离也有一定的要求。隧道中心线的距离越近,隧道周边的应力越大,反之越小。

和单洞室一样,双洞开挖对周围土体的影响也有一定的范围,达到一定距离时,这种影响可以忽略不计。同样两洞室之间的影响也是一样的,随着两者之间距离的增大,影响会慢慢消失,也就可以把两个洞室视为两个单独的洞室考虑。

2)新建隧道的扰动作用,加剧了隧道变形

从隧道横断面来看,大多数情况下,第二条隧道所引起的地表沉降较第一条隧道大(图 5-6)。

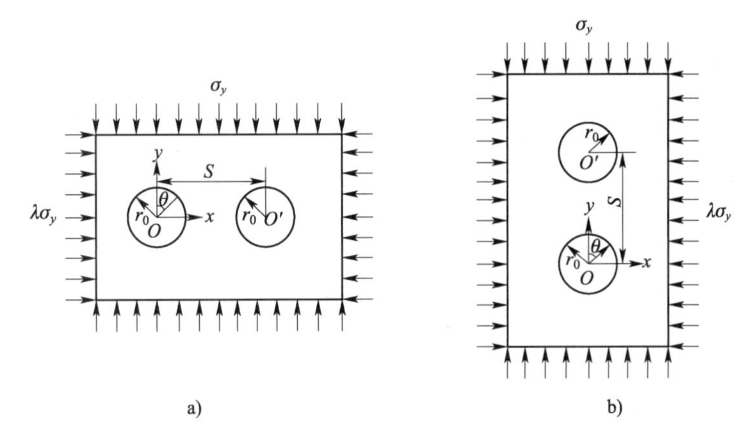

图 5-4　两隧道平行和垂直分布时的力学模型

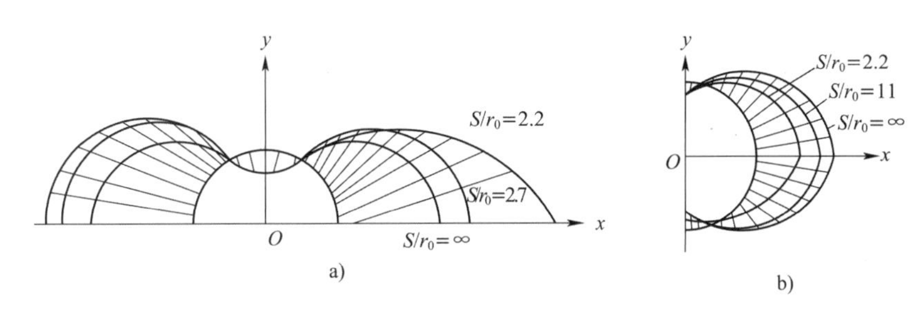

图 5-5　与图 5-4 对应的开挖后的围岩应力分布图

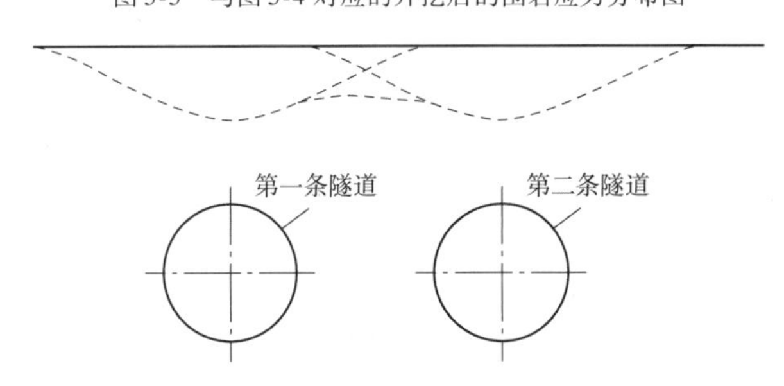

图 5-6　侧穿隧道施工引起的地表沉降槽

3）侧穿既有隧道时，会对既有隧道产生拉伸作用

新建隧道的开挖，使围岩产生松动，导致既有隧道的垂直围岩压力增大，又使得既有隧道右侧的侧向围岩压力减小，原来的平衡状态被打破，衬砌在左侧侧向围岩压力的作用下，发生了向右的位移，就仿佛新隧道对旧隧道有一种拉伸作用似的。这种“拉伸作用”可能会引起衬砌结构的破坏和衬砌变形侵限，见图 5-7。

图 5-8 表明由于导洞施工的影响，对既有导洞产生拉伸作用，中间土柱水平压力为拉应力（负值），最大拉应力为 -1.12kPa。随着工作面的推进，以及导洞初期支护的支护阻力作用，水平拉应力呈现减小趋势，并逐渐稳定，其稳定的拉应力值为 -0.37kPa（图 5-8）。

4）近距离侧穿既有隧道，中夹岩柱要产生应力集中

若干相互平行的洞室所组成的洞室体系是指群洞。显然这种洞室周围的应力分布要比单个洞室复杂得多，一般不易用数学表达式给出。因此，群洞的围岩应力往往用光弹试验来确

定。在现场通过布置测斜管来定量研究相邻导洞之间土柱垂直沉降,如图5-9、图5-10所示。

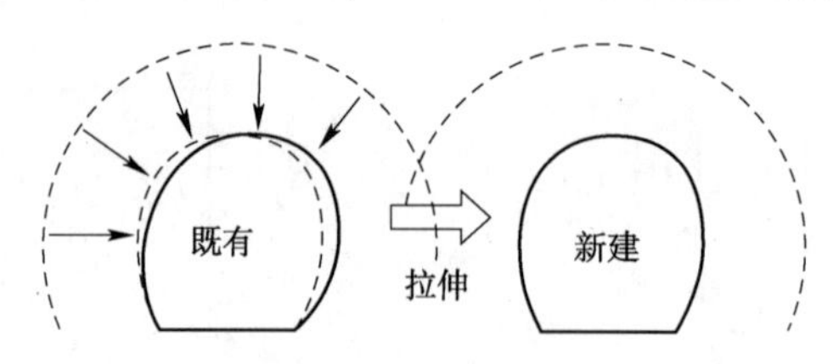

图5-7 开挖新建隧道引起既有隧道衬砌的变形

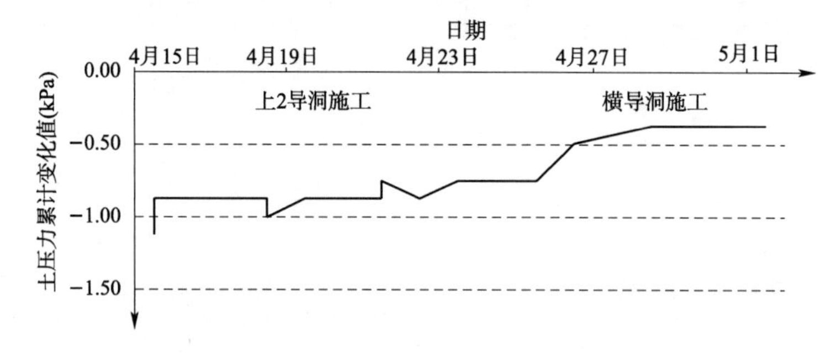

图5-8 土压力变化历时曲线(T02821,K7+880)

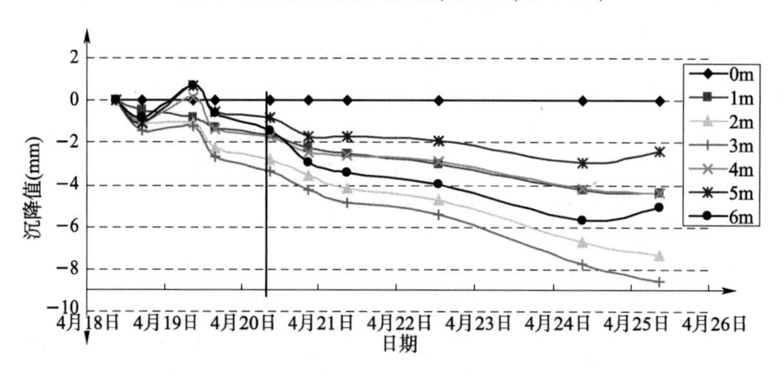

图5-9 测斜管各点沉降历时曲线

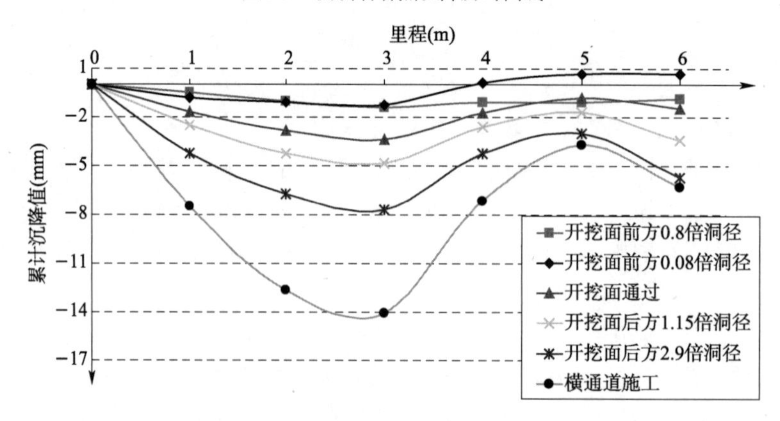

图5-10 测斜管各点累计沉降曲线

(1)测斜管上共有7个测点,分别距离管口为0m、1m、2m、3m、4m、5m、6m,监测开挖面距离测试断面一定距离的开挖面,通过测试断面后引起的各测点沉降变化。

(2)测斜管0m位置沉降为零,即可确定为测试基点,从0～6m测点的沉降变化具有如下特征:

①0～3m范围,沉降逐渐增加,3m处达到最大,3～5m范围,沉降逐渐缩小,5m处达到最小,5～6m范围,沉降又逐渐增加。

②沉降在开挖面前方0.8倍洞径时,各测点沉降开始出现。由于受到开挖面扰动影响,同时由于开挖面前方的超前支护尚未施作,虽然小导管的前部可能已经到达,但对土体的加固效应没有明显出现,土体在扰动作用下出现沉降,幅度在-1.4～-0.48mm之间变化。

③在开挖面距离测试断面0.08倍洞径时,各测点沉降继续变化,变化的趋势发生了变化,表现在0～3m范围内,沉降基本没有变化,而在3～6m范围内,沉降逐渐缩小,出现抬升现象。这说明超前支护充分发挥了作用,越靠近邻近隧道,抬升越明显。

5)爆破振动影响大

爆破产生的冲击波常常容易危及周围结构物的安全及稳定。隧道衬砌安全性,不但取决于隧道衬砌结构的抗震能力,而且与振动波的强度有关。因此在爆破实施前应先评定其可能产生的振动等级,并将振动破坏等级控制在安全范围内。

大量的研究表明,峰值质点速度是估计介质(岩石和混凝土结构)承受振动破坏等级的最好标准。目前关于爆破振动的研究也是以振动速度的测量和分析为依据的,主要是离既有隧道距离近,应采用控制爆破使开挖范围外的岩石引起的爆破振动速度最小,使之不影响既有线隧道结构和行车安全。根据现场的地质及既有线隧道质量情况,在保证建筑物安全运营情况下,爆破振动速度控制在5cm/s以下。

隧道钻爆开挖时,根据制定的控制爆破振动标准,应采取减少爆破振动的措施。

对爆破振动,视结构物的健全度,振动速度的容许值列于表5-1。

振动速度的容许值　　　　表5-1

既有结构物的健全度	容许振动速度(cm/s)
变异显著	2
有变异	3
无变异	4

5.3　隧道中夹岩(土)柱地层超前加固

在施工影响范围内,应对两隧道之间的中夹岩(土)柱进行超前加固处理,以保证新建隧道的开挖支护对既有隧道的影响最小。

5.3.1　超前小导管加固

软弱地层超近距既有隧道施工中,中夹岩柱采取超前小导管注浆加固。在新建隧道靠近既有隧道侧的轮廓半环设置ϕ42、长4.5～5.0m的超前注浆小导管,相邻两环交错布置,外插角为30°～45°,纵向两排的搭接长度为1.5m,环向×纵向间距为0.5m×1.5m,小导管注浆采用1:1水泥浆液和水玻璃双浆液,水玻璃掺量为5%,注浆压力采用0.3～0.5MPa(图5-11)。

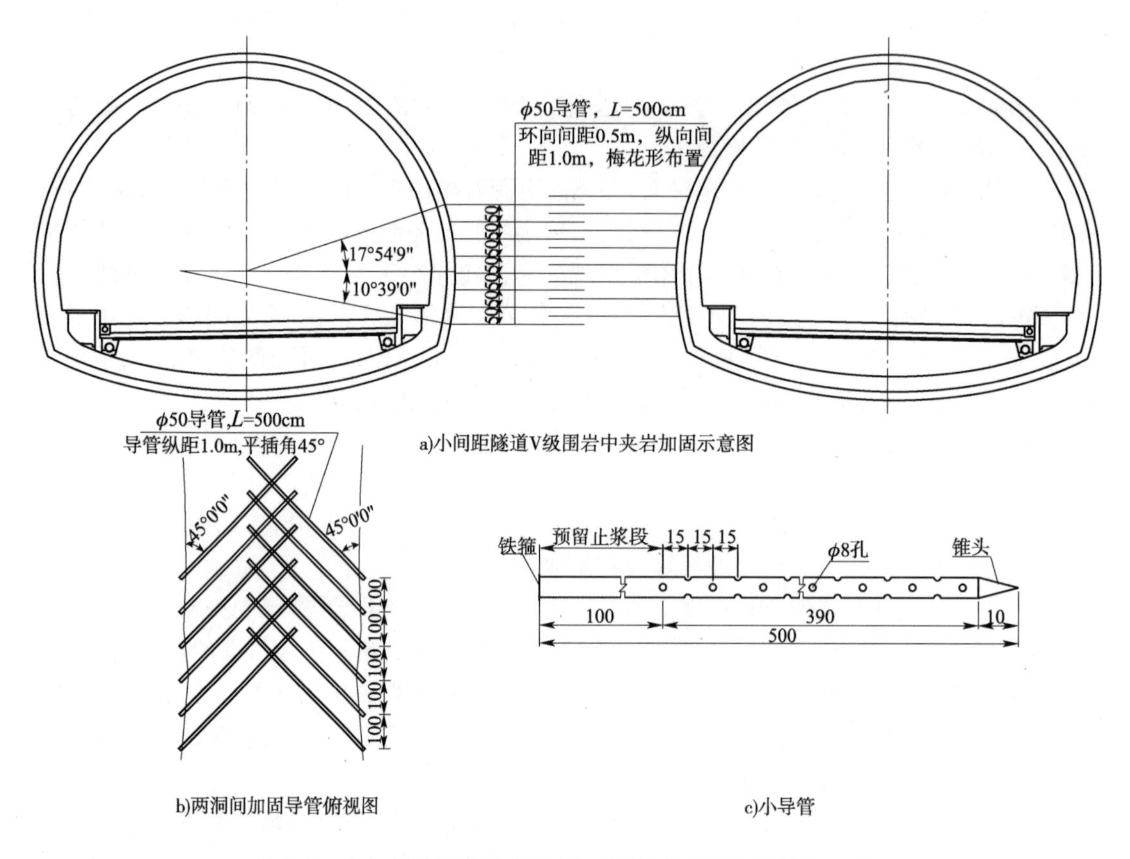

图 5-11　小净距隧道中夹岩柱超前小导管施工示意图(尺寸单位:cm)

(1)小导管

小导管采用外径 φ50、壁厚 3.5mm 的热轧无缝钢管,长 5.0m,前端加工成尖锥状,尾部焊 φ8 加劲箍,管壁四周按 15cm 间距梅花形钻设 φ8 压浆孔,如图 5-12 所示。

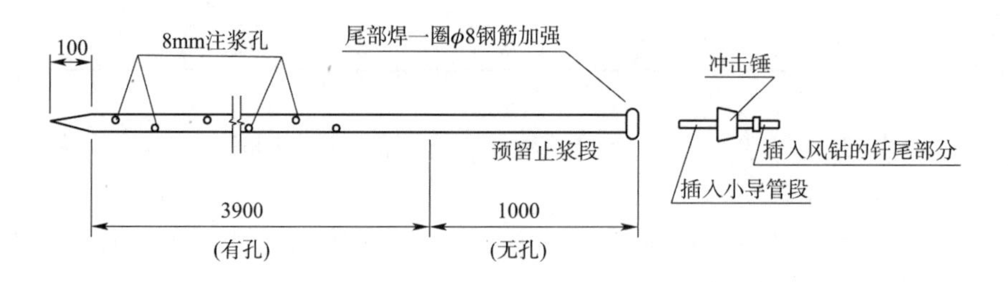

图 5-12　注浆小导管加工示意图(尺寸单位:mm)

小导管环向间距 50cm,平插角 45°,纵向间距 1.0m;施作一环,搭接 1.0m。

(2)注浆参数

在边拱初期支护完成后,进行小导管注浆。

注浆压力 $P=0.3\sim0.5$MPa,注浆前孔口处需设置能承受规定的最大注浆压力和水压的止浆塞。

注浆施工前,进行注浆试验,以调整注浆参数。

5.3.2　中夹岩(土)柱预应力锚杆施工

对于中硬岩层而言,可采用中夹岩柱预应力锚杆进行加固,在中夹岩柱设预应力锚杆。一般,Ⅲ级围岩采用 ϕ22 砂浆锚杆加固;Ⅳ级围岩采用 ϕ25 涨壳式预应力锚杆加固,间距 1.0m(环)×1.2m(纵),预应力 50～80kN。锚杆长度根据中夹岩厚度确定,在洞身开挖过程中对中夹岩进行加固处理(图 5-13、图 5-14)。

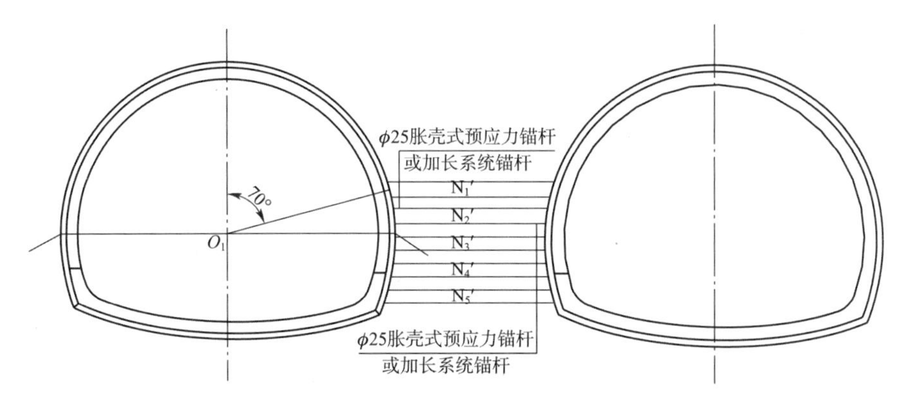

图 5-13　小净距隧道Ⅳ级围岩中夹岩加固平视图

预应力锚杆采用后张法施工。在新建隧道按设计位置钻孔打穿岩体,凿除杆体两端混凝土弧线部分,使垫板与混凝土面密贴,张拉段设在新建隧道内,锚固段设在既有隧道内。由新建隧道送入杆体,将锚固端的垫板与杆体焊接,并用喷射混凝土封闭孔口。用注浆机沿杆体向孔内注浆,注浆后用锚杆拉拔器立即张拉至设计预加拉力,用扭矩扳手双螺母锁定,并用喷射混凝土封闭孔口。

同一截面上的张拉顺序为:首先 N_1'、N_3'、N_5',然后 N_2'、N_4',同组锚杆同时张拉,张拉过程中对中夹岩的稳定性进行观测。

图 5-14　Ⅳ级围岩中夹岩加固俯视图
(尺寸单位:m)

张拉采用穿心式单作用千斤顶,一端固定,另一端张拉。

千斤顶施加预拉力时采取边张拉、边拧紧锚具的方法,施加初始预加力的相应油压值一般为设计油压的 10%,以此作为丈量锚杆伸长量的起算点。预拉力锚杆的张拉一律采用双控法,油压值的误差不得超过 ±2%,伸长量的误差不得超过 ±6%。

5.4　开挖支护技术

当两隧道之间净距小于 1.5 倍洞径时,考虑到单洞施工的地应力释放过程和对邻洞的施工影响,先行隧道开挖 30m 后开始进行隧道开挖。

5.4.1 开挖方法选择

侧穿既有线工程,隧道开挖方法采取分层、分块开挖及增设临时支撑等综合施工措施。应优先采用分部开挖法,先开挖远离既有隧道一侧,可减小对中夹土柱的扰动,也能减小对既有隧道的影响。开挖方法的选择顺序一般为:CD 法、CRD 法、双侧壁导坑法等,施工中采用分层、分块、对称、错步的方法进行隧道开挖是浅埋暗挖法“由大化小、由小成大”的设计理念的体现,而较少采用台阶法和全断面法。

CRD 法开挖方法见图 5-15、图 5-16。

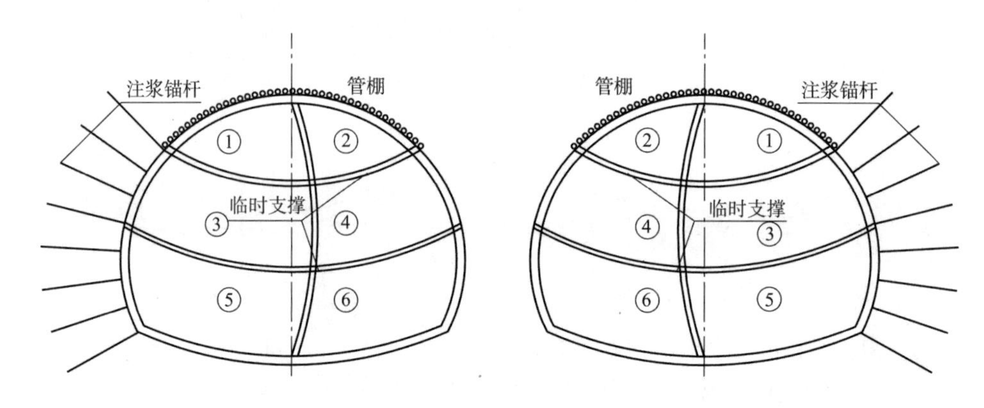

图 5-15 洞身开挖方法 1

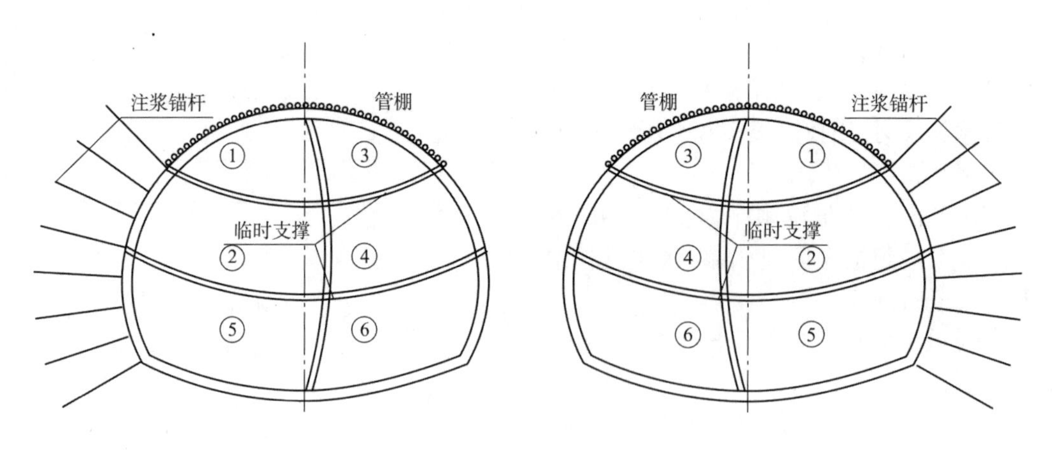

图 5-16 洞身开挖方法 2

按照①、②、③、④、⑤、⑥的施工顺序进行每块的开挖、初期支护及临时支护。每块完成后均设置临时支撑,使其成为一闭合环。图 5-15 中每步之间采用台阶法施工。一般情况下,台阶长度控制在 1 倍洞径以内,一般 3 ~ 5m。相邻施工台阶长度相差 2 ~ 4m,施工中严格遵循“管超前、严注浆、短开挖、强支护、勤量测、早封闭”的原则。

采用图 5-16 所示的顺序进行开挖,则把整个结构分为三层六部施工,先进行上层导洞开挖,然后为中层,最后为下层。

5.4.2　开挖施工技术

CRD 工法开挖施工如图 5-17 所示。

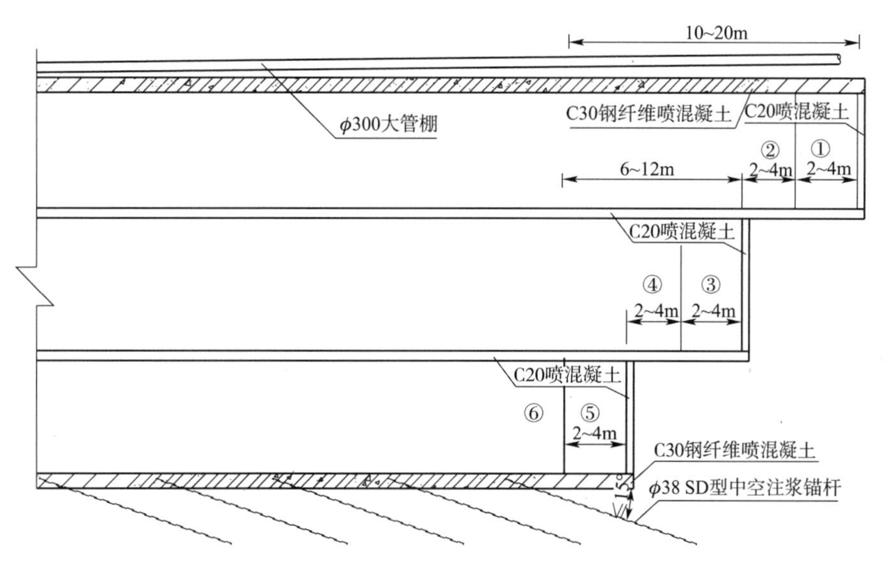

图 5-17　CRD 工法开挖施工

(1)开挖①部,正面留核心土,循环进尺 0.5m。拱部、内侧墙、临时仰拱、掌子面初喷素混凝土 5cm,对结构进行初步封闭。架立拱部初期支护钢架及内侧墙、临时仰拱临时钢架,拱部喷射 30cm、厚 C30 钢纤维混凝土,内侧墙及底板喷射 20cm 厚、C20 素混凝土,进行结构封闭。

(2)①部开挖 2.0 ~4.0m 后,开挖②部,正面留核心土,循环进尺 0.5m。拱部、内侧墙、临时仰拱、掌子面初喷素混凝土 5cm,对结构进行初步封闭。架立拱部初期支护钢架及内侧墙、临时仰拱临时钢架。复喷 30cm 厚、C30 钢纤维混凝土,内侧墙及临时仰拱复喷 20cm 厚、C20 素混凝土,进行结构封闭。①、②部之间始终拉开 2.0 ~4.0m 的距离。

(3)②部开挖 2.0 ~4.0m 后,开挖③部,正面留核心土,循环进尺 0.5m。外边墙、内侧墙、临时仰拱、掌子面初喷素混凝土 5cm,对结构进行初步封闭。架立外边墙初期支护钢架及内侧墙、临时仰拱临时钢架。外边墙复喷 30cm 厚、C30 钢纤维混凝土,内侧墙及临时仰拱复喷 20cm 厚、C20 素混凝土,进行结构封闭。②、③部之间始终拉开 2.0 ~4.0m 的距离。

(4)③部开挖 2.0 ~4.0m 后,开挖④部,正面留核心土,循环进尺 0.5m。外边墙、内侧墙、临时仰拱、掌子面初喷素混凝土 5cm,对结构进行初步封闭。架立外边墙初期支护钢架及内侧墙、临时仰拱临时钢架,外边墙复喷 30cm 厚、C30 钢纤维混凝土,内侧墙及临时仰拱复喷 20cm 厚、C20 素混凝土,进行结构封闭。③、④部之间始终拉开 2.0 ~4.0m 的距离。

(5)④部开挖 2.0 ~4.0m 后,开挖⑤部,正面留核心土,循环进尺 0.5m。外边墙、仰拱、内侧墙、掌子面初喷素混凝土 5cm,对结构进行初步封闭。架立外边墙、仰拱初期支护钢架及内侧墙临时钢架,施作外边墙与仰拱自进式 SD 型注浆超前锚杆,注浆。外边墙、仰拱复喷 30cm 厚、C30 钢纤维混凝土,内侧墙复喷 20cm 厚、C20 素混凝土,进行结构封闭。

(6)⑤部开挖2.0~4.0m后,开挖⑥部,正面留核心土,循环进尺0.5m。外边墙、仰拱、内侧墙、掌子面初喷素混凝土5cm,对结构进行初步封闭。架立外边墙、仰拱初期支护钢架及内侧墙临时钢架,外边墙、仰拱复喷30cm厚、C30钢纤维混凝土,内侧墙复喷20cm厚、C20素混凝土,进行结构封闭。

(7)初期支护背后注浆回填后拆除临时支护,施作防水层,架立二次衬砌格栅钢架和施作二次衬砌,安设止水条、施工缝,进行注浆和结构装饰处理。

5.4.3 施工要点

(1)管超前

采用超前支护的各种手段,提高掌子面的稳定性,防止周围土体液化松弛和坍塌,采用超前注浆小导管(过风险源时应增设大管棚)进行超前预支护加固。

(2)严注浆

通过全断面深孔预注浆加固隧道周边土体及隧道开挖范围内土体,在隧道周边形成一定强度的止水壳,同时增强周围土体及掌子面土体的自稳能力。

(3)短开挖

软弱地层的土体松散、岩体破碎、裂隙发育、稳定性差,易发生坍塌。宜采用机械配合人工开挖。为施工安全、稳妥起见,后行隧道采取环形开挖留核心土法,加强初支的施工方案。

一次注浆、多次开挖,限制一次开挖进尺为0.5m,预留核心土,下部初支施工采取"先外侧、后内侧"分次施工,同时也避免先内侧后外侧、悬空一侧另一侧为中墙土柱的不利影响。仰拱填充每循环2~3.5m进行分侧施工,减少坑底暴露时间,尽量减少因底部卸载引起初支下沉。

(4)强支护

严格按设计进行初期支护、临时支护的施工,使结构能较快达到较大的刚度,以控制开挖初期的变形。

(5)快封闭

CRD工法施工中,每部台阶2~4m长。为及时控制周围土体松弛,必须采用临时仰拱封闭,开挖一环,封闭一环,提高初期支护的承载能力。

(6)勤量测

隧道施工过程中进行全面量测,实行日报及周报制度,及时掌握施工动态,及时反馈,根据量测结果指导施工。

5.4.4 初期支护施工

初期支护一般指锚杆喷射混凝土支护,必要时可采用钢纤维喷射混凝土配合使用钢筋网、钢架,或采用辅助施工措施(如超前锚杆、超前小钢管、管棚、地面砂浆锚杆、超前小导管注浆、深孔预注浆)和锚喷支护相结合的支护方式。

(1)施工工艺流程

初期支护施工的一般工序流程为:开挖后初喷混凝土→系统支护施工(锚杆、钢筋网、钢架)→复喷混凝土至设计厚度。施工流程图如图5-18所示。

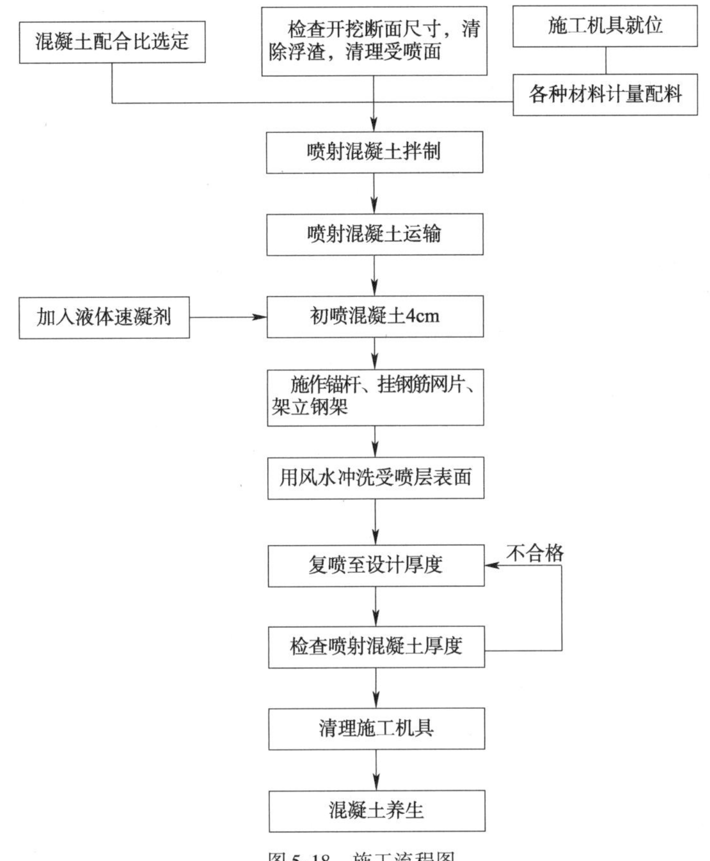

图5-18　施工流程图

(2)喷射混凝土施工

①喷射混凝土作业分为初喷、复喷阶段，初喷厚度为4cm。在初喷混凝土完成后安设锚杆、钢筋网片、架立钢架，钢筋网与锚杆连接牢固，且钢筋保护层厚度不得小于2cm。复喷在前一层混凝土终凝后进行，若终凝1h以后进行喷射，用水冲洗混凝土表面后再复喷至设计厚度；喷射混凝土终凝后3h内不得进行爆破作业。

②洞内喷射作业的气温宜在15℃以上，并不得低于5℃。冬季施工时应对液体速凝剂的储存和其拌合物采取防冻措施。

③喷混凝土应采用分段、分片、分层依次进行，喷射顺序应自下而上，分段长度不宜大于6m。喷射时先将低洼处大致喷平，再自下而上顺序分层、往复喷射。

④喷射混凝土分段施工时，上次喷混凝土应预留斜面，斜面宽度为200~300mm，斜面上需用压力水冲洗润湿后再喷射混凝土。

⑤分片喷射要自下而上进行，并先喷钢架与岩面间混凝土，再喷两钢架之间混凝土。边墙喷混凝土应从墙脚开始向上喷射，使回弹不致裹入最后喷层。

⑥分层喷射时，后一层喷射应在前一层混凝土终凝前进行，若终凝1h后再进行喷射时，应先用风水清洗喷层表面。一次喷混凝土的厚度以喷混凝土不滑移不坠落为准，既不能因厚度太大而影响喷混凝土的黏结力和凝聚力，也不能太薄而增加回弹量。边墙一次喷射混凝土厚度控制在7~10cm，拱部控制在5~6cm，并保持喷层厚度均匀。顶部喷射混凝土时，

为避免脱落，两次间隔时间宜为2～4h。

⑦喷射速度要适当，以利于混凝土的压实。风压过大，喷射速度增大，回弹增加；风压过小，喷射速度过小，压实力小，影响喷混凝土强度。因此在开机后要注意观察风压，起始风压达到0.5MPa后，才能开始操作，并根据喷嘴出料情况调整风压。一般工作风压：边墙0.3～0.5MPa，拱部0.4～0.65MPa。软弱围岩隧道喷射混凝土时喷射机的压力一般不宜大于0.2MPa。

⑧喷射时使喷嘴与受喷面间保持适当距离（0.5～1.0m），喷射角度尽可能接近90°，以获得最大压实和最小回弹。喷嘴应连续、缓慢作横向环行移动，一圈压半圈，喷射手所画的环形圈，横向40～60cm，高15～20cm；若受喷面被钢架、钢筋网覆盖时，可将喷嘴稍加偏斜，但不宜小于70°。

⑨在有水地段进行喷射混凝土作业时应采取以下措施：

a.对渗漏水应先进行处理，当渗漏水范围大时，可设树枝状排水导管后再进行喷射，当渗漏水严重时，可设计泄水孔，边排水边喷射。

b.喷射时，应先从远离渗漏出水处开始，逐渐向渗漏处逼近，将散水集中，安设导管，使水引出，再向导管逼近喷射。

c.改变混凝土配合比，增加水泥用量，先喷干混合料，待其与渗水混合后，再逐渐加水喷射。

(3)锚杆施工

锚杆是在围岩开挖时，为避免岩体松散塌陷，在未开挖岩体中打入实心或空心的钢材加工的杆体，起到对土体的加筋和固定钢筋网的作用。锚杆与围岩间采用砂浆或材料固结，并设置钢垫板固定。根据地质条件、使用要求及锚固特性，锚杆类型可选用中空注浆锚杆、树脂锚杆、自钻式锚杆、砂浆锚杆和摩擦型锚杆等。常见锚杆施工工序流程可参照图5-19。

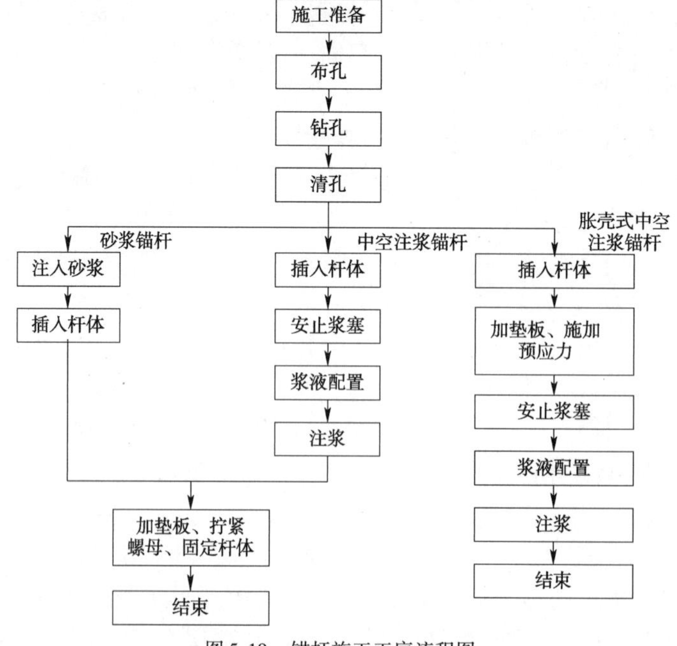

图5-19 锚杆施工工序流程图

(4)钢筋网施工

在喷射混凝土中增设钢筋网,可以防止受喷面由于承受喷射力而塌落,减少回弹量、喷射混凝土层的开裂,增强初期支护的整体作用;通常其与锚杆或钢架焊接成一体。钢筋网材料宜采用 HPB235 钢,钢筋材质、规格、性能满足设计要求。钢筋直径宜为 6 ~ 12mm,网格边长尺寸宜采用 200 ~ 250mm,搭接长度应为 1 ~ 2 个网格边长。钢筋网使用前要除锈,在洞外分片制作,用汽车运至洞内。钢筋网铺设应符合下列要求:

①钢筋网宜在初喷混凝土后铺挂,使其与喷射混凝土形成一体,底层喷射混凝土的厚度宜不小于 4cm。

②砂土层地段应先铺挂钢筋网,沿环向压紧后再喷混凝土。

③采用双层钢筋网时,第二层钢筋网应在第一层钢筋网被混凝土覆盖后铺设,其覆盖厚度不应小于 3cm。

④钢筋网可利用风钻气腿顶撑,以便贴近岩面,钢筋网应与锚杆或其他固定装置连接牢固,和钢架绑扎时应绑在靠近岩面一侧。

⑤喷射混凝土时,应调整喷头与受喷面的距离、喷射角度,以减少钢筋振动,降低回弹,并保证钢筋网喷混凝土保护层厚度不小于 4cm。

⑥喷射中如有脱落的石块或混凝土块被钢筋网卡住时,应及时清除。

(5)钢拱架施工

钢拱架(钢架)应在初喷混凝土后及时架设。钢架不宜在受力较大的拱顶及其他受力较大的部位分节。格栅钢架的主筋直径不宜小于 18mm,且焊接应符合设计要求。其常见结构如图 5-20 所示。

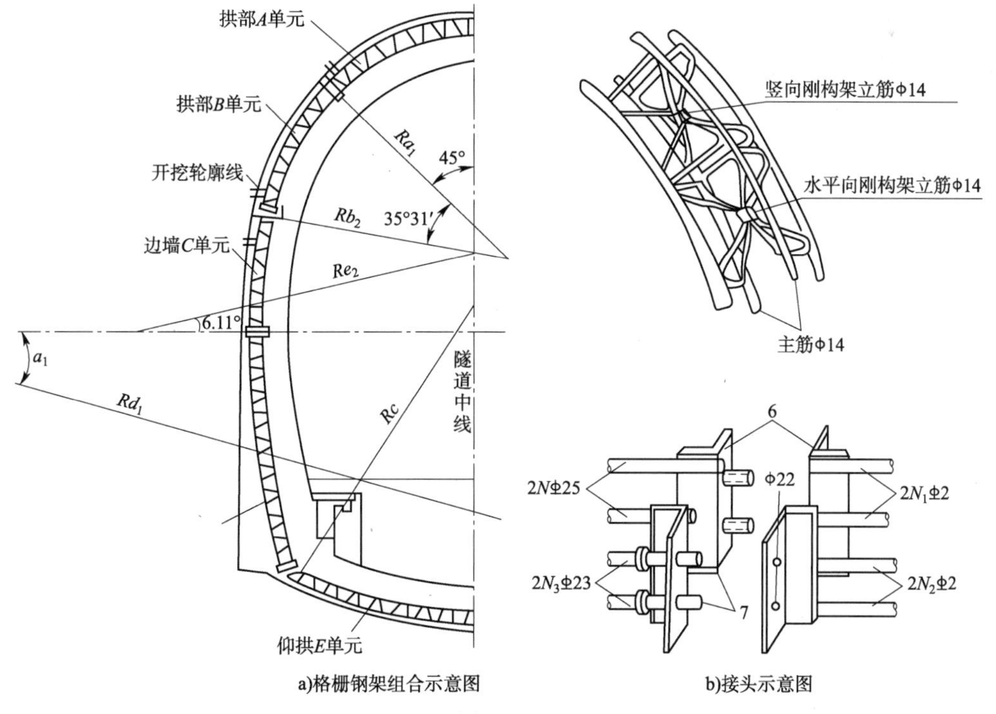

a)格栅钢架组合示意图　　b)接头示意图

图　5-20

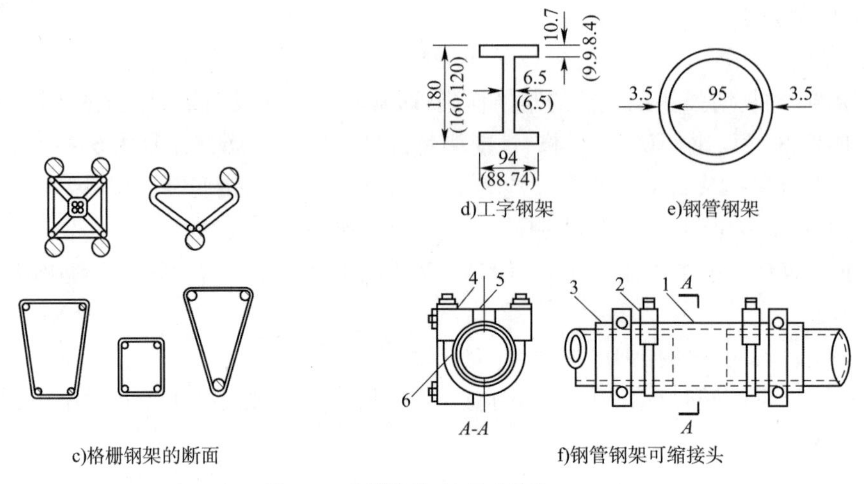

图 5-20　钢拱架构造(尺寸单位:mm)

①钢架安装应符合下列条件:

a. 安装前应清除底脚的虚渣及杂物。

b. 安装允许偏差:横向和高程为: ±5cm,垂直度为 ±2°。

c. 各节钢架间应以螺栓连接,连接板应密切,连接板局部缝隙不超过 2mm。

d. 钢架外缘应与基面密贴,如有缝隙应每隔 2m 用钢楔或混凝土预制块楔紧。

e. 钢架之间宜用直径为 $\phi22$ 的钢筋焊接方式连接,环向间距符合设计要求。

②钢架施工工序流程可参照图 5-21。

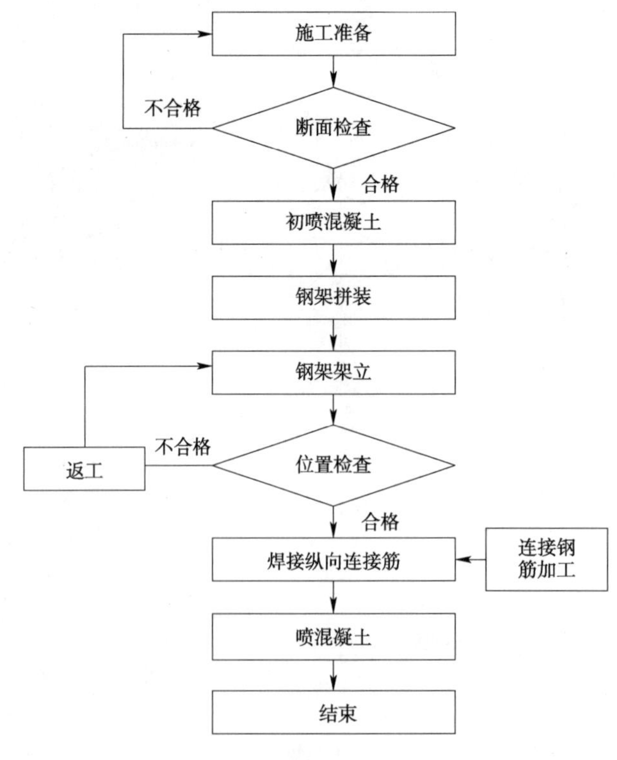

图 5-21　钢架施工工序流程图

③钢架的施工应符合下列要求：

a. 制作。

钢架按设计尺寸在洞外下料分节焊接制作，制作时严格按设计图纸进行，保证每节的弧度与尺寸均符合设计要求，每节两端均焊连接板，节点间通过连接板用螺栓连接牢靠，加工后必须进行试拼检查，严禁不合格品进场。

b. 安装。

钢架应按设计要求安装，安装尺寸允许偏差应满足相关规定。当拱脚开挖超深时，加设钢板或混凝土垫块，安装后利用锁脚锚杆定位；超挖较大时，拱背喷填同级混凝土，以使支护与围岩密贴，控制围岩变形的进一步发展。两排钢架间用 $\phi22$ 钢筋拉杆纵向连接牢固，环向间距 1m，以便形成整体受力结构。

钢架安装时，应严格控制其内轮廓尺寸，且预留沉降量，防止侵入衬砌净空。钢架与围岩间的间隙必须用喷混凝土充填密实；钢架应全部被喷射混凝土覆盖，保护层厚度不得小于 40mm。

5.5 工程实例

5.5.1 工程概况

某铁路 1 号、2 号隧道（图 5-22）为黄土丘陵地貌，主要形态有黄土梁、峁，山峰相连，冲沟发育，多呈“V”字形，地面高程 990 ~ 1100m 之间，最大相对高差在 110m 左右。

1 号隧道全长 133m，最大深埋约 23m，全部隧道位于直线上，线路为单面上坡，坡率为 0.39%，距既有铁路隧道洞净距为 8m。

2 号隧道全长 876m，最大深埋约 87m，线路为单面上坡，坡率为 0.30%，距既有太岚铁路隧道洞净距为 8m。

图 5-22 隧道洞口

1 号隧道进、出口端山坡坡度较陡，基岩裸露，岩性为砂岩夹页岩，岩体受节理切割，风化较严重，山坡上有零星危岩落石，进出口碎石土为弃渣。全隧道分Ⅲ、Ⅳ两种级别围岩，Ⅳ 级围岩地段采用超前小导管加格栅钢架支护，隧道衬砌与施工辅助措施如表 5-2 所示。

2 号隧道进、出口端山坡坡度较陡，基岩裸露，岩性为砂岩夹页岩，岩体受节理切割，风化较严重，山坡上有零星危岩落石。隧道顶部砂质黄土覆盖，结构疏松，垂直节理较发育，具有湿陷性。设计围岩情况：全隧道分Ⅲ、Ⅳ、Ⅴ三种级别围岩，Ⅴ级围岩地段采用明洞出洞，Ⅳ 级围岩地段采用超前小导管加格栅钢架支护。隧道衬砌与施工辅助措施如表 5-3 所示。

1 号隧道衬砌与施工辅助措施一览表 表 5-2

线别	编号	起点里程	终点里程	围岩级别	长度(m)	预支护措施	施工方法
单线隧道	1	DIK48 +510	DIK48 +540	Ⅳ	30	ϕ42 小导管,纵向间距 3m 一环;格栅钢架加强,间距 1.2m/榀	台阶法
	2	DIK48 +540	DIK48 +613	Ⅲ	73		台阶法
	3	DIK48 +613	DIK48 +638	Ⅳ	25	ϕ42 小导管,纵向间距 3m 一环;格栅钢架加强,间距 1.2m/榀	台阶法
	4	DIK48 +638	DIK48 +643	Ⅳ	5		明挖法

2 号隧道衬砌与施工辅助措施一览表 表 5-3

线别	编号	起点里程	终点里程	围岩级别	长度(m)	预支护措施	施工方法
单线隧道	1	DIK48 +689	DIK48 +715	Ⅳ	26	ϕ42 小导管,纵向间距 3m 一环;格栅钢架加强,间距 1.2m/榀	台阶法
	2	DIK48 +715	DIK49 +139	Ⅲ	424		全断面法
	3	DIK49 +139	DIK49 +143	Ⅲ	4		全断面法
	4	DIK49 +143	DIK49 +245	Ⅲ	102		全断面法
	5	DIK49 +245	DIK49 +249	Ⅲ	4		全断面法
	6	DIK49 +249	DIK49 +491	Ⅲ	242		全断面法
	7	DIK49 +491	DIK49 +528	Ⅲ	37		全断面法
	8	DIK49 +528	DIK49 +550	Ⅳ	22	ϕ42 小导管,纵向间距 3m 一环;格栅钢架加强,间距 1.2m/榀	台阶法
	9	DIK49 +550	DIK49 +565	Ⅴ	15		明挖法

5.5.2 工程重难点分析

(1)埋深浅

最小埋深仅 7m 左右,最大埋深约 87m,大部分区段为浅埋地段。

(2)工程地质条件复杂

1 号隧道进、出口端山坡坡度较陡,基岩裸露,岩性为砂岩夹页岩,岩体受节理切割,风化较严重,山坡上有零星危岩落石,进出口碎石土为弃渣。

2 号隧道进、出口端山坡坡度较陡,基岩裸露,岩性为砂岩夹页岩,岩体受节理切割,风化较严重,山坡上有零星危岩落石。隧道顶部砂质黄土覆盖,结构疏松,垂直节理较发育,具有湿陷性。

(3)偏压严重

1 号、2 号隧道进、出口端山坡坡度较陡,存在严重偏压。

(4)超近距

隧道全长共计 1009m,距离既有铁路隧道洞净距为 8m,新建隧道施工扰动对既有运营隧道产生严重影响。

（5）既有隧道病害多

既有铁路线为20世纪70年代修建，根据现场照片判断，当时施工二次衬砌时模板为木模或者钢制小模板拼装，外衬型钢骨架，二衬混凝土为素混凝土，缺少完善的防水、排水措施，导致既有线混凝土的密实性和防水性差，发现多处拱顶和边墙存在裂缝、空洞和渗水现象。

（6）中间岩柱岩性差

对1号隧道洞口进行管棚注浆过程中发现在既有隧道右侧拱脚部位有浆液渗出，反映中间岩体节理发育。

5.5.3　既有隧道检测、现场调查

1）既有线隧道洞内调查

对1号隧道洞口进行管棚注浆过程中发现在既有隧道右侧拱脚部位有浆液渗出，反映中间岩体节理发育。图5-23～图5-26为1号、2号隧道既有病害图。

（1）渗漏水调查结果

经过对1号、2号既有隧道的渗漏水调查，发现隧道渗水点较多，主要渗水点集中在洞口及洞身的拱墙部位，该隧道共有渗水点24处。洞身标K30+0附近不但有渗水而且还伴随衬砌脱落现象，洞身标K36+0附近有多条模板缝都有渗水且伴随衬砌脱落现象。

a)环向裂缝、渗水

b)环向裂缝

图5-23　1号隧道既有病害（一）

a)纵向裂缝有修补

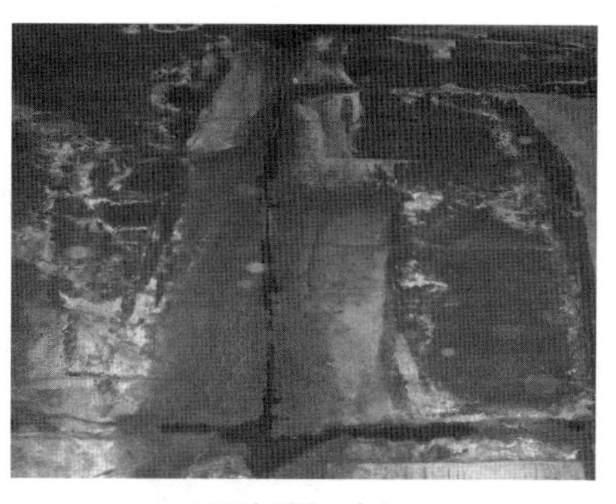

b)环向裂缝、渗水

图5-24　1号隧道既有病害（二）

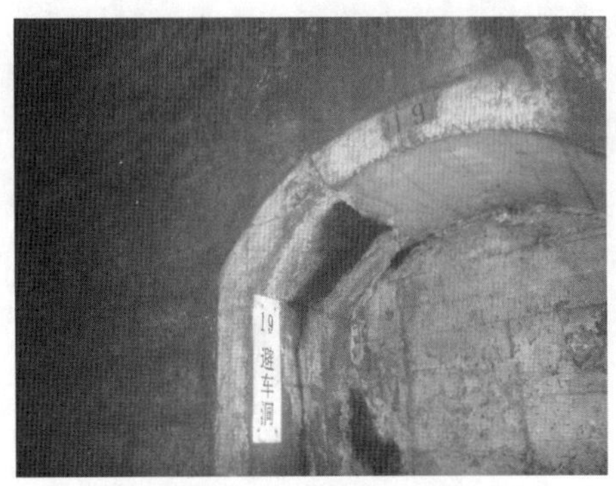

a)避车洞环向裂缝、渗水

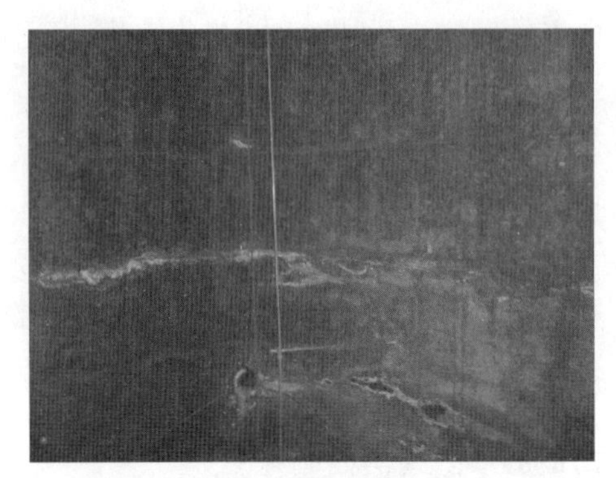

b)拱顶裂缝、渗水

图 5-25　2 号隧道既有病害(一)

a)边墙裂缝及渗水

b)拱腰纵向裂缝

图 5-26　2 号隧道既有病害(二)

(2)裂纹调查结果

经过对 1 号、2 号既有隧道的衬砌裂纹调查,发现隧道衬砌裂纹较多,裂纹主要集中在洞口及洞身的拱墙部位。该隧道共有大小裂纹 89 处,详见表 5-4。其中宽度小于 3mm 的裂纹 32 条,占裂纹总数的 36%,宽度在 3 ~ 5mm 之间的裂纹 44 条,占裂纹总数的 49%,宽度大于 5mm 的裂纹共 13 条,占裂纹总数的 15%。

既有隧道裂纹统计表　　　　表 5-4

裂纹宽度 W(mm)	$W<3$	$3\leqslant W\leqslant 5$	$W>5$
裂纹条数	32	44	13
所占百分比(%)	36	49	15

2)既有隧道检测

既有线的检测记录显示,洞内部分边墙接头出现竖向小裂缝,拱部接头部分出现横向裂缝;隧道内漏水严重,且限界不足;拱腰出现纵向裂缝;衬砌混凝土不密实及衬砌背后有空洞、脱空现象。详见表 5-5、表 5-6。

1 号隧道衬砌检测结果　　表 5-5

序号	部位	里 程 范 围	长度(m)	密实度	空洞
1	右边墙	DIK48 +517 ~ DIK48 +520	3		空洞
		DIK48 +528 ~ DIK48 +53	4		空洞
		DIK48 +544.5 ~ DIK48 +547.5	3		空洞
		DIK48 +562 ~ DIK48 +565	3	不密实	
		DIK48 +574 ~ DIK48 +576.5	2.5	不密实	
		DIK48 +584 ~ DIK48 +587	3		空洞
		DIK48 +614 ~ DIK48 +617	3		空洞
		DIK48 +620.5 ~ DIK48 +624	3.5	不密实	
		DIK48 +644.5 ~ DIK48 +646	1.5	不密实	
2	左边墙	DIK48 +507 ~ DIK48 +510.5	3.5	不密实	
		DIK48 +532.5 ~ DIK48 +536.5	4	不密实	
		DIK48 +545.5 ~ DIK48 +548	2.5	不密实	
		DIK48 +586.5 ~ DIK48 +590.5	4	不密实	
		DIK48 +639.5 ~ DIK48 +641.5	2	不密实	
3	右拱腰	DIK48 +516 ~ DIK48 +522	6	不密实	
		DIK48 +542 ~ DIK48 +545.5	3.5		空洞
		DIK48 +558 ~ DIK48 +563	5	不密实	
		DIK48 +619 ~ DIK48 +621	2		空洞
		DIK48 +632.5 ~ DIK48 +636	3.5	不密实	
4	拱顶	DIK48 +557.5 ~ DIK48 +562	4.5		脱空
5	左拱腰	DIK48 +613.5 ~ DIK48 +616.5	3	不密实	
		DIK48 +587 ~ DIK48 +590	3	不密实	
		DIK48 +564 ~ DIK48 +568.5	4.5	不密实	
		DIK48 +548 ~ DIK48 +552	4	不密实	
		DIK48 +522.5 ~ DIK48 +529.5	7	不密实	

2 号隧道衬砌检测结果　　表 5-6

序号	部位	里 程 范 围	长度(m)	密实度	空洞
1	右边墙	DIK48 +698 ~ DIK48 +700	2		空洞
		DIK48 +729.5 ~ DIK48 +733.5	4	不密实	
		DIK48 +741.5 ~ DIK48 +743.5	2	不密实	
		DIK48 +784 ~ DIK48 +788	4	不密实	
		DIK48 +800 ~ DIK48 +803.5	3.5	不密实	
		DIK48 +820.5 ~ DIK48 +825.5	5		空洞

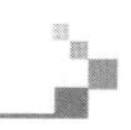

续上表

序号	部位	里 程 范 围	长度(m)	密实度	空洞
1	右边墙	DIK48 +899.5 ~ DIK48 +902	2.5	不密实	
		DIK48 +969 ~ DIK48 +971.5	2.5	不密实	
		DIK49 +003.5 ~ DIK49 +006	2.5	不密实	
		DIK49 +129.5 ~ DIK49 +132	2.5		脱空
		DIK49 +149 ~ DIK49 +152	3	不密实	
		DIK49 +183.5 ~ DIK49 +186	2.5		空洞
		DIK49 +218 ~ DIK49 +220	2		空洞
		DIK49 +324 ~ DIK49 +328.5	4.5	不密实	
		DIK49 +494.5 ~ DIK49 +498.5	4		脱空
		DIK49 +504.5 ~ DIK49 +505.5	1		空洞
		DIK49 +551 ~ DIK49 +553	2	不密实	
		DIK49 +558.5 ~ DIK49 +560.5	2	不密实	
2	左边墙	DIK49 +561 ~ DIK49 +563	2	不密实	
		DIK49 +367 ~ DIK49 +370	3	不密实	
		DIK49 +317.5 ~ DIK49 +320	2.5	不密实	
		DIK49 +242 ~ DIK49 +244	2		空洞
		DIK49 +127.5 ~ DIK49 +129.5	2	不密实	
		DIK49 +070.5 ~ DIK49 +072.5	2	不密实	
		DIK48 +982.5 ~ DIK48 +986	3.5		脱空
		DIK48 +970 ~ DIK48 +971.5	1.5	不密实	
		DIK48 +818.5 ~ DIK48 +823	4.5	不密实	
		DIK48 +799.5 ~ DIK48 +800.5	1		空洞
3	右拱腰	DIK48 +706.5 ~ DIK48 +710	3.5		脱空
		DIK48 +812 ~ DIK48 +813.5	1.5		脱空
		DIK48 +935.5 ~ DIK48 +937	1.5	不密实	
		DIK49 +005 ~ DIK49 +007	2	不密实	
		DIK49 +264 ~ DIK49 +268	4	不密实	
		DIK49 +458 ~ DIK49 +459.5	1.5		脱空
		DIK49 +484 ~ DIK49 +485	1	不密实	
		DIK49 +542.5 ~ DIK49 +544.5	2		脱空

3)既有隧道安全评估

根据《铁路运营隧道衬砌安全等级评定暂行规定》(铁运函〔2004〕174 号)中的有关规定,既有铁路隧道的安全等级,可按衬砌状态及危及行车安全的程度划分为完好(D)、轻微

(C)、较严重(B)、严重(A1)、极严重(AA)五个等级,并按表5-7规定的标准评定。

铁路隧道衬砌安全等级评定标准　　　　表5-7

项目＼安全等级	D	C	B			A1			AA		
	完好	轻微	较严重			严重			极严重		
衬砌病害等级	无病害	1	2	2	2	3	3	3	4	4	4
衬砌缺陷等级	无缺陷	1	2	1	1 2 3	3	2	1 2 3	4	3	1 2 3
围岩级别				Ⅳ~Ⅵ			Ⅳ~Ⅵ			Ⅳ~Ⅵ	
地下水状况				发育			发育			发育	
对行车安全的影响		对行车无影响	病害有发展,对行车尚未造成影响			病害发展较快,存在影响行车安全的可能			病害已危及行车安全		

(1)1号既有隧道健康等级评定

1号隧道全长138.78m,裂缝、渗漏水共计31处,其中洞口处渗水严重,且纵向、斜向裂缝和环向裂缝相互交织,呈闭合状,使衬砌受力的整体作用大大降低。1号隧道衬砌后存在大面积回填不密实,其中有8处空洞,且有的空洞规模较大,对衬砌结构的影响较为严重。

(2)2号既有隧道健康等级评定

2号隧道全长871.35m,裂缝、渗漏水共计58处,其中裂缝宽度为3~5mm的有29处,占总数的50%。在K30+0附近,出现漏水及衬砌脱落现象,且纵向、斜向裂缝和环向裂缝相互交织,呈闭合状,使衬砌受力的整体作用大大降低,存在影响行车安全的可能。

2号隧道衬砌后存在大面积回填不密实,其中有37处回填不密实部位和14处空洞,且有的空洞规模较大,对衬砌结构的影响较为严重。

(3)安全等级判定

根据上述两座隧道的衬砌结构安全评估结果,对其进行结构安全等级判定,判定结果见表5-8。

隧道结构安全等级评定　　　　表5-8

隧道名称	检查结论	判定等级
1号隧道	隧道裂缝较多,渗漏水点较多,二次衬砌背后存在8处空洞,规模不大,衬砌结构轻微破损,对行车安全尚未造成影响	B
2号隧道	隧道裂缝分布广泛,渗漏水点较多,有些部位伴随衬砌脱落;二次衬砌背后存在14处空洞、37处不密实部位,规模较大,衬砌结构存在较严重破坏,存在影响行车安全的可能	A1

5.5.4　既有隧道加固处理技术

根据既有隧道的检测结果风险评估报告制定隧道加固措施。

(1)局部表面补强,在衬砌开裂及酥碎地段,根据面积大小采用机械或人工凿除,用高压水冲洗干净，然后进行挂网、复喷纤维混凝土。

(2)衬砌背后空洞部分采取回填压注1:1水泥浆，以回填既有衬砌背后空隙并固结其松散物，使隧道衬砌与围岩密贴。

(3)局部锚杆加固：在靠新线侧拱墙设置$\phi25$中空锚杆(每根长3m、间距1m、梅花形布置)加固，并利用锚杆孔对衬砌后进行充填注浆，以加固既有衬砌背后空隙并固结其松散物。

(4)既有线隧道施工时，办理要点施工手续。

5.5.5 既有隧道与新建隧道间中夹岩体预加固技术

1)施工方案

1号、2号隧道与既有太岚线净距为8m，根据上述施工调查得知既有线混凝土的施工工艺和工法落后，增建新线时会导致围岩应力重分布，容易出现塌方、衬砌开裂等影响既有线运营的事故。为保证安全，采取从新建隧道左侧向既有线隧道岩体加固的新方案。加固方案为：需加固围岩设置$\phi42$、长4.5m的超前注浆小导管，梅花状布置，与线路方向交角为45°，纵向两排的搭接长度为1.2m，环向间距×纵向间距=0.5m×2.0m，小导管注浆采用1:1水泥浆液，注浆压力0.5~1.0MPa；开挖后施作直径22mm、长3.5m的系统砂浆锚杆，径向设置，环向间距×纵向间距=1.0m×2.0m，详见图5-27、图5-28。

加固长度：1号隧道133m，2号隧道876m。

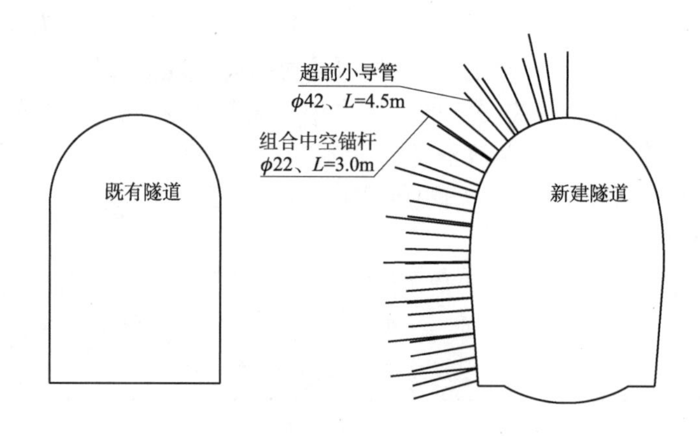

图5-27 中夹岩体加固示意图

2)施工方法

中夹岩体超前注浆加固工艺流程如图5-29所示。

(1)测量放样

按设计要求准确标出本循环需要布设小导管的孔位。

(2)钻孔

移动多功能作业台架并就位，采用气腿式风钻进行钻孔，用人工将小导管顶入，钢管尾端外露足够长度，小导管外插角严格按设计要求施作，尾部与钢架焊接在一起。孔位钻设偏差不超过5cm，孔眼长大于小导管长。

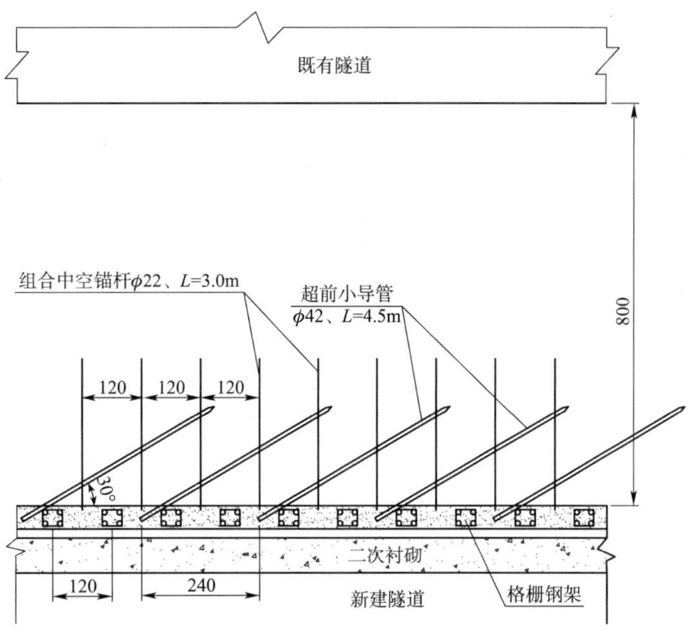

图5-28　小导管及组合中空锚杆布置图(尺寸单位:cm)

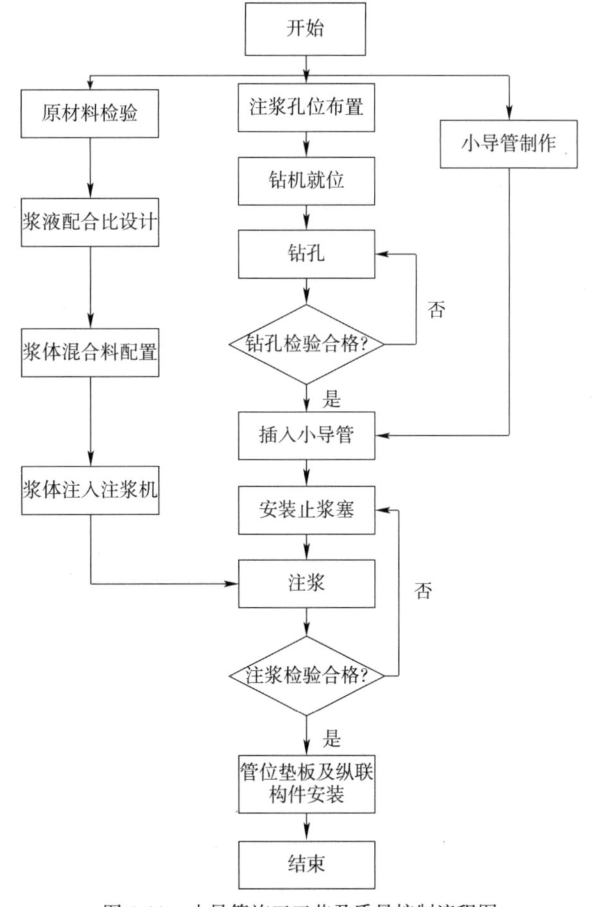

图5-29　小导管施工工艺及质量控制流程图

(3)小导管加工

小导管在洞外加工厂制作,前端做成尖锥形,尾部焊接 φ8 钢筋加劲箍,管壁上每隔 15cm 交错钻眼,眼孔直径为 6～8mm。小导管加工见图 5-30。

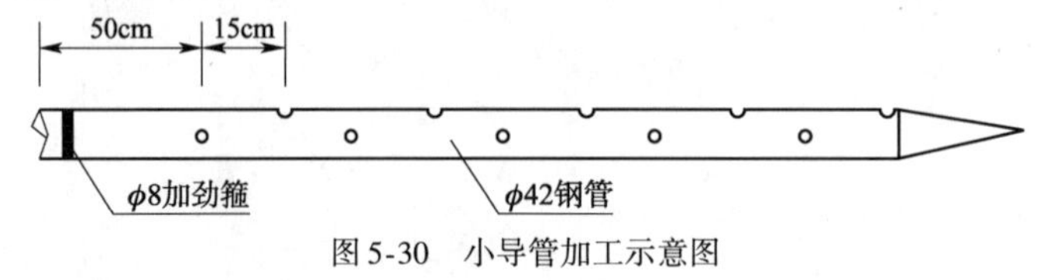

图 5-30　小导管加工示意图

(4)小导管插入及孔口密封处理

钢管由专用顶头顶进,顶进钻孔长度≥90%管长。钢管尾端除焊上挡圈外,再用胶泥麻筋缠箍成楔形,以使钢管顶进孔内后其外壁与岩壁间隙堵塞严密。钢管尾端外露足够长度,并与钢架焊接在一起。钢管顶进时,注意保护管口不受损变形,以便与注浆管路连接。注浆前先检查导管孔口是否达到密封标准,以防漏浆。

(5)注浆

采用双液注浆泵进行注浆作业,双液浆中水玻璃掺量为 5%,水泥浆水灰比(质量比)1∶1。注浆前先喷射 5～10cm 厚混凝土封闭掌子面,形成止浆盘。

注浆前先冲洗管内沉积物,由下至上顺序进行。单孔注浆压力达到设计要求值,持续注浆 10min 且进浆速度为开始进浆速度的 1/4,或进浆量达到设计进浆量的 80% 及以上时注浆方可结束。

注浆施工应认真填写注浆记录,随时分析和改进作业,并注意观察支护工作面的状态。注浆参数根据注浆试验结果及现场情况调整。

注浆参数如下:

①注浆压力:0.3～0.5MPa。

②浆液初凝时间:1～2min。

③水泥:P. O32.5 普通硅酸盐水泥。

5.5.6　减振控制爆破技术

1)开挖方法

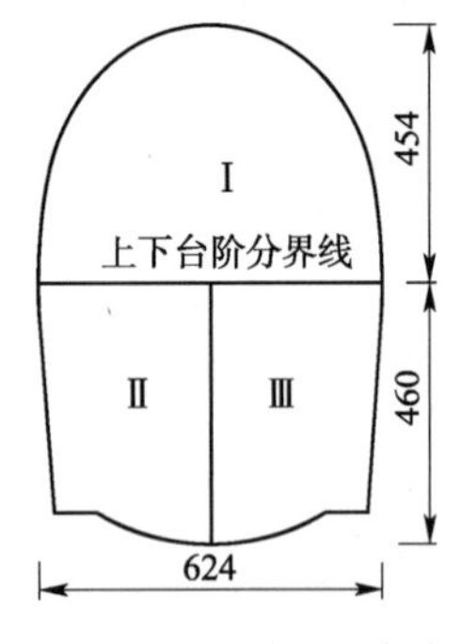

图 5-31　隧道上下台阶开挖示意图(尺寸单位:cm)

确定新建隧道的开挖方案为上下台阶法,在开挖Ⅰ部位以后依次开挖Ⅱ部位和Ⅲ部位,如图 5-31 所示。

开挖进尺深度与开挖面稳定程度以及裂缝、节理、涌水等围岩条件有关,并且还应考虑机械设备、炸药、起爆方法等因素对循环进尺的影响。根据工程实践经验,初步设计新建隧道爆破施工的循环进尺为:Ⅳ级围岩上台阶爆破进尺是 1.5～2.0m,下台阶爆破进尺是 2.5m;Ⅲ级围岩上台阶爆破进尺是 2.0～2.5m,下台阶爆破进尺是 3m。

2)爆破设计

爆破方案以Ⅳ级围岩复合衬砌断面为参考,其他围岩以此调整

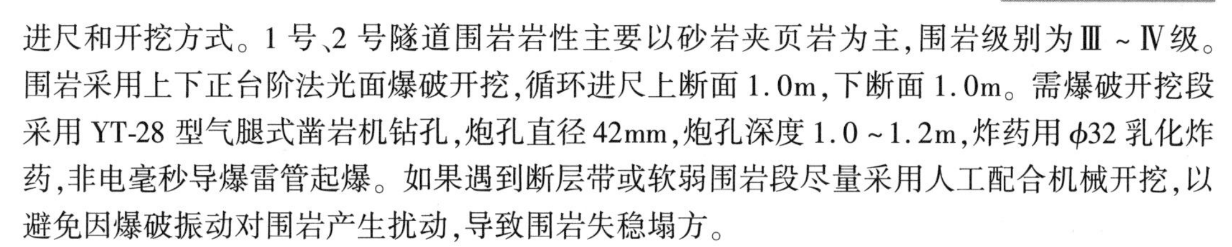

进尺和开挖方式。1 号、2 号隧道围岩岩性主要以砂岩夹页岩为主,围岩级别为Ⅲ～Ⅳ级。围岩采用上下正台阶法光面爆破开挖,循环进尺上断面 1.0m,下断面 1.0m。需爆破开挖段采用 YT-28 型气腿式凿岩机钻孔,炮孔直径 42mm,炮孔深度 1.0～1.2m,炸药用 $\phi32$ 乳化炸药,非电毫秒导爆雷管起爆。如果遇到断层带或软弱围岩段尽量采用人工配合机械开挖,以避免因爆破振动对围岩产生扰动,导致围岩失稳塌方。

(1)振动速度控制

根据《爆破安全规程》(GB 6722—2014)中有关爆破振动安全允许距离的规定,既有隧道为交通隧道,其安全允许振速为 10～20cm/s。为了确保结构安全,爆破设计按安全质点振动速度小于 10cm/s 控制。

由《爆破安全规程》(GB 6722—2014),有

$$R = \left(\frac{K}{V}\right)^{\frac{1}{a}} Q^{\frac{1}{3}}$$

式中:V——质点振动速度,cm/s;

K——与爆破场地有关的系数;

Q——最大一段装药量;

R——从测点到爆破中心的距离;

a——与地质条件有关的系数。

根据隧道的地质条件,取 $K = 190$,$a = 1.68$,$R = 15\text{m}$,$V = 4\text{cm/s}$,经过计算得到最大段装药量为 3.42kg。

(2)炮眼数目

炮眼数目与开挖断面、炮眼直径、岩石性质和炸药性能有关;炮眼数目直接影响凿岩工程量。炮眼数量应满足设计装药量,可根据平均分配炸药量的原则来计算。其公式为:

$$N = \frac{qs}{ar}$$

式中:N——炮眼数目,不包括未装药的空眼数;

q——单位炸药消耗量,一般取 1.2～2.4kg/m^3;

s——开挖断面面积;

a——装药系数,装药长度与炮眼全长的比值,参见表 5-9;

r——每米药卷的炸药质量,kg/m,2 号岩石铵梯炸药见表 5-10。

装药系数 a 值　　表 5-9

炮眼名称	围岩类别			
	Ⅰ	Ⅱ	Ⅲ	Ⅳ、Ⅴ
掏槽眼	0.65～0.8	0.6	0.55	0.50
掘进眼	0.55～0.7	0.5	0.45	0.40
周边眼	0.6～0.7	0.55	0.45	0.40

2 号岩石铵梯炸药每米质量 r 值　　表 5-10

药卷直径(mm)	32	35	38	40	44	45	50
r	0.78	0.96	1.1	1.25	1.52	1.59	1.90

根据入库炸药种类与型号、隧道的断面与新建隧道的实际情况，取 $q=1.2\text{kg/m}^3$，$s=51.6\text{m}^2$，$a=0.5$，$r=0.78\text{kg/m}$，经过计算得，$N=158$ 个。

(3)掏槽形式的选定

从已有的隧道开挖爆破振动速度观察资料可以看出，一般情况下，掏槽爆破的振动强度比其他爆破时都要大。因此，从减少掏槽振动强度出发，一般选用楔形掏槽，也可考虑复式掏槽。

图 5-32、图 5-34 分别为Ⅲ、Ⅳ级围岩上下台阶法控制爆破炮眼布置图，图 5-33、图 5-35 分别为Ⅲ、Ⅳ级围岩掏槽眼剖面图。表 5-11、表 5-13 分别为Ⅲ、Ⅳ级围岩上台阶爆破参数表，表 5-12、表 5-14 分别为Ⅲ、Ⅳ级围岩下台阶爆破参数表。

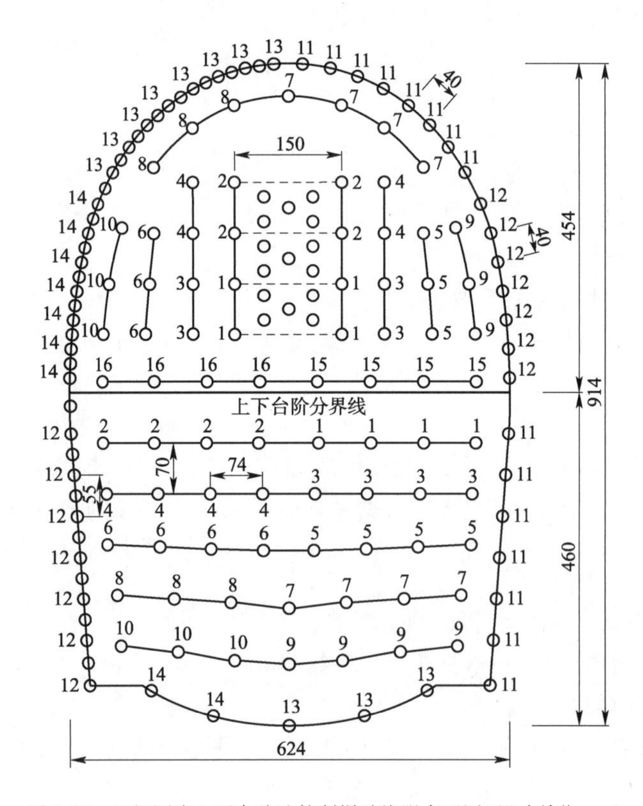

图 5-32　Ⅲ级围岩上下台阶法控制爆破炮眼布置图(尺寸单位:cm)

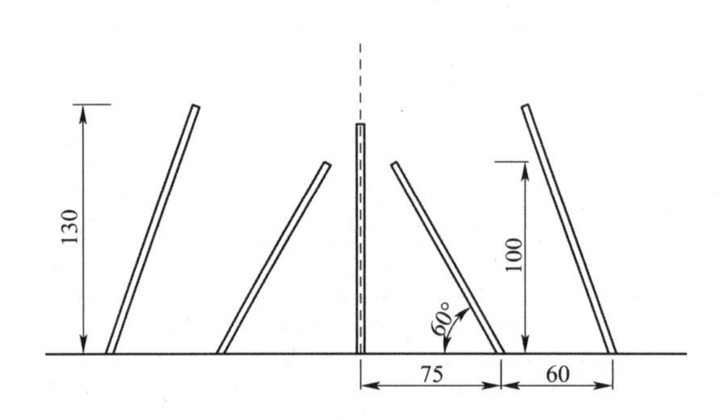

图 5-33　Ⅲ级围岩掏槽眼剖面图(尺寸单位:cm)

Ⅲ级围岩上台阶爆破参数表 表5-11

序号	炮眼类别	炮眼数（个）	雷管段位（段）	装药系数	炮眼深度（m）	装药量		
						每孔药卷数（卷/孔）	单孔装药量（kg/孔）	合计药量（kg）
1	掏槽眼	4	1	0.60	1.1	3	0.45	1.8
2		4	2	0.60	1.1	3	0.45	1.8
3		4	3	0.51	1.3	3	0.45	1.8
4		4	4	0.51	1.3	3	0.45	1.8
5		15	减振空眼					
6	辅助眼	3	5	0.37	1.2	2	0.4	1.2
7		3	6	0.37	1.2	2	0.4	1.2
8		4	7	0.37	1.2	2	0.4	1.6
9		3	8	0.37	1.2	2	0.4	1.2
10		3	9	0.37	1.2	2	0.4	1.2
11		3	10	0.37	1.2	2	0.4	1.2
12	周边眼	8	11	0.18	1.2	1	0.2	1.6
13		7	12	0.18	1.2	1	0.2	1.4
14		8	13	0.18	1.2	1	0.2	1.6
15		7	14	0.18	1.2	1	0.2	1.4
16		14	减振空眼					
17	底板眼	4	15	0.37	1.2	2	0.4	1.6
18		4	16	0.37	1.2	2	0.4	1.6
19	合计	102						24

Ⅲ级围岩下台阶爆破参数表 表5-12

序号	炮眼类别	炮眼数（个）	雷管段位（段）	装药系数	炮眼深度（m）	装药量		
						每孔药卷数（卷/孔）	单孔装药量（kg/孔）	合计药量（kg）
1	第一圈眼	4	1	0.37	1.2	2	0.4	1.6
2		4	2	0.37	1.2	2	0.4	1.6
3	第二圈眼	4	3	0.37	1.2	2	0.4	1.6
4		4	4	0.37	1.2	2	0.4	1.6
5	第三圈眼	4	5	0.37	1.2	2	0.4	1.6
6		4	6	0.37	1.2	2	0.4	1.6

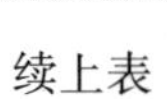

续上表

序号	炮眼类别	炮眼数（个）	雷管段位（段）	装药系数	炮眼深度（m）	装药量		
						每孔药卷数（卷/孔）	单孔装药量（kg/孔）	合计药量（kg）
7	第四圈眼	4	7	0.37	1.2	2	0.4	1.6
8		3	8	0.37	1.2	2	0.4	1.2
9	第五圈眼	4	9	0.37	1.2	2	0.4	1.6
10		3	10	0.37	1.2	2	0.4	1.2
11	周边眼	7	11	0.18	1.2	1	0.2	1.4
12	周边眼	7	12	0.18	1.2	1	0.2	1.4
13		7	减振空眼					
14	底板眼	3	13	0.55	1.2	3	0.6	1.8
15		2	14	0.55	1.2	3	0.6	1.2
16	合计	64						21

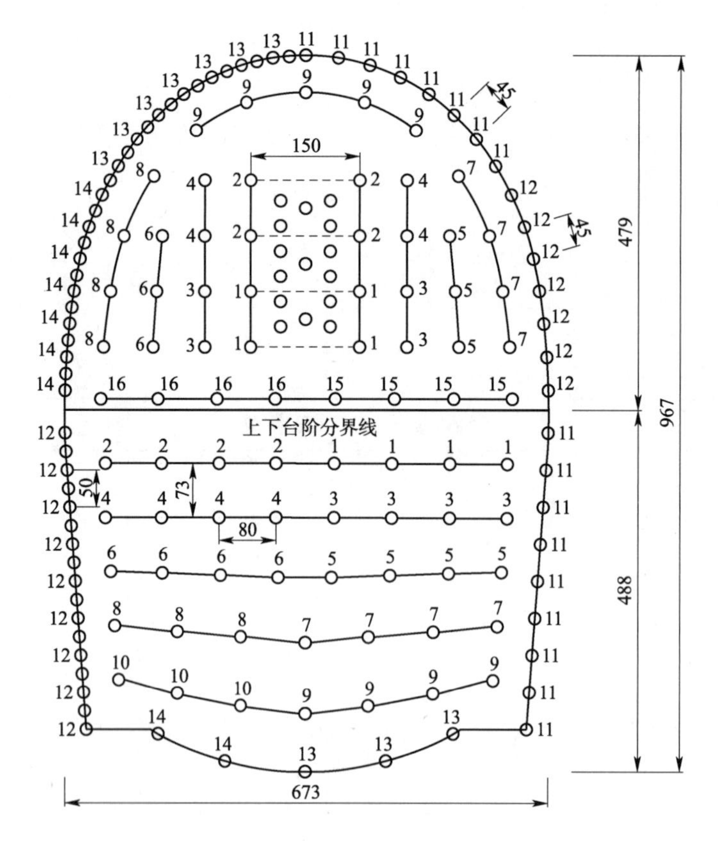

图 5-34　Ⅳ级围岩上下台阶法控制爆破炮眼布置图(尺寸单位:cm)

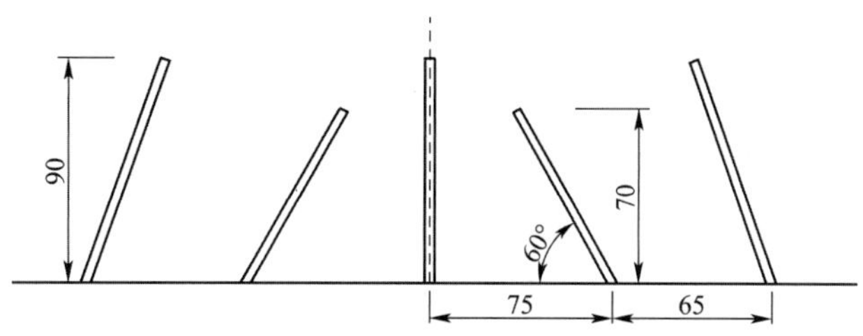

图5-35　Ⅳ级围岩掏槽眼剖面图(尺寸单位:cm)

Ⅳ级围岩上台阶爆破参数表　　表5-13

序号	炮眼类别	炮眼数(个)	雷管段位(段)	装药系数	炮眼深度(m)	装药量		
						每孔药卷数(卷/孔)	单孔装药量(kg/孔)	合计药量(kg)
1	掏槽眼	4	1	0.63	0.7	2	0.4	1.6
2		4	2	0.63	0.7	2	0.4	1.6
3		4	3	0.49	0.9	2	0.4	1.6
4		4	4	0.49	0.9	2	0.4	1.6
5		15	减振空眼					
6	辅助眼	3	5	0.28	0.8	1	0.2	0.6
7		3	6	0.28	0.8	1	0.2	0.6
8		4	7	0.28	0.8	1	0.2	0.8
9		4	8	0.28	0.8	1	0.2	0.8
10		5	9	0.28	0.8	1	0.2	1
11	周边眼	8	11	0.14	0.8	0.5	0.1	0.8
12		7	12	0.14	0.8	0.5	0.1	0.7
13		7	13	0.14	0.8	0.5	0.1	0.7
14		7	14	0.14	0.8	0.5	0.1	0.7
15		14	减振空眼					
16	底板眼	4	15	0.28	0.8	1	0.2	0.8
17		4	16	0.28	0.8	1	0.2	0.8
18	合计	101						14.7

Ⅳ级围岩下台阶爆破参数表　　表5-14

序号	炮眼类别	炮眼数(个)	雷管段位(段)	装药系数	炮眼深度(m)	装药量		
						每孔药卷数(卷/孔)	单孔装药量(kg/孔)	合计药量(kg)
1	第一圈眼	4	1	0.41	0.8	1.5	0.3	1.2
2		4	2	0.41	0.8	1.5	0.3	1.2

续上表

序号	炮眼类别	炮眼数（个）	雷管段位（段）	装药系数	炮眼深度（m）	装药量		
						每孔药卷数（卷/孔）	单孔装药量（kg/孔）	合计药量（kg）
3	第二圈眼	4	3	0.41	0.8	1.5	0.3	1.2
4		4	4	0.41	0.8	1.5	0.3	1.2
5	第三圈眼	4	5	0.41	0.8	1.5	0.3	1.2
6		4	6	0.41	0.8	1.5	0.3	1.2
7	第四圈眼	4	7	0.41	0.8	1.5	0.3	1.2
8		3	8	0.41	0.8	1.5	0.3	0.9
9	第五圈眼	4	9	0.41	0.8	1.5	0.3	1.2
10		3	10	0.41	0.8	1.5	0.3	0.9
11	周边眼	9	11	0.28	0.8	1	0.15	1.35
12		9	12	0.28	0.8	1	0.15	1.35
13		8	减振空眼					
14	底板眼	3	13	0.55	0.8	2	0.3	0.9
15		2	14	0.55	0.8	2	0.3	0.9
16	合计	69						15.6

3)爆破振动监测

在既有隧道中,与新建隧道爆破面最近断面的左边墙、右边墙和拱部各设置一个测点。测点随爆破里程变化,测点布置截面总是离爆源最近截面,保证取得数据为既有隧道质点速度的最大值。爆破施工时,用专业的监测设备和分析软件对爆破进行振速测量和分析。

(1)监控测点布置方式(图5-36、图5-37)

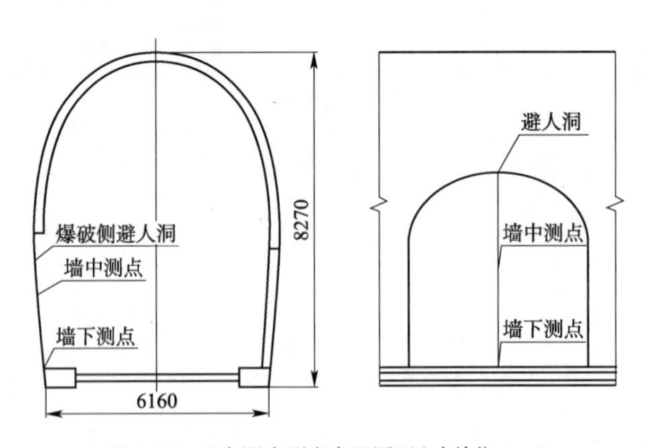

图5-36　避车洞内测点布置图(尺寸单位:mm)

当监测点位置确定后,采用角钢托架,通过螺母将传感器固定在隧道中平整面的监测点处。安装垂直速度传感器时尽量使其与水平面垂直,安装径向水平传感器时尽量使其保持水平且朝着爆心方向,安装切向水平速度传感器时尽量使其与径向相垂直且与水平面平行。

(2)监测结果分析(图5-38)

每次爆破均进行振速监测,爆破振速均控制在5cm/s以下,满足《爆破安全规程》(GB 6722—2003)及设计要求。

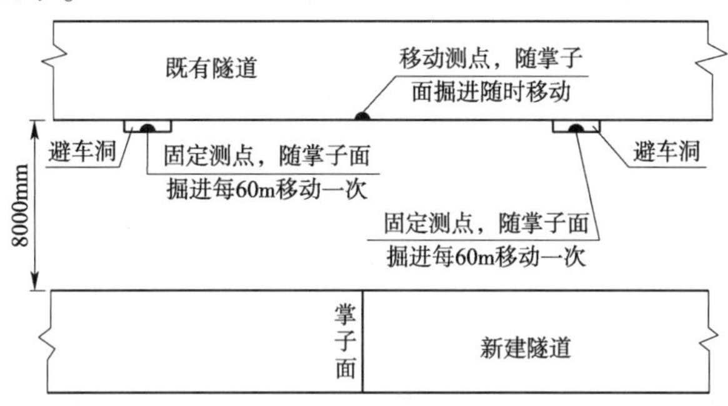

图5-37　振速监测点布置图

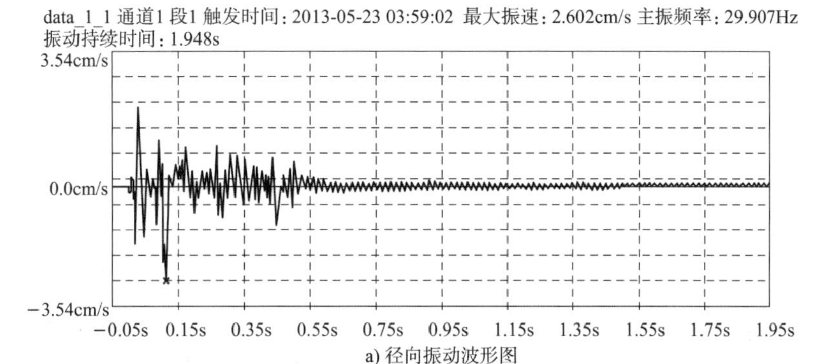

a)径向振动波形图

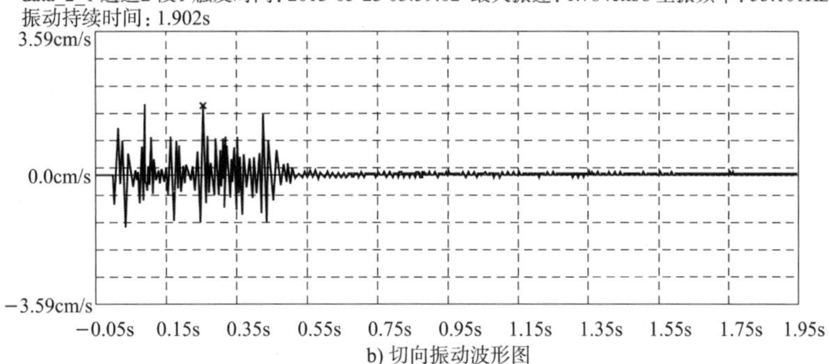

b)切向振动波形图

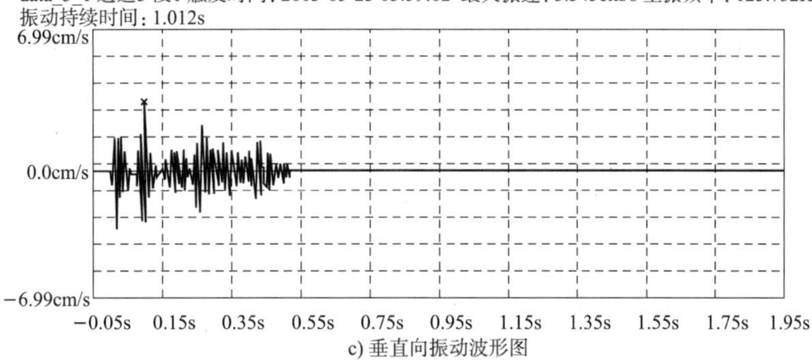

c)垂直向振动波形图

图5-38　既有隧道振速符合标准波形图

5.5.7 监控量测

(1)监控量测项目见表5-15。拱顶下沉及周边收敛量测频率见表5-16。地表下沉量测断面间距见表5-17。

监控量测项目 表5-15

序号	监控量测项目	常用量测仪器	备注
1	洞内、外观察	现场观察、数码相机、罗盘仪	
2	拱顶下沉	水准仪、钢挂尺或全站仪	
3	净空变化	收敛计、全站仪	
4	地表沉降	水准仪、铟钢尺或全站仪	隧道浅埋段

拱顶下沉及周边收敛量测频率表 表5-16

变形速度(mm/d)	量测断面距开挖面距离(m)	量测频率
≥5	$(0\sim1)B$	1~2次/d
1~5	$(1\sim2)B$	1次/d
0.5~1	$(1\sim2)B$	1次/2d
0.2~0.5	$(2\sim5)B$	1次/2d
<0.2	$>5B$	1次/周

注:B表示隧道开挖宽度。

地表下沉量测断面间距表 表5-17

埋置深度H	量测断面间距(m)
$H>2B$	20~50
$B<H<2B$	10~20
$H<B$	10

根据位移控制标准,可按表5-18分为3个管理等级。

位移管理等级表 表5-18

管理等级	距开挖面1B	距开挖面2B	施工状态
Ⅰ	$U>\frac{2}{3}U_{1B}$	$U>\frac{2}{3}U_{2B}$	暂停施工,采取特殊措施
Ⅱ	$\frac{1}{3}U_{1B}\leq U\leq\frac{2}{3}U_{1B}$	$\frac{1}{3}U_{2B}\leq U\leq\frac{2}{3}U_{2B}$	综合评价设计施工措施,加强支护
Ⅲ	$U<\frac{1}{3}U_{1B}$	$U<\frac{1}{3}U_{2B}$	正常施工

注:U为实测变形值。

(2)根据位移速率进行判别:

①当位移速率大于1mm/d时,表明围岩处于快速变形阶段,应密切关注围岩动态。

②当位移速率在1~0.2mm/d之间时,表明围岩处于缓慢变形阶段。

③当位移速率小于0.2mm/d时,表明围岩已达到基本稳定,可以进行二次衬砌作业。

(3)根据位移时态曲线进行判别：

①当位移速率很快变小，时态曲线很快平缓，如图5-39a)所示，表明围岩稳定性良好，可适当减弱衬砌。

②当位移速率逐渐变小，即 $d^2U/dt^2<0$，时态曲线趋于平缓，如5-39b)所示，表明围岩变形趋于稳定，可正常施工。

③当位移速率不变，即 $d^2U/dt^2=0$，时态曲线直线上升，如图5-39c)所示，则表明围岩变形急剧增长，无稳定趋势，应及时加强支护，必要时暂停掘进。

④当位移速率逐步增大，即 $d^2U/dt^2>0$，时态曲线出现反弯点，如图5-39d)所示，则表明围岩已处于不稳定状态，应立即停止掘进，尽快采取加固措施。

在进行判别时，建议将3种判别标准结合起来分析围岩的稳定性和支护效果。

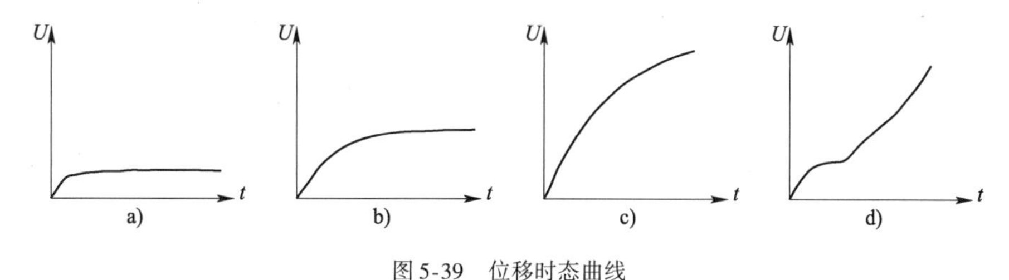

图5-39 位移时态曲线

(4)监测成果分析。

1号测点位于1号隧道DIK48+585处，围岩为Ⅳ级，工程地质特性为强风化砂岩夹页岩，节理裂隙发育，局部围岩较破碎。初期支护采用 $\phi42$ 超前小导管，纵向间距3m一环；格栅钢架加强，间距1.0m/榀。经过近3个月的现场量测，隧道围岩位移随时间变化曲线、位移随掌子面距离变化曲线及变化速率曲线如图5-40～图5-42所示。

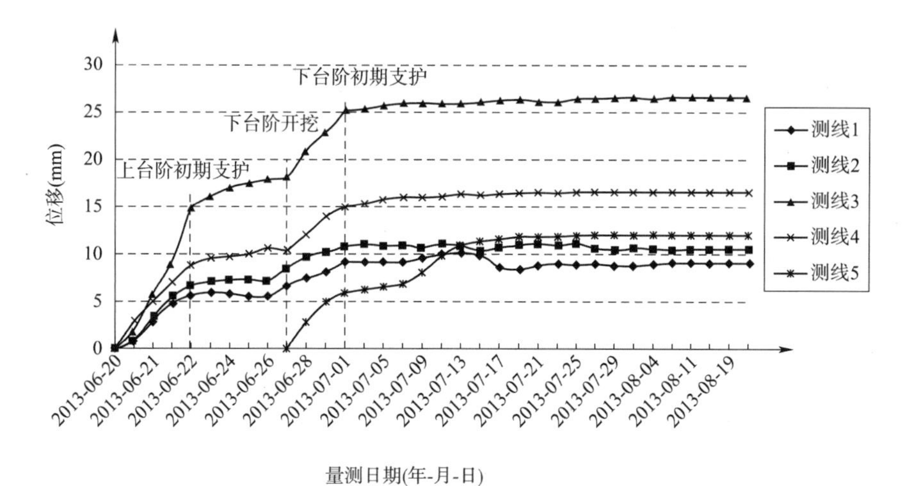

图5-40 1号测点各测线位移随时间变化曲线

从上述监控量测结果可以看出，净空收敛在隧道开挖后变形较剧烈，变形速率最大可达6mm/d。隧道初期支护后，变形速率下降，变形平缓；当下台阶开挖时，对围岩产生扰动，变形速率增大，下台阶初期支护后，变形速率明显降低，变形在40d后，距离掌子面60m左右时，围岩变形基本稳定，变形速率接近于零，说明初期支护起到关键作用且能满足实际要求，围岩—支护系统趋于稳定。

围岩总体变形较小,周边收敛曲线没有出现异常点,所有收敛位移的变化均在正常范围以内,最终拱顶下沉值为 26.5mm,水平收敛值为 15mm。

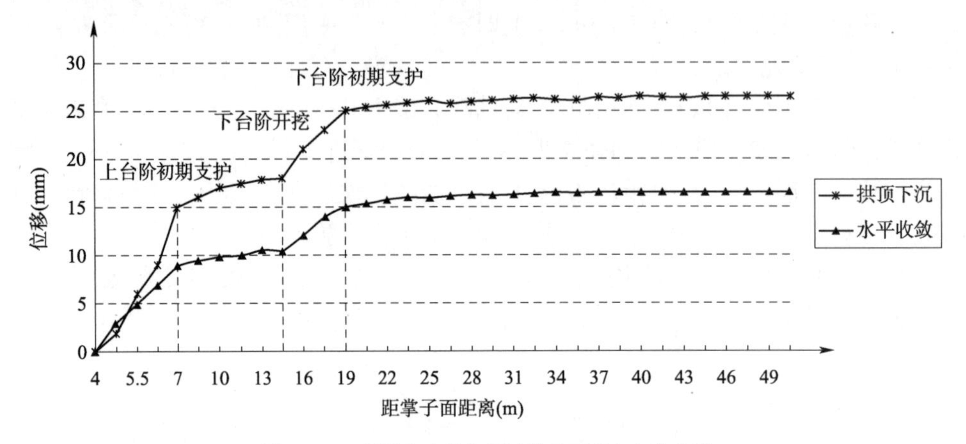

图 5-41　1 号测点净空收敛随掌子面距离变化曲线

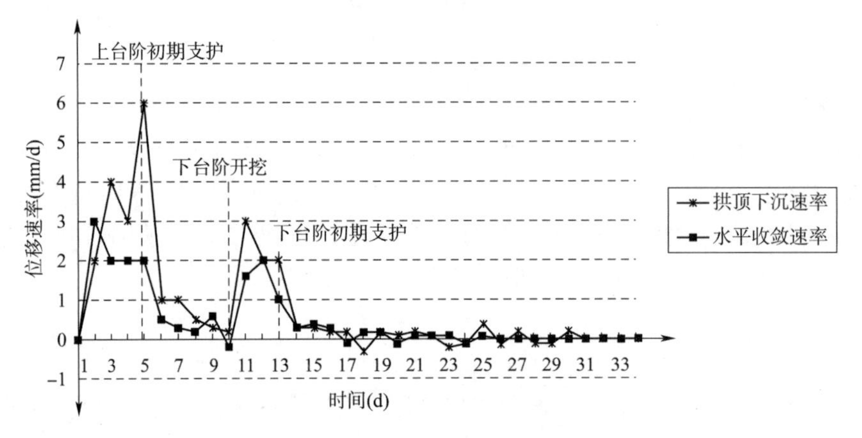

图 5-42　1 号测点净空收敛速率随时间变化曲线

第6章　浅埋暗挖隧道上穿既有线施工技术

上穿既有线工程是指从既有线上方穿过,包括:新建车站上穿既有车站、新建区间上穿既有线区间、新建车站上穿既有线区间、新建区间上穿既有车站等方式。如北京地铁5号线东单暗挖车站从既有1号线区间上面穿越(图6-1)。

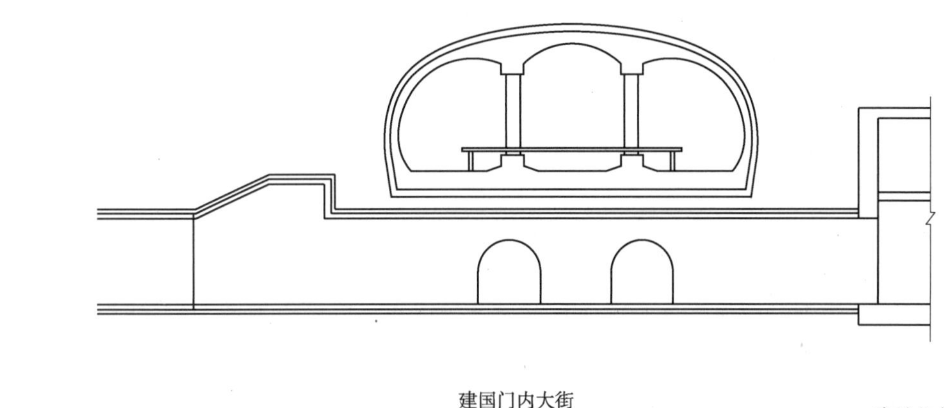

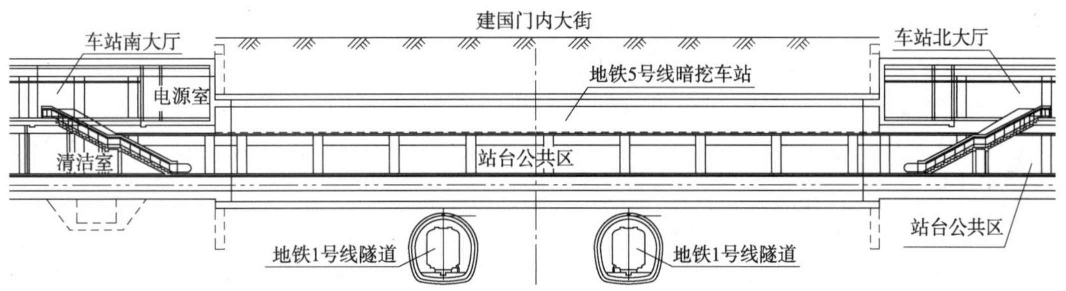

图6-1　新建地铁5号线东单暗挖车站与既有地铁1号线区间隧道立交断面图(上穿)

6.1　上穿既有线工程特点

(1)埋深浅

由于要上穿既有线,受到既有线路埋深的限制,新建地铁隧道埋深通常较浅,覆土厚度与隧道跨度之比小于1,属于浅埋隧道。城市繁华区段,受到交通导改、征地拆迁、管线改移、施工扰民等诸多因素影响,上穿既有线的地铁隧道多采取浅埋暗挖法施工。如已经投入运营的北京地铁5号线东单车站、4号线西单车站均为上穿既有1号线,采用浅埋暗挖法施工。

在施工过程中,地层承载力差,开挖引起的地层应力波迅速传到地表,从而引起的地表沉降明显,对周边环境的影响较大,超过一定限度,导致整体失稳发生塌方。因此,对地层预加固、开挖方法、支护衬砌等提出了更高的要求。所以,围绕如何有效控制浅埋地下工程施工扰动诱发的地表沉降变形成为浅埋地下工程设计、施工、研究的重点、难点和热点问题。

(2)地质条件差

上穿隧道埋深较浅,其地层基本属于Ⅴ～Ⅵ级围岩,岩性软弱,大多为土质地层。开挖之前要采取超前支护措施,来改良加固地层,满足开挖的需要,超前支护的时机和强度视地层的岩体质量好坏来定,同时必须考虑其他因素的影响,如地下水情况、周边环境、地中管线等。而且,开挖后稳定性差,需要采取及时和足够强度的支撑体系,才能满足结构的稳定。

采用浅埋暗挖法修建的隧道,特别是城市地下铁道,其地下水非常丰富,地下水位也很高,隧道通常位于地下水位以下,如果对地下水不采取措施,就无法进行开挖施工,而且,容易引起地下水突涌及因此而带来的塌方等重大事故。因此,开挖时必须采取降水方法来降低地下水位,主要达到两个目的:一是通过降水增加地层自身的稳定性,二是使得隧道的施工在无水干燥条件下进行。但是,降水也会产生不利影响,如长时间降水将产生地表沉降,因此应对降水方法进行优化。

(3)周边环境复杂

浅埋地下工程,特别是城市地铁具有结构埋置浅、地面建筑物密集、交通运输繁忙、河流湖泊、地下管线密布、地表沉陷要求严格等特点,周边环境复杂,交通疏解、拆迁改移费用高。与其他方法相比,浅埋暗挖法在这些方面具有显著的优点。以城市地铁为例,浅埋暗挖法与明挖法(盖挖法)相比,具有拆迁占地少、不扰民、不干扰交通、节省大量拆迁投资等优点。同时,在对周边环境变形控制方面浅埋暗挖法也具有明显优势。

(4)上穿既有运营地铁的同时,下穿道路交通

新建地铁隧道施工中,不仅对下方的既有线产生影响,同时也对道路产生影响,形成上下扰动的复合作用。因此,施工前,应对既有线和其上方的道路采取措施,以保证施工对它们的影响最小。

道路交通的保护措施,一般来说是采用隧道开挖前,施作大管棚注浆,使隧道在壳体的保护下作业,既保证隧道施工安全,同时减小在施工中因地层扰动过大而对道路交通产生影响。

既有地铁线的保护措施,一般来说可通过注浆加固既有线周边土体,同时施工时对称开挖土体并保证初支和衬砌间隔进行,确保卸载后的及时加载。

北京地铁5号线东单站上穿既有地铁1号线,同时下穿长安街,如图6-2、图6-3所示。

(5)引起既有线结构的上浮,对既有线运营过程中的安全影响较大

暗挖施工时,上部土体卸载,周围土体的应力失衡,可能会引起既有线结构上浮。进而引起既有线隧道结构产生裂缝,对既有线的运营产生不利影响。因此如何确保既有线结构周边土体的稳定性和施工卸载的均匀性即为安全处理的关键。新建暗挖隧道设计底板衬砌厚度为1000mm以加强刚度,确保既有线结构和运营安全。隧道施工前采取降水措施,降低地下水位,减少水浮力的影响。暗挖施工可通过注浆加固既有线周边土体,同时施工时对称开挖土体并保证初支和衬砌间隔进行确保卸载后的及时加载。在此期间,为确保既有线运营安全以及全天候对既有线结构的观测,还在既有线结构内部布置了远程监测元件和设备,为施工提供了准确的信息反馈。

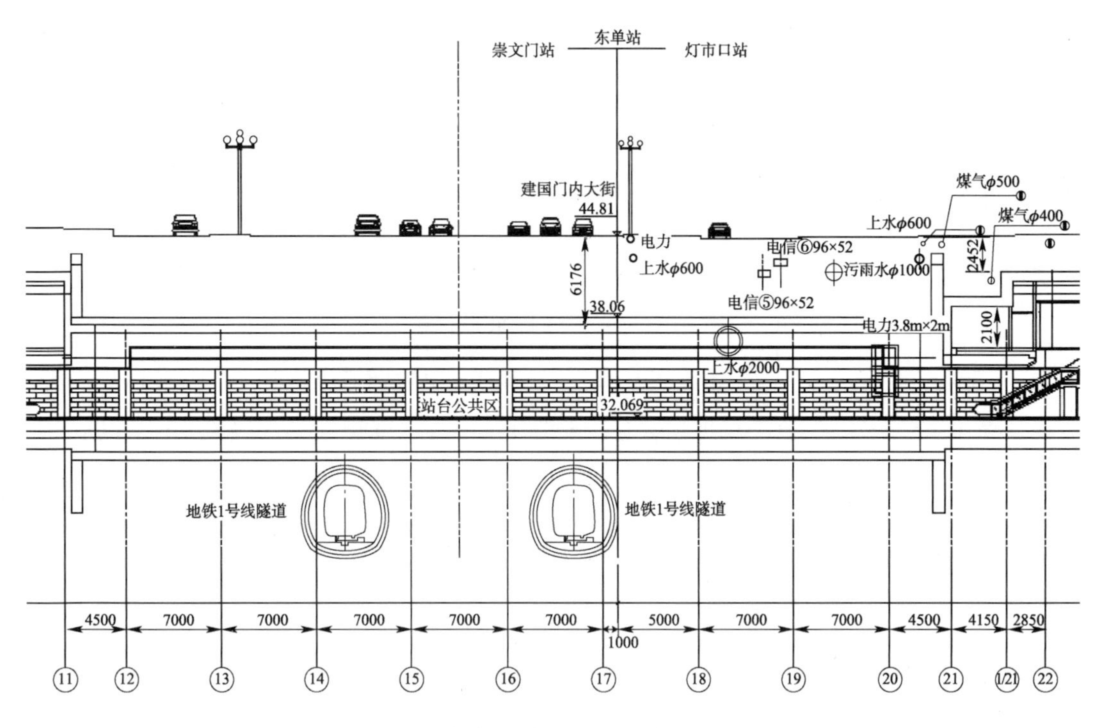

图6-2　东单站纵剖面图(尺寸单位:mm)

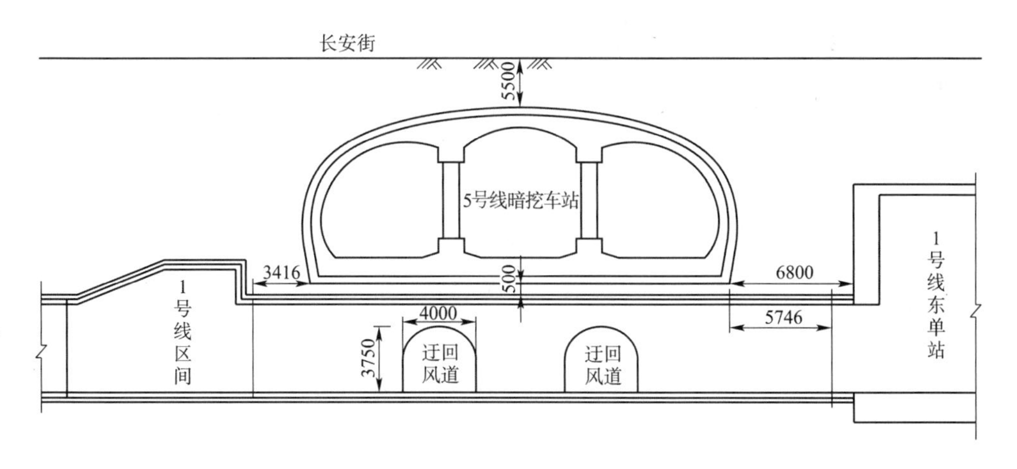

图6-3　北京地铁5号线东单站上穿既有地铁1号线位置关系示意图(尺寸单位:mm)

6.2　上穿既有线超前加固技术

6.2.1　隧道顶部地层的超前加固技术

为了减少暗挖隧道对道路交通的沉降,采取长管棚一次通过隧道的拱部。当然,如果隧道线

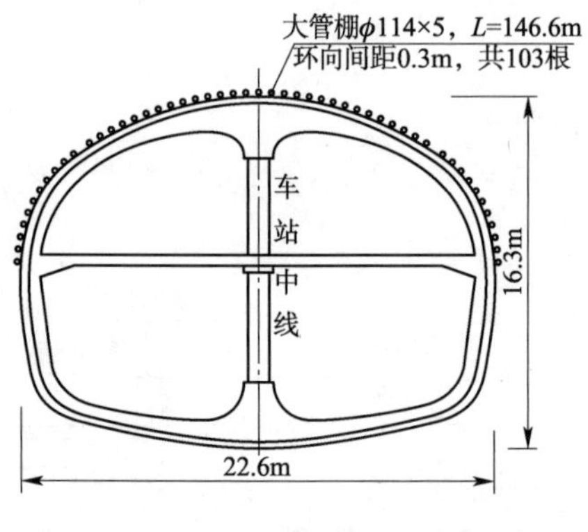

图 6-4　管棚布置示意图

路方向与道路方向一致时,可采取其他辅助工法及隧道施工方法。某地铁车站管棚布置横断面如图 6-4 所示。

大管棚施工的主要工序有:大管棚工作台布置、钻机就位、安装导向管、定位、钻孔、下管、注浆等。其工艺流程如图 6-5 所示。

黏性土、砂土和粒径小于 20mm 的碎石类土地层的隧道大管棚施工,主要有单管钻进和螺旋套管钻进两种水平钻进工艺。

6.2.1.1　单管钻进工艺

所谓单管钻进工艺,就是根据钢管管径配置相应型号的变径接头,将施工用大管棚钢管取代孔内钻杆和钻机主动钻杆连接的一种钻进方法。为节约成本,在松软地层中施工时,可将孔底第一节钢管前端加工成锯齿状,以代替硬质合金钻头。该工艺操作简单,但适用范围较小,只适用于小孔径的浅孔。

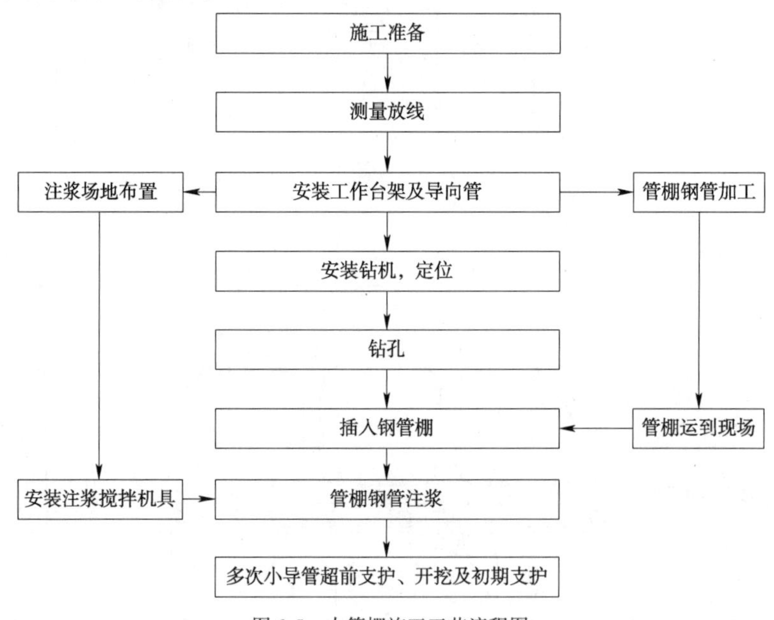

图 6-5　大管棚施工工艺流程图

6.2.1.2　套管螺旋钻进工艺

除主动钻杆外,均使用螺旋钻杆。当钻机动力头带动钻具顺时针旋转钻进时,钻头切削掉的土体通过螺旋钻杆的翼片排出孔外。为防止塌孔,边钻进边跟进套管,套管由钻机动力头推进。在大管棚施工中,则用管棚钢管取代套管。钻具组合形式如图 6-6 所示。

为使套管能顺利跟进,选择钻头直径应大于钢管直径 5 ~ 8mm。为解决大直径钻头从小孔径套管通过的问题,需使用特殊加工制造的连杆式扩孔钻头,该钻头在自由状态下为小直径,当加压钻进时,钻压通过导向轴传递到连杆和翼片,上盘通过导向轴向下滑动,翼片受压向外张开。导向套和导向轴均为方形,扭矩通过方轴传递给方套,带动矛式钻头一同转动。

提钻时,翼片可以自由收缩,使钻头顺利通过套管。

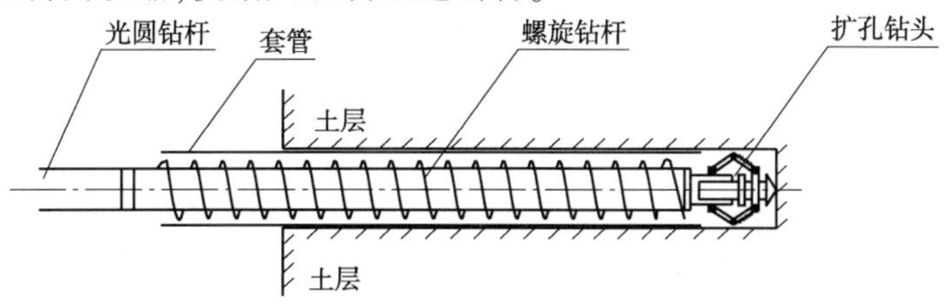

图6-6　钻具组合图

6.2.1.3　施工要点

大管棚施工先施作导向墙,宽度1m。导向管的定位是否准确是大管棚施工能否成功的关键,每一根导向管都要保证安装准确。为了避免软弱地层导向墙的下沉,可扩大导向墙基础,以增加抗下沉的能力。

1)导向墙设计

导向墙设计如图6-7所示。

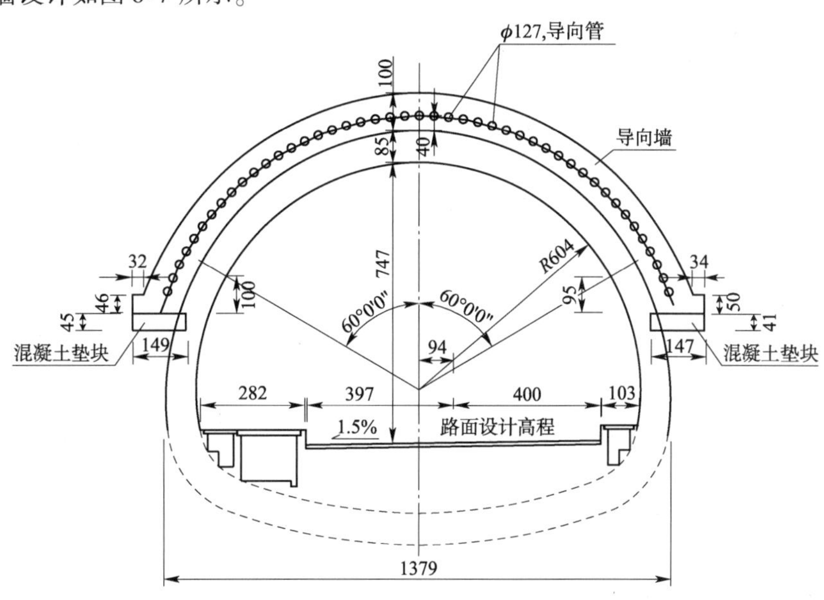

图6-7　大管棚导向墙横断面图(尺寸单位:cm)

(1)导向墙宽度为1m。

(2)导向墙采用两榀花拱架固定导向管,C20混凝土,厚度100cm。

(3)导墙内精测定位后,焊接埋设内径ϕ70~ϕ150,长2.0m导向管,环向间距40cm,径向外插角1°~3°。

(4)导向管中心位于开挖轮廓线外40cm。

2)导向墙施工

(1)施工平台

施作施工平台用做大管棚施工场地。

(2)模板及拱架安装

对平台处土体进行人工修整,符合导向墙尺寸要求,安装施作导向墙模板及支架。

(3)导向管安装

为保证导向管安装后不出现下沉,安装导向管前在导向墙两侧底部做混凝土基础垫块并预埋钢筋花拱架。

(4)导向墙施工

导向管全部安装好后,应对全部导向管进行水平左右位置和高程复核测量。经测量复核无误后立模浇注导向墙,混凝土厚度100cm。混凝土浇筑完毕后拱架不拆除留作支撑用,待混凝土达到强度75%后方可进行管棚钻孔作业。

3)钻孔

(1)钻机定位

移动钻机至钻孔部位,调整钻孔高度,将钻头放入导向管中,使导向管和钻杆在一条直线上,满足上仰角度。

(2)钻孔

大棚管钻机移动、定位。在导向管内使用顶驱液压钻把套管与钻杆同时钻入岩土层内,避免钻杆在提出孔后产生塌孔,方便大棚管的安装。

经测试钻杆方向和角度满足设计要求后方可开钻。钻孔开始时选用低档,待钻到一定深度后,接长5~6m取芯管钻进。钻进过程中要始终注意钻杆角度的变化,并保证钻机不移位。每钻进5m要复核钻孔的角度是否正确,以确保钻孔方向。

4)大管棚布设

(1)管棚加工

一般采用外径89~108mm热轧无缝钢管,壁厚6mm,管径根据具体工程情况设计选用。

管棚环向设置间距应根据地层性质、地层压力、导管设置部位,钻孔机具性能及隧道开挖方法等确定,一般为30~50cm。外插角1°~3°为宜,可根据实际情况作调整;设置范围:拱部120°~135°。

管棚每环施作长度以15~35m为宜,钢管分段长度4~6m。两组管棚搭接长度不应小于3m。

为了增加管棚刚度,可在管棚内设钢筋笼,钢筋笼由四根主筋和固定环组成,主筋直径为ϕ18螺纹钢,固定环采用ϕ42钢筋箍圈,具体参数如图6-8、图6-9所示。

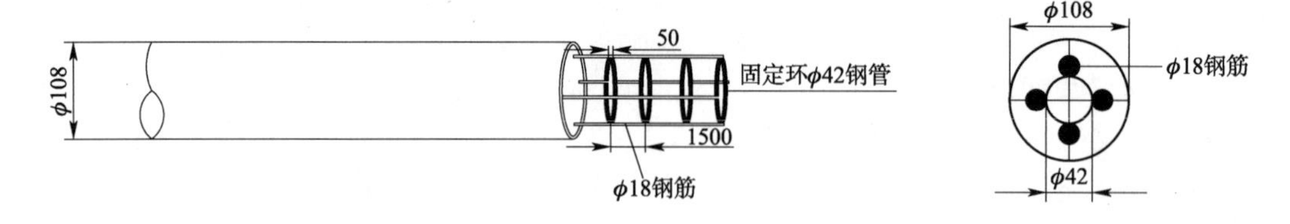

图6-8　钢管构造示意图(尺寸单位:mm)

图6-9　钢筋笼截面示意图

钢管在专用的管床上加工好丝扣,导管四周钻设孔径10~16mm注浆孔,孔间距20cm,呈梅花形布置,尾部留不小于100cm的不钻孔至浆段,管头焊成圆锥形,便于入孔。

(2)管棚安装

钻孔完成且清孔后,采用30cm长的厚壁管箍将钢花管进行搭接,并插入孔内。

下管前要预先按设计对每个钻孔的管子进行配管和编号,以保证同一断面上接头数不

超过50%。由于地质条件差,因此下管要及时、快速,以保证在钻孔稳定时将管子送到孔底。前期靠人工送管,当阻力增大,人力无法送进时,借助钻机顶进。

钢管安装完毕后,取出套管,并用锚固剂将钢管锚固在孔口处。

(3)管棚连接

钢管连接采用丝扣连接牢固,丝扣长15cm。接长钢管应满足受力要求,相邻钢管的接头应前后错开。同一横断面内的接头数不大于50%,相邻钢管接头至少错开1m。

5)管棚注浆施工

大管棚施工完成四根后开始注浆。其目的是填充管棚,增加管棚的刚度。同时通过管壁的溢浆孔使浆液渗入到大管棚周围地层中。注浆前需对管口外侧进行密封处理。

(1)注浆施工应严格按照注浆机操作规程作业,注浆时注浆管孔不得对准人体,避免高压浆液对人体伤害,作业过程中还应防止注浆管爆管对施工人员造成伤害。

(2)注浆顺序按照由低到高、由下往上,交错进行。

(3)注浆机注浆压力应控制在:初压0.5~1.0MPa,终压2.0MPa,注浆压力一般为1.0~2.0MPa,浆液注满后应持压15min后停止注浆。

(4)注浆量应满足设计要求,一般为钻孔圆柱体的1.5倍;若注浆量超限,未达到压力要求,应调整浆液浓度继续注浆,确保钻孔周围岩体与钢管周围孔隙充填饱满。

(5)注浆时先灌注"单"号孔,再灌注"双"号孔。

(6)当注浆压力泵压力突然升高时,可能发生堵管,应立即停机检查,并及时清洗注浆管路。

(7)在注浆时,当发现支护变形或损坏时,应立即停止注浆,采取措施,当出现窜浆时,要及时堵塞窜浆孔。

(8)注浆施工中,现场技术人员应认真填写注浆记录,随时分析和改进作业。

6.2.2 隧道底部与既有线隧道之间地层的超前加固技术

施工中对新建隧道底部穿越既有隧道周边土体进行注浆加固和设置预应力锚杆加固等措施控制既有隧道上浮。同时对既有线进行远程自动监测,根据监测结果,及时分析,及时反馈,调整和优化设计施工参数,结合开挖施工中的及时支护、补偿注浆等措施,减小并控制既有线隧道的变形在一定范围内,有效控制既有隧道隆起,确保既有线运营的安全。

为防止暗挖隧道上穿既有线时,由于既有线上部卸荷而造成的既有隧道结构变形破坏,采用预注浆和锚杆对既有线进行超前加固。

6.2.2.1 加固范围

(1)新建隧道暗挖段横断面边缘两侧6m范围内。

(2)新建隧道纵向到既有线隧道边缘外侧6m范围内。

(3)加固深度为既有线隧道下方6m范围内。

预注浆及预应力锚杆加固范围如图6-10所示。

6.2.2.2 预注浆加固既有线

加固既有线注浆采用二重管无收缩双液注浆技术。二重管钻机钻杆具有成孔和双液注浆功能,确保钻孔和注浆连续、快速进行。钻孔时清水从端头混合器的端点送出,利于成孔;钻孔到所定深度,端点关闭进行横喷射切换,用注浆泵将双液浆同时压入外管和内管,并在端头混合器内混合进行横向喷射,使注浆液能浸透到地层中。注浆时采用电子监控手段实施定向、定量、定压注浆,使岩土层的空隙或孔隙间充满浆液并固化,改变岩土层的性状。注浆为后退式注浆,后退幅度每步为 15 ~ 30cm,匀速后退,当压力突然上升或从孔壁溢浆时,应立即停止注浆,查明原因后采取调整注浆参数或移位等措施重新注浆。二重管钻机的钻杆兼作注浆管,为钢管 $\phi42$(或 $\phi33.5$),双重管,外管压入 A 液,内管压入 B 液。连接钻机和注浆泵的管材为高压胶管。止浆系统通过注入浓浆封堵钻杆和孔壁的间隙来实现。

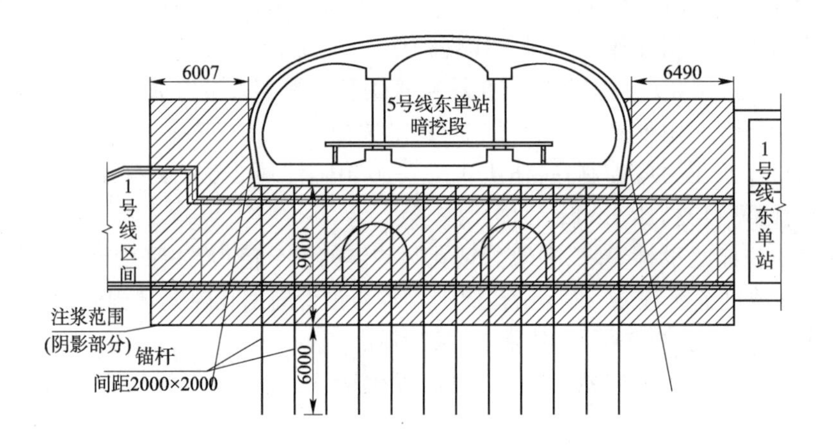

图 6-10　预注浆及预应力锚杆加固横断面范围示意图(尺寸单位:mm)

(1)施工工艺流程

施工工艺流程图见图 6-11。

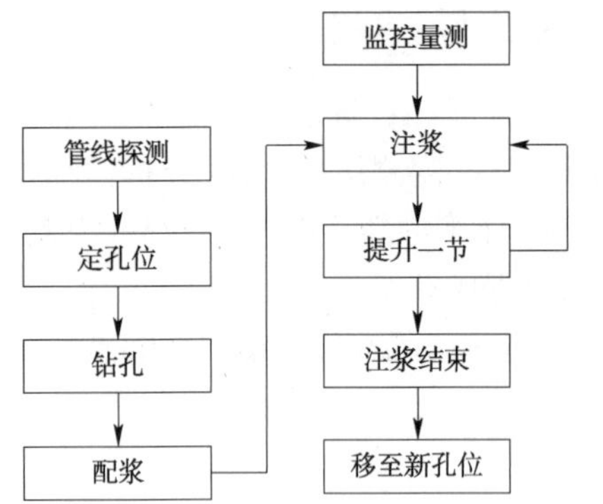

图 6-11　双液注浆施工工艺流程图

(2)工艺要求

定孔位:根据设计要求钻进,要求孔位偏差不大于 2cm,辐射角度偏差不大于 1°。

钻机就位:钻机按指定位置就位,在技术人员指导下,调整钻杆的角度。

钻进成孔:第一个孔施工时,要慢速运转,掌握地层对钻机的影响情况,以确定在该地层条件下的钻进参数。密切观察溢水出水情况,出现大量溢水出水时,立即停钻,分析原因后再进行施工。

提升钻杆:严格控制提升幅度,每步不大于 15 ~ 20cm,匀速上升,注意注浆参数变化。二重管回抽注浆示意图见图 6-12。

浆液配比:采用经计量准确的计量工具,按照设计配方配料。

注浆:严格控制注浆压力,同时密切关注浆量,当压力突然上升或从孔壁溢浆时,立即停止注浆,查明原因后采取调整注浆参数或移位等措施重新注浆。

注浆全过程加强施工检查和监测,防止溢浆和隆起。

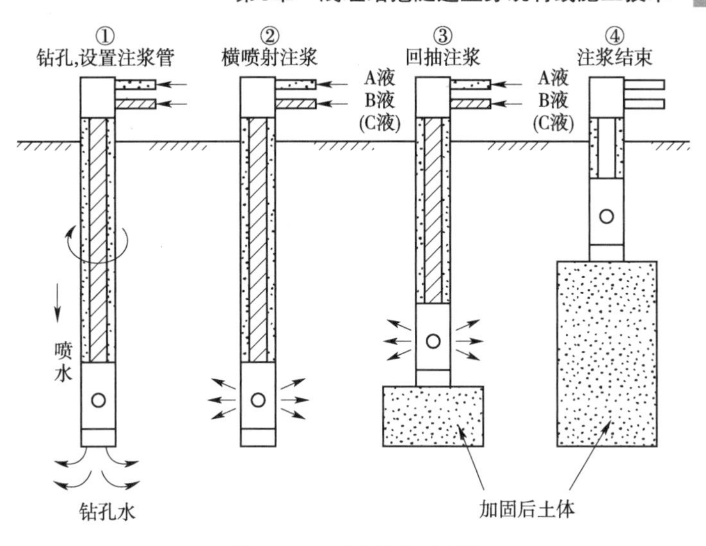

图6-12 二重管注浆示意图

(3)注浆效果检测手段

在注浆加固过程中采用洛阳铲取样检查,对注入效果不好的孔位,在距离该孔位0.5m处进行补注。注浆加固完成后,采用雷达扫描检测的注浆效果。

6.2.2.3 预应力锚杆加固地层

1)设计参数

锚杆间距呈梅花形布置,间距2m×2m,锚杆长为15m及10m两种,贴近1号线区间采用长锚杆;主体结构边缘锚杆为斜向外侧下方设置(与垂直方向夹角为10°),其余为垂直向下设置。杆体材料为2ϕ32钢筋,锚杆全长为锚固段,锚固直径为0.1m,锚杆轴向拉力设计值230kN;锚杆注浆材料为水泥浆,其抗压强度不低于30MPa。

锚具和连接锚杆杆体的受力部件,均承受95%的杆体极限抗拉力;锚杆预应力锁定值取轴向拉力设计值的0.6~0.8倍;锚杆施工前,宜取两根锚杆进行钻孔、注浆、张拉锁定的试验性作业,考核施工工艺和施工设备的适应性,锚杆孔深不应小于设计长度,也不宜大于设计长度1%,钢筋的接头应采用焊接的搭接接头,焊接长度为30D(D为钢筋直径),并排钢筋的连接采用焊接。

在中导洞初期支护完成后,在洞内向下设置预应力锚杆,施工部位为采用CRD法施工的第2部和第5部。其一端固定于初期支护,下端锚固段位于加固土层下部(图6-13)。

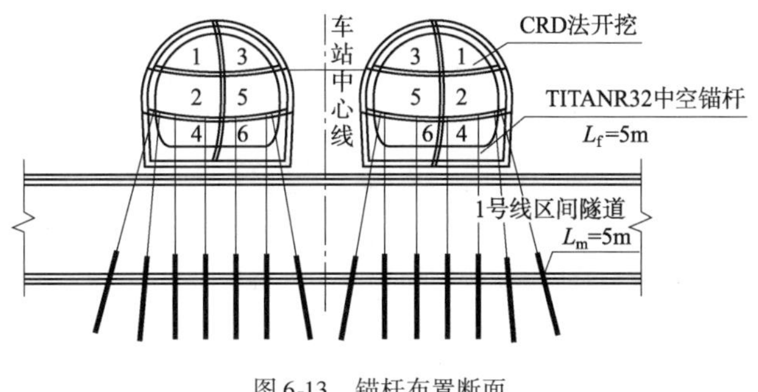

图6-13 锚杆布置断面

锚杆的间距为2m×2m。预应力锚杆加固范围如图6-14所示。

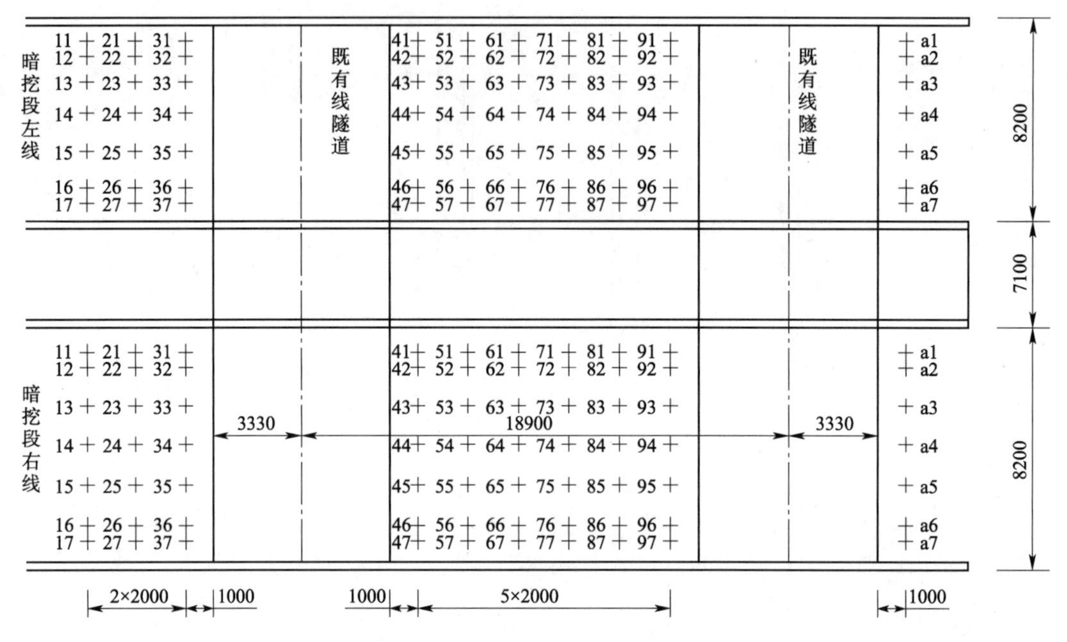

图6-14 锚杆平面布置(尺寸单位:mm)

锚固体直径0.1m,锚杆轴向拉力300kN,并用50t液压千斤顶施加预应力;锚杆注浆材料采用水泥浆,其抗压强度不低于30MPa。在下导洞开挖时,用临时支撑将锚固端固定,初期支护完成后将洞内锚杆截断,预应力锚杆上端固定于洞底初期支护;锚杆锚固端的转换需要根据第3层导洞土体开挖的需要分批进行,不可大面积同时进行。锚杆拉力在一定拉力范围(100~300kN)内应具有可调性。根据上浮监测数据,调整锚杆拉力。

从锚杆体孔内注浆,注浆压力设计为2MPa左右。在导洞内进行施工,采用专用连接套进行工艺系统的连接,采用1m的标准节长度,边钻进、边连接,连接成设计长度为止。锚杆采用表面有深粗螺纹的中空锚杆,注浆浆液是从孔底向孔口方向流动,保证注浆体饱满和密实。

2)施工工艺

锚杆施工工艺流程见图6-15,采用一次常压灌浆,然后清理场地,即完成施工。

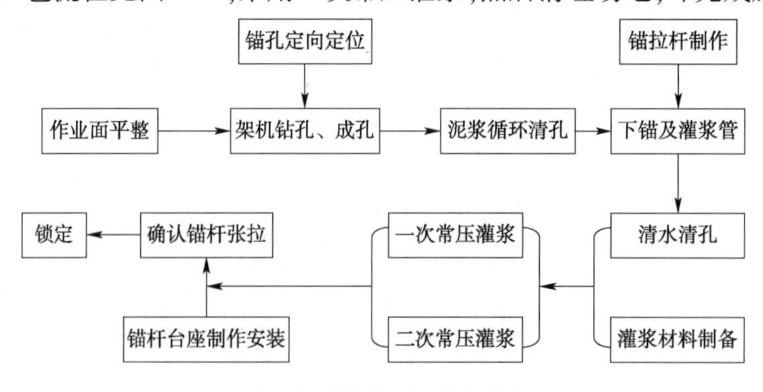

图6-15 锚杆施工工艺流程图

3)施工关键工序

上穿既有运营隧道施工时,预应力锚杆的施作是在运营隧道两侧,应尽量减少对既有隧道的影响。施工时应确保锚杆“定位、定向、定深度”。定位是按设计位置布设;定向是按照设计角度布设;定深度是按设计的锚杆长度布设。

(1)钻孔。

钻头直径51mm,锚杆外径32mm,锚杆每节500mm(采用螺纹连接)。钻孔速度以孔内排渣能力为决定因素,在钻孔速度较快时,每钻进45~50cm停钻一次,集中进行排渣冲孔。钻孔钻到设计锚固段长度后,以后加接锚杆时,在每根锚杆外加套塑料套管。钻孔钻到设计深度后,继续钻进50~100mm,采用高压风集中排渣、冲孔一次,尽可能将渣屑全部排出孔外。在注浆前,将钻杆提升50~100mm,避免孔底部土体堵塞注浆孔。

(2)注浆。

注浆材料。采用水灰比0.45~0.5的水泥浆,浆液中加入水泥用量3%~5%的速凝剂,以增加浆液的早期强度。注浆体强度不低于30MPa。

注浆压力。注浆压力是制约预应力锚杆锚固力的关键因素,考虑到既有线的安全,注浆压力受到限制。注浆压力一般控制在0.2~0.5MPa,如遇特殊地层可调整注浆压力,最终根据注浆效果来决定适合的注浆压力。

注浆时采取隔孔注浆和间隔时间注浆的控制工艺。

(3)张拉锁定。

锚杆注浆后,锚固体强度大于30MPa后,采用50t的液压千斤顶对锚杆进行张拉,拉力需符合设计要求。

张拉前,在锚杆孔口垫一块300mm×500mm、长度为18mm的锚垫板,锚垫板与底板面要尽量平合,入不平合,要用砂浆或混凝土找平整;并在锚垫板上安装与液压千斤顶连接的螺纹器(图6-16)。在张拉过程中,不可过分、随意增大锚杆锚固力。

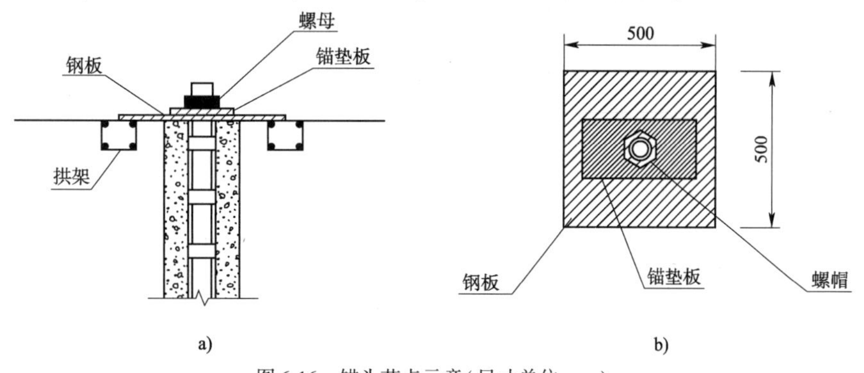

图6-16 锚头节点示意(尺寸单位:mm)

(4)预应力锚杆在4部的转换。

①释放第2部底板上的一排锚杆。

②进行第4部开挖,开挖到锚杆位置,将锚杆锯到适宜长度。

③在第4部底板对释放的锚杆再一次进行锚固。

④开挖到两排锚杆中间。

⑤循环进行,直到第4部开挖完成。

进行第6部开挖时，依照上述顺序完成第5、6部锚杆的转换。

(5)所有锚杆在施加预应力后，应将锚杆浇注到初期支护结构内，增加受力体系的整体性，更好地发挥锚杆的抗浮作用。

6.2.3 既有线隧道处理

(1)对既有隧道的要求：

①既有结构裂缝不贯通，且宽度≤0.2mm。

②既有结构掉块深度≤10mm，管片掉角长度≤30mm，并不得漏筋。

③既有线运营时速≤15km。

(2)对既有隧道的处理：

①对受影响地段进行全面整修，轨道扣件拧紧，轨距、水平调正。

②受影响地段每隔3对短轨枕设置一根绝缘轨距拉杆。

③受影响地段钢轨内侧安装防脱护轨。

④受影响地段设置警示标志。

⑤采用调高垫板调整轨面高程。

(3)监测指标：

①结构绝对沉降(隆起)值≤10mm，变形速率≤4mm/年。

②纵向变形曲率半径 R≥15000m，隧道相对变形≤1/2500。

③左右轨不均匀沉降值≤10mm。

④自动化监测项目频率：施工关键期：1次/30min，一般施工状态：1次/2h(从开工前一周至数据稳定为止)。

⑤人工监测项目频率：1次/d(从开工至竣工后数据稳定为止，夜间停运后进行)。

⑥接触网距离轨面高度≥4000mm，纵向坡度≤0.6%，与培体和列车的静态净距≥150mm，动态净距≥100mm，绝对最小动态净距≥60mm。

⑦轨道变形控制。

正线：轨距 -2 ~ +4mm，水平：3mm，高低：3mm，方向：3mm。

6.3 工程实例

6.3.1 工程概况

北京地铁5号线某车站为两端明挖，中间暗挖车站。两端采用明挖基坑施作，中间下穿长安街道路，上穿地铁1号线，采用“中洞法”施工。如图6-17所示。车站总长204.4m，其中暗挖段长度为63.8m，开挖宽为23.66m，开挖断面面积达205m^2，覆土厚度5.5m。

车站暗挖段采用单层一拱双柱复合衬砌结构形式，初期支护为格栅钢架加喷射混凝土结构，二次衬砌为模筑钢筋混凝土结构。初期支护与二次衬砌之间设置防水夹层(ECB)。断面形式为外轮廓为单拱，内轮廓由三个连拱组成，在连拱下设纵梁和主柱，以减小拱的跨度和受力。由于上部覆土荷载较大，顶纵梁尺寸较大，立柱采用 ϕ800 钢管混凝土柱。暗挖

横断面见图6-18,结构设计参数见表6-1。

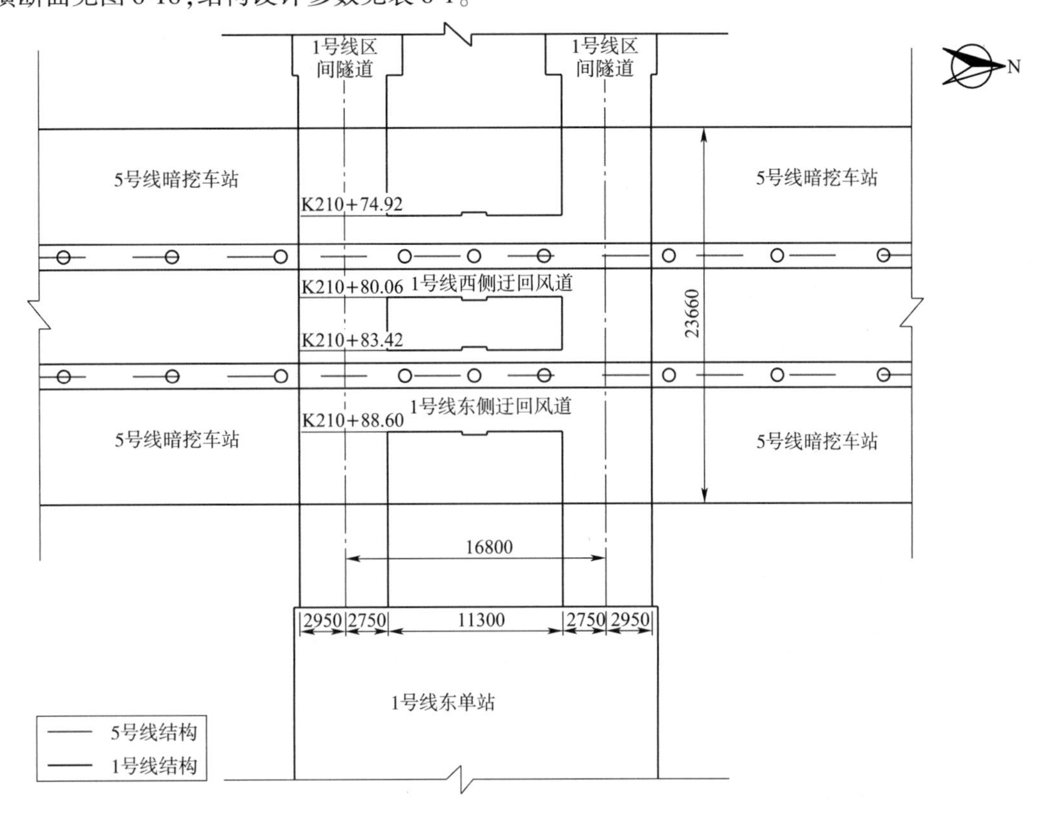

图6-17　新建5号线与既有线关系平面图(尺寸单位:mm)

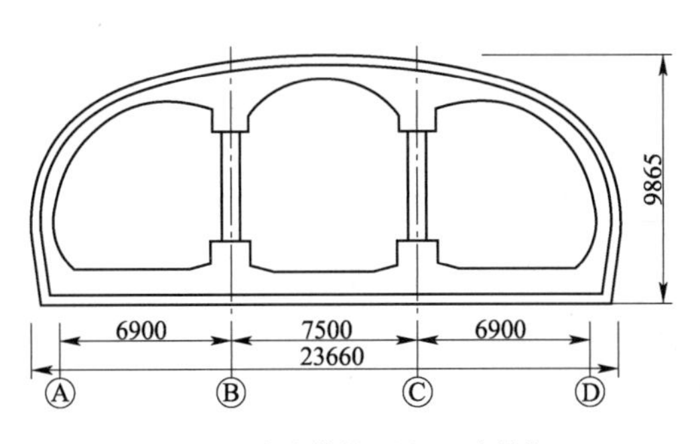

图6-18　暗挖车站横断面图(尺寸单位:mm)

暗挖车站隧道结构设计参数表　　　　表6-1

项　　目		材料及规格	结构尺寸
初期支护	超前管棚	$\phi159$, $L=65.3$m	环向3根/m,两端对打搭接1.5m
	超前小导管	$\phi32\times3.25$mm, $L=2.5$m	纵向间距0.5m,环向间距0.3m
	钢筋网	$\phi6.5$,150mm×150mm	双层满铺,搭接0.15m
	喷射混凝土	C20	厚度0.35m
	格栅钢支撑	$\phi25$、$\phi22$、$\phi10$钢筋	纵向间距0.5m
	钢拉杆	$\phi22$钢筋	环向间距0.8m,纵向长度1.0m

6.3.2 工程地质与水文地质条件

1)工程地质条件

车站暗挖部分穿越地层为回填土、粉土、黏质粉土、圆砾卵石层、中粗砂层。暗挖段顶板位于粉土层,底板位于圆砾卵石层,结构主体上半部分主要处于粉土层(具体见图6-19)。勘察揭露地层土质自上而下依次为:

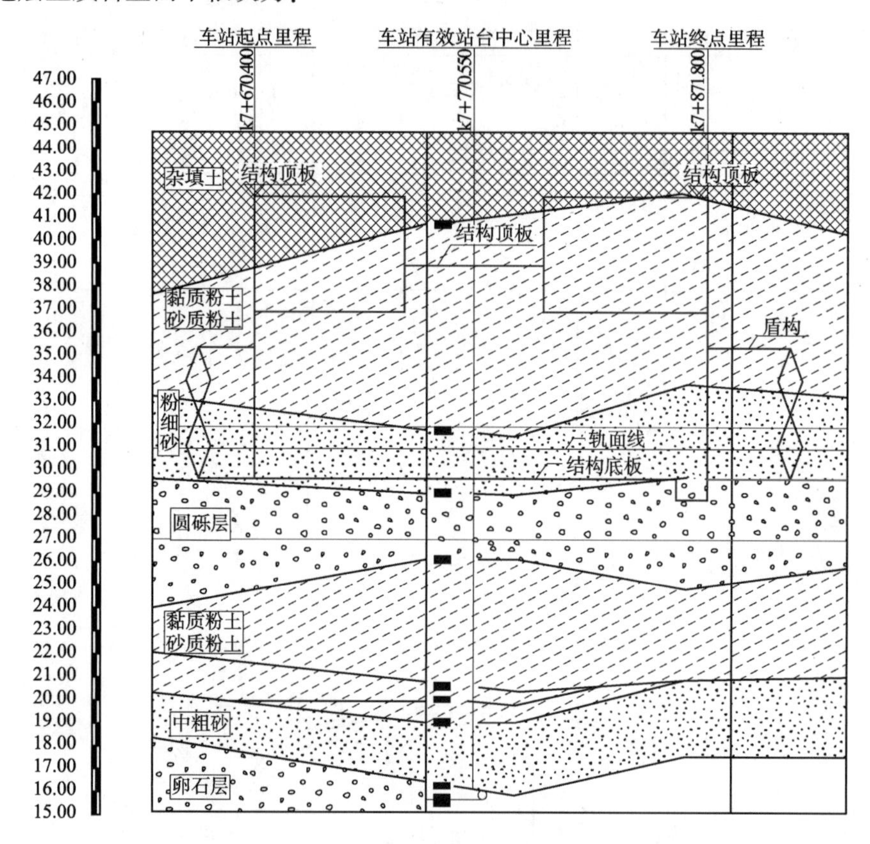

图6-19　车站地质纵剖面图

(1)人工填土层(Q^{ml})

杂填土①-1层:杂色,主要成分为碎石、炉灰、房渣土等,稍湿,局部因管道漏水呈饱和状态,松散～稍密,表层为沥青路面,埋设有各种地下管线,含旧房基础及三合土地基。一般厚度为1～3m,最大厚度为6.3m。

黏质粉土素填土①层:黄褐色～灰色,稍湿～饱和,可塑～硬塑,结构性差,含砖渣、灰渣、碎片等。一般厚度为2～3m。以上两层总厚度一般为3～6m。层底高程为39.32～43.00m。

(2)第四纪全新世冲洪积地层(Q_4^{al+pl})

黏质粉土砂质粉土②层:褐黄色～黄褐色,稍湿～饱和,可塑～硬塑。厚度为8～4m,层底高程为32.98～35.51m。该层在不同地段分别夹粉质黏土②-1层、重粉质黏土②-2层。局部夹粉细砂透镜体②-3层,厚度小于3m。

粉细砂③层：褐黄色～黄灰色，湿～饱和，密实，局部夹砂质粉土薄层，下部为中粗砂③-1层或砾砂③-2层。本层厚度为3～9.5m，层底高程为27～31.90m。

(3)第四纪晚更新世冲洪积地层(Q_3^{al+pl})

圆砾④层：杂色，饱和，密实。砾石为亚圆形，未风化～微风化，成分以灰岩、石英岩、正长石、角砾岩、火山岩、辉绿岩、砂岩为主，一般粒径为5～20mm，最大粒径为150mm，中粗砂充填，局部成为中粗砂④-2层透镜体。该层中部或底部颗粒较粗成为卵石④-3层，其一般粒径为20～80mm，根据可行性研究勘察报告资料最大粒径为210mm，中粗砂充填。本层厚度为2～8m，层底高程为22.30～27.32m。

黏质粉土砂质粉土⑤层：褐黄色，饱和，硬塑，含姜石，局部夹细砂透镜体，夹粉质黏土重粉质黏土⑤-1层和黏土⑤-2层。本层厚度为1.2～6.0m，层底高程为19～25m。

中粗砂⑥层：褐黄色，饱和密实含少量砾石，夹粉细砂⑥-1层和粉质黏土重粉质黏土⑥-2层。本层厚度为0.7～7.8m，局部缺失，层底高程为16.06～21.94m。

卵石⑦层：杂色，饱和，密实。卵石为亚圆形，未风化，成分以灰岩、石英岩、片岩、角砾岩、辉绿岩、砂岩为主，一般粒径为20～80mm，最大粒径为200mm，中粗砂或黏性土充填。本层一般厚度为2.5～7.0m，层底高程为13.6～18.54m。

粉质黏土黏质粉土⑧层：褐黄色，饱和，硬塑～坚硬，含氧化铁和姜石。夹重粉质黏土⑧-1层和粉细砂⑧-2层。厚度为2～8m，层底高程为8.36～13.28m。

卵石⑨层：杂色，饱和，密实。卵石为亚圆形，未风化～微风化。表面可见溶蚀孔洞。成分以灰岩、石英岩、片岩、角砾岩、砂岩为主，一般粒径为20～60mm，最大粒径为180mm，中粗砂或黏性土充填。夹中粗砂⑨-1层。本层厚度大于7m，直至终孔仍为此层。

2)水文地质条件

车站暗挖段地层中赋存上层滞水、潜水和承压水。暗挖段结构底板高程为29.22m，顶板高程为38.999m，结构主要受上层滞水和潜水影响。

(1)上层滞水：赋存于杂填土①-1层、黏质粉土素填土①层和黏质粉土砂质粉土②层的孔隙之中，主要接受管道渗漏补给。

(2)潜水：赋存于粉细砂③层、中粗砂③-1层、圆砾④层、中粗砂④-2层、卵石④-3层的孔隙之中，潜水呈无压状态，具有连续的水位，水位以上的上述透水层为稍湿～湿状态。实测水位高程为18.86～31.70m，相应水位埋深为16.3～13.45m。含水层厚度为2～5m，其下的隔水层为黏质粉土砂质粉土⑤层和粉质黏土重粉质黏土⑤-1层。区域地下水流向为自西向东。

(3)承压水：赋存于中粗砂⑥层、卵石⑦层、卵石⑨层及其砂土夹层的孔隙之中，实测水头高程为20.17～25.23m。

6.3.3　工程环境

(1)既有建(构)筑物

车站位于东单十字路口东侧地下，紧邻王府井国际商业中心，在城市的地位非常重要。西北为东方广场，西南为信远大厦，东南为光彩大厦。信远大厦和光彩大厦正在施工。车站两端上部为城市绿化带，中部上方为长安街道路。高层建筑基础地铁最近距离26m，受地铁施工影响较小。

车站暗挖段从1号线王府井~东单区间上部穿过,该处地面高程为44.81m,1号线王府井~东单区间埋深16.29m,5号线轨顶高程31.104m,距1号线区间顶板顶2.574m,两结构间土层厚度为0.5m左右。

(2)地下管线

车站暗挖段由于埋深浅,横跨长安街,平行毗邻东单北大街,既有管线繁多。东单十字路口地下东西向管线集中在长安街车道两侧,根据管线资料和现场调查,主要影响的管线有上水、电信、雨污水、电力共4条,其中有上水一条和电力一条侵入车站暗挖结构(图6-20)。

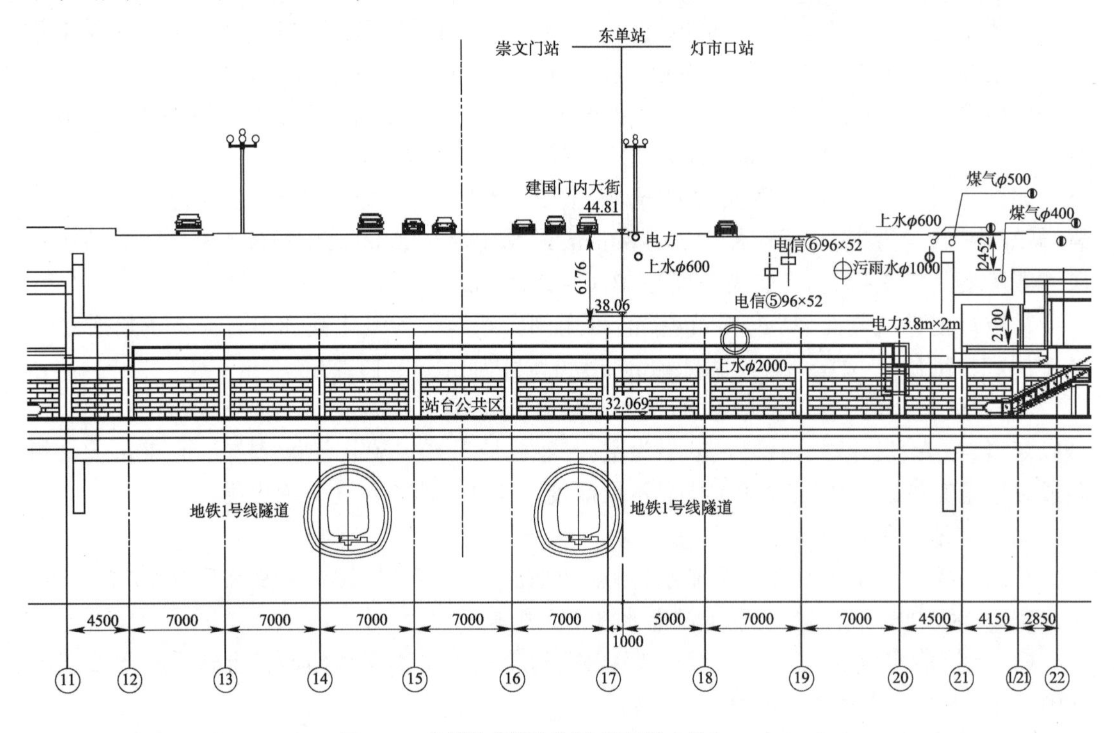

图6-20 车站影响管线纵剖面图(尺寸单位:mm)

(3)地面交通

车站横穿东西向长安街,南北紧邻东单北大街、崇文门内大街,都是北京重要的交通干道,交通流量很大。车站暗挖段因南北走向则完全下穿了长安街的主辅路和人行步道。

6.3.4 上穿既有线总体施工方案

(1)车站与既有线关系

车站暗挖段从既有1号线王府井~东单区间左右正线及迂回风道上部穿过,该处地面高程为44.81m,1号线区间埋深16.29m,5号线轨顶高程31.104m,距1号线区间顶板顶2.574m,两结构间土层厚度仅为0.5m左右。

既有线王府井~东单区间正线为马蹄形断面(5.7m×6.1m):

初期支护:15cm网喷C20早强混凝土+10cm素喷早强混凝土。

二次衬砌:30cm厚C20防水钢筋混凝土,考虑5号线上穿既有线,将主筋加强至φ22。

(2)过既有线总体方案

车站主体结构暗挖段开挖尺寸大(23660mm×9835mm),围岩条件复杂且拱部覆土浅,地层稳定性差,隧道两侧及顶部地下管线密集,管线离隧道顶距离较近且多管线,且下方有地铁1号线穿过,为减少5号线施工对1号线隧道结构的影响,将采取多种措施对1号线既有结构进行保护:

①根据对1号线设计图纸的调研,1号线设计阶段:复八线(1号线东段)设计时已考虑到5号线以区间隧道上穿,对1号线王府井—东单区间衬砌进行了配筋加强。

②设计时对5号线车站主体暗挖段通过既有线进行了充分考虑:

a. 暗挖段施工时因上部土体卸载,可能会引起既有线结构反拱,因此暗挖隧道设计底板衬砌厚度为1000mm以加强刚度,确保1号线结构和运营安全。

b. 暗挖隧道在距既有线6m处停止开挖,对既有线周边土体进行注浆加固,减小土体侧压力对1号线结构造成影响。

c. 导洞初期支护完成后,洞内施作预应力锚杆对1号线基底进行加固,进一步加强保护。锚杆长度根据设计高程10~15m不等,保证锚杆锚固端伸入1号线既有线基底6m。

d. 通过模拟计算,结果显示,现有设计完全能够达到保护1号线结构安全要求。

③为减少施工对既有线的影响,施工中采取如下措施对既有线进行保护:

a. 为便于土方开挖、初期支护及二次衬砌作业,给施工提供良好的作业环境,施工前采取降水措施,降低地下水位,减少地下水浮力的影响。

b. 隧道开挖前,双向施作大管棚注浆,既保证隧道施工安全,同时减小在施工中因地层扰动过大而对既有线产生影响。

c. 施工工法采取中柱法通过,在穿越既有线区间范围内,对称施工导洞,及时进行注浆加固和锚杆施工。

d. 施工期间,选择专业监测单位及人员对隧道及既有线结构进行监控量测,通过监测掌握地层、支护结构、既有线区间隧道及地表的动态,及时预测和反馈。根据监测资料修正设计和指导施工,体现信息化施工。

6.3.5　既有线加固技术

为防止车站暗挖段在上穿1号线区间时,由于1号线上部卸荷而造成的区间隧道结构变形破坏,采用预注浆和锚杆对1号线进行地基加固。

车站暗挖段采用中柱法施工,在两侧的柱洞的第三步开挖中,在洞内对下部土体进行注浆加固。

(1)加固的范围为:①车站暗挖段东侧向东延伸6.49m到暗挖段西侧向西延伸6m的范围内。②地铁1号线从两侧向南北方各延伸6m的范围内和1号线两隧道之间的部位。③加固深度为结构底部向下9m。

(2)注浆材料选用抗压强度不低于30MPa的超细水泥浆,注浆压力0.4~0.5MPa。

6.3.6　开挖支护技术

开挖支护施工工序及要求见表6-2。

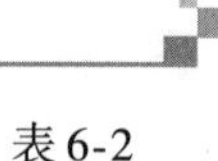

开挖支护施工工序表 表6-2

序号	施工工艺示意图	文 字 说 明
1		第一步:施作超前支护,开挖中部两侧1号洞室,施作初期支护,两侧同号洞室宜对称同步开挖,注浆加固地层
2		第二、三步:采用CD法前后开挖两侧2、3号洞室,施作初期支护,1、2、3号洞室纵向间距15m左右
3		第四步:局部地基注浆加固,施作地基底纵梁及防水,架设钢管柱,施作顶纵梁及防水。留好施工缝,临时支撑固定
4	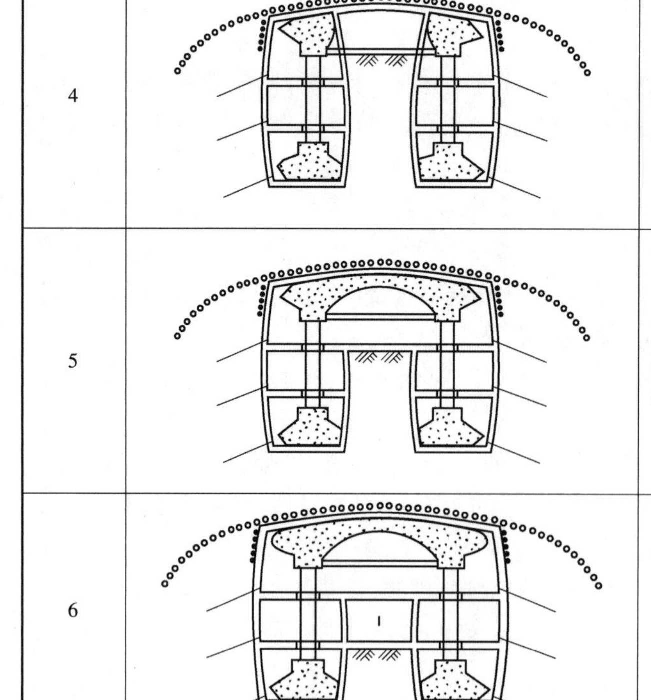	第五步:中洞上台阶开挖,纵向紧跟施作拱顶初期支护,中隔壁穿孔及时架设顶梁水平钢支撑
5		第六步:中洞纵向紧随下台阶开挖,视监测情况调整钢支撑,分段凿除顶部中隔壁并施作中拱顶板防水与二次衬砌
6		第七步:继续开挖中洞洞室,施作初期支护,Ⅰ号与Ⅱ号洞室纵向间距15m左右

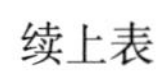

续上表

序号	施工工艺示意图	文字说明
7		第八步：跟随开挖中洞下台阶土体，穿洞架设临时钢支撑，开挖至基底及时封闭底部初期支护
8		第九步：完成中洞底板及防水层
9		第十步：中洞内衬形成稳定承重结构后，开始侧洞4号洞室开挖
10		第十一步：采用CD法跟随开挖两侧5号洞室，4号、5号洞室纵向间距15m左右
11		第十二步：完成最后的两侧6号洞室开挖
12		第十三步：根据监测情况纵向分段拆除中隔壁、临时支撑，逐步完成侧洞底板防水与二次衬砌；两侧导洞内作业应左右对称
13		第十四步：根据监测情况纵向分段拆除剩余所有临时仰拱、中隔壁，逐步封闭全部完成防水层以及内衬结构

6.3.7 既有线监测

由于车站上穿既有地铁结构，施工过程中会引起既有结构的变形，因此在既有地铁内结构上安装远程监测系统对既有地铁结构的变形进行监测，监测成果如下：

(1)既有线结构隆沉分布图(图6-21)。

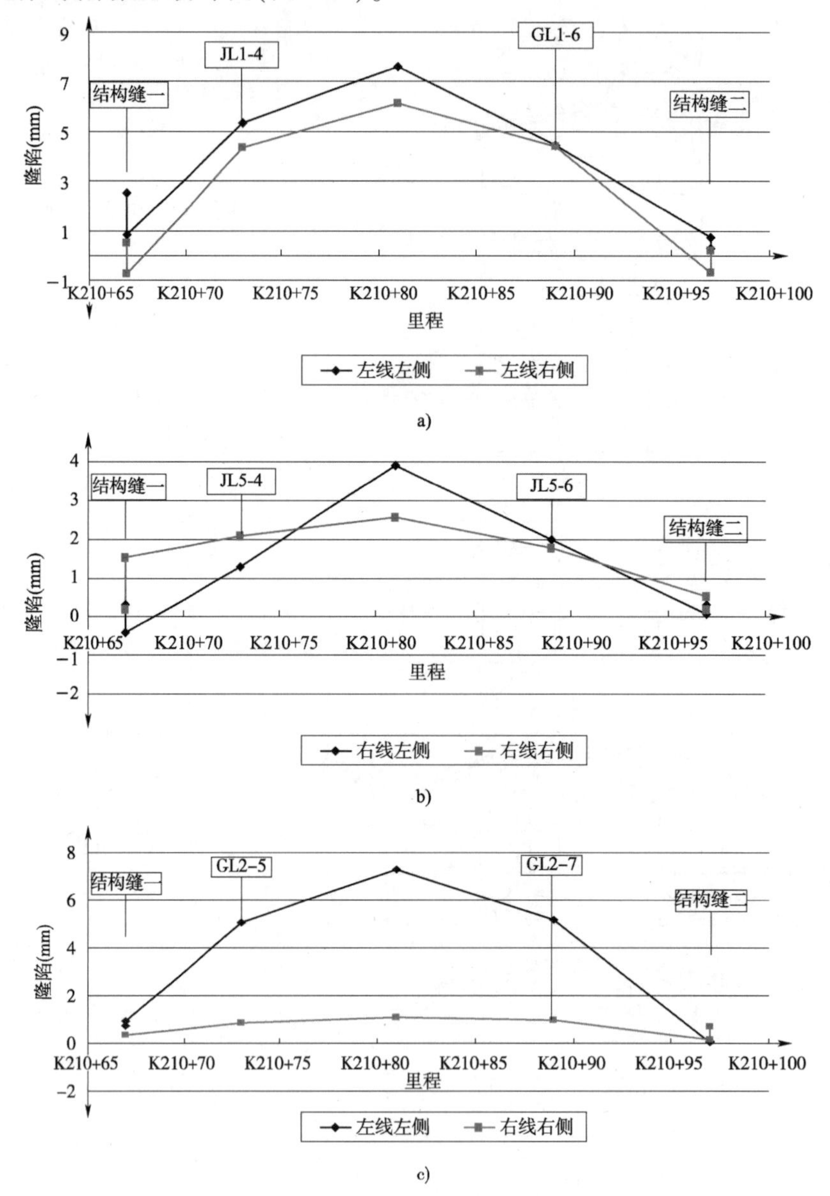

图6-21 既有线结构隆沉分布图

(2)轨道隆沉分布图(图6-22)。

(3)各阶段变形比例统计表(表6-3)。

(4) 监测成果分析。

由监测数据及测点变形分布曲线可知：

①同一条既有线上,结构两侧及轨道变形基本保持一致,既有线结构无扭转现象。

②既有线机构最大隆起 7.59mm(JL1-5,K210+81),轨道最大隆起 7.29mm(GL1-6,K210+81),均位于新建车站中线上方。

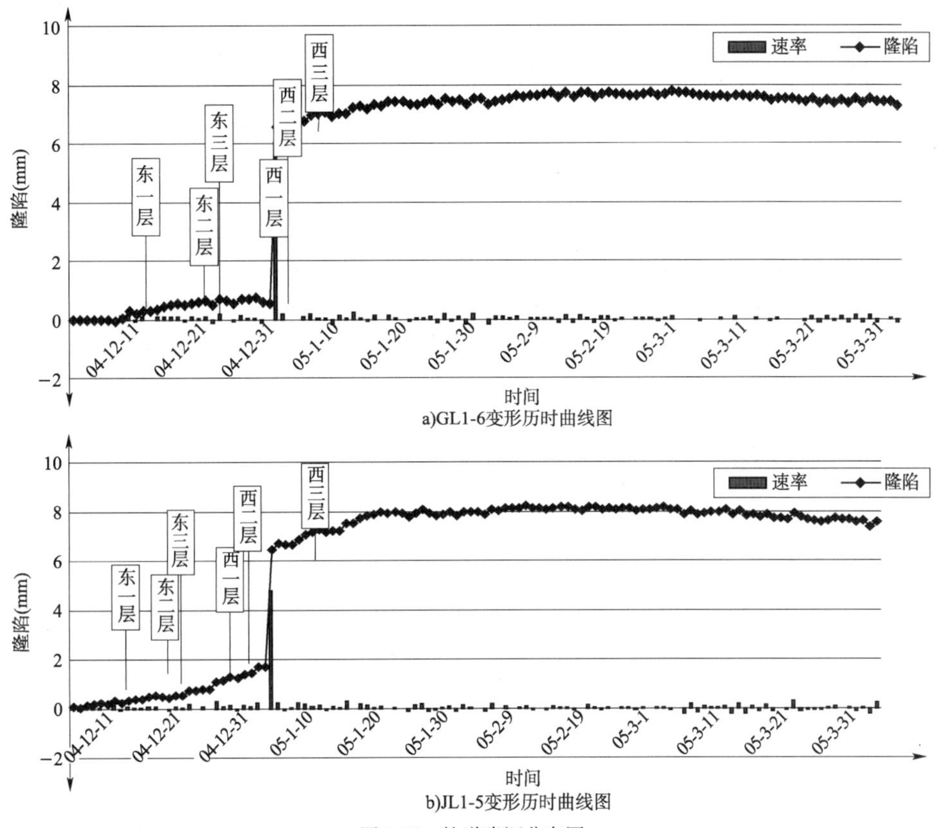

图6-22　轨道隆沉分布图

各阶段变形比例统计表　　表6-3

测点编号	测点里程	统计项目	东柱洞Ⅰ部	东柱洞Ⅱ部	东柱洞Ⅲ部	西柱部Ⅰ部	西柱部Ⅱ部	西柱部Ⅲ部	后期隆沉	累计变形
JL1-5	K210+81	阶段变形(mm)	0.25	0.17	0.09	0.79	0.16	5.68	0.35	7.59
		变形速率(mm/d)	0.036	0.024	0.090	0.099	0.053	0.631	0.007	0.271
		所占比例(%)	3.3	2.2	1.2	10.4	2.1	74.8	4.6	
GL1-6	K210+81	阶段变形(mm)	0.05	0.42	0.06	0.01	0.19	6.29	0.27	7.29
		变形速率(mm/d)	0.007	0.060	0.060	0.001	0.063	0.699	0.005	0.260
		所占比例(%)	0.7	5.8	0.8	0.1	2.6	86.3	3.7	

③既有线结构变形主要发生在柱洞通过阶段,占到总体变形量的90%左右;左线变形80%以上发生在西柱洞Ⅲ部通过期间。

④结构缝开合度变形表现为张开,最大变形0.49mm(CF7,K210+97)。

⑤根据监测数据,轨道间距及走行轨横行差异沉降无明显变化。

⑥根据既有线内监测仪器数据显示:目前既有线结构、轨道变形很小,既有线结构安全稳定。

第7章　穿越既有线监控量测技术

7.1　既有线远程自动监控量测技术

新建隧道的施工必然会引起既有线结构的变位,为保证既有线结构的安全和正常运营,在施工期间,必须对既有线结构状态进行全天候的实时监控量测,传统监测技术在高密度的行车区间内无法实施,且不能满足对大量数据采集、分析以及及时准确的反馈,因此必须采用远程自动化监测系统对既有线的结构和轨道变形进行24h实时监控量测。

7.1.1　远程监测系统介绍

DAMS-Ⅳ型智能分布式工程安全监测系统沉降观测的数据自动采集系统和工程安全监控管理系统两部分组成(图7-1)。

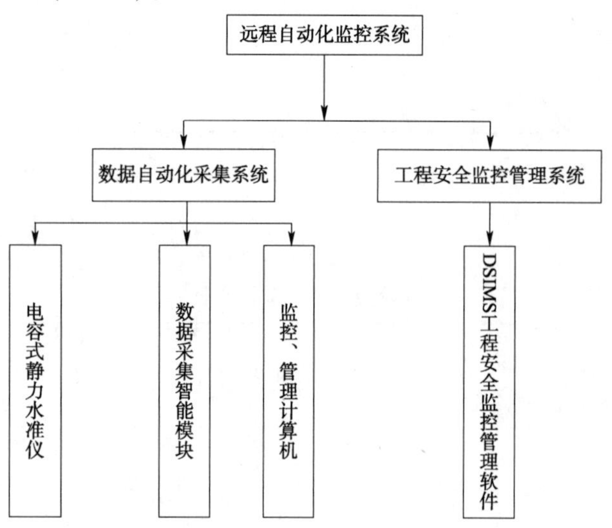

图7-1　远程自动化监控系统构成图

数据自动采集系统由电容感应式静力水准仪、数据采集智能模块、监控主机、管理计算机构成。

1)数据自动采集系统功能

(1)监测功能

监测功能包括对各类传感器的实测数据进行自动采集和对实测的信号做出越限报警。同时为满足对隧道安全监测的各种不同的管理要求,本系统提供了五种不同的监测数据采集方式,以增加系统的灵活性,便于远程服务。

①数据采集单元(DAU)定时测量方式(即无人值班方式)。根据监控主机所设定的测

量时间，DAU 能自动定时地进行选测和巡测。该方式主要用于日常常规测量。

②人工干预测量方式。必要时，测试人员可通过监控主机任意进行测量。该测量方式的优先权高于其他任何方式，主要用于在特殊情况下可任意加密测次及对重点监测部位实施任意频次的测量。

③网络化测量方式。本系统具备网络化的管理功能，任何一台计算机联入此网络后，可在计算机终端上实施数据采集、资料查询等。

④人工测量方式。作为一种后备方式，当监控主机或通信线路发生故障时，在恢复通信之前采用便携式计算机实施人工数据采集。DAU 由于采用全模块化结构，更换模块非常方便，DAU 不会因为模块故障而长期停测。

⑤远程控制测量方式。本系统提供了远程控制测量功能，通过远方办公室的计算机，可在任何地方自如地实现数据采集和通信。

(2)显示功能

显示监测系统的总貌、各监测子系统概貌、监测布置图、过程曲线、监控图、分布图、相关图及报警状态显示窗口等。

(3)操作功能

在监控主机或管理微机上或网络终端上可实现多种操作功能：

①监视操作、输入/输出、显示打印、报告现在测值状态、调用历史数据、评估运行状态等。

②进行整个系统的运行管理：包括系统调度、过程信息文件的形成、进库、通信等。

③利用键盘调度各级显示画面及修改相应的参数等。

④修改系统配置、进行系统测试、系统维护等。

(4)数据存储功能

各采集单元(DAU)具有存储器和掉电保护模块，能暂存 DAU 采集来的数据，并在断电的情况下不丢失数据。

(5)综合信息管理功能

包括在线监测、结构形态的离线分析、测值预报、报表制作、图文资料管理、数据库管理及安全评估等。

(6)系统自检功能

系统具有自检功能，可对数据存储器、程序存储器、中央处理器、实时时钟电路、供电状况、电池电压、测量电路及传感器线路等进行自检查，能在监控主机和管理主机上显示故障部位及类型，为及时维修提供方便。

(7)远程控制功能

具有在后方对监控主机上实现对布置在监测现场的数据采集单元(DAU)进行远程控制的功能。

(8)安全管理功能

系统具备功能强大、界面友好、操作方便的工程安全监控管理系统软件。该软件包括在线监控、离线分析、安全管理、系统管理、数据库管理等部分。包括数据的人工/自动采集、测值的离线性态分析、模型管理、工程文档资料、测值及图像管理、报表制作、图形制作、辅助工具、帮助系统、演示学习系统等日常工程安全管理的全部内容。

(9)防电、抗干扰能力强

运营隧道内受强电影响大。本系统除要求对所有的信号电缆保护外,对 DAU 在供电系统的防强电、一次传感器到 DAU 入口的防强电、通信线路及通信接口的防强电等方面做了全面的考虑,保证系统在电源波动等情况下能正常工作。

(10)设备抗振动能力

由于本套设备需较长时间内在运营隧道内应用,运营隧道内列车通过频繁,振动较大。本系统要求对所有现场设备进行抗振动设计,在设备的土建施工中考虑抗振动能力,并对该方面进行专项检测,以保证要求的设备测试精度。

(11)设备的防潮、防水能力

由于本套设备需较长时间内在运营隧道内应用,隧道内湿度较高,且空间有限、大部分设备需埋设在区间排水水沟内,本套设备又为电子设备,因此防潮、防水能力至关重要,所以设备均需对此进行防水设计,以保证设备在该环境内的正常运转。

(12)设备抗活塞风能力

由于本套设备需较长时间内在运营隧道内应用,因列车通过时,列车前部会产生正压,列车后部会产生负压,设备设计时应考虑此环境的特殊性,以保证设备的应用精度。

(13)轨距测量设备研制要求

由于本套设备需直接测量两轨间距,因此设备需直接布设在铁轨上,根据运营要求,铁轨不允许进行焊接作业,两轨之间连接有较高的绝缘要求,否则会造成信号混乱而停运。因此轨距测量设备应达到Ⅰ类绝缘能力,应保证变位计的测试精度。应用前应通过现场试验,检测合格后方可投入使用。

(14)设备小型化要求

由于隧道区间断面较小,限界要求严格,因此可供安装设备的空间非常小,要求监测设备满足限界要求。

(15)冗余设计

由于监测非常重要,因此要求对系统进行冗余设计,具体要求如下:

①要求系统模块化设计,如模块出现故障,将备用模块换上即可。

②要求 DAU 具有 10MB 以上不掉电存储能力。

③如监控主机出故障,可任意更换而不影响性能。

④如通信线路出故障,可采用便携式计算机直接与 DAU 连接,取出数据。

⑤如 DAU 出现故障,可采用人工观测仪表进行观测。

2)DSIMS 管理软件功能

DSIMS 是一套基于 Windows 2002/NT 网络环境下研制开发出来的新型工程安全监控管理系统软件,实现了管理的自动化,提高了工程安全管理的效率和质量。

DSIMS 主要由六方面的内容组成:即在线监控、离线分析、安全管理、数据库管理、网络系统管理、远程监测及远程辅助服务系统。

(1)采集软件

采集软件包括人工采集和自动化采集两部分。对于人工采集的数据,本软件提供了一个人机界面窗口,直接由键盘输入进库;Windows 2002/NT 环境下的自动化采集软件是一套

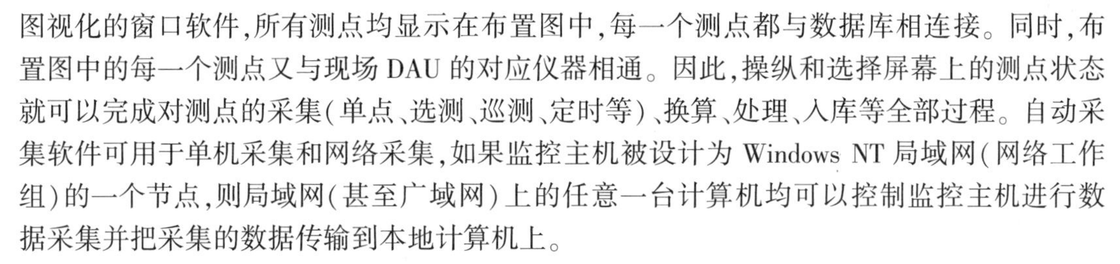

图视化的窗口软件,所有测点均显示在布置图中,每一个测点都与数据库相连接。同时,布置图中的每一个测点又与现场 DAU 的对应仪器相通。因此,操纵和选择屏幕上的测点状态就可以完成对测点的采集(单点、选测、巡测、定时等)、换算、处理、入库等全部过程。自动采集软件可用于单机采集和网络采集,如果监控主机被设计为 Windows NT 局域网(网络工作组)的一个节点,则局域网(甚至广域网)上的任意一台计算机均可以控制监控主机进行数据采集并把采集的数据传输到本地计算机上。

(2)分析处理软件

分析处理软件主要用于分析和评估结构的实际运行性态,可对监测项目实测数据进行处理和计算分析;可将实测值换算成标准监测量,根据仪器特性对监测量进行误差检验(包括粗差、偶然误差、系统误差等);同时提供丰富的图形功能,使整个分析过程窗口化,分析结果图形化。

(3)数据库管理软件

系统建有在线数据库、原始测值数据库、应用数据库和数据文件库,可实现各数据库之间数据的自动处理、转换、规化、添加等运行管理工作。

(4)模型库管理软件

包括预报模型库、分析模型库、监控模型库等不同类型的模型库,存放由统计模型、混合模型、确定性模型、分布模型等经计算分析所得的模型参数,并对模型库创建、修改、调用等提供方便有效的管理和维护。

(5)工程安全管理软件

本系统工程安全管理软件的内容有工程文档管理、图形报表制作、中短期预测预报、人工巡查信息管理等。其中图形制作主要有过程图、分布图、相关图、等值线图、直方图和饼图等;报表则主要有定制的综合月报表、月报、年报等,同时提供由自定义格式的报表制作软件,以适应不同需求的报表形式。

(6)网络系统管理软件

网络系统管理包括系统安装、系统初始化、系统配置、系统安全管理、系统监测子网管理、系统维护子系统管理、系统与局域网及远程网的连接、Windows NT 网与异域网的连接等。为方便对大坝监测网络工作组的访问,为用户提供界面友好的浏览器。

(7)远程监控和远程服务软件

为了加强对自动化监测系统的管理和维护,本系统提供远程监控和远程服务功能。上级主管部门和移动用户可利用远程监控功能在任何时候、任何地方对自动化监测系统进行远距离采集操作,以了解隧道的安全状况。管理和维护单位可以利用远程辅助服务功能监视系统的运行情况,及时发现问题,为现场维修提供在线帮助。

DSIMS 具有完善的系统配置、安全保密等系统管理功能。具备可供培训学习用的演示系统。

7.1.2 监测仪器工作原理及安装

7.1.2.1 RJ 型电容式静力水准仪

1)原理及结构

该仪器依据连通管原理的方法,用电容传感器,测量每个测点容器内液面的相对变化,再通过计算求得各点相对于基点的相对沉陷量。

如图7-2所示，设共布设有 n 个测点，1号点为相对基准点，初始状态时各测量安装高程相对于(基准)参考高程面 ∇H_0 间的距离则为：$Y_{01},Y_{02},\cdots,Y_{0i},\cdots,Y_{0n}$（$i$ 为测点代号，$i=0,1,\cdots,n$）；各测点安装高程与液面间的距离则为 $h_{01},h_{02},h_{0i},\cdots,h_{0n}$，有：

$$Y_{01}+h_{01}=Y_{02}+h_{02}=\cdots Y_{0i}+h_{0i}=\cdots Y_{0n}+h_{0n} \tag{7-1}$$

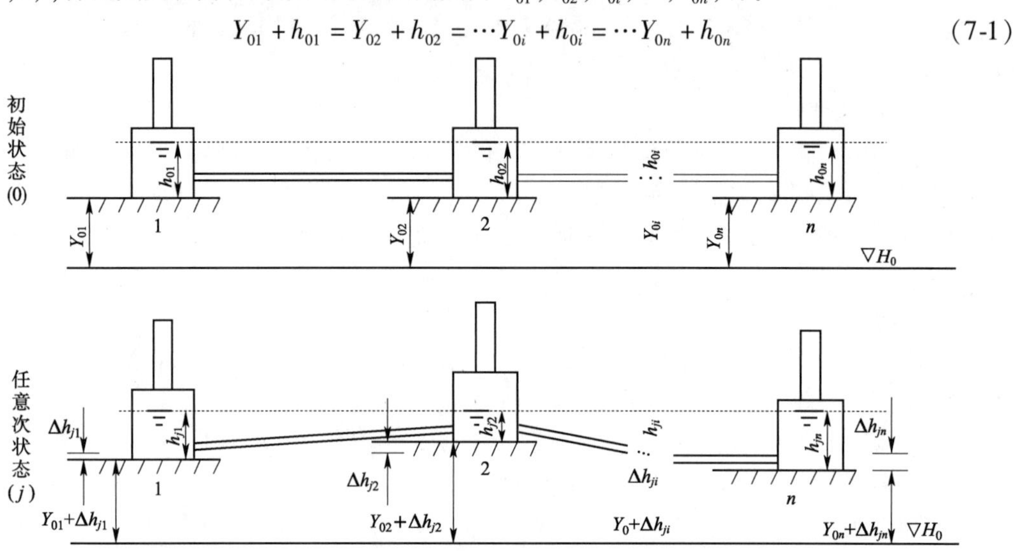

图7-2 测量原理示意图

当发生不均匀沉陷后，设各测点安装高程相对于基准参考高程面 ∇H_0 的变化量为：$\Delta h_{j1},\Delta h_{j2},\cdots,\Delta h_{ji},\cdots,\Delta h_{jn}$（$j$ 为测次代号，$j=1,2,3\cdots$）；各测点容器内液面相对于安装高程的距离为 $h_{j1},h_{j2},\cdots,h_{ji},\cdots,h_{jn}$。由图可得：

$$\begin{aligned}(Y_{01}+\Delta h_{j1})+h_{j1}&=(Y_{02}+\Delta h_{j2})+h_{j2}\\&=(Y_{0i}+\Delta h_{ji})+h_{ji}\\&=(Y_{0n}+\Delta h_{jn})+h_{jn}\end{aligned} \tag{7-2}$$

则 j 次测量 i 点相对于基准点1的相对沉陷量 H_{i1} 为：

$$H_{i1}=\Delta h_{ji}-\Delta h_{j1}$$

由式(7-2)可得：

$$\begin{aligned}\Delta h_{j1}-\Delta h_{ji}&=(Y_{0i}+h_{ji})-(Y_{01}+h_{j1})\\&=(Y_{0i}-Y_{01})+(h_{ji}-h_{j1})\end{aligned}$$

由上式可得：

$$(Y_{0i}-Y_{01})=-(h_{0i}+h_{01})$$

带入得到：

$$H_{i1}=(h_{ji}-h_{j1})-(h_{0i}-h_{01}) \tag{7-3}$$

即只要用电容传感器测得任意时刻各测点容器内液面相对于该点安装高程的距离 h_{ji}（含 h_{j1} 及首次的 h_{0i}），则可求得该时刻各点相对于基准点1的相对高程差。如把任意点 g $(1,2,\cdots,i,n)$ 作为相对基准点，将 f 测次作为参考测次，则按式(7-3)同样可求出任意测点相对 g 测点(以 f 测次为基准值)的相对高程差 H_{ij}：

$$H_{ig} = (h_{ij} - h_{ig}) - (h_{fj} - h_{fg}) \tag{7-4}$$

如图7-3所示,仪器由主体容器、连通管、电容传感器等部分组成。当仪器主体安装墩发生高程变化时,主体容体相对于位置产生液面变化,引起装有中间极的浮子与固定在容器顶的一组电容极板间的相对位置发生变化,通过测量装置测出电容比的变化即可计算得测点的相对沉陷。

2)主要技术指标

(1)测量范围:100mm。

(2)最小分辨率:0.01mm。

(3)测点误差:<0.5% $F \cdot S$。

(4)使用环境条温度:-20~70℃。

(5)相对湿度:≤100%。

3)仪器的安装、调试

仪器的安装尺寸如图7-4所示,按要求在测点预埋ϕ180三个均布的M8×40(伸出长度)螺杆。

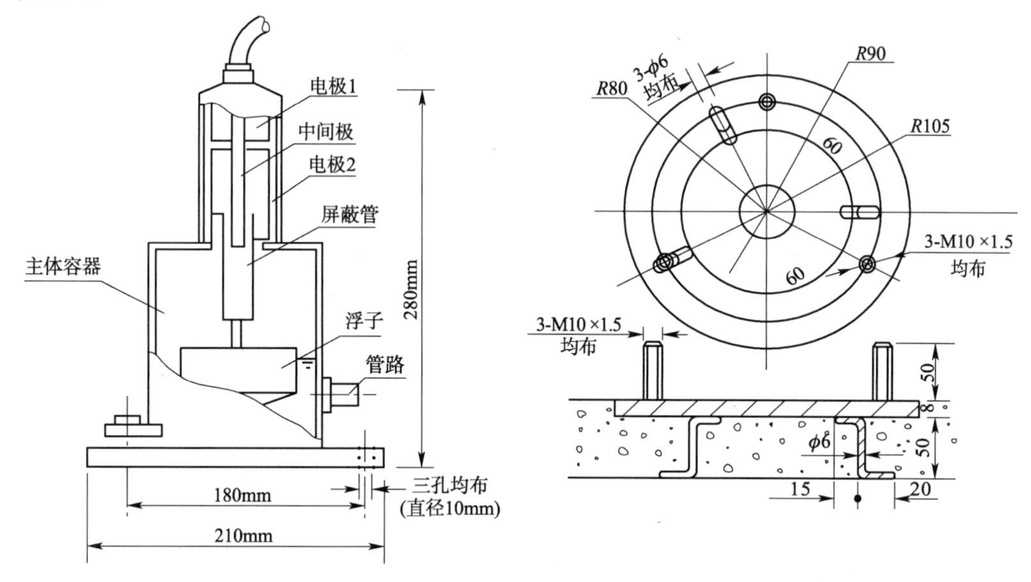

图7-3　仪器组成图

图7-4　结构原理示意图(尺寸单位:mm)

(1)查各测墩顶面水平及高程是否符合设计要求。

(2)检查测墩预埋钢板及三根安装仪器螺杆是否符合设计要求。

(3)预先用水和蒸馏水冲洗仪器主体容器及塑料连通管。

(4)将仪器主体安装在测墩钢板上,用水准器在主体顶盖表面垂直交替放置,调节螺杆螺丝使仪器表面水平及高程满足要求。

(5)将仪器及连通管系统连接好,从末端仪器徐徐注入SG溶液,排除管中所有气泡。连通管需有槽架保护。

(6)将浮子放于主体容器内。

(7)将装有电容传感器的顶盖板装在主体容器上。

仪器及静力水准管路安装完毕后,用专用的3芯屏蔽电缆与电容传感器焊接,并进行绝缘处理。3芯屏蔽电缆的红芯接测量模块的信号接线端口,白、黄芯接激励(桥压)接线端口。当容器液位上升时,电容比测值应变小,否则将白、黄芯接线位置互换。

7.1.2.2 测缝计工作原理

测缝计用来用以自动测量建筑物接缝的开合,在结构缝的两端安装夹具,沿水平或垂直方向安装1只RW型电容感应式位移计,将仪器电缆接入安装在现场的测量控制单元,并开始自动化测量。

测距仪用于监测走行轨水平间距的相对变形,安装在地铁轨道上。沿轨道水平两端安装夹具,将传递杆一端拧紧到其中的一端夹具上,用专用接头将RW型电容感应式位移计与传递杆连接在一起,将仪器电缆接入安装在现场的测量控制单元。

RW型电容感应式位移计为变面积型,环形电极1、电极2与中间极构成两个电容C_1、C_2,电容量为:

$$C=\frac{2\pi\varepsilon_r\varepsilon_0L}{L_n(R_A/R_B)}$$

式中:R_A——中心极外径;

R_B——电极1、2内径;

ε_0——真空介电常数;

ε_r——介质相对介电常数;

L——环形电极长度。

当仪器位置发生轴向位移时,采用屏蔽管接地方式改变电容C_2感应长度。L_2的变化使电容C_2发生变化。C_1为固定电容。测量电路采用比率测量方式测出测点位置沿轴向的位移量。

由RW型电容感应式位移计的测量原理可知,在位移计结构一定的情况下,R_A、R_B为常数。当位移计处于同一环境时用比率测量方式即可消除介质变化对测量的影响。C_2/C_1与感应长度L_2是线性关系,所以位移计测量精度高,可达万分之几,这是一般位移传感器很难达到的。

7.1.2.3 梁式倾斜仪工作原理

NCX-1B型梁式测斜仪广泛适用于长期测量混凝土大坝、面板坝、土石坝等水工建筑物的倾斜角的变形量,同样也适用于工业、民用建筑物、道路、桥梁、隧道、路基、土建基坑、边坡等的倾斜测量。该仪器配合安装底座可反复使用,亦可布设于结构物进行永久观测,通过安装架传递给测斜传感器。

测斜传感器的工作原理是基于伺服加速度计的,测量重力矢量g在传感器轴线垂直面上分量大小,当加速度计敏感轴与水平面存在一个θ角时,引起了输出电压的改变。被测结构物的倾斜变形量与测斜仪输出的电压呈对应关系,同时该电压测量值可显示出以零点为基准值的倾斜角变化的正负方向。测斜仪可布设为一个测量单元独立工作,亦可多支连续布设得到被测结构物的各段倾斜量,据此将结构物的变形曲线描述出来。若在被测物上安装成二维方向,可测量结构物的二维变形。

计算方法:当被测层发生沉降时,使得测斜仪安装面跟随产生倾斜位移,通过下式可以得到该测斜仪标距段的沉降位移S_i。

$$S_i = L_i \times [\sin(\theta_i) - \sin(\theta_{i0})] = L_i \times [f(U_i) - f(U_{i0})]$$

式中：L_i——测斜仪的标距，mm；

$\sin(\theta_i)$——输出电压 U_i 的函数，$\sin(\theta_i)=f(U_i)$，该函数关系由测斜仪生产厂家提供。

7.1.2.4　数据采集单元

1）主要功能和特点

（1）实时时钟管理

本模块自带实时时钟，可实现定时测量，自动存储，起始测量时间及定时测量周期可自由设置。

（2）参数及数据掉电保护

所有设置参数及自动定时测量数据都存储于专用的存储器内，可实现掉电后的可靠保存。

（3）电源备用系统

无论何时发生停电时，本模块自动切换至备用电池供电，一节6V、4AH/4AH可充电的免维护蓄电池可连续工作7d以上。

（4）自诊断功能

本模块具有自诊断功能，可对数据存储器、程序存储器、中央处理器、实时时钟电路、供电状况、电池电压、测量电路以及电容传感器线路进行自检查，实现故障自诊断。

（5）抗电功能

本模块电源线、通信线、传感器引线的入口均采取了抗电击的措施。

（6）选测功能

根据需要通过对传感器测点的选择设置，完成一次测量并可输出这些测点的测量数据。

（7）单测功能

通过选择某一传感器测点的选择，可实现对此测点的连续多次测量，测量次数可设定。

2）主要技术参数

（1）测点容量：8通道。

（2）测量精度：0.1% $F \cdot S$ ±1个字±传感器精度。

（3）分辨率：0.02%。

（4）测量时间：每通道2~4s。

（5）通信接口：EIA-485，屏蔽双绞线，1200bps，大于3km；光纤、无线和公用电话网通信方式备选。

（6）数据存储容量：大于300测次。

（7）电源系统。

电池：6.0VDC~7.0VDC（6V，4AH/3AH）。

充电输入：7.4VDC~7.6VDC，1A。

功耗：掉电，200μA；

休眠，10mA；

待机，60mA；

测量，小于250mA。

(8)工作温度:-10~50℃(-25~60℃可选)。

储藏温度:-20~70℃。

(9)尺寸:28cm×15.5cm×3.3cm。

3)安装

现场安装前对数据采集模块进行拷机及相关试验,对模块进行筛选,确保其达到规定技术指标。数据采集单元DAU2000的安装位置按安装图施工,安装位置要考虑仪器接入,DAU维护方便,一般在观测站中高度不宜超过1.6m,用4个地脚螺栓连接,安装后机箱平整,仪器进线整齐、标识明确,信号线、通信线、电源线与DAU接线端子的接头均用镀银冷压接头,以保证可靠性。将机箱的接地端子连接到观测站地线上。DAU2000安装如图7-5所示。

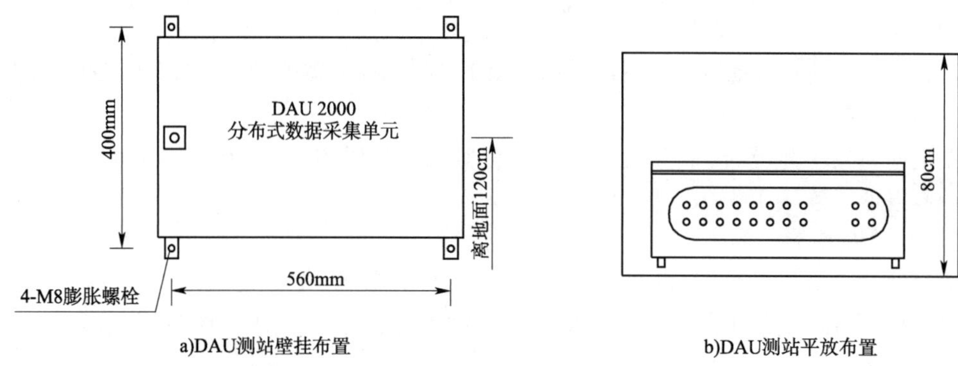

图7-5　DAU2000安装图

7.1.3　监测项目及实施

7.1.3.1　监测项目

根据相关的施工监测经验,既有线的监测对象主要由既有线隧道主体结构的变位及裂缝和运营线路的几何状态两部分构成(表7-1)。

监测项目汇总表　　表7-1

序号	监测项目	监测仪器	监测频率	监测目的
1	既有车站结构隆陷变形	静力水准	施工关键期:1次/20min 一般施工状态:1次/2h	掌握施工期间既有车站结构隆陷变形情况
2	既有车站变形缝差异沉降	静力水准	施工关键期:1次/20min 一般施工状态:1次/2h	掌握施工期间既有车站结构缝差异沉降变形情况
3	既有车站变形缝开合度	测缝计	施工关键期:1次/20min 一般施工状态:1次/2h	掌握施工期间既有车站结构缝水平变形情况

续上表

序号	监 测 项 目	监 测 仪 器	监 测 频 率	监 测 目 的
4	走行轨纵向变形	静力水准	施工关键期： 1 次/20min 一般施工状态： 1 次/2h	掌握施工期间既有车站轨道结构纵向变形情况
5	走行轨两轨高差变化	梁式倾斜仪	施工关键期： 1 次/20min 一般施工状态： 1 次/2h	掌握施工期间既有车站轨道结构两轨高差变形情况
6	走行轨轨距变形	变位计	施工关键期： 1 次/20min 一般施工状态： 1 次/2h	掌握施工期间既有车站轨道水平距离变形情况

注：可根据施工情况和沉降情况调整监测频率，随时将监测信息通报监测领导小组。

7.1.3.2 测点布设原则

1）既有结构监测

（1）结构沉降监测

结构沉降监测采用静力水准系统，根据理论分析及相关经验，既有车站内，新建车站中线两侧 30m 范围为重点监测部位，参照既有车站结构承力柱设置测点。

（2）结构缝变形监测

结构缝沉降观测采用静力水准系统，沉降缝之间的胀缩测缝计进行测量，在选定的结构缝上的两侧沿缝水平方向布设 1 只测缝计，选择施工影响范围内的结构缝进行沉降监测。

2）轨道结构变形监测

（1）走行轨结构纵向变形监测

轨道变形监测采用静力水准系统。为保证监测系统安全可靠，每条测线设 5 条静力水准系统，走行轨结构左右水平高低变化监测。

采用梁式倾斜仪监测，既有车站内，新建车站中线两侧 30m 范围为重点监测部位。

（2）走行轨水平距离的偏差监测

采用测距仪监测走行轨水平间距的相对变形，既有车站内，新建车站中线两侧 30m 范围为重点监测部位。

7.1.3.3 远程监测现场实施

1）静力水准仪

仪器的安装尺寸如图 7-6 ~ 图 7-9 所示。

2）电容式位移计

走行轨水平距离的偏差及结构缝的胀缩监测如图 7-10 所示，在两轨之间安装测距仪即可。

结构缝的胀缩监测，在缝的两侧用膨胀螺栓固定测缝计的安装夹具，将测缝计固定在夹具上，如图 7-11 所示。

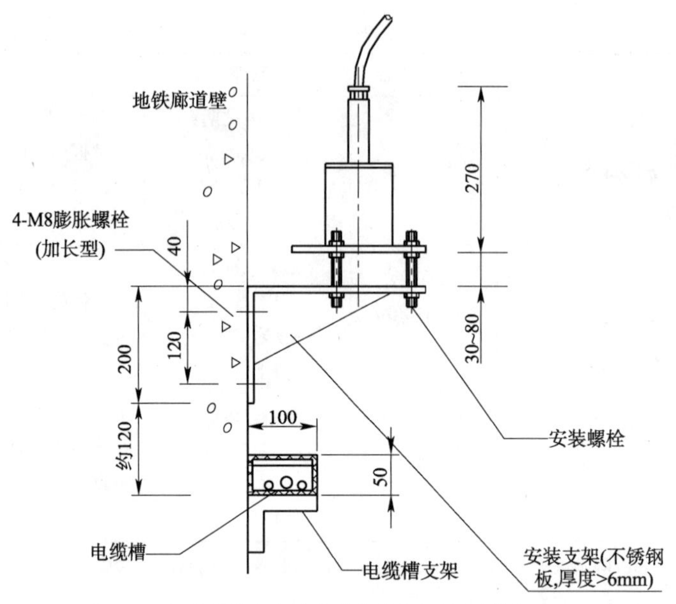

图 7-6　地铁壁静力水准仪安装示意图(尺寸单位:mm)

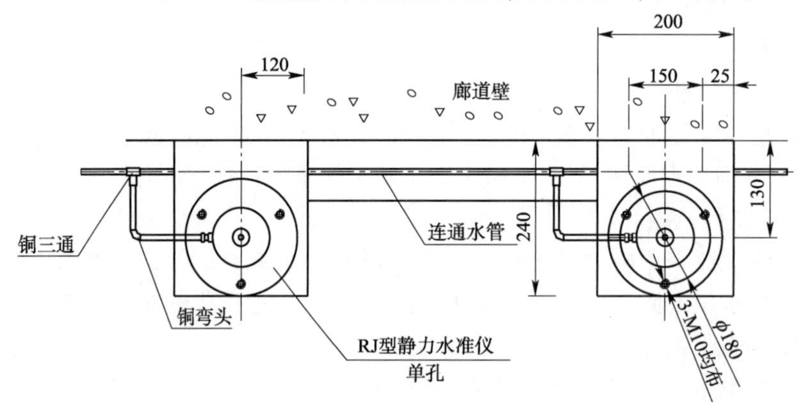

图 7-7　地铁壁静力水准管路安装示意图(尺寸单位:mm)

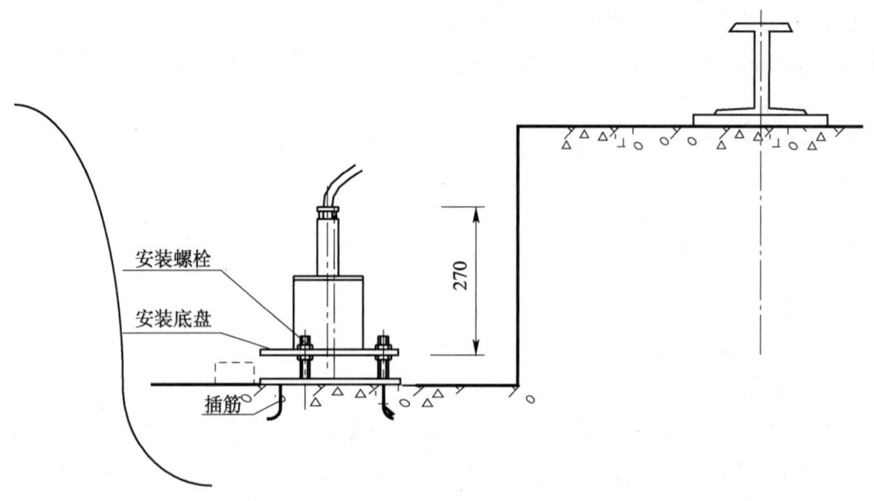

图 7-8　地铁基础静力水准仪安装示意图(尺寸单位:mm)

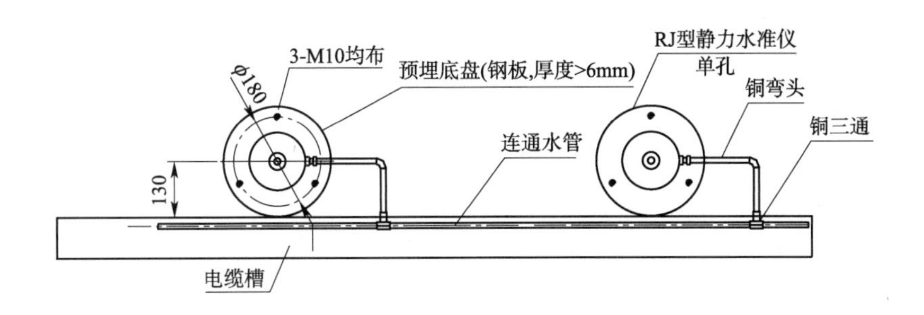

图7-9　地铁基础静力水准仪管路安装示意图(尺寸单位:mm)

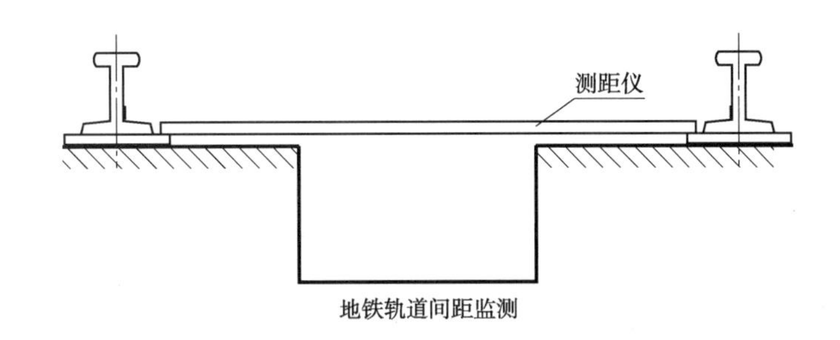

图7-10　电容式位移计安装图

安装完毕后按设置的通道接入DAU2000数据采集单元中即可实现自动测量。

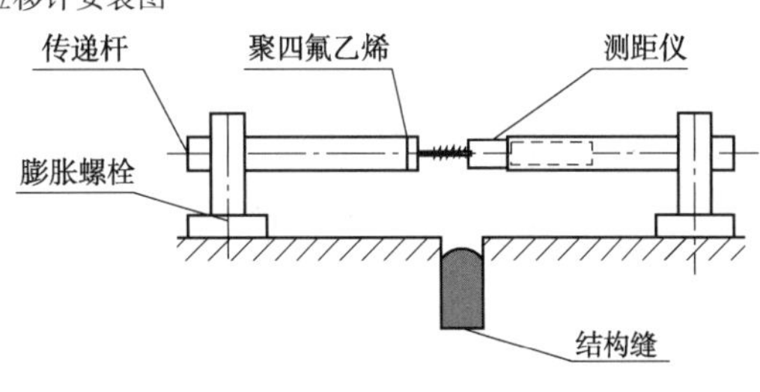

图7-11　结构缝测点埋设图

3)梁式倾斜仪

走行轨结构左右水平高低变化监测如图7-12所示,在相邻两传铁轨用膨胀螺丝固定测斜梁,调节初始位置,将电解液式梁式倾斜仪安装在底梁上。基本步骤如下:

检验仪器是否完好、测量是否准确;按仪器安装要求做好底梁安装,并使安装底座基本保持水平;按照仪器说明书进行安装和接线调试。安装完毕后按设置的通道接入DAU2000数据采集单元中即可实现自动测量。如图7-13所示。

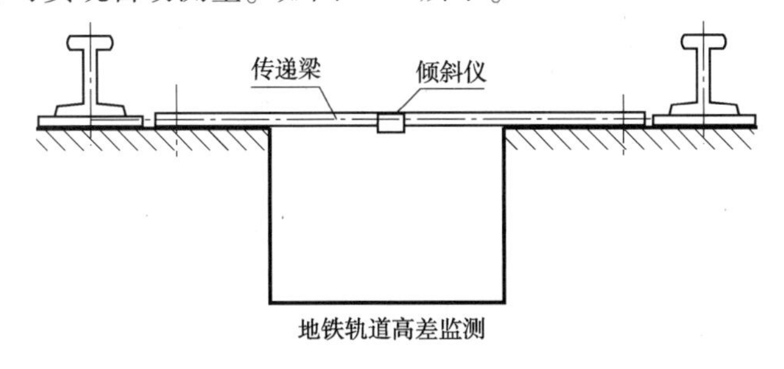

图7-12　倾斜仪安装图

7.1.3.4　监测反馈及报警制度

施工过程中对既有线进行24h不间断监测,全部监测数据(数据采集及数据分析)均由计算机管理，日常监测汇报及报警程序根据监测反馈流程图所示流程进行，以确保地铁安全运营。监测反馈流程图见图7-13。

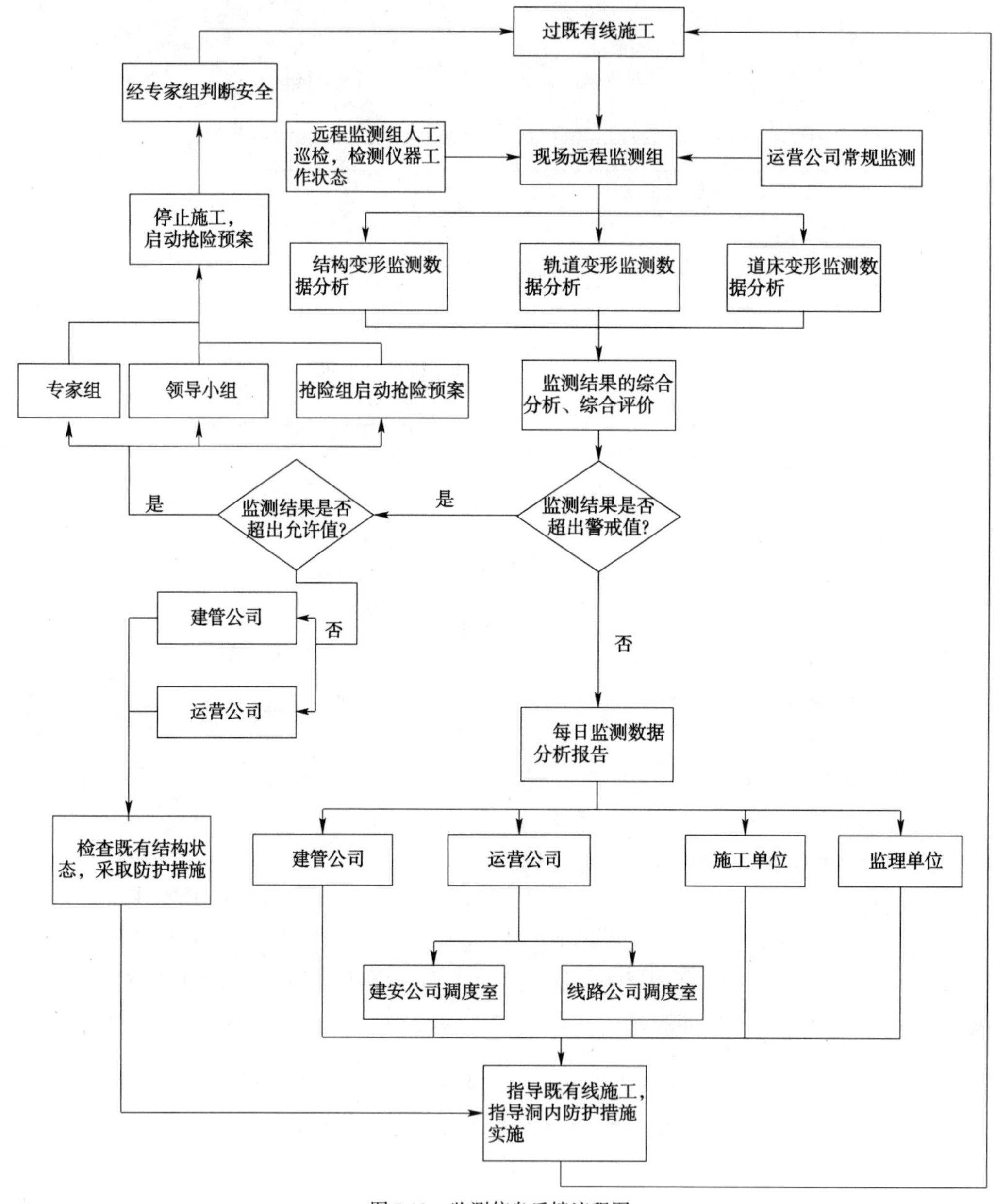

图7-13 监测信息反馈流程图

7.2 隧道施工监控量测技术

7.2.1 监测项目确定

监控量测的项目主要根据工程的重要性及难易程度、监测目的、工程地质与水文地质条件、

结构形式、施工方法、经济情况、工程周边环境等综合而定,力求在满足需要的前提下,少而精。

根据浅埋暗挖法的施工特点,本着结构和围岩共同作用的原则,首先确定 A 项为必测项目,这是指导施工、确保安全、防塌防沉的重要量测,其内容为:①目测:检查有无明显开裂和变形;②初次支护拱顶下沉量测;③拱脚、边墙处水平净空收敛量测;④洞顶地表下沉量测,总共四种。

供以后设计、科研参考的量测或特殊周边环境要求而应增加的量测项目称为 B 项量测,其内容为:①隧道边墙两侧地层地中水平位移量测;②拱顶上部地层地中垂直多点位移量测;③结合工程的重要性、洞室跨度、周围环境条件等,选择围岩接触压力量测;④锚杆应力量测;⑤钢拱架应力量测;⑥爆破振动速度量测等应力、压力、振速量测项目作为施工中主要断面的特殊需要的辅助量测,一般工程可不进行。各种量测项目的简况见表 7-2。

浅埋暗挖法施工监控量测表 表 7-2

类别	量测项目	量测仪器及工具	测点布置	量测频率
施工监测项目	围岩及支护状态	地质描述及拱架支护状态观察	每一开挖环	开挖后立即进行,1 次/d
	地表下沉	水平仪和水准尺	每 50m 或 100m 一个断面	距开挖面 <2*B* 时,1~2 次/d; 距开挖面 <5*B* 时,1 次/2d; 距开挖面 >5*B* 时,1 次/周
	地面建筑、地下管线及构筑物下沉		每 10~50m 一个断面,每断面 7~11 个测点	
	拱顶下沉	水准仪、钢尺、无尺量测等	每 5~30m 一个断面,每断面 1~3 个测点,对于暗挖车站,每个导洞均应布设断面	距开挖面 <2*B* 时,1~2 次/d; 距开挖面 <5*B* 时,1 次/2d; 距开挖面 >5*B* 时,1 次/周
	周边净空收敛位移	收敛计、无尺量测等	每 5~100m 一个断面,每断面 2~3 根基线,对于暗挖车站,每个导洞均应布设断面	距开挖面 <2*B* 时,1~2 次/d; 距开挖面 <5*B* 时,1 次/2d; 距开挖面 >5*B* 时,1 次/周

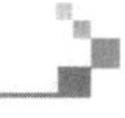

续上表

类别	量 测 项 目	量测仪器及工具	测 点 布 置	量 测 频 率
科研监测项目	地中水平位移	测斜仪、测斜管等	在代表性房屋断面两侧设置	距开挖面 <5B 时,1 次/2d
	地中垂直多点位移	沉降仪、垂直多点位移计	代表性断面的拱顶布置测点	距开挖面 <2B 时,1 次 /d; 距开挖面 <5B 时,1 次 /2d
	围岩内部位移	地面钻孔安放位移计、测斜仪等	取代表性地面设一断面,每断面 2 ~3 孔	距开挖面 <2B 时,1 ~2 次 /d; 距开挖面 <5B 时,1 次/2d; 距开挖面 >5B 时,1 次/周
	围岩压力及支护间压力	压力传感器	取代表性地面设一断面,每断面 15 ~ 20 个测点	距开挖面 <2B 时,1 ~2 次 /d; 距开挖面 <5B 时,1 次/2d; 距开挖面 >5B 时,1 次/周
	钢筋格栅拱架内力及外力	支柱压力计或钢筋拉力计	每 10 ~ 30 榀钢拱架设一对测力计	距开挖面 <2B 时,1 ~2 次 /d; 距开挖面 <5B 时,1 次/2d; 距开挖面 >5B 时,1 次/周
	初期支护、二次衬砌内应力及表面应力	混凝土内的应变计及应力计	取代表性地面设一断面,每断面 11 个测点	距开挖面 <2B 时,1 ~2 次 /d; 距开挖面 <5B 时,1 次/2d; 距开挖面 >5B 时,1 次/周
	锚杆内力、抗拔力及表面应力	锚杆测力计及拉拔器	必要时进行	距开挖面 <2B 时,1 ~2 次 /d 距开挖面 <5B 时,1 次/2d; 距开挖面 >5B 时,1 次/周
	衬砌间及背后空隙测试	地质雷达等物探仪器	拱部每隔 5m 一个环向断面,每断面 5 个测点,纵向沿中线每 2.5m 一个测点	在一次衬砌和二次衬砌完成后各做一次测定,注浆后作一次检验
	钢管注混凝土应力(暗挖车站)	压力盒、频率接收仪	选择有代表性钢管柱进行监测	距开挖面 <2B 时,1 ~2 次 /d; 距开挖面 <5B 时,1 次/2d; 距开挖面 >5B 时,1 次/周
	地下水位	水位管、地下水位仪	取代表性地面设置	1 次/2d
	岩体爆破地面质点振动速度和噪声	CD-1 传感器、声波仪及测振仪等	质点振速根据结构要求设点,噪声根据规定的测距设置	随爆破随时进行

注:B 为结构跨度。

7.2.2 监控量测实施

7.2.2.1 目测

在施工过程中对开挖面附近围岩的性质、状态进行目测,对开挖后初期支护的稳定状态进行目测,其内容包括:

(1)围岩类型及分布特征,结构面位置和产状,节理裂隙发育程度和几何特性,节理裂隙的填充物的性质和状态等。

(2)开挖工作面的围岩稳定状态,顶板有无剥落掉块现象。

(3)是否有涌水,涌水量大小,涌水位置,地下水物理性质(颜色、气味、色度等)。

开挖后已支护段的内容包括:

(1)有无锚杆被拉断或垫板陷入围岩内部的现象。

(2)喷混凝土是否产生裂隙或剥离,要特别注意喷混凝土是否产生剪切破坏。

(3)钢拱架有无被压屈现象。

(4)是否有底鼓现象。

7.2.2.2 地面、建(构)筑物、管线监控量测

测点布设包括监测控制点(水准基点、工作基点)及监测点[地表点、建(构)筑物测点、管线测点等]的布设方法。

1)控制点的布设

(1)水准基点的埋设

确定水准基点点位时,必须保证点位所在地地基坚实稳定、安全可靠,并利于标石长期保存与观测。水准基点应尽可能远离工程施工影响范围。

根据工程沿线的地质条件,水准基点拟埋设于施工或降水造成的变形影响深度以下的地层内,采用深层金属管水准基点,埋深30.0~40.0m。地面开孔采用水井钻机施工,清孔彻底后下入保护管,管与孔壁间回填黏土,然后在保护管内下入基点底座和标杆,底座用水泥固牢(浇固厚度2.0m);标杆上每隔3.0m设置导正器,且导正器与保护管接触部位涂抹润滑油。详见沉降监测水准基点结构大样图(图7-14)。

(2)工作基点的埋设

工作基点应根据地层土质状况决定,一般采用混凝土普通水准标石,标石埋设在地表以下1.5~2.0m的深度。位于靠近观测目标且便于联测观测点的稳定或相对稳定位置。

工作基点标石的顶面的中央为圆球状不锈钢的金属水准标志。标志须安放正确,镶接牢固,其顶部应高出标石1~2cm。详见沉降监测工作基点结构大样图(图7-15)。

(3)监测控制点的保护

标石埋设后,在点位四周砌筑规格不应小于1.5m×1.5m×1.0m的砖石护墙,并围绕标志砌筑内径为0.5m×0.5m×0.5m的砖石方井或圆井,上加盖板,并设置醒目的保护指示牌,做好标记,以便于长期观测。

2)监测点的埋设

(1)建(构)筑物测点

在工程施工影响范围内选取有代表性的高大建(构)筑物、民居危房、古建筑物及重要

地下管线等结构上布设位移监测点,测点的布设必须根据观测目的、建筑物的大小、结构特点、荷载分布等因素综合确定。在建筑物的四角、大转角处、伸缩缝、沉降缝上布设沉降监测点。

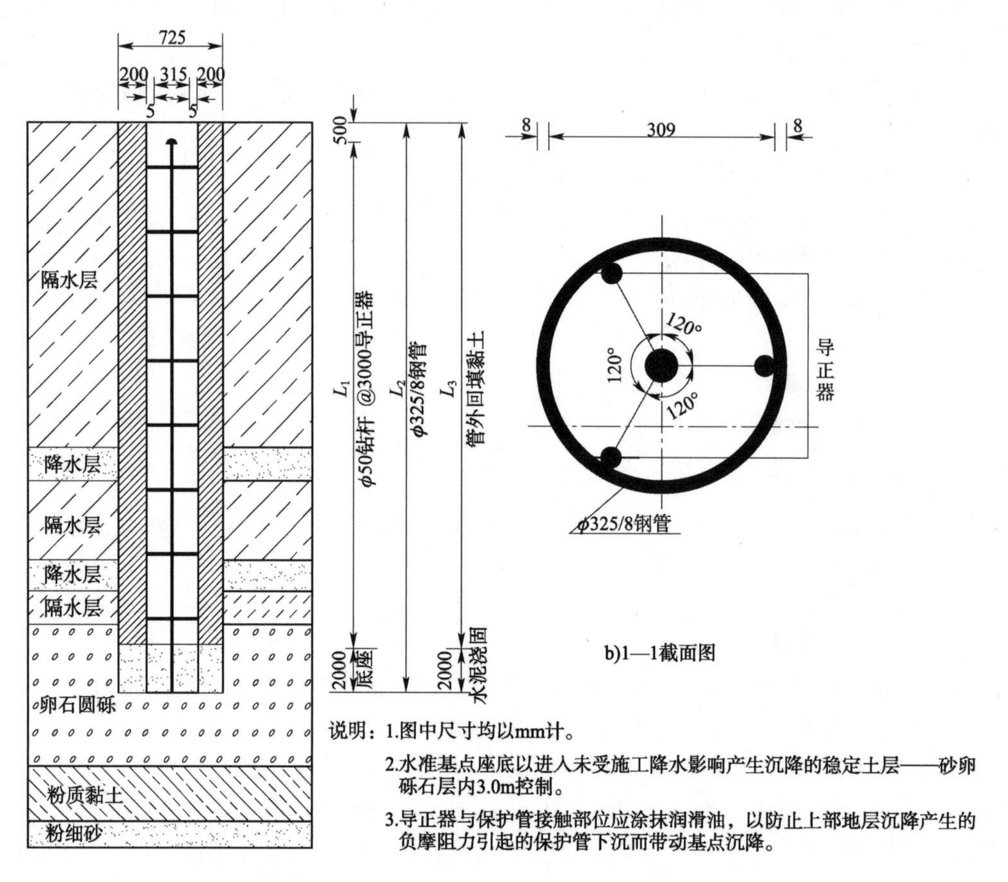

图 7-14　沉降监测水准基点结构大样图

建筑物测点埋设时先在建筑物的基础或墙上钻孔,然后将预埋件放入,孔与测点四周空隙用水泥砂浆填实。测点基本布设在被测建筑物的角点上,测点的埋设高度应方便观测,同时测点应采取保护措施,做好明显标志,并进行编号,避免在施工和使用期间受到破坏。每幢建筑物上一般至少在四个角部布置 4 个观测点,特别重要的建筑物布置 6 个或更多测点。测点的埋设参照图 7-16。

建筑物倾斜测点通过在建筑物外表面上粘贴刻有十字刻度的贴片进行布设。

地下管线测点布设一般采用地层模拟法和抱箍法,即在管线位置上方钻 50 ~ 80cm 深的孔,然后将预埋件放入并用水泥砂浆固定,或结合管线的改移,用抱箍将测杆与管路紧密连接,伸至地面,地面处布置相应的窨井,保证道路交通和人员正常通行,见图 7-17。测点应采取保护措施,避免在施工和使用期间受到破坏。

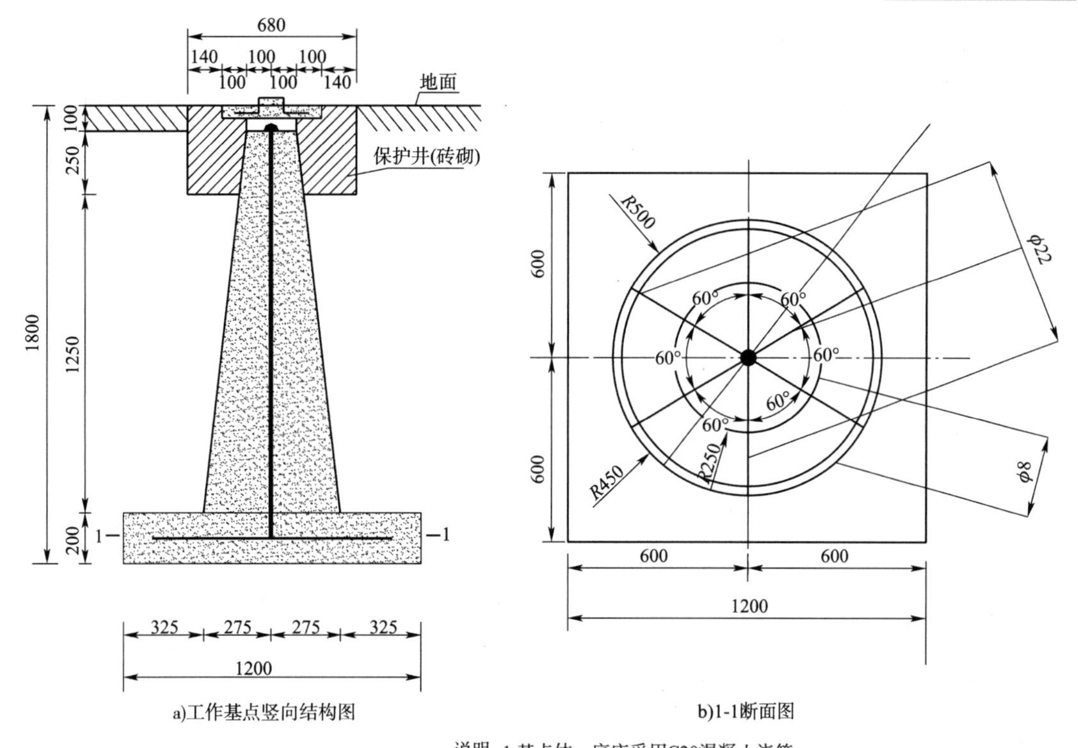

说明：1.基点体、底座采用C20混凝土浇筑。
　　　2.埋设前应清除虚土并夯实地基土。

图7-15　沉降监测工作基点结构大样图(尺寸单位:mm)

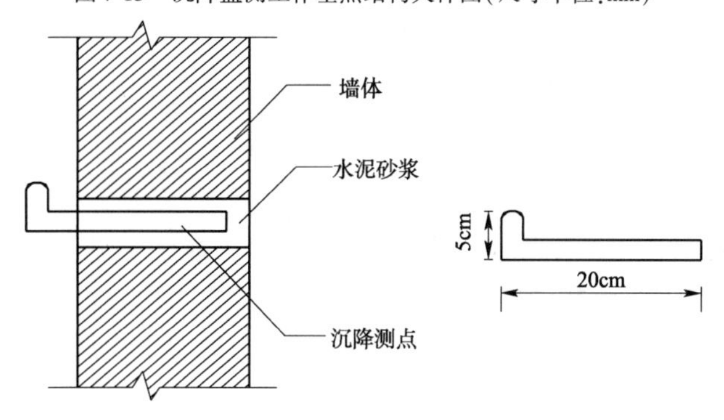

图7-16　建筑物沉降测点示意图

(2)地表测点

地表测点的埋设,应首先在地面开 $\phi100$ 的孔,打入顶部磨成椭圆形的 $\phi22$ 螺纹钢筋(如果是混凝土路面,钢筋底部至少应进入到路面下的路床上20cm,并与路面分离),然后在标志钢筋周围填入细砂夯实,为了防止由于路面沉降带到测点沉降影响监测成果数据,不可用混凝土或水泥固牢,最后还应在测点上部做上铁盖加以保护。具体方法见地表测点布设示意图(图7-18)。

7.2.2.3　水平净空收敛、拱顶下沉

(1)浅埋暗挖隧道测试断面一般沿隧道纵向间隔布设,测试断面间距根据量测项目的要

求而有所不同。一般,每5~100m一个断面,对于暗挖车站,每个导洞均应布设断面。

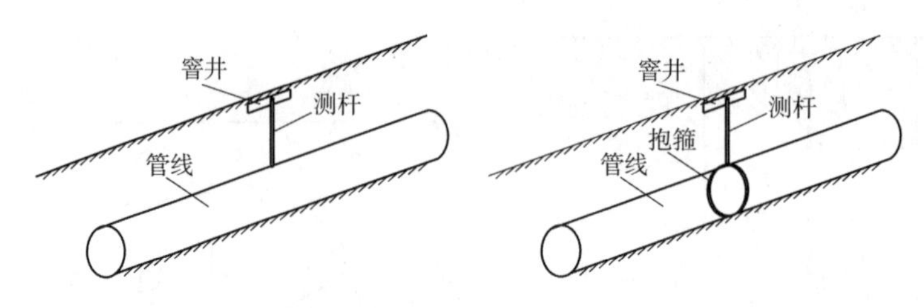

图7-17　管线测点布设示意图

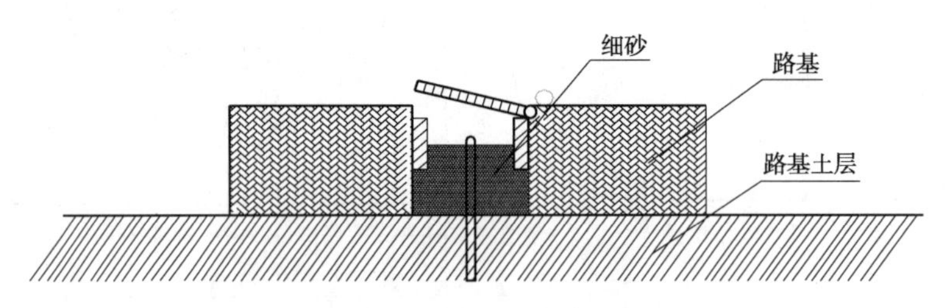

图7-18　地表测点布设示意图

(2)水平净空收敛和拱顶下沉一般布设在同一断面,且尽可能靠近开挖面,一般要求不超过2m。

(3)水平收敛测点是在被测结构面上用风钻或冲击钻成孔,孔径为40~80mm,深20cm,在孔中填塞水泥砂浆后插入收敛预埋件,上好保护帽,待砂浆凝固后即可进行监测。

(4)拱顶下沉测点一般用直径6mm钢筋弯成三角形,固定在待测结构面上。监测时用一把长度适宜的(长度依据隧道高度而定)钢卷尺,尺端连一个挂钩,可以挂在测点上。

7.2.2.4　其他监测项目

1)初支与二衬钢筋应力监测

将钢筋计串联焊接在被测主筋上,安装时应注意尽可能使钢筋计处于不受力状态,特别不应处于受弯状态,将钢筋计的导线逐段捆在临近钢筋上,引到地面的测试匣中,喷混凝土或二衬混凝土施作后,检查钢筋计的电阻值和绝缘情况,做好引出线和测试匣的保护措施。

2)围岩压力、接触压力监测

先根据预测的压力变化幅度来确定压力盒量程。压力盒采用直接法埋设在初支与土体、初支与二衬间,采用初支喷混凝土或二衬灌注混凝土后12h的三次读数的平均值作为接触压力测试初始值。

3)土体水平位移监测

利用钻机钻孔,将测斜管直接埋设在土中进行监测。安装和埋设时,检查测斜管内的一对导槽,其指向应与欲测位移一致。在未确认导槽畅通时,不得放入真实的测头。埋设结束后,量测导槽方位、管口高程,及时做好孔口保护装置,并做好记录。

测试时,连接测头和测斜仪,检查密封装置,电池充电量,仪器是否工作正常。将测头放入测斜管,测试应从孔底开始,自下而上沿导管全长每一个测段固定位置测读一次,测段长度为1m,每个测段测试一次读数后,将测头提转180°,插入同一对导槽重复测试,两次读数

应接近，符号相反，取数字平均值，作为该次监测值。

4）土体分层垂直位移监测

土体分层垂直位移测点一般在地下结构中线（拱部）所对应的地面提前钻孔布设。以测试施工全过程的动态变化。根据工程的重要程度及结构跨度大小，可选择一个测点或多个测点，并在纵向选择3～5个有代表性的断面布设测点，相互对比验证在每一测孔内沿深度方向每间隔一定距离设置一孔内测点，量测不同深度的变位情况，具体间隔长度视工程需要而定。

土体分层垂直位移量测方法很多，常用的有分层沉降仪和钻孔多点位移计量测等。

使用分层沉降仪测量土体分层垂直位移时，首先应将分层沉降管通过钻孔埋入地层中，用水准仪测出管口的高程，并测出各道钢环的初始位置（深度）。在施工过程中每次都要测定钢环的位置和管口高程。通过前后两次量测钢环相对位置的比较，即可求出地层的沉降变化。测定钢环位置时须缓慢地上下移动电磁探头，当接收仪上的指针偏转最大时，从钢尺上读出钢环的相对深度位置。量测频率一般为每周两次，地表下沉较大时，应加密量测频率。

使用钻孔多点位移计测量土体分层垂直位移时，同样须预先在测孔位置钻孔埋设测试元件，因测得的各点位移为相对孔口的位移，同样需用水准仪测出孔口高程，前后两次测得的变化值，量测频率同分层沉降量测。当有重要管道（如煤气管、高压水管）在隧道顶部地层通过时，应进行该项量测，以控制其沉降值，确保管线安全。

7.2.3 监测控制标准

监控量测管理基准值是根据有关规范、规程、计算资料及类似工程经验制定的。当监测数据达到管理基准值的70%时，定为警戒值，应加强监测频率。当监测数据达到或超过管理基准值时，应立即停止施工，修正支护参数后方能继续施工。

对于不同的监测对象和不同的监测内容有不同的监测控制标准，分别采用如下标准。

（1）位移控制标准（表7-3）

位移控制标准　　表7-3

序号	监测项目	允许变形值
1	地表下沉	综合确定
2	拱顶下沉	综合确定
3	洞内水平收敛	综合确定

（2）建筑物沉降控制标准

桩基础建筑物允许最大沉降值不应大于10mm。天然地基建筑物允许最大沉降值不应大于30mm。

（3）建筑物倾斜控制标准

建筑物允许沉降差控制标准如表7-4所示，多层和高层建筑的整体倾斜允许值如表7-5所示。

建筑物允许沉降差控制标准　表 7-4

变形特征		地基变形允许值	
		中、低压缩性土	高压缩性土
砌体承重结构基础的局部倾斜		0.002	0.003
工业与民用建筑相邻柱基的沉降差	框架结构	$0.002l$	$0.003l$
	砌体墙填充的边排柱	$0.0007l$	$0.001l$

注：l 为相邻柱基的中心距离(mm)。

多层和高层建筑的整体倾斜允许值　表 7-5

变形特征	地基变形允许值
$H_g \leqslant 24$	0.0040
$24 < H_g \leqslant 60$	0.0030
$60 < H_g \leqslant 100$	0.0025
$H_g > 100$	0.0020

注：H_g 为自室外地面起算的建筑物高度(m)。

(4)地下管线及地面控制标准

承插式接头的铸铁水管、钢筋混凝土水管两个接头之间的局部倾斜值不应大于0.0025，采用焊接接头的水管两个接头之间的局部倾斜值不应大于0.006，采用焊接接头的煤气管两个接头之间的局部倾斜值不大于0.002。绝对沉降不应大于30mm。相应的道路沉降按上述相应管线的标准进行控制。

对于重要建(构)筑物或建(构)筑物本身设计有缺陷、既有变形以及结构本身的附加应力等因素，应重点观测并提高控制标准。

(5)警戒值

在信息化施工中，监测后应及时对各种监测数据进行整理分析，判断监测对象的稳定性，并及时反馈到施工中去指导施工。根据以往经验以《铁路隧道喷锚构筑法技术规范》(TB 10108—2002)的Ⅲ级管理制度作为监测管理方式，如表 7-6 所示。

监测管理表　表 7-6

管理等级	管理位移	施工状态
Ⅲ	$U_0 < \frac{1}{3}U_n$	可正常施工
Ⅱ	$\frac{1}{3}U_n \leqslant U_0 \leqslant \frac{2}{3}U_n$	应注意，并加强监测
Ⅰ	$U_0 > \frac{2}{3}U_n$	应采取加强支护等措施

注：U_0 为实测位移值；U_n 为允许位移值，U_n 的取值即监测控制标准。

根据上述监测管理基准，可选择监测频率：一般在Ⅲ级管理阶段监测频率可适当放大一些；在Ⅱ级管理阶段则应注意加密监测次数；在Ⅰ级管理阶段则应密切关注，加强监测，监测频率可达到1~2次/d或更多。

位移管理基准值在地下工程安全监控中有广泛应用,但需要补充说明的是,对地下工程而言,位移指标本身的物理意义不够明确,主要是位移指标与洞径、埋深、支护、施工等影响因素关系未能很好解决,这方面的研究成果也不多见,因而位移控制指标的制定和应用必须同时考虑以上各种因素,并尽可能同时配合使用位移速率控制指标。

与位移相比,位移速率控制指标有明确的物理意义,它反映了地层随时间变化的流变效应,在位移 $V=0$ 条件下,洞室围岩趋于稳定,反之,$V=C$(常数)或不断增大,则说明地层处于等速或加速流变状态,洞室是不稳定的,因此位移速率控制指标是洞室失稳的充分条件,在安全预报中,较位移指标有更直观和明确的控制意义。

7.2.4　监控量测反馈程序

监控量测资料采用计算机配专业技术软件进行自动化初步分析、处理。根据实测数据分析、绘制各种表格及曲线图,当曲线趋于平衡时推算出最终值,并提示结构物的安全性。

监测人员按时向施工监理、设计单位提交监控量测周报和月报,同时对当月的施工情况进行评价并提出施工建议,及时反馈指导信息,调整施工参数,保证安全施工。

(1)监测资料的反馈程序

监测资料的反馈程序见图7-19。

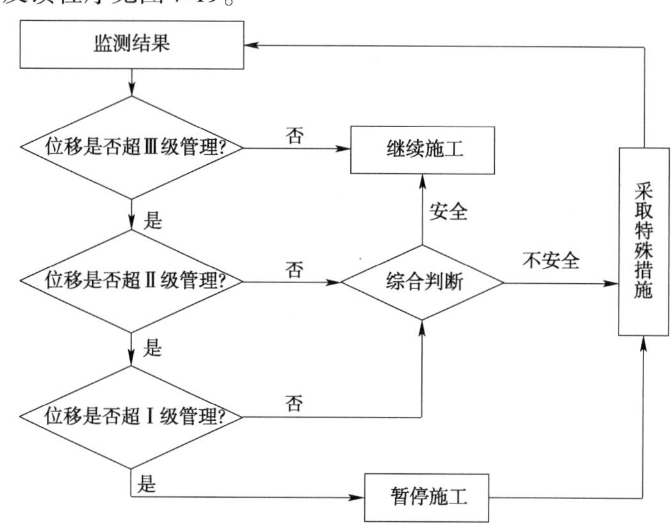

图7-19　监测资料反馈管理程序图

(2)监测信息的反馈程序

监测信息反馈流程见图7-20。

7.2.5　监控量测数据的采集、分析、预测

监测数据的整理分析反馈的方法和内容通常包括监测资料的采集、整理、分析、反馈及评判决策等方面。

1)数据采集

通过现场监测取得的数据和与之相关的其他资料的搜集、记录等。本监测项目采用的仪器如水准仪需人工读数、记录,然后将实测数据输入计算机;全站仪则自动数据采集,并将量测值自动传输到数据库管理系统。

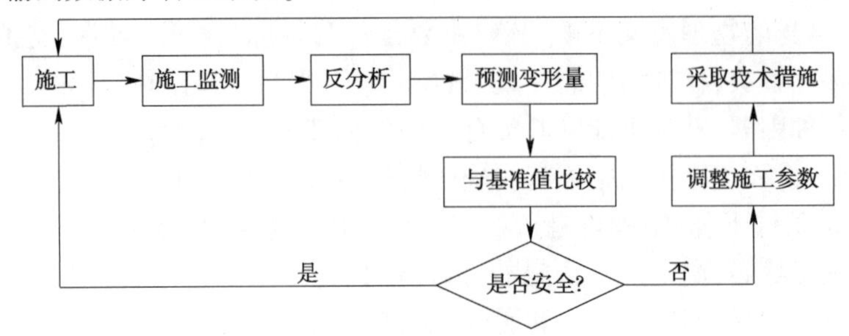

图7-20 监测信息管理流程图

2)数据整理

每次观测后应立即对原始观测数据进行校核和整理,包括原始观测值的检验、物理量的计算、填表制图,异常值的剔除、初步分析和整编等,并将检验过的数据输入计算机的数据库管理系统。

3)数据分析

采用比较法、作图法和数学、物理模型,分析各监测物理量值大小、变化规律、发展趋势,以便对工程的安全状态和应采取的措施进行评估决策。

绘制时间—位移曲线和距离—位移曲线,如图7-21所示。如果位移的变化随时间(或距开挖面距离)而渐趋稳定,说明围岩处于稳定状态,支护系统是有效、可靠的,如图中的正常曲线。在图中的反常曲线中,出现了反弯点,这说明位移出现反常的急骤增长现象,表明围岩和支护已呈不稳定状态,应立即采取相应的工程措施。

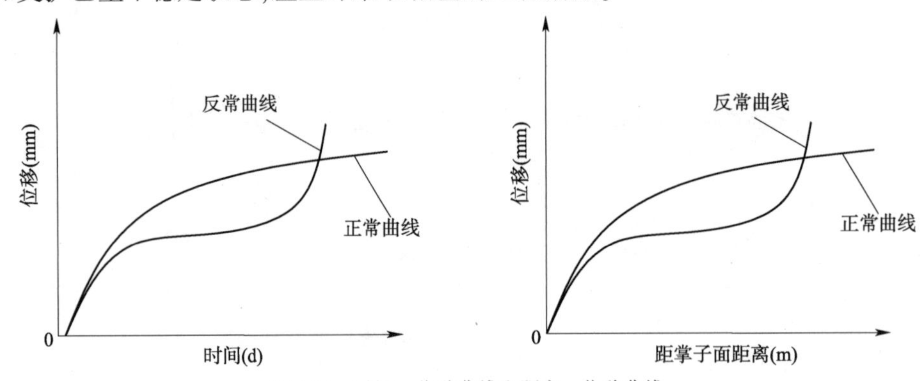

图7-21 时间—位移曲线和距离—位移曲线

4)安全预测

在取得足够的数据后,还应根据散点图的数据分布状况,选择合适的函数,对监测结果进行回归分析,以预测该测点可能出现的最大位移值,预测结构和建筑物的安全状况。

(1)插值法

在实测数据的基础上,采用函数近似的方法,求得符合测量规律而又未实测到的数据。

(2)采用统计分析方法对监测结果进行回归分析

寻找一种能够较好反映监测数据变化规律和趋势的函数关系式,对下一阶段的监测物理量进行预测,防患于未然。如预测最终位移值,预测结构物的安全性,并据此确定工程技术措施等。因此,对每一测点的监测结果要根据管理基准和位移变化速率(mm/d)等综合判断结构和建筑物的安全状况,并编写周、月汇总报表,及时反馈指导施工,调整施工参数,达到安全、快速、高效施工之目的。

5)反馈

为确保监测结果的质量,加快信息反馈速度,全部监测数据均由计算机管理,每次监测必须有监测结果,及时上报监测周报表,并按期向有关单位提交监测月报,同时附上相应的测点位移时态曲线图,对当月的施工情况进行评价并提出施工建议。监测反馈程序见图7-22。

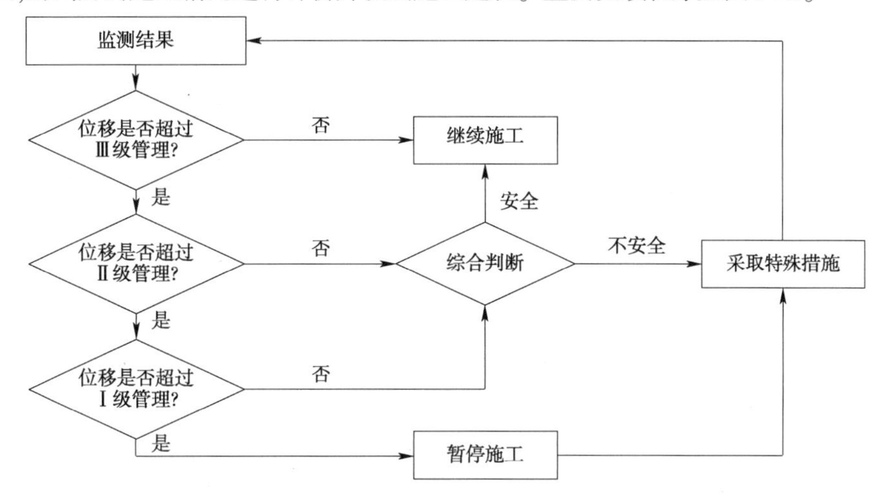

图7-22　监测反馈程序框图

当施工中出现下列情况之一时,应立即停止施工,采取措施处理。

(1)初期支护结构有较大开裂。

(2)监测数据有不断增大的趋势。

(3)暗挖隧道支护结构变形过大,超过控制基准或出现明显的受力裂缝并不断发展。

(4)时态曲线长时间没有变缓的趋势等。

7.2.6　监测管理体系

(1)监测管理体系

针对监测项目的特点建立专业组织机构,成立监控量测及信息反馈小组,监测小组根据监测项目分为地面和地下两个监测小组,监测组织机构见图7-23。

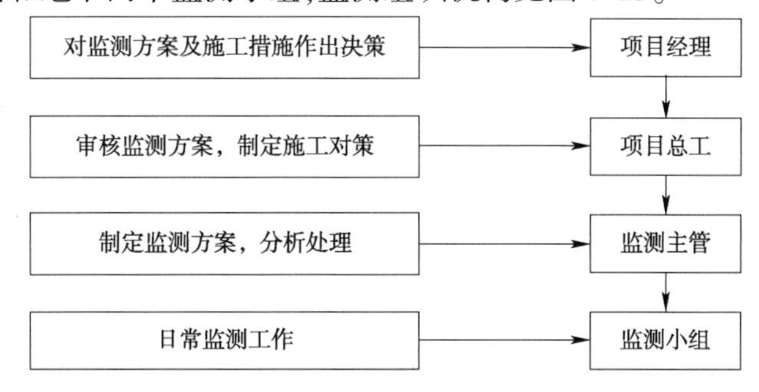

图7-23　施工监测组织机构图

(2)监控量测管理流程

监控量测管理流程如图7-24所示。

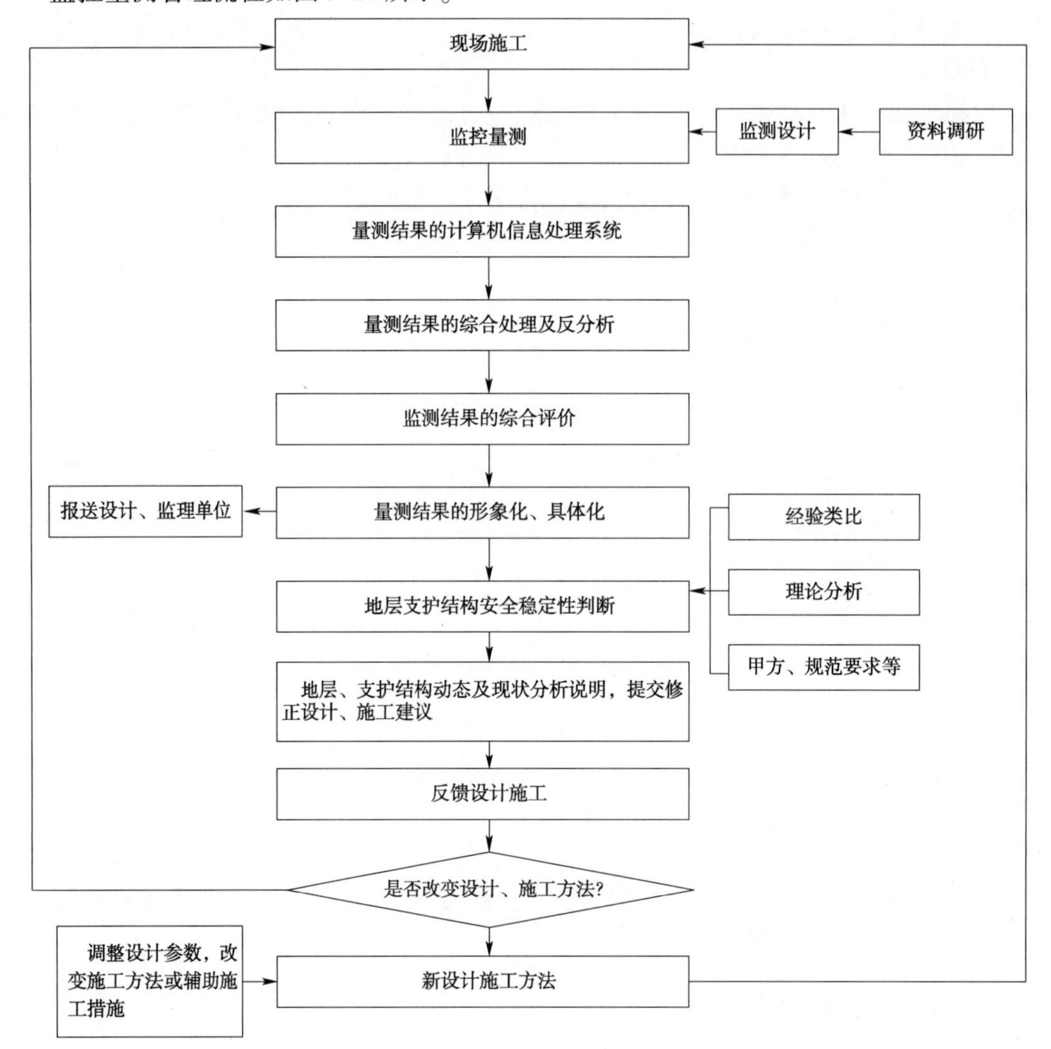

图7-24　监控量测管理流程图

第8章　浅埋暗挖隧道工作面安全风险评估

8.1　工作面风险源识别、分级、评价

采用浅埋暗挖法修建隧道时,由于隧道周围地层应力状态的不断变化,导致地层损失必然发生。地层应力变化和地层损失直观表现为地表沉降,使得周围建(构)筑物、地下管线发生平动、转动和扭动,进而可能产生破坏,造成生命财产的损失。地层应力变化和地层损失是必然的,但是对隧道结构、地面活动、周围建筑和环境等是否造成影响、发生的损失有多大,都是不确定的,这就出现了浅埋暗挖法隧道工程建设中的风险问题。

同时,浅埋暗挖法隧道工作面具有点多面广、安全风险源复杂、地质条件异常特殊、施工工序交叉等特点,因此,隧道工作面安全评估非常重要。然而,由于隧道工作面是施工最集中的地方,不确定因素很多,极易给安全施工带来隐患,其安全控制非常困难。

8.1.1　风险源识别

风险源的识别是指识别风险源的存在、易产生的后果及其影响因素等。由于在浅埋暗挖法隧道工程建设中,沿线的地质条件、地下水状况、周围建(构)筑物、穿越的地下管线、邻近的隧道等具有特殊性,其施工方法、辅助工法、施工管理水平等也具有特殊性,因此风险源识别还应具有一定的针对性,并且要结合浅埋暗挖法隧道的施工程序和过程进行识别,这就是动态风险识别过程。动态风险识别过程综合考虑了工程地质条件、水文地质条件、隧道施工过程、重点及难点工程、现有施工技术、周边环境等,将浅埋暗挖法隧道工程建设过程中的风险通过建设实施过程有机地联系起来,使风险清单条理清晰、结构完整、重点突出、层次分明。以动态风险识别过程为主线,以静态风险识别为手段,是对地铁浅埋暗挖法隧道进行风险识别的有效方法。

(1)安全风险的辨识内容

①工作环境:包括周围环境、工程地质条件、地形、自然灾害、气象条件、资源交通、抢险救灾支持条件等。

②平面布局:功能分区(生产区、管理区、辅助生产区、生活区);高温、有害物质、噪声、辐射、易燃、易爆设施布置;建(构)筑物布置;风向、安全距离、卫生防护距离等。

③运输路线:施工便道,各施工作业区、作业面、作业点的贯通道路以及与外界联系的交通路线等。

④施工工序:物资特性(毒性、腐蚀性、燃爆性)、温度、压力、速度、作业及控制条件、事故及失控状态。

⑤施工机具、设备:高温、低温、腐蚀、高压、振动、关键部位的备用设备、控制、操作、检修和故障、失误时的紧急异常情况;机械设备的运动部件和工件、操作条件、检修作业、误运转和误操作;电气设备的断电、触电、火灾、爆炸、误运转和误操作,静电、雷电。

⑥危险性较大设备和高处作业设备:如提升、起重设备等。

⑦特殊装置、设备:锅炉房、危险品库房等。

⑧有害作业部位:粉尘、毒物、噪声、振动、辐射、高温、低温等。

⑨各种设施:管理设施(项目经理部等),事故应急抢救设施(医院卫生所等),辅助生产、生活设施等。

(2)风险源辨识方法

①调查法:辨识小组在现场进行调查、辨识。

②安全检查表辨识法:辨识小组编制安全检查表,进行辨识。

③经验法:辨识小组结合以往经验进行辨识。

④经辨识的风险源填入"风险源调查表"内。

(3)风险源清单

根据以往浅埋暗挖法隧道工程建设的实践经验、数据资料,以及隧道工程理论,按照施工工序,对各个隧道工作面的风险识别如下。

①开挖过程:

a. 工作面变得不稳定;

b. 工作面顶部掉块、掉土;

c. 工作面出现涌水;

d. 水平收敛过大;

e. 拱顶下沉过大;

f. 产生底鼓。

②支护系统:

a. 拱架安装;

b. 锁脚锚管安装;

c. 喷层混凝土开裂;

d. 支护系统扭曲变形。

③二次衬砌:

a. 钢筋绑扎;

b. 模板安装;

c. 混凝土施工;

d. 混凝土养护;

e. 混凝土裂缝。

④机械设备:

a. 注浆设备故障;

b. 开挖机械故障;

c. 混凝土喷射机;

d. 通风机械故障；

e. 运输机械故障。

⑤穿越重要管线：

a. 地下管线水平位移过大；

b. 地下水管破损；

c. 煤气管破裂；

d. 地下通信电缆被切断；

e. 地下输变电管线沉降量过大。

⑥穿越既有隧道：

a. 既有隧道隆沉超标；

b. 既有隧道结构变形。

⑦穿越重要建筑：

a. 地面沉降过大；

b. 建筑基础下沉；

c. 建筑倾斜量过大；

d. 建筑结构裂缝过大；

e. 建筑倒塌。

⑧工作环境：

a. 电危害；

b. 粉尘、废气、烟雾、有害气体；

c. 照明、排水设施；

d. 洞内噪声危害，如手风钻、空压机、通风机工作时发生噪声。

⑨安全防护：

a. 防护缺陷；

b. 标志缺陷（无标志、标志不清楚、标志不规范、标志选用不当、标志位置缺陷、其他标志缺陷）；

c. 信号缺陷（无信号设施、信号选用不当、信号位置不当、信号不清、其他信号缺陷）。

8.1.2　风险源分级

根据轨道交通工程建设的工程特点，地质、环境条件和工程经验，重点考虑环境影响和工程自身安全，将新建线路建设期工点的安全风险源定性分为特级、一级、二级、三级。

①特级风险源：指下穿既有线（含铁路）的新建工程。

②一级风险源：指下穿既有建（构）筑物、重要市政管线，上穿既有线的新建工程，暗挖车站，需特殊设计处理的暗挖工程。

③二级风险源：指临近既有建（构）筑物及下穿重要市政道路、河流的新建工程。

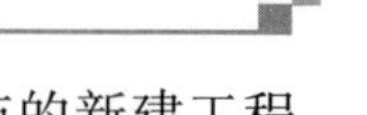

④三级风险源:指下穿一般市政管线、一般市政道路及其他市政基础设施的新建工程,无特殊环境要求的暗挖工程。

进行安全风险源分级时,可结合环境条件、地质条件和工程特点,以及地铁结构与邻近环境的空间位置关系,在充分调查研究及分析的基础上,把某一等级的安全风险工程项目按高一个等级或低一个等级进行安全风险管理。

(1)风险控制指标

风险控制指标应设立预警值、报警值和控制值三级指标。预警值取为控制值的70%,报警值取为控制值的85%。

控制值的确定应根据国家、行业、地方所颁发的有关技术标准、规范、规程,按“分区、分级、分阶段”和变形、变形速率“双控”的原则,由工点设计单位负责制定。

工点设计单位应按照不同的地质、环境及其安全性影响分区,不同的安全风险源等级和不同的施工方法、工况及工序阶段,制定相应控制指标值,并经专家论证确定。

施工过程中控制值可通过监测数据的综合分析和安全状态判定进行调整,但应经四方会议和专家论证确认。

(2)风险源安全状态分级

根据国家、行业、地方所颁发的有关技术标准、规范、规程和风险控制指标,将风险源安全状态分为四级:正常、黄色报警、橙色报警和红色报警,在施工过程中进行反馈和控制。

①正常状态:实测变形和变形速率值双控指标均未达到控制值的70%时,或双控指标之一达到控制值的70%~85%之间而另一指标未达到控制值的70%时,工程或周边环境处于相对安全状态。

②黄色报警状态:实测变形和变形速率值双控指标均达到控制值的70%~85%之间时,或双控指标之一达到控制值的85%~100%之间而另一指标未达到控制值的85%时,应发出黄色报警信号。

综合判断安全状态等级在风险源清单表中表示为Ⅲ级。

③橙色报警状态:实测变形和变形速率值双控指标均达到控制值的85%~100%之间时,或双控指标之一达到控制值时,或双控指标均达到控制值而整体工程尚未出现不稳定迹象时,应发出橙色报警信号。

综合判断安全状态等级在风险源清单表中表示为Ⅱ级。

④红色报警状态:实测变形和变形速率值双控指标均达到控制值,与此同时,实测的位移(或沉降)速率出现急剧增长,应发出红色报警信号。

综合判断安全状态等级在风险源清单表中表示为Ⅰ级。

在施工过程中,可根据施工现场监控分析、工况巡视、综合判断和专家论证等,对风险源安全状态进行必要的修正、调整。

另外,不论风险源监测数据达到何种状态,当地表开裂,周围环境设施出现裂缝或影响正常使用,基坑或隧道出现涌水涌土、局部土体坍塌,基坑或隧道支护混凝土表面出现裂缝等时,都应立即组织有关人员进行现场分析判断,确定工程是否进入险情状态和发出危机信号。

8.1.3　风险源分析

根据以往浅埋暗挖法隧道工程建设的实践经验、数据资料，以及隧道工程理论，按照施工工序，对各个隧道工作面的风险源分析如下。

(1)开挖支护

①工作面变得不稳定：可导致工作面坍塌，造成人员伤亡、机械设备淹没等。应立即采取相应措施，如缩短一次掘进长度、向工作面喷混凝土、工作面钻孔注浆等。

②工作面顶部掉块、掉土：长时间可导致工作面不稳定，应密切关注，并采取措施，如及时安装拱架、缩短一次掘进长度、喷混凝土等。

③工作面出现涌水：可导致工作面坍塌，应视涌水实际情况采取不同的排、堵、降水措施。

④ 水平收敛过大：可导致工作面附近失稳，应采取措施，如及时支护、封闭成环、缩短台阶长度、加强超前支护等。

⑤拱顶下沉过大：可导致工作面附近失稳，应采取措施，如及时支护、封闭成环、缩短台阶长度，加强超前支护等。

⑥产生底鼓：可导致隧道工作面附近失稳，应采取措施，如及时封闭成环喷拱底混凝土、在拱底打锚杆等。

⑦喷层混凝土开裂：可导致隧道变形增加，严重者可能会引起塌方，应采取措施，如加钢筋网、加厚喷层、增强锚杆、设纵向伸缩缝等。

⑧支护系统扭曲变形：可导致隧道变形增加，严重者可能会引起塌方，应采取措施，如增强锚杆、采用可伸缩的钢支撑、在喷混凝土层中设纵向伸缩缝等。

(2)机械设备

设备、设施缺陷(强度不够、刚度不够、稳定性差、密封不良、外形缺陷、外露运动件、制动器缺陷、设备设施其他缺陷)，如脚手架、支撑架强度、刚度不够，起吊钢丝绳磨损严重。机械设备与工具引起的绞、碾、碰、割、戳、切等伤害，如工具或刀具飞出伤人、切削伤人，手或身体被卷入、被刀具碰伤、被转动的机具缠压住等。

(3)穿越重要管线

可导致管线破坏，引起各种事故，包括停电、停水、停气，通信中断等。引起的风险因素主要包括：地下管线水平位移过大，如地下水管破损、煤气管破裂、地下通信电缆被切断、地下输变电管线沉降量过大等。

(4)穿越既有隧道

可影响既有隧道的正常使用，造成不同程度地减速、甚至停用。引起的风险因素主要包括：既有隧道降沉超标、既有隧道结构变形等。

(5)穿越重要建筑

①地面沉降过大：地面沉降的大小直接影响地面建筑物、桥梁、交通等的安全状态，可按照建筑物监测安全基准确定地面沉降变化的状态是否安全。

②建筑基础下沉：建筑物基础下沉影响建筑物的安全。

③建筑倾斜量过大：建筑物倾斜量过大影响建筑物的安全。

④建筑结构裂缝过大:建筑物结构裂缝过大影响建筑物安全。

⑤建筑倒塌。

因此,穿越重要建筑物时,必须根据工程要求,由建筑物安全状态等内容确定地面变形值的大小。

(6)工作环境

①电危害(带电部位裸露、漏电、雷电、静电、电火花、其他电危害),如电线接头未包扎、化纤服装在易燃易爆环境中产生静电。

②粉尘、废气、烟雾、有害气体、放射性污染。

③粉尘污染主要由于传统施工方法——开挖、装渣、爆破而产生。

④有害气体污染是由于爆破过程中产生大量的一氧化碳,施工机械排放废气及地下管道泄漏煤气所致。

⑤洞内照明设施直接影响工作面的施工作业环境,可能导致现场施工秩序混乱,严重者可能导致伤亡事故。

⑥施工噪声是指各类施工企业在施工过程中所产生的声音,诸如建筑工程机械噪声、爆破噪声等。40dB 是正常环境的声音等级,超过 40dB 的声音,就会影响人们的生活和工作环境,称为噪声。

(7)安全防护

①防护缺陷,包括无防护、防护装置和设施缺陷、防护不当、支撑不当、防护距离不够、其他防护缺陷。

②标志缺陷,包括无标志、标志不清楚、标志不规范、标志选用不当、标志位置缺陷、其他标志缺陷。

③高处坠落:是指在高处作业中发生坠落造成的伤亡事故,包括脚手架、平台、陡壁施工等高于地面的坠落,也包括由地面坠入坑、洞、沟、升降口、漏斗等情况。

8.1.4 风险源评价

(1)风险源评价方法

风险源评价就是在前期识别的基础上,对风险因素的影响进行定量分析,并估算出各风险发生的概率及其可能导致的损失大小,为有针对性的采取风险控制措施提供科学依据。

风险评价应由有关管理人员、专家成立评价小组,在熟悉作业现场、相关法规、标准、评价方法后方能进行。

风险评价的方法主要有 Monte Carlo 模拟法、概率法、故障树分析法、层次分析法、专家打分评价法及 LEC 法等。

(2)风险源评价

隧道工作面风险源评价应由有关管理人员、专家成立评价小组,在熟悉作业现场、相关法规、标准、评价方法后方能进行。工作面风险源评价需要在现场进行,同时要求其评价方法具有操作性强、可直接判断、可动态反映等特点。因此,应在制定相关评价方法和判断准则后,制定简单易行的表格,直接由现场人员填写,并根据经验判定安全状态等级。表格标

准格式见表8-1。

隧道工作面风险源评价汇总　　　　表8-1

序号	风险区域	风险事故	可能危害	安全状态等级划分				措　施
				正常	黄色预警	橙色预警	红色预警	

8.1.5　浅埋暗挖法隧道工作面安全风险源清单

浅埋暗挖法隧道工作面安全风险源清单按表8-1所示格式填写。

8.2　工作面监控量测及其风险评估

8.2.1　监控量测项目

监控量测的项目主要根据工程的重要性及难易程度、监测目的、工程地质与水文地质条件、结构形式、施工方法、经济情况、工程周边环境等综合而定,力求在满足需要的前提下少而精。

根据浅埋暗挖法的施工特点,本着结构和围岩共同作用的原则,首先确定项目A为必测项目,这是指导施工、确保安全、防塌防沉的重要量测项目,其内容为:①目测:检查有无明显开裂和变形;②初次支护拱顶下沉量测;③拱脚、边墙中处水平净空收敛量测;④洞顶地表下沉量测,总共四种。

供以后设计、科研参考的量测或特殊周边环境要求而应增加的量测项目称为项目B量测,其内容为:①隧道边墙两侧地层地中水平位移量测;②拱顶上部地层地中垂直多点位移量测;③结合工程的重要性、洞室跨度、周围环境条件等,选择围岩接触压力量测;④锚杆应力量测;⑤钢拱架应力量测;⑥爆破振动速度量测等这些应力、压力、振速量测项目作为施工中主要断面在特殊需要时的辅助量测,一般工程可不进行。各种量测项目的简况见表8-2。

浅埋暗挖法施工监控量测表　　　　表8-2

类别	量测项目	量测仪器及工具	测点布置	量测频率
应测项目A	围岩及支护状态	地质描述及拱架支护状态观察	每一开挖环	开挖后立即进行,1次/d
	地表下沉	水平仪和水准尺	每50m或100m一个断面	距开挖面$<2B$时,1~2次/d; 距开挖面$<5B$时,1次/2d; 距开挖面$>5B$时,1次/周
	地面建筑、地下管线及构筑物下沉		每10~50m一个断面,每断面7~11个测点	

续上表

类别	量测项目	量测仪器及工具	测点布置	量测频率
应测项目A	拱顶下沉	水准仪、钢尺、无尺量测等	每5~30m一个断面,每断面1~3个测点,对于暗挖车站,每个导洞均应布设断面	距开挖面<2B时,1~2次/d; 距开挖面<5B时,1次/2d; 距开挖面>5B时,1次/周
	周边净空收敛位移	收敛计、无尺量测等	每5~100m一个断面,每断面2~3根基线,对于暗挖车站,每个导洞均应布设断面	距开挖面<2B时,1~2次/d; 距开挖面<5B时,1次/2d; 距开挖面>5B时,1次/周
选测项目B	地中水平位移	测斜仪、测斜管等	在代表性房屋断面两侧设置	距开挖面<5B时1次/2d
	地中垂直多点位移	沉降仪、垂直多点位移计	在代表性断面的拱顶布置测点	距开挖面<2B时,1次/d; 距开挖面<5B时,1次/2d
	围岩内部位移	地面钻孔安放位移计、测斜仪等	取代表性地面设一断面,每断面2~3孔	距开挖面<2B时,1~2次/d; 距开挖面<5B时;1次/2d; 距开挖面>5B时,1次/周
	围岩压力及支护间压力	压力传感器	取代表性地面设一断面,每断面15~20个测点	距开挖面<2B时;1~2次/d; 距开挖面<5B时,1次/2d; 距开挖面>5B时,1次/周
	钢筋格栅拱架内力及外力	支柱压力计或钢筋拉力计	每10~30榀钢拱架设一对测力计	距开挖面<2B时,1~2次/d; 距开挖面<5B时,1次/2d; 距开挖面>5B时,1次/周
	初期支护、二次衬砌内应力及表面应力	混凝土内的应变计及应力计	取代表性地面设一断面,每断面11个测点	距开挖面<2B时,1~2次/d; 距开挖面<5B时,1次/2d; 距开挖面>5B时,1次/周

续上表

类别	量测项目	量测仪器及工具	测点布置	量测频率
选测项目B	锚杆内力、抗拔力及表面应力	锚杆测力计及拉拔器	必要时进行	距开挖面<2*B*时,1~2次/d; 距开挖面<5*B*时,1次/2d; 距开挖面>5*B*时,1次/周
	衬砌间及背后空隙测试	地质雷达等物探仪器	拱部每隔5m一个环向断面,每断面5个测点,纵向沿中线每2.5m一个测点	在一次衬砌和二次衬砌完成后各做一次测定,注浆后做一次检验
	钢管注混凝土应力(暗挖车站)	压力盒、频率接收仪	选择有代表性钢管柱进行监测	距开挖面<2*B*时,1~2次/d; 距开挖面<5*B*时,1次/2d; 距开挖面>5*B*时,1次/周
	地下水位	水位管、地下水位仪	取代表性地面设置	1次/2d
	岩体爆破地面质点振动速度和噪声	CD-1传感器、声波仪及测振仪等	质点振速根据结构要求设点,噪声根据规定的测距设置	随爆破进行

注:*B*为结构跨度。

8.2.2　监控量测数据的采集、分析、预测

监测数据的整理分析反馈方法和内容通常包括监测资料的采集、整理、分析、安全预测、反馈等。

(1)数据采集

具体指通过现场监测取得的数据和与之相关的其他资料的搜集、记录等。本监测项目采用的仪器如水准仪需人工读数、记录,然后将实测数据输入计算机;全站仪则可自动采集数据,并将量测值自动传输到数据库管理系统。

(2)数据整理

每次观测后应立即对原始观测数据进行校核和整理,包括原始观测值的检验、物理量的计算、填表制图,异常值的剔除、初步分析和整编等,并将检验过的数据输入计算机的数据库管理系统。

(3)数据分析

采用比较法、作图法和数学、物理模型,分析各监测物理量值大小、变化规律、发展趋势,以便对工程的安全状态和应采取的措施进行评估决策。

绘制时间—位移曲线和距离—位移曲线,如图8-1所示。如果位移的变化随时间(或距开挖面距离)而渐趋稳定,说明围岩处于稳定状态,支护系统是有效、可靠的,如图中的正常曲线。在图8-1的反常曲线中,出现了反弯点,这说明位移出现反常的急剧增长,表明围岩和支护已呈不稳定状态,应立即采取相应的工程措施。

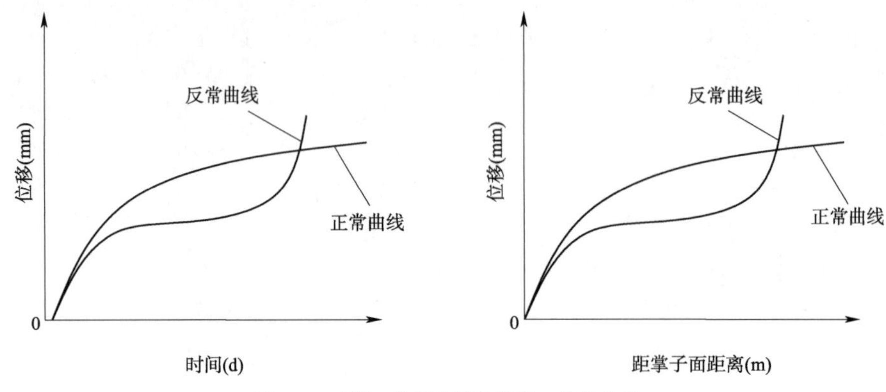

图8-1　时间—位移曲线和距离—位移曲线

(4)安全预测

在取得足够的数据后,还应根据散点图的数据分布状况,选择合适的函数,对监测结果进行回归分析,以预测该测点可能出现的最大位移值,预测结构和建筑物的安全状况。

①插值法:在实测数据的基础上,采用函数近似的方法,求得符合测量规律而又未实测到的数据。

②采用统计分析方法对监测结果进行回归分析:寻找一种能够较好反映监测数据变化规律和趋势的函数关系式,对下一阶段的监测物理量进行预测,防患于未然。如预测最终位移值,预测结构物的安全性,并据此确定工程技术措施等。因此,对每一测点的监测结果要根据管理基准和位移变化速率等综合判断结构和建筑物的安全状况,并编写周、月汇总报表,及时反馈指导施工,调整施工参数,达到安全、快速、高效施工的目的。

(5)反馈

为确保监测结果的质量,加快信息反馈速度,全部监测数据均由计算机管理,每次监测必须有监测结果,及时上报监测周报表,并按期向有关单位提交监测月报,同时附上相应的测点位移时态曲线图,对当月的施工情况进行评价并提出施工建议。监测反馈流程图见图8-2。

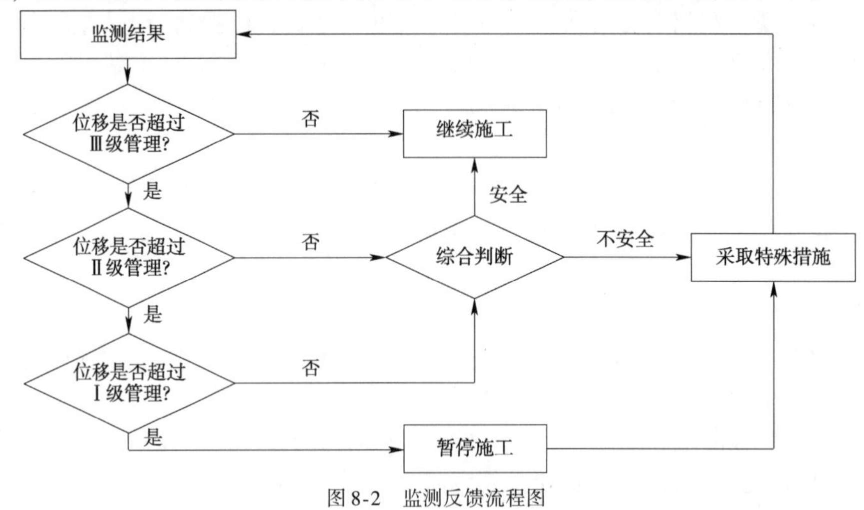

图8-2　监测反馈流程图

8.2.3　工作面安全状态评估

根据修建城市地铁时施工监测的成功经验，拟采用《铁路隧道喷锚构筑法技术规则》（TB 10108—2002）的Ⅲ级监测管理并配合位移速率作为监测管理基准，见表8-3。

监测管理表　　表8-3

管理等级	管理位移	施工状态
Ⅲ	$U_0 < \frac{1}{3}U_n$	可正常施工
Ⅱ	$\frac{1}{3}U_n \leqslant U_0 \leqslant \frac{2}{3}U_n$	应注意，并加强监测
Ⅰ	$U_0 > \frac{2}{3}U_n$	应采取加强支护等措施

注：U_0 为实测位移值；U_n 为允许位移值，U_n 的取值即监测控制标准。

根据上述监测管理基准，可选择监测频率：一般在Ⅲ级管理阶段可适当放大监测频率；在Ⅱ级管理阶段则应注意加密监测次数；在Ⅰ级管理阶段则应密切关注，加强监测，监测频率可达到1～2次/d或更多。

实测值落在Ⅰ级管理阶段以上，应发出警报，立即采取施工对策；实测值落在Ⅱ级管理阶段，应提出警告，说明需商讨和采取施工对策，预防最终位移值超限；实测值落在Ⅲ级管理阶段以下，说明隧道和围岩是稳定的。

当施工中出现下列情况之一时，应立即停止施工，采取措施处理。

（1）初支结构有较大开裂。

（2）监测数据有不断增大的趋势。

（3）暗挖隧道支护结构变形过大，超过控制基准或出现明显的受力裂缝并不断发展。

（4）时态曲线长时间没有变缓的趋势等。

8.3　组织管理评估

8.3.1　项目安全管理体系评估

（1）项目安全管理体系建立

安全生产管理体系见图8-3。

建立以项目经理为首的安全生产领导小组，小组成员由项目经理、项目副经理、项目总工、安质部部长、专职安检工程师、专职安全员及各工种班组的领班组成。其中项目经理为第一责任人，副经理为安全生产的直接责任人，项目总工为技术负责人。专职安检工程师负责日常安全工作的落实，督促工人按有关安全规定进行生产。从项目经理至施工班组层层明确安全岗位职责，制定相关规章制度，确保安全工作有章可循。图8-4为安全管理组织机构图。

①建立以安全岗位责任制为中心的安全生产责任制，落实各级管理人员和操作人员的安全职责。

②完善各项安全生产管理制度,针对各部门、各工种的特点制定相应的安全管理制度,如安全教育制度,安全考核制度、安全检查制度,事故分析制度、安全奖惩制度等,并由各级安全组织督促检查,加以落实,营造“安全生产,人人有责”的良好氛围。

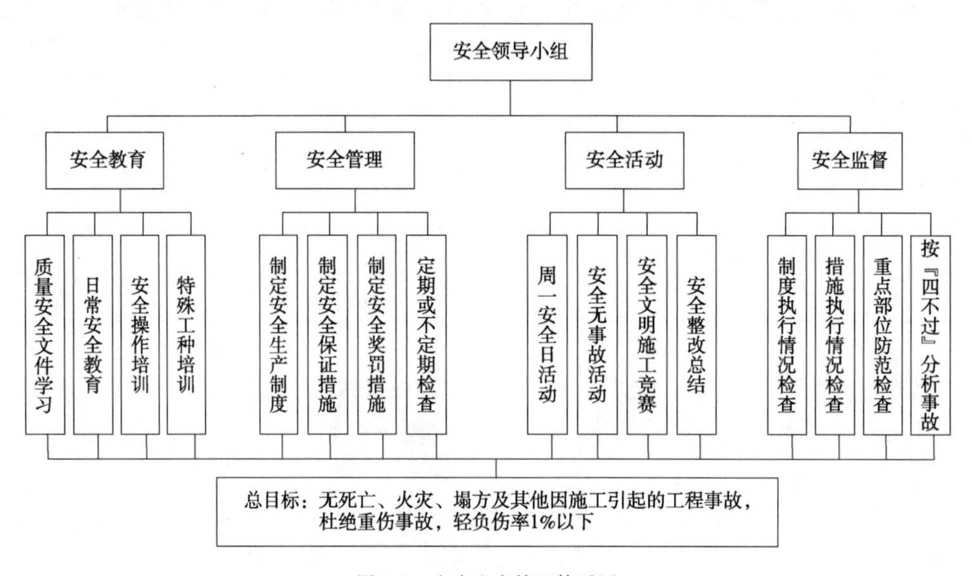

图 8-3　安全生产管理体系图

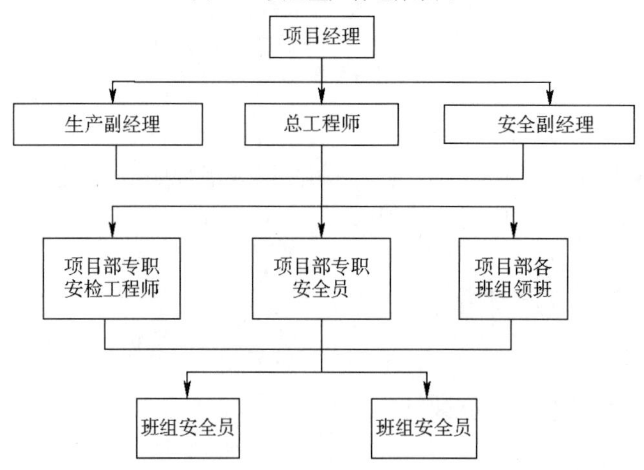

图 8-4　安全管理组织机构图

③建立安全生产值班制度,安全生产领导小组成员轮流值日,解决和处理施工生产中的安全问题并进行巡回安全生产监督检查。只要有人作业,就有领导值班,值班领导要认真做好安全生产值班记录。

④建立每周一次的安全生产例会制度和每日班前安全讲话制度,项目经理亲自主持定期的安全生产例会,协调安全与生产之间的矛盾,督促班前安全讲话活动,检查活动记录。

⑤加强班组安全建设,每个生产班组设置不脱产的兼职安全员,协助班组长搞好班组的安全生产管理。班组坚持班前班后岗位安全检查、安全值日和安全日活动制度,同时做好班组安全记录。

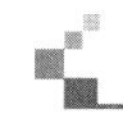

(2)安全岗位职责

①项目经理安全职责:

a. 认真执行国家颁布的安全技术劳动保护法令、法规、规章制度。

b. 及时布置季节性的安全技术和劳动保护工作,并定期或不定期进行安全大检查,及时解决安全隐患,使施工现场、机电设备设施等处于良好状态。

c. 组织有关单位、部门进行全员安全教育,并对生产管理和技术人员、工人进行定期考核。

d. 组织、领导项目部开展安全生产竞赛,发布安全生产奖惩办法与奖惩决定,调动一切积极因素。

e. 安全事故要按"四不放过"的原则处理,主持重伤以上事故、多人受重伤事故和应由经理负责办理的机电、交通、行车、火灾等事故的调查分析、处理、上报,提出今后的预防措施,并督促实施。

f. 督促有关部门及时发放安全防护用品,并教育职工正确使用。

②安全、生产副经理安全职责:

a. 贯彻执行国家的安全生产方针、政策、法规和上级指示,制定各种安全生产岗位责任制,并检查、督促、执行落实。

b. 在坚持安全工作"五同时"时,安排安全工作,定期召开安全例会,分析安全情况、发展趋势,找出存在的问题,给出相应的措施,并组织实施。

c. 工程开工前,必须组织制定安全措施。对重点工程、关键部位和采用新技术、新工艺的坑道或深基坑作业、机电作业、雨季施工,使用有毒材料、交叉、多层、高空作业以及其他危险性较大的工程和本单位没做过的工程等,都应组织学习,制定专项安全措施,并经常检查执行情况。

d. 经常深入现场,检查设备、工具、生产、安全设施等情况,及时消除隐患。

e. 在生产进度和安全发生矛盾时,坚持"安全第一"的原则。

f. 发生重伤以上及多人事故时,要立即亲赴现场,组织抢救。

③总工程师安全职责:

a. 认真贯彻执行国家安全生产方针、政策、法规和上级下达的有关安全生产的指示。

b. 组织编制、审定施工方案,审核技术文件和处理技术问题时,必须贯彻安全生产的原则。

c. 推行新工艺、新技术、新设备、新材料时,必须事先制定安全措施。

d. 指导安全技术教育,组织安全专业技术培训。

e. 参加伤亡事故的调查处理,负责做出技术性结论。

④工程部安全职责:

a. 在编制施工组织设计、施工方案、措施、作业计划时,必须同时制定施工安全措施。

b. 重点工程或技术复杂、危险性大的项目,必须编制专门安全措施并进行技术交底,经常检查其实施情况。

⑤质安部安全职责:

a. 经常深入现场,检查、掌握安全生产动态,提出整改意见,制止违章作业、违章指挥,遇有险情及人身伤害时,有权暂停生产和指挥作业人员撤离险区,并立即报告有关领导。

b.参加领导组织的定期和不定期的安全检查,对查出的问题用安全通知书等形式上报下达,限期改进。

c.了解安全生产好坏典型,总结推广先进经验,提出处分和检查意见。

d.对违反安全的操作,有权责令停工。

⑥设物部安全职责:

a.实施机电设备、机动车辆安全技术操作规程、细则和管理、使用、维护保养、定期检修、报废等制度。使其经常保持良好技术状态,并督促检查,不准各种设备带病和超负荷运行,不准使用报废机械。

b.安装、改装、修理、拆装机电设备,必须符合安全生产和安全技术操作规程的要求。对无安全防护装置的机电设备,要提出安全装置设计,并督促实施。

c.按技术要求和物资供应计划供应的设备和材料,必须符合设计要求的质量标准。

d.负责物资仓库和危险品运输的安全,建立健全仓库管理制度。

⑦计财部安全职责:

a.编制和下达生产计划,签订施工合同时,应有安全指标和要求。

b.在组织编制财务成本计划时,要优先考虑安全措施项目的款源,正确列支有关劳动保护经费,执行安全生产奖惩的奖金发放和罚款回收工作。

c.组织推行经济核算和经济承包责任时,必须把安全工作列为一项重要内容。

⑧办公室职责:

a.负责组织有关部门做好特殊工种的培训、考试、发证。

b.对不适当的加班加点,及时向领导提出,严格控制,防止因疲劳发生事故。

c.提供符合卫生标准的食品,防止食物中毒。

⑨工区主任安全职责:

a.认真组织执行国家和上级颁布的安全生产法令、制度、规程、条例、规定、细则、措施和指示要求,每月召开一次有工程技术人员、工班长和安全人员参加的安全例会,总结安全生产情况,研究解决存在的问题,布置下月安全工作,并做好记录,以备复查。

b.正确指挥和组织生产,严格控制加班加点,防止因人员超劳、汽车超疲、各种动力车辆超速而发生的事故,当安全与生产发生矛盾时,必须坚持“安全第一”的原则,不得违章指挥、盲目蛮干。

c.落实岗位安全责任制,加强安全教育、安全检查。

d.定期组织安全生产检查,经常深入工地,组织工人维护、保养施工机具。做到文明施工,及时处理不安全因素。制止违章作业,遇有不能处理的隐患,要及时上报并采取防范措施。发现危及人身安全的紧急情况,要采取停止作业、撤离人员的果断措施,并立即向上级反映。

e.经常对职工进行劳动纪律、安全技术教育,负责对一般工种工人调换岗位的安全教育,坚持特殊工种工人持证操作制度,对无操作证的工人不得分配工作。对没有经过“三级教育”的新工人不得分配工作。

f.掌握本单位人员的身体健康情况,不准安排带病人员从事禁忌工种工作。对需要定期体检的工种,应督促按期体检。

g. 发挥安检员的作用,保护其行使检查工作的职权,配齐工班安全员并使其充分发挥作用。

h. 保证每周安全活动日的落实,并布置、检查活动内容。

i. 督促材料人员及时领发安全生产设备和安全防护用品,并教育职工爱护和正确使用。

j. 发生事故时,要立即组织抢救,防止事态扩大,保护现场,及时如实上报。负责轻伤事故、未遂事故的调查分析,参加重伤事故的调查分析,及时采取措施,防止同类事故的再次发生。

⑩工班长安全职责:

a. 认真贯彻执行施工组织设计和技术交底中的安全措施、要求。

b. 以身作则并教育职工严格遵守劳动纪律,严格执行安全技术操作规程、规定、制度,听从技术人员和安检人员在安全生产上的指导,保证安全施工。

c. 随时注意检查工人操作、工作环境、生产机具、设备等的安全情况和防护用品的正确使用情况,保证工人在安全状态下操作。发现不安全问题时,要立即解决,本班不能解决的应立即向工地负责人报告。如情况紧急,应立即停止作业,组织工人撤离作业险区,然后向领导报告。

d. 坚持班前安全讲话制度,作业前应会同安全员对施工(工作)现场,各种机具、设备、道路和安全防护设施进行检查,确认无问题,并将注意事项向工人交待清楚后,方准施工,坚持工间检查制度和交接班制度。

e. 按时组织安全活动日,学习安全生产文件及有关规章制度,总结上一周安全生产情况,听取意见,改进工作,并做好记录。

f. 合理安排劳力,根据工人的身体情况、年龄、技术熟练程度和其他特点分配工作,以防事故的发生。班组分散工作时,一般不准单人作业,两人以上时必须指定专人负责安全工作。

g. 固定专人领取、使用、管理易燃、易爆、有毒物品和防护用品,并经常督促检查。

h. 发挥工班安全员的作用,支持他们的工作,认真听取他们的意见。

i. 发生事故时,要立即组织抢救和报告,并保护现场,参加事故调查分析。

j. 对不具备安全生产条件的工点、设备,有权拒绝施工和使用,必须坚持特殊工种工人持证操作;对不符合安全要求的工人拒绝分配工作,有权拒绝违章指挥。

⑪工人安全岗位职责:

a. 遵守劳动纪律,听从指挥,认真学习,严格执行安全操作规程、制度,不违章作业,并劝阻制止他人的违章行为。

b. 严格执行岗位责任制,特殊工种要持证操作,不准将机械设备交给无证者操作;在未熟悉机械、设备性能和操作规程前,不能上岗操作。

c. 保证本岗位工作地点和设施、工具的安全完好,安全防护装置必须齐全可靠,不得随意拆除。

d. 爱护和正确使用防护用品,参加各种安全活动,及时反映、处理不安全因素,主动提出改进安全生产工作的建议,积极参加事故的抢救工作。

e. 有权拒绝接受违章指挥,有权对上级单位或领导忽视安全的错误决定和行为提出批评和控告。

(3)安全管理基本要求

①取得“安全施工许可证”后方可施工。

②各类人员必须具备相应的安全生产资格方可上岗。

③所有外包施工人员必须经过三级安全教育。

④特种作业人员,必须持有特种作业操作证。

⑤对查出的事故隐患要做到“四定”,即定整改负责人、定整改措施、定整改完成时间、定整改验收人。

⑥必须把好安全生产教育关、措施关、交底关、防护关、文明关、验收关、检查关。

(4)安全生产纪律

①项目部职工要热爱本职工作,努力学习,提高政治、文化、业务水平和操作技能,积极参加安全生产的各种活动,提出改进安全工作的意见,搞好安全生产。

②遵守劳动纪律,服从领导和安全检查人员的指挥,工作时思想集中,坚守岗位,未经许可不得从事非本工种作业,严禁酒后上班,不得在严禁烟火的地方吸烟、动火。

③严格执行操作规程,不得违章指挥和作业,对违章作业的指令有权拒绝,并有责任制止他人违章作业。

④按照作业要求正确穿戴个人防护用品,进入施工现场必须戴安全帽,严禁赤脚或穿高跟鞋、拖鞋进入施工现场。

⑤正确使用防护装置和防护设施,对各种防护装置、防护设施和警告安全标志、告示不得任意拆除和随意挪动。

(5)安全教育

建立完善的安全教育系统,见图8-5。

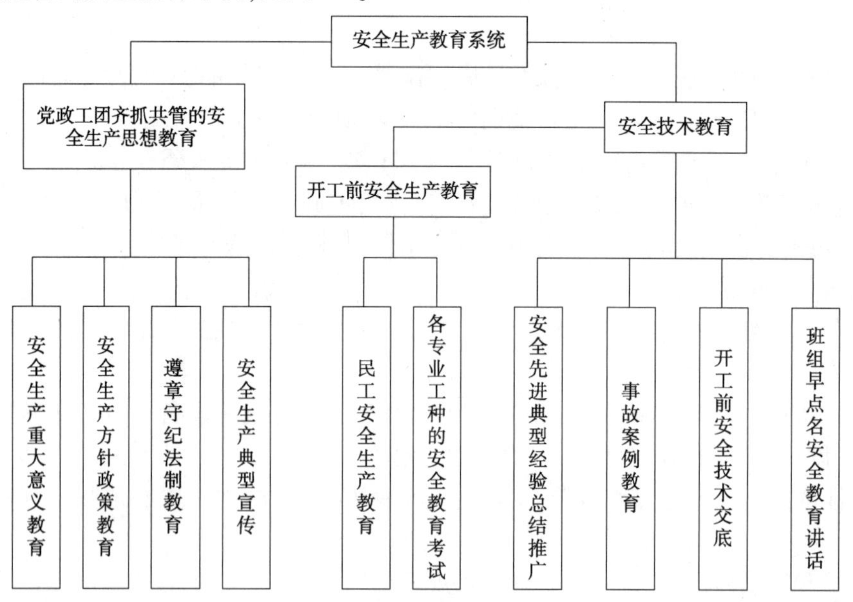

图8-5 安全教育系统图

①广泛开展安全生产的宣传教育,使各级领导和广大职工群众真正认识到安全生产的

重要性、必要性，懂得安全生产的科学知识，牢固树立“安全第一”的思想，自觉遵守各项安全生产法令和规章制度。

②建立经常性的安全教育和培训考核制度。为每位人员建立“职工安全教育卡”，安全教育及考核记录记入卡内，实行跟踪管理，卡随人员流动。

③电工、焊工、架子工等特殊工种除进行一般的安全教育外，还须经过本工种的安全技术教育，经考核合格发证后，方能独立操作。

④采用新技术、新工艺、新设备施工时，要对操作人员进行新技术操作安全教育，未经教育不得上岗操作。对新入场施工人员进行转场安全教育，对变换工种和调换工作岗位的施工人员进行变换工种安全教育，经教育考核合格后方准上岗。

⑤作业工班每周一下午例行安全学习，学习安全操作规程、安全防护知识，总结施工生产中的安全隐患，制定相应的防范措施。

(6)安全检查制度化

安全检查工作流程如图8-6所示。

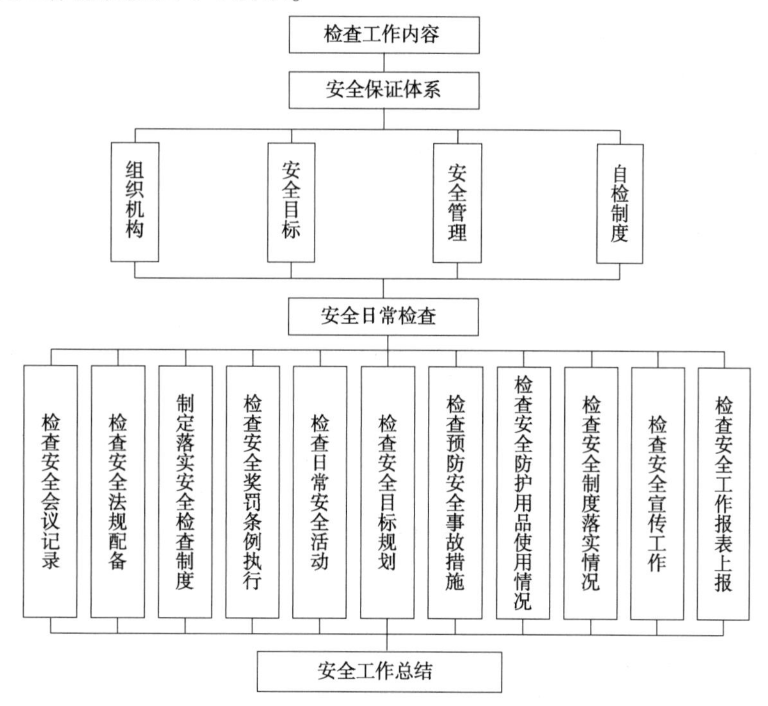

图8-6 安全检查工作流程图

①项目部对生产中的安全工作，要组织定期和不定期检查，定期检查项目部每月组织一次，工区每旬组织一次。

②加强安全生产的组织领导，定期的安全生产检查，领导干部必须亲自挂帅，并由有关人员组成检查领导小组，针对安全生产中存在的实际问题制定具体计划，提出明确的目标和要求，充分做好宣传动员，有计划、有重点地进行检查。

③安全生产检查时做到自查与互查结合，采用上下结合的方法，横向到边、竖向到底，不留死角，做到边检查、边整改。做到条条有着落，件件有交待。

④针对施工专业性的特点还应进行专业性安全检查和整改。

(7)安全监督管理及应急处置

为了预防和控制重大事故的发生,并能在重大事故发生后有条不紊地开展救援工作,应根据本工程施工的特点、范围,对施工现场易发生重大事故的部位、环节进行监控,制定施工现场生产安全事故应急救援预案,根据应急预案建立应急救援组织,配备必要的应急救援器材、设备,并定期进行演练。

①应急救援组织(图8-7)。

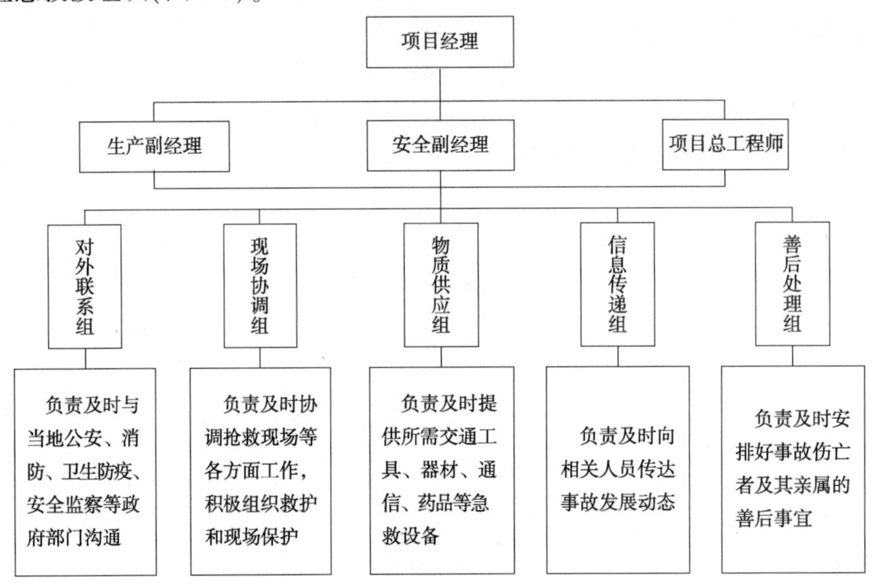

图8-7　应急救援组织机构图

②应急救援预案编制。

结合本工程施工特点,确定有坍塌危险的场所(暗挖开挖作业面、明挖基坑)、有触电伤害危险的场所、有高处坠落危险的场所、有机械伤害的场所等为应急防范重点区域,对此类区域设定"监控点",制定应急预案。预案的内容包括:工程概况、事故形式、事故的危害和造成的经济损失、救灾技术方案、防灾措施、救灾领导小组以及事故发生后的联络、救护、疏散和善后处理工作等。

③应急救援预案演习。

所有施工现场人员都要参加应急演习,以熟悉应急状态后的行动方案,确保所有职工熟知应急预案内容。对应急预案定期检查,不断完善。

8.3.2　施工作业队伍作业状况评估

(1)施工人员安全施工水平评估

①施工作业队伍应具有相应的施工资质,配备能够满足施工需求的机械、设备和作业人员。

②施工人员坚持特殊工种持证操作制度,对无操作证的工人不得分配工作。各类人员必须具备相应的安全生产资格方可上岗。所有施工人员必须经过三级安全教育,三级安全教育时间不得少于40学时。特种作业人员,必须持有特种作业操作证。

③施工人员到达工作地点后,工班长应首先组织大家分头检查工作面、机具设施是否处于安全状态,详细检查支护是否牢固,掌子面是否稳定,如有松动和裂纹,应及时加固处理。施工中发现地质情况变化,及时采取相应处理措施,保证施工安全有序进行。

④建立经常性的安全教育和培训考核制度。为每位人员建立"职工安全教育卡",安全教育及考核记录记入卡内,实行跟踪管理,卡随人员流动。特殊工种除进行一般的安全教育外,还须经过本工种的安全技术教育,经考核合格发证后,方能独立操作。采用新技术、新工艺、新设备施工时,要对操作人员进行新技术操作安全教育,未经教育不得上岗操作。对新入场施工人员进行转场安全教育,对变换工种和调换工作岗位的施工人员进行变换工种安全教育,经教育考核合格后方准上岗。

(2)施工人员安全物质保障评估

①制定安全防护用具管理制度,安全防护用具必须符合国家规定的质量标准。安全防护用具的采购、保管由设备物资部负责,所购用具应有鉴定合格证书,否则不准采购和使用。

②安全帽的管理:安全帽必须符合规范规定,并应有产品合格证和安全鉴定证。安全帽应储存在室内干燥通风的架子上,严禁堆放在露天或潮湿处,不应与酸、碱、硬物放在一起。

按照劳动防护用品标准,安全帽应发放于施工作业管理人员,由个人保管使用。安全帽应每年进行一次检验。检验由安全办公室牵头,召集有关人员以外观检查为主,对不合格的限期更换。

③安全带的管理:安全带必须符合规范规定。安全带应储存在空气流通、干燥处,避免与酸、碱及尖锐硬物放在一起。根据高空作业需要,将安全带发放给个人保管使用,记卡管理。安全带每次使用前均应检查,新带使用一年后抽样试验;旧带每隔六个月抽查试验一次。经检试不合格品,应及时更换。

④安全网的管理:安全网必须符合规范规定。安全网在储运中,必须通风、遮光、隔热,同时要避免与化学物品的接触。安全网必须由专人保管、发放。暂时不用的网应按规定存放在仓库或专用场所。旧网在重新使用前,应由专人负责进行全面的检查,并签发检查结果证明。

⑤制定压力容器安全管理规定,建立责任制,明确岗位职责。对容器操作,制定安全操作规程及制度,建立容器的技术档案,进行压力容器定期检验管理,压力容器安全附件管理,压力容器事故报告。

⑥制定高处作业安全规定。高处作业的标准:凡在坠落高度基准面2m和2m以上有可能坠落的高处进行作业,均称为高处作业。

高处作业人员使用电梯、吊栏、升降机等设备垂直上下时,其上必须装有灵敏、可靠的控制器、限位器等安全装置。

高处作业使用的脚手架上,应铺设固定脚手板和1m高护身栏杆。高处作业时,不得坐在平台、孔洞、井口边缘,不得骑坐在脚手架栏杆、躺在脚手板上或安全网内休息,不得站在栏杆外的探头板上工作和凭借栏杆起吊物件。高处作业周围的沟道、孔洞井口等,应用固定盖板盖牢或设围栏。

⑦制定危险物品安全管理规定,各类危险物品的储存、运输、管理、使用、销毁应按国家颁布的有关规定执行。

(3)安全防护设施

①现场安全用电设施:现场临时变配电,高压露天变压器间面积不小于3m×3m,低压配电间应邻靠高压变压器间,其面积亦不小于3m×3m,围墙高度不低于2m,室内地坪满铺素混凝土或砂石料,室外四周做80cm宽混凝土散水坡。

②中小型机具防护设施。

a.电焊机:必须一机一闸并装有随机开关;一、二次电源接头处有防护装置,二次线使用线鼻子。

b.氧气、乙炔瓶:安全阀应装设有效,压力表应保持灵敏准确,乙炔气瓶必须装回火防止器;氧气瓶与乙炔瓶间距应大于10m,与明火操作距离应大于10m,不准放在高压线下。

c.木工机械:必须有可靠灵活的安全防护装置,圆锯设有松口刀,轧刨设有回弹安全装置,外露传动部位,均须有防护罩;木工棚内必须有消防器材。

③洞口临边防护设施:预留洞口,边长或直径在20~50cm的洞口,可用混凝土板内钢筋或固定盖板保护。

④深坑防护:深坑顶周边设防护栏杆,行人坡道须设扶手及防滑措施深度达2m以上。

8.3.3 安全技术措施的制定及评估

(1)安全技术措施的制定

根据隧道工作面安全风险源评价结果,对不同等级风险源制定相应安全技术措施,按照专项课题《专项安全施工方案的标准化模块》要求完成。专项安全技术措施应包括以下内容:

××危险源专项安全施工方案

1 编制依据

2 工程概况

2.1 工程项目组成情况、主要工程量、合同工期、重难点工程、采取的主要施工方法和主要设备、各分部分项工程之间的逻辑关系等

2.2 工程地质条件及评价,水文地质条件及评价,围岩的特性及详细分级,地下水位情况及对工程影响的评估

2.3 周边环境调查及评价

管线:包括结构范围内的和结构范围外的管线。管线性质、年代、重要性、对结构和施工的影响等。

重要构筑物情况:包括离结构的距离,构筑物本身结构形式、年代、相关图纸资料。

2.4 其他构筑物情况

3 ××危险源施工投入的管理和作业人员情况,安全机构设置及安全职责

4 ××危险源施工方案和主要施工工艺

5 工程环境保护措施及影响预测

6 监控量测(如需要)及控制标准

包括监测设计、管理、数据反馈手段等。

7 安全教育和培训

分管理人员和作业工人制定不同的培训计划、授课时间、授课人员、考核办法等。典型

案例教育。

8 定期的安全检查评比制度

9 ××风险源出现危害的专项预案

10 应急救援预案

包括应急救援的手段、方法和程序。

11 专项安全会议

分析安全形式、存在的问题和改进的手段,或总结安全管理经验教训。

各部分内容的编制要求及规范模块遵照《专项安全施工方案的标准化模块》。

(2)安全技术措施的评估

对于制定的安全技术措施,对照《专项安全施工方案的标准化模块》检查,评估所制定的安全技术措施是否达到要求,主要从以下四个方面评估:

①内容是否完整;

②措施是否可行;

③措施是否可靠;

④措施是否安全。

按照表8-4所示安全技术措施评估表对安全技术措施进行评估。

安全技术措施评估表　　表8-4

风险源名称:　　　　风险等级:

序　　号	评估范围	评估项目	评估结果描述	备　　注
	风险源	编制依据		
		工程概况		
		地质条件		
		周边环境		
		风险源评价		
	安全技术措施	施工方案		
		施工工艺		
		机械设备配置		
		环境保护措施		
		施工影响预测		
		监控量测技术		
		控制标准		
	其他相应措施	安全教育		
		培训		
		安全检查制度		
		风险源危害专项预案		
		应急救援方案		
		其他		

8.3.4 组织管理综合评估

根据对项目安全管理体系评估结果、施工作业队伍作业状况评估结果以及安全技术措施评估结果，采用加权综合评定法评估安全组织管理，评估结果填在表8-5中。

安全组织管理综合评估表　　表8-5

序　号	评估内容	加权评估			综合评估结果（加权乘积相加）	备　注
		评估结果	权重系数	乘积		
1	项目安全管理体系		0.2			
2	施工作业队伍作业状况		0.2			
3	安全技术措施		0.6			

8.4 工作面安全风险源巡查评估

8.4.1 工作面安全风险源巡查内容

(1)地质条件巡查

①地层条件。

地层条件包括地层组成成分、分布情况、密实度、颜色、湿度、层理特征等。现场观察描述应符合下列规定：

a.碎石土应描述形状、母岩成分、风化程度、充填物的性质和充填程度、密实度及层理特征等。

b.砂土应描述颜色、矿物组成、颗粒形状、黏性土含量、湿度、密实度及层理特征等。

c.粉土应描述颜色、包含物、湿度、密实度及层理特征等。

d.黏性土应描述颜色、包含物、土层结构、层理特征及状态等。

e.特殊性土除应描述上述相应土类规定的内容外，尚应描述反映其特殊成分、状态和结构的特征。如对淤泥需描述气味，对人工填土应描述其物质成分、密实度和厚度的均匀程度、堆积年代等。

f.对具有夹层、互层、夹薄层特征的土层尚应描述各层的厚度及层理特征。

②地下水渗漏情况。

地下水渗漏情况包括渗漏水部位、水量大小、水质、颜色、气味等。现场观察描述应注意以下几点：

a.线路通过含水粉细砂、粉土层时，评价开挖引起潜蚀、流砂、涌土的可能性。因此，应重点观察地下水流的位置、水量大小及变化规律、含砂量大小等，并及时填写上报。

b.黏土遇水易软化，容易引起塌方，应主要观察地下水的部位和水量大小，尽快上报。

c. 卵砾石土遇水作用极容易失去稳定性,造成工作面坍塌,应重点观察地下水渗漏水部位和水量大小。

(2)开挖支护巡查

①超前支护。

超前支护可以抑制开挖施工引起的位移,因此,超前支护施工是现场观察的重要内容,主要包括以下两个方面:

a. 小导管超前支护施工参数的观察,主要与设计进行对比。包括:小导管的几何尺寸、纵向间距、环向间距、数量,注浆压力、注浆材料、注浆量、施工工艺等。

b. 大管棚超前支护施工参数的观察,主要与设计进行对比。包括:管棚长度、管材标准、布设范围、管棚坡度和方向、管棚与结构关系、环向布设间距、管节长度、管节连接方式、注浆压力、注浆材料、注浆量、施工工艺等。

②开挖断面。

主要观察开挖断面大小、超欠挖、圆顺度等。

③开挖进尺。

观察每次开挖进尺,对于多部开挖,应观察每一步开挖进尺、各部工作面之间的距离。

④初期支护。

a. 钢拱架安装。

观察格栅钢架制作成型尺寸。

观察格栅钢架定位,注意高程、中线,防止出现"前倾后仰、左高右低、左前右后"等各个方位的位置偏差。

观察钢架组装,注意各节钢架间的连接方式,格栅钢架拼装是否在允许误差内。观察钢架与土层之间是否用混凝土块楔紧,然后在钢架和土层间用混凝土喷密实。

观察挂网、纵向连接筋焊接是否符合要求。

b. 喷混凝土。

观察混凝土喷射工艺流程、一次喷射厚度、网喷支护隧道轮廓尺寸允许偏差等。

⑤背后注浆。

隧道进行背后回填注浆,对于控制地层沉降、防渗堵水都有非常明显的效果。回填注浆分为初期支护回填注浆和二次衬砌背后回填注浆。

主要观察背后注浆管的尺寸、纵向间距、环向间距、数量,注浆压力、注浆材料、注浆量、施工工艺等。

⑥土方运输与提升。

a. 观察土方的运输设备状态、装运量、运输时间等。

b. 观察土方的提升设备状态、提升量、提升时间等。

⑦通风及工作面空气。

观察工作面通风设备、通风能力、风量大小,工作面空气污浊程度、能见度等。

⑧机械设备运行状况。

除了运输提升设备外,观察其他设备的运行状况,包括:风钻、双液注浆泵、水平导向钻机、泥浆泵、污水泵、电焊机、冲抓钻等。

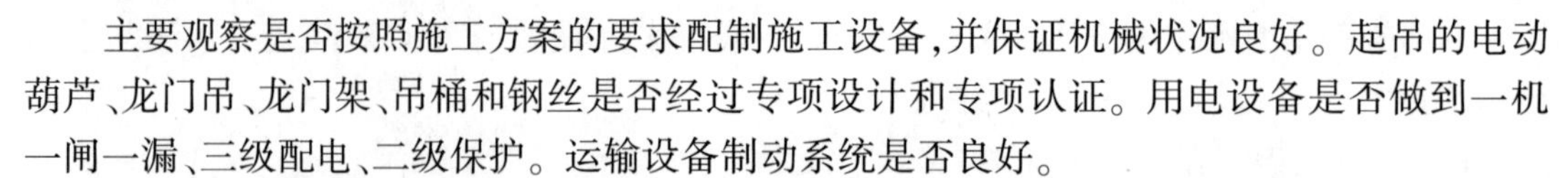

主要观察是否按照施工方案的要求配制施工设备,并保证机械状况良好。起吊的电动葫芦、龙门吊、龙门架、吊桶和钢丝是否经过专项设计和专项认证。用电设备是否做到一机一闸一漏、三级配电、二级保护。运输设备制动系统是否良好。

(3)安全施工巡查

①安全标识。

危险地点应悬挂按照有关规范规定的标牌,夜间有人经过的坑、洞应设红灯示警。

②安全防护。

观察“四口五临边”的安全防护设施是否配置到位,主要包括护身栏杆、脚手架、洞口盖板和加筋、竖井防护栏杆、防护棚、防护网、坡道等。

③施工人员安全物质。

为施工人员配备齐全的安全生产用品(安全帽、绝缘鞋、绝缘手套、防护口罩、防护衣等),所有施工人员必须戴安全帽,特殊工种按规定带好防护用品。现场观察施工人员是否配备安全生产用品。

④施工人员作业资格证书。

严格执行特殊工种持证上岗制度。所有特殊工种必须是经过专业培训并取得相关证书,技术熟练的人员。

现场检查施工人员是否持证上岗。

⑤照明设施。

主要作业场所和临时安全疏散通道保持24h安全照明和警示标志开启。施工现场使用的手持照明灯使用36V的安全电压,在潮湿的洞室开挖用的照明灯则采用12V电压。

⑥施工用电。

电缆线路应采用“三相五线”接线方式,电气设备和电气线路必须绝缘良好,场内架设的电力线路其悬挂高度和线间距必须符合安全规定,并架在专用电杆上。

变压器必须设接地保护装置,变压器设围栏,设门加锁,专人管理,并悬挂“高压危险,切勿靠近”的安全警示牌。

室内配电柜、配电箱前要有绝缘垫,并安装漏电保护装置。各类电器开关和设备的金属外壳,均应设接地或接零保护。

防火、防雨配电箱,箱内不得存入杂物,并且要设门加锁,专人管理。

移动的电气设备的供电线路应使用橡胶电缆,穿过场内行车道时,穿管埋地敷设,破损电缆不得使用。

检修电气设备时必须停电作业,电源箱或开关握柄上悬挂“有人操作,严禁合闸”的警示牌并设专人看管。必须带电作业时要经有关部门批准。

现场架设的电力线路,不得使用裸导线。临时敷设的电线路,必须安设绝缘支撑物,不准悬挂于钢筋模板和脚手架上。

8.4.2 工作面安全风险源巡查方法

采用调查法进行现场工作面安全风险源巡查,巡查情况按照表8-6所示的标准格式填写。

浅埋暗挖法隧道工作面风险源巡查清单 表8-6

开挖里程： 时间：

巡查内容		设计	实际	安全状态等级划分				备注
				正常	黄色预警	橙色预警	红色预警	
地质条件	地层条件							
	地下水特征							
工作面周边环境	地下管线							
超前支护	支护参数							
开挖支护	开挖方法							
	开挖进尺							
	钢拱架安装							
	喷混凝土							
	背后回填注浆							
工作环境	通风							
	空气质量							
	能见度							
机械设备运行状况	风钻							
	双液注浆泵							
	钻机							
	泥浆泵							
	污水泵							
	电焊机							
	冲抓钻							
	电动葫芦							
安全标识	标牌							
	红灯示警							
安全防护	护身栏杆							
	脚手架							
	洞口盖板							
	防护棚							
	防护网							
	坡道							

续上表

巡查内容		设计	实际	安全状态等级划分				备注
				正常	黄色预警	橙色预警	红色预警	
施工人员安全用品	安全帽							
	绝缘鞋							
	绝缘手套							
	防护口罩							
	防护衣							
施工人员作业资格证书	作业人数							
	相关证书							
照明设施	安全照明							
	警示标志							
施工用电	接线方式							
	变压器接地保护							
	漏电保护装置							
	警示牌							

8.4.3 工作面安全风险源巡查评估标准

根据对浅埋暗挖法施工隧道安全的影响程度不同，将在隧道施工过程中对安全有影响的人员、机械设备、材料、施工工艺和环境因素的评估列于表8-7。

工作面安全风险源巡查评估因素汇总表　　表8-7

序号	巡查内容	评估标准
1	超前支护情况	(1)小导管或管棚的数量和单根长度必须符合设计要求； (2)小导管或管棚不得侵入开挖净空，如距开挖轮廓范围大于30cm时，则应有补强小导管措施； (3)注浆密实、饱满，注浆设备、浆液配比及注浆压力符合施工方案的要求，注浆前掌子面可靠、封闭
2	钢格栅架设	(1)钢格栅主材满足设计要求，加工符合规范要求； (2)钢格栅间距在允许误差范围内； (3)钢格栅架设应及时，同步等平面尺寸符合要求
3	焊接及连接情况	严格按设计要求进行钢格栅焊接及钢筋网铺设
4	台阶设置情况	(1)严格按施工组织设计的要求留设开挖台阶长度，如超过要求的长度立即停止施工； (2)根据围岩情况严格按施工组织设计的要求留置台阶坡度； (3)台阶长度和坡度如围岩情况变化也应调整，但需经技术负责人书面同意
5	喷射混凝土情况	(1)钢格栅架设和焊接完成后按施工工艺的要求立即喷射混凝土； (2)喷射混凝土前，全断面检查混凝土厚度，均不得小于设计厚度

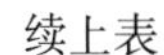

续上表

序号	巡查内容	评估标准
6	下台阶及仰拱开挖支护	(1)下台阶及仰拱开挖应紧跟掌子面，保证台阶长度符合施工组织设计的要求； (2)下台阶及仰拱开挖"接腿"应控制在一循环一榀，严禁两榀及以上钢格栅同时开挖支护
7	背后回填注浆	(1)按施工组织设计的要求及时进行回填注浆，保证压力范围、浆液配比； (2)对因小导管或管棚外插角过大而引起的小塌方部位及时进行填注浆，并做好记录
8	地下水	(1)全断面禁止带水作业，施工前将地下水降至开挖面以下； (2)施工时，如突见不明水流应立即停止施工，查明原因待制定可靠方案后方可施工
9	运输道路	(1)道路应平顺，不得有深坑或凹凸不平，两侧水沟畅通，行车限界范围内不得有任何杂物； (2)运输道路应通视良好，任何情况下曲线半径不得大于15m； (3)根据运输道路的长短，应有专人维护
10	三管两线布置	进水管、排水管、通风管布置在隧道一侧，电线等布设在另一侧，所有管线应平顺，尽量减少弯头和转角
11	通风及洞内空气	施工人员在洞内不应感觉不适，氧气及有害气体含量符合规范要求
12	机械设备	(1)应按照施工方案的要求配制施工设备，并保证机况良好； (2)起吊的电动葫芦、龙门吊、龙门架、吊桶和钢丝应经过专项设计和专项认证； (3)用电设备应做到一机一闸一漏、三级配电、二级保护； (4)运输设备制动系统良好

其中第4、6、8项及第12(2)、12(3)、12(4)项一旦出现不符合要求的情况，可定为不安全状态，应立即停止施工，待符合要求后方可恢复施工。

8.4.4　工作面安全风险源巡查评估

采用调查法进行现场工作面安全风险源巡查，按照表8-7所示的标准格式填写，并参照表8-8所示的浅埋暗挖法施工巡查预警参考表、表8-9周边环境巡查预警参考表进行安全风险巡查评估。

浅埋暗挖法施工巡查预警参考表　　表8-8

巡查内容		巡查状况描述	安全状态评价			
			正常	黄色预警	橙色预警	红色预警
开挖面土质情况	围岩性质及稳定性状况	局部冒顶塌方				★
		工作面掉土块、岩块，无故尘土飞扬			★	
		拱顶少量漏砂			★	
		掌子面出现土体坍塌				★
		边墙出现土体坍塌				★

续上表

巡查内容		巡查状况描述	安全状态评价			
			正常	黄色预警	橙色预警	红色预警
开挖面土质情况	降水效果	抽水持续出砂,附近地面有明显沉陷			★	
		地下水位降不下去,施工安全性受到影响		★		
		降水系统能力不足		★		
支护结构体系	渗漏水情况	工作面湿渍(润),渗水量<10L/(min·10m)	★			
		工作面渗水,渗水量为10~25L/(min·10m)		★		
		工作面小股涌水,渗水量为25~125L/(min·10m)			★	
		工作面大股涌水,且含砂				★
	支护体系开裂、变形情况	初期支护结构出现扭曲变形				★
		掉拱				★
		喷混凝土出现裂缝,且裂缝有扩大趋势				★
		喷混凝土出现离层或剥离		★		
		临时支撑脱开			★	
	支护体系施工质量缺陷	临时支撑安装、螺栓连接与焊接、挂网、连接筋焊接、喷射混凝土不符合规定		★		
		临时支撑的拆除过早,且后续工序未及时进行		★		
		临时支撑一次拆除范围超过 $1D$,且后续工序未及时进行,拆除范围超过要求时			★	
		钢拱架安装、喷射混凝土不符合规定		★		
		锁脚锚管规格尺寸、施作等不符合规定		★		
		背后注浆施作质量达不到要求		★		
		超前支护施作与实施性施工组织设计不符		★		
	支护体系施作及时性情况	超前支护施作不及时				★
		初期支护施作不及时,未封闭成环		★		
		锁脚锚管施工不及时		★		
		拱架螺栓连接处(局部超挖)没有及时回填注浆			★	
		临时支撑安装不及时			★	
		联络通道施工与正洞交叉处未及时进行超前支护			★	
	支护体系拱背回填情况	衬砌背后空洞,未进行回填				★
		拱背回填材料不符合要求		★		
施工工艺	开挖进尺	开挖进尺超过施工组织要求,多部开挖时超过(1~1.5)D		★		
		多部开挖各部工作面距离不满足规定		★		
		核心土的尺寸不符合规定		★		
	工序	施工工序不符合施工组织要求		★		
		特大断面施工顺序不正确,由于群洞施工影响,引起围岩变形过大			★	
		特大断面工序安排不合理,或者漏序		★		
		特大断面复杂工法工序转换中,不平衡力产生过大变形				★
	超挖	径向超挖超过规定(5cm),且未采取措施		★		

周边环境巡查预警参考表 表8-9

巡查内容		巡查状况描述	安全状态评价			
			正常	黄色预警	橙色预警	红色预警
建(构)筑物	建(构)筑物开裂、剥落	施工造成建(构)筑物承重墙体、柱或梁出现开裂、剥落				★
		施工造成建(构)筑物非承重墙体出现开裂、剥落,影响正常使用			★	
		施工造成建(构)筑物非承重墙体出现开裂、剥落,不影响正常使用		★		
	地下室渗水	墙面或顶板涌水			★	
		墙面或顶板渗水、滴水		★		
桥梁	墩台或梁体开裂、剥落	墩台、梁板或桥面裂缝在0.5mm以上,混凝土剥落、露筋				★
		墩台、梁板或桥面裂缝为0.2~0.5mm			★	
		墩台、梁板或桥面裂缝为0.2mm以下		★		
既有线(铁路)	结构开裂、剥落	结构裂缝在0.5mm以上,混凝土剥落、主筋外露				★
		结构裂缝为0.2~0.5mm			★	
		结构裂缝在0.2mm以下		★		
	结构渗水	涌水			★	
		渗水、滴水		★		
	道床结构开裂	结构裂缝在0.5mm以上				★
		结构裂缝为0.2~0.5mm			★	
		结构裂缝在0.2mm以下		★		
	变形缝开合及错台	出现明显错台				★
		变形缝开合较大,填塞物与结构脱开,或填塞物被挤坏			★	
道路(地面)	地面开裂	强烈影响区内地面产生开裂,且裂缝宽度、深度或数量有增加情形				★
		开挖施工影响区内造成局部地面开裂,裂缝宽度为5~10mm,暂无扩大情形			★	
		开挖施工影响区内造成局部地面开裂,裂缝宽度在5mm以下,暂无扩大情形		★		
	地面沉陷、隆起	在基坑边坡滑移面附近或隧道中心线上方出现沉陷或隆起,或沉陷严重影响交通				★
		地面出现明显沉陷或隆起,轻微影响交通			★	
		地面出现沉陷或隆起,暂不影响交通,或在建(构)筑物、墩台周边出现明显的相对沉陷		★		
	地面冒浆	盾构背后注浆、矿山法隧道超前支护注浆等施作时引起地面冒浆		★		

续上表

巡查内容		巡查状况描述	安全状态评价			
			正常	黄色预警	橙色预警	红色预警
河流、湖泊	水面漩涡、气泡	在施隧道上方河流、湖泊水面出现漩涡或密集的水泡				★
		在施隧道上方河流、湖泊水面出现稀疏的水泡			★	
	堤坡开裂	施工影响范围内堤坡裂缝宽度为5~10mm			★	
		施工影响范围内堤坡裂缝宽度在5mm以下		★		
地下管线	管体或接口破损、渗漏	地下管线持续漏水(气),且有扩大趋势			★	
		地下管线持续漏水(气),暂无扩大趋势		★		
		地下通信电缆被切断				★
		地下输变电管线破坏				★
	管线检查井等附属设施的开裂及进水	施工影响范围内地下管线的检查井等附属设施出现开裂或进水		★		
邻近施工		严重扰动工程周边地质,支护结构受力变化大,对支护体系产生不利影响			★	
		扰动工程周边地质,支护结构受力变化较大,对支护体系产生不利影响		★		

第9章　浅埋暗挖隧道下穿既有线施工实例

本章以作者参与的北京地铁4号线某车站超近距下穿既有运营地铁2号线为工程实例,进行详细的论述。

9.1　工程概况

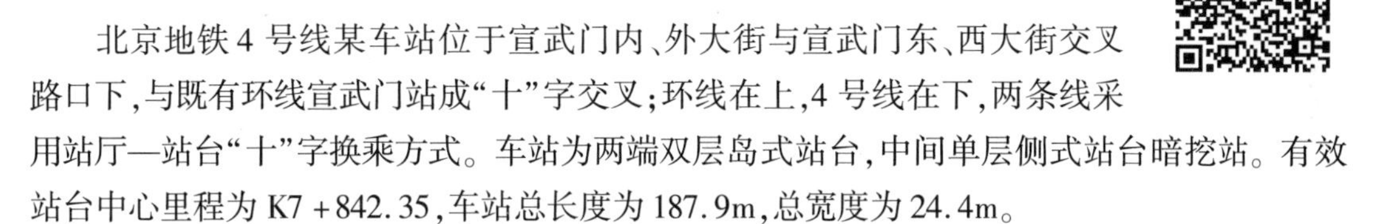

北京地铁4号线某车站位于宣武门内、外大街与宣武门东、西大街交叉路口下,与既有环线宣武门站成“十”字交叉;环线在上,4号线在下,两条线采用站厅—站台“十”字换乘方式。车站为两端双层岛式站台,中间单层侧式站台暗挖站。有效站台中心里程为K7+842.35,车站总长度为187.9m,总宽度为24.4m。

既有站结构施工时间为1969年左右,车站结构为钢筋混凝土矩形框架结构,车站结构长172.33m,宽19.7m,高7.85m;底板厚度为0.9m,侧墙厚度为0.7m,顶板厚度为1.0m;每27m设置一条变形缝。既有线站台板有效长度为98m,宽11m,为预制槽形板。

既有线结构自竣工投入运营距今已经几十年,在下穿施工前,对既有线结构现状进行全面的调查评估,据以制定保证既有线运营安全的施工技术措施。

9.1.1　新建站与既有站位置关系

新建车站主体单层段及换乘通道下穿既有站,换乘通道与既有站相连,需对既有站站台及底板进行改造。4号线与环线位置关系见图9-1。

4号线车站主体单层段拱顶距既有站底板净距1.9m,单层段为两个矩形断面,单个矩形断面的开挖尺寸为宽9.85m×高9.0m,两个矩形断面之间的净距为4.1m,车站中心线正上方有一条既有车站的变形缝,单层断面与环线位置关系见图9-2、图9-3。

9.1.2　工程地质条件

既有车站底板与新建车站顶板之间地层上层为砂卵石层,下层为粉细砂层,有少量上层滞水,管棚位于粉细砂层;新建车站开挖范围内,上层为粉细砂层,中间为粉质黏土层,下层为卵石圆砾层,车站范围内地质情况见图9-4。

9.1.3　设计简介

车站主体结构形式与既有线相关的断面有两种:ZB断面、ZD断面。

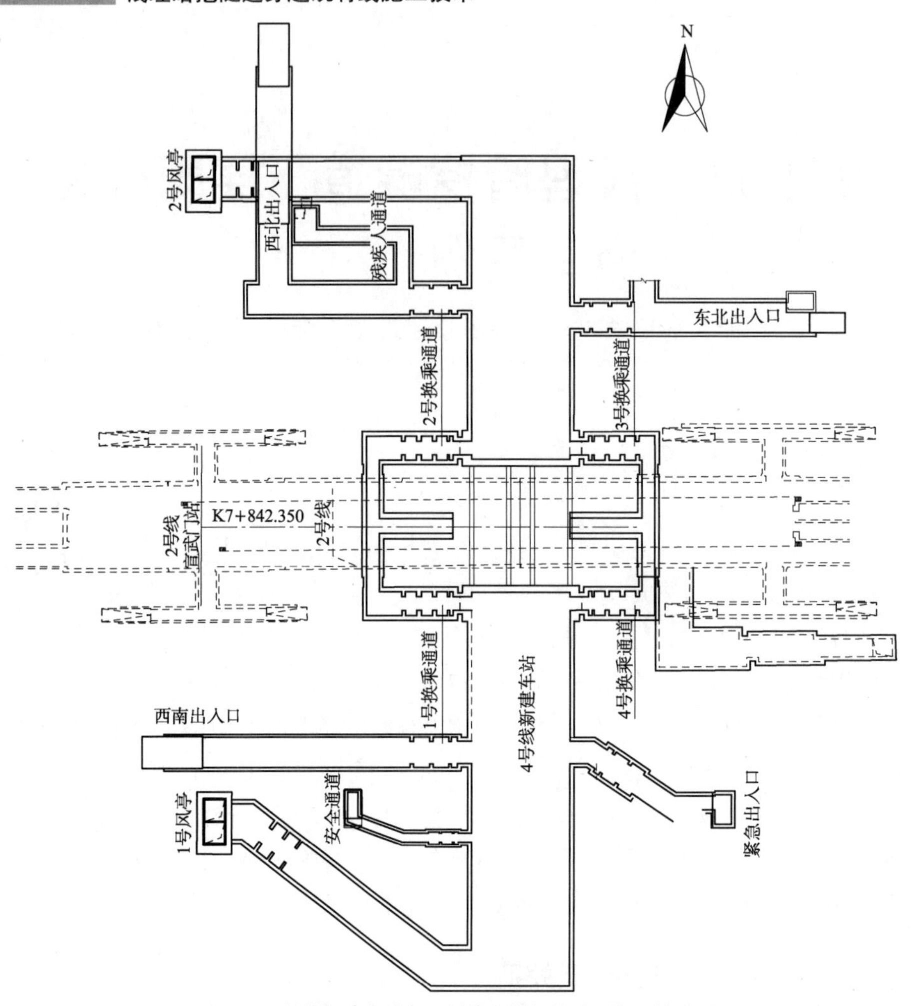

图9-1　4号线新建车站与2号线宣武门站平面位置关系图

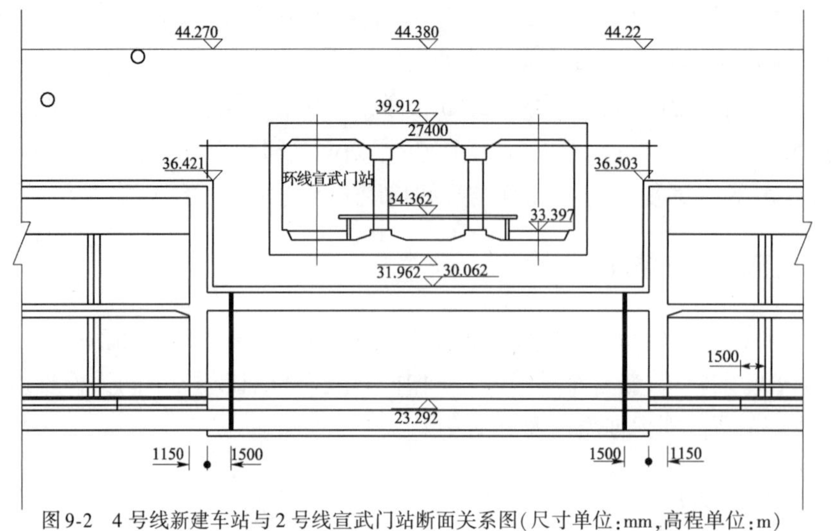

图9-2　4号线新建车站与2号线宣武门站断面关系图(尺寸单位:mm,高程单位:m)

(1)下穿环线地铁宣武门站段采用双洞单层矩形ZB断面,见图9-5。

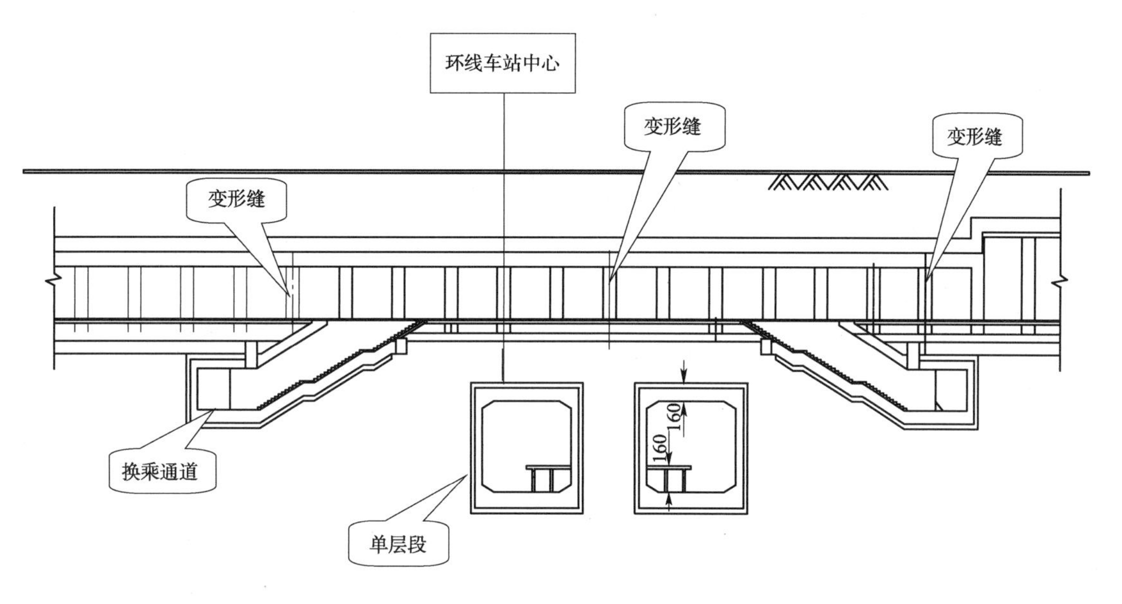

图 9-3 车站中心线与既有线变形缝关系图(尺寸单位:mm)

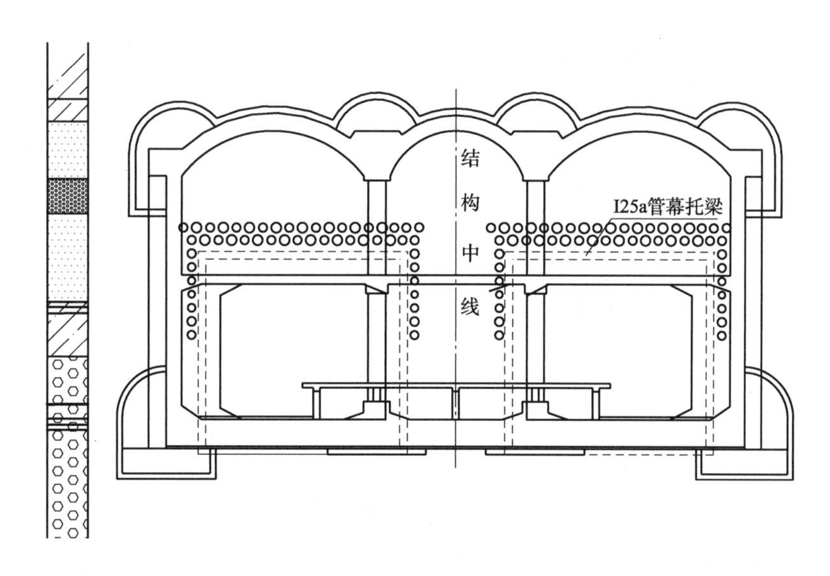

图 9-4 车站范围内地质纵断面图

(2)车站与地铁环线宣武门站临近处(管棚工作室段)采用双层三跨连拱结构、8 个施工导洞的 ZD 断面,见图 9-6。

(3)单、双层断面相接处关系见图 9-7。

(4)单层断面支护参数见表 9-1。

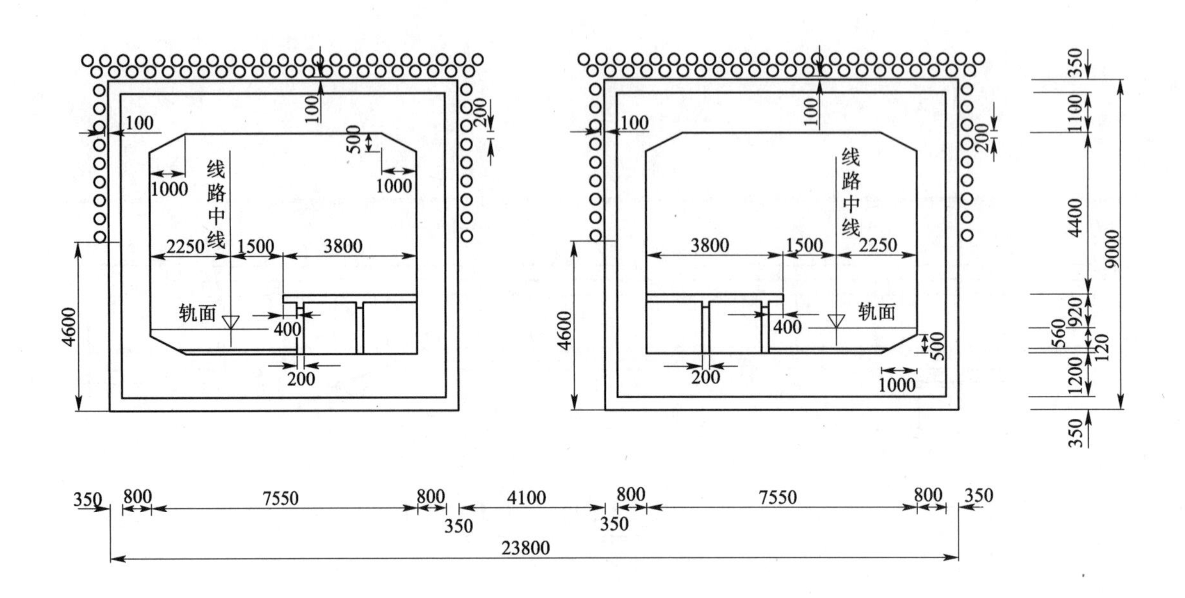

图 9-5　车站 ZB 断面图(过既有线处单层段)(尺寸单位:mm)

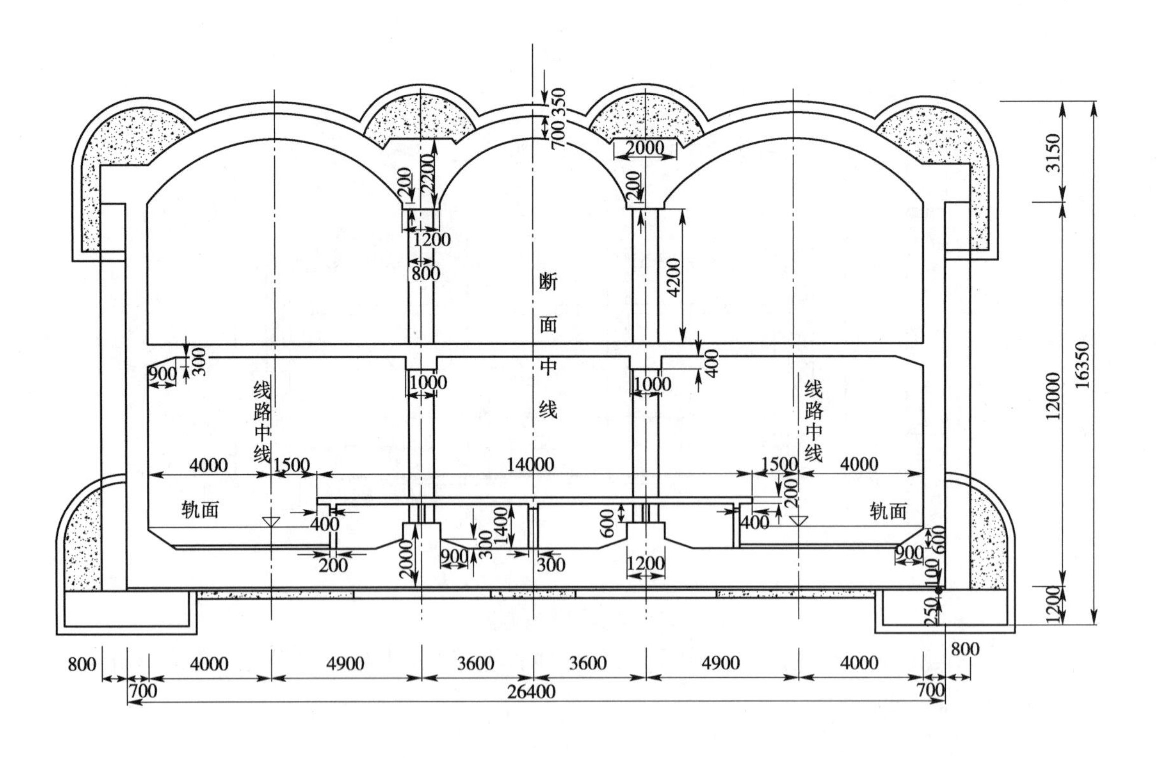

图 9-6　车站 ZD 断面图(与单层断面相接处)(尺寸单位:mm)

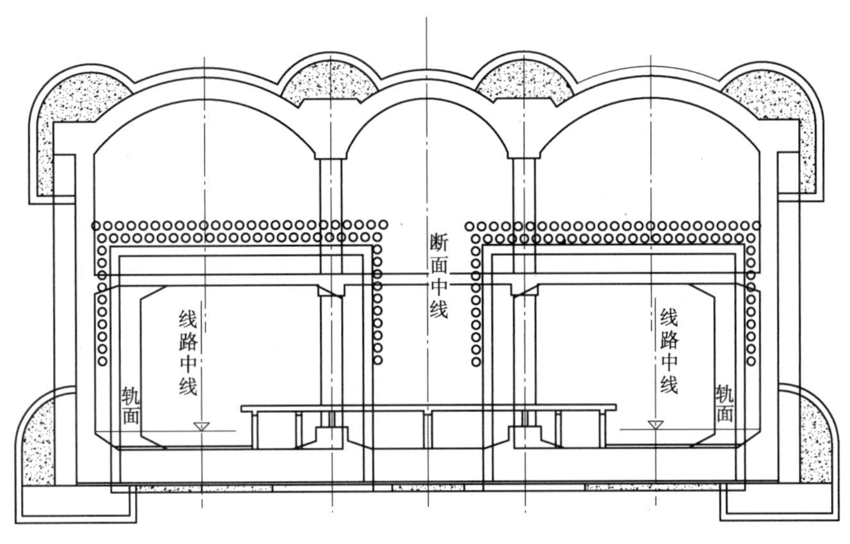

图9-7 单、双层相接处关系图

单层双洞矩形结构(ZB断面)参数表 表9-1

项 目		材料及规格	结构尺寸
初期支护	超前管棚	双排 ϕ300mm	净间距150mm
	钢筋网	双层 ϕ8,150mm×150mm	满铺
	喷射混凝土	C30网喷混凝土	0.35m
	钢支撑	H250×175型钢	纵间距0.5m
二次衬砌		C30防水钢筋混凝土,S10	顶板1.1m,边墙0.8m,底板1.20m

9.1.4 工程重难点分析

(1)地层岩性差

车站双层断面拱部位于粉细砂层内,覆盖层为粉土填土、杂填土、粉土、粉质黏土、黏土、粉细砂;单层断面拱部位于粉土层内,与既有车站底板之间从上而下为卵石圆砾层、粉质黏土层、粉土层;边墙穿越地层为砂层、卵石圆砾层、黏土层;底部位于含层间水的卵石圆砾层。

(2)地下水丰富

该段地下水相当丰富,地下水属层间水,含水层为卵石圆砾⑦层,中粗砂充填,渗透系数大,为强透水层,水位高程为24.19~26.38m,(水位埋深为20.50~24.30m),地下层间水进入车站4m左右,由于车站底板位于地下水位以下,所以对车站施工影响很大,施工起来会非常困难。

(3)超近距下穿运营车站

车站与既有2号环线宣武门车站垂直交叉,并且从其下面穿过。其中在单层段,顶板与既有车站的底板之间垂直距离只有1.9m,换乘通道紧贴既有线车站底板。由于既有宣武门车站是运营车站,既有车站有一条变形缝位于双洞之间的土体中央上方,土体宽4.1m,变形缝处如产生较大的不均匀沉降,将危及行车安全。如果施工不当,就可能引起既有车站的过大沉降或者不均匀沉降,进而影响既有线的安全运营。而且,既有车站结构及无缝钢轨的变

形限制非常严格(结构变形≤10mm,变形缝差异沉降≤5mm,轨距增宽≤6mm,轨距减窄≤2mm,单线两轨高差≤4mm)。在施工过程中以及施工完成后,为保证既有结构的变形控制在限制标准内,保证既有线的正常行车,对于这样一种复杂的情况,采取什么样的施工方法,如何让保证施工的质量,难度是很大的。

北京地铁5号线崇文门车站也是下穿既有线工程,表9-2为两个车站之间的对比表。

新建车站与崇文门车站对比表　表9-2

车站名称	垂直最小净距(m)	既有线区段	下穿线类型	土质情况	沉降控制标准(mm)		采取措施
					既有结构	轨道	
新建车站	1.9	车站	并排双洞	杂填土、粉土填土、黏土	-10	-5	ϕ300管棚
崇文门车站	2.0	区间	三联拱	杂填土、粉土填土、黏土	-30		ϕ600管幕

由表9-2可以看出两个车站的地质条件基本相近,而且,都要在正常施工的条件下保证既有线路的安全运营。但是5号线崇文门车站是下穿2号线区间,而4号线新建车站是下穿运营车站,比崇文门站下穿既有线时的变形控制标准更高(崇文门站结构变形要求≤30mm)。因此,4号线新建车站的情况更为复杂,对施工的要求更为严格。

9.2 既有车站结构现状评价

9.2.1 结构检测

由于地铁2号线宣武门站建于20世纪60年代末,为了掌握车站结构目前的工作状态,2006年2月对2号线宣武门站洞体结构及道床现状进行了检测。检测结果如下:

(1)主体结构和道床外观状况基本良好,但顶板部分区域存在露筋现象。边墙面层存在温度收缩裂缝,裂缝宽度大部分未超过0.3mm,面层裂缝下面的结构部分出现开裂。

(2)道床自身普遍存在横向收缩裂缝,裂缝宽度大部分在0.3mm左右,裂缝的平均深度为100~320mm,部分裂缝已沿道床厚度方向贯通。道床与主体结构间未见明显裂缝,也未出现明显空鼓和脱空现象,道床与主体结构目前基本上处于共同工作状态。

(3)主体结构及道床混凝土强度等级满足原设计要求,混凝土强度等级按原设计取值。

(4)主体结构的大部分混凝土碳化深度小于钢筋混凝土保护层厚度,仅有少部分混凝土碳化深度已经达到或接近钢筋表面。

(5)按设计使用年限为50年考虑,车站主体结构的Cl^-含量在0.0141%~0.087%之间,未超过现行规范规定的0.2%的限值要求。

(6)主体结构的部分混凝土试样碱含量超过3kg/m^{3}的限值要求,并且存在碱活性骨目,在具备一定的水分条件下,有发生碱—集料反应的可能。

(7)主体结构的Cl^-扩散系数在200×(10~14)m^2/s之间,混凝土抗渗性能中等。

(8)主体结构的钢筋基本完好或仅有轻微浮锈,存在锈蚀的可能性比较小。

根据检测报告,2 号线宣武门站结构除耐久性方面稍许降低外,总体状况良好。

9.2.2　沉降预测

施工阶段进行施工过程数值化模拟计算分析,主体施工引起既有线底板沉降在主体上方最大总沉降值为 18.6mm、变形缝处最大差异沉降值为 5mm。主体施工完成后最终沉降槽宽度约为 90m。

9.2.3　车站结构安全性评估

经过计算分析,可以判断:若地铁 4 号线新建车站下穿施工引起 2 号线宣武门站发生如前所述的沉降变形,则 2 号线宣武门站结构是安全的。当然,不排除局部点会出现结构内力超出自身承载能力的情况,但这并不影响车站的安全使用。

9.2.4　轨道安全性评估

根据既有宣武门站的线路、轨道以及结构特点,预计结构沉降将可能导致轨道结构产生沉降、几何形位变化、道床开裂、与结构底板剥离等现象。

(1)沉降

地铁 4 号线主体结构及换乘通道下穿施工将引起 2 号线结构累计最大沉降量控制值为 10mm(考虑叠加作用后),故预计轨道结构产生的累计最大沉降量为 5mm。

下穿施工将控制沉降速率不超过 1.5mm/d,则轨道结构的最大日沉降量预计为 1.5mm。

(2)道床开裂或剥离

既有宣武门站结构有三道变形缝处在沉降影响范围以内,结构差异沉降最大为 5mm。变形缝处的差异沉降可能会导致变形缝两侧的整体道床因挤压、摩擦而不能与结构同步下沉,从而导致在一定范围内与结构底板剥离,最大剥离预计不会超过结构的差异沉降值 5mm。由于本段轨道结构的整体道床为素混凝土,故道床与结构剥离可能导致道床产生裂缝。

(3)轨道结构几何形位变化

轨道结构产生变形时,需要密切监测并及时进行调整及养护,否则在运营过程中,轨道结构几何形位将难以满足行车要求。几何形位的偏差超标,将使轨道结构受力异常,可能会在结构变形缝两侧产生扣件弹条折断、扣件螺栓套管拉脱等现象。

9.2.5　总体评估结论

(1)4 号线新建车站下穿施工能保证 2 号线宣武门车站的结构安全。

(2)4 号线新建车站下穿施工能保证 2 号线宣武门站在结构变形条件下轨道结构的安全。

9.2.6　既有线安全运营条件

在达到以下三个条件的基础上,既有线轨道结构在下穿结构施工过程中能确保安全

运营:

(1)下穿施工确保将最大累计沉降、最大差异沉降、沉降影响范围以及沉降速率控制在不超过预测值。

(2)既有车站结构发生变形后,仍能保证安全使用,且限界仍满足行车安全的需要。

(3)对既有轨道结构采取一定的监测及预防措施,并在变形超过工务维修规则中的相关标准时,及时有效地对轨道结构进行调整和维护。

9.3 既有车站地层超前加固

新建车站下穿既有线施工采用管棚支护,单层断面上半断面布设 $\phi300$ 大管棚,平顶拱部上方梅花形布置双层管棚,水平间距为450mm,垂直间距为331mm,共98根;侧墙两侧设置单排管棚,间距为450mm,共40根,具体布置如图9-8、图9-9所示。钢管按设计要求采用DN299钢管,壁厚12mm。

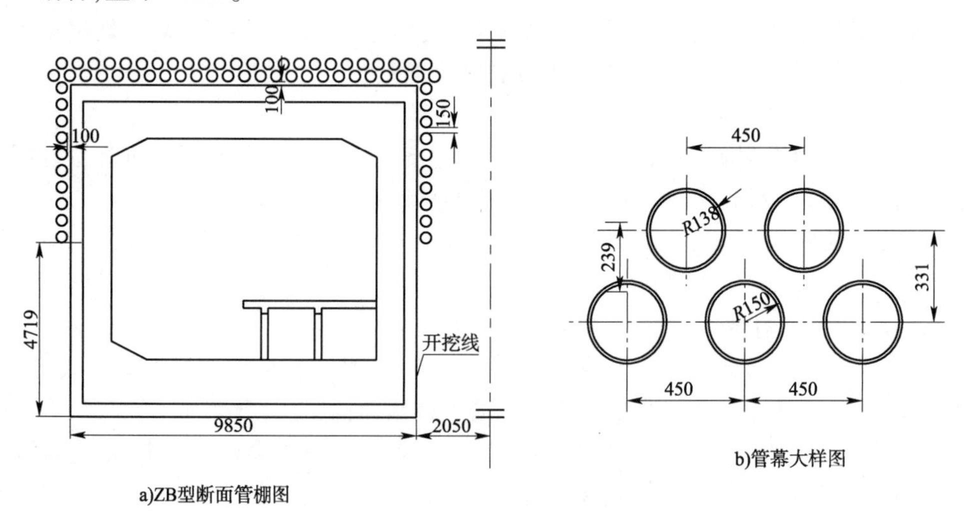

图9-8 单层段管棚布置图(尺寸单位:mm)

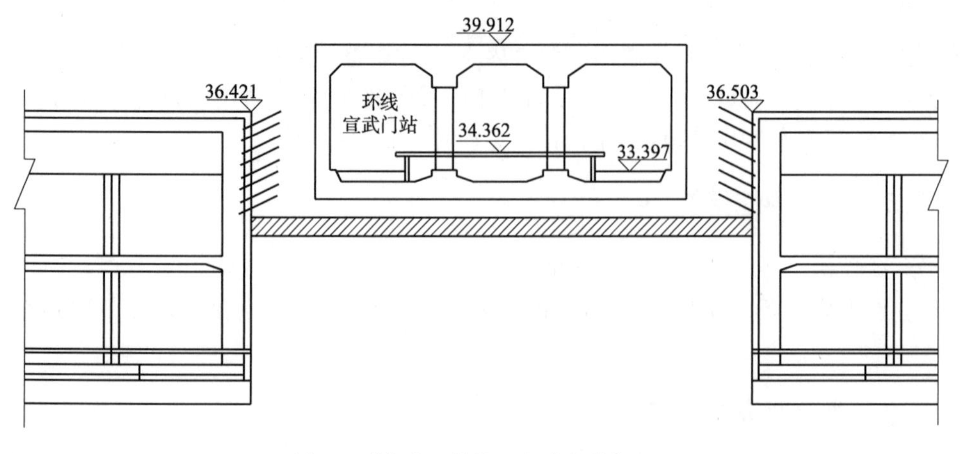

图9-9 管棚布置纵断面图(高程单位:m)

9.3.1 施工顺序及工艺流程

(1)施工组织

分别在单层段南、北两端按两个工作面组织施工。

(2)总体施工流程

施工准备→堵头墙破除→作业平台搭设→铺设导轨、机械就位→夯管试验(中板以上侧墙范围管棚)、确定参数→正式夯进→取土、注浆→管头处理封闭。

(3)夯管施工顺序

先行选择每个单洞拱部边侧2根钢管试夯,然后按照由中间向两侧、先下层后上层的顺序进行。

(4)施工工艺流程

施工工艺流程见图9-10。

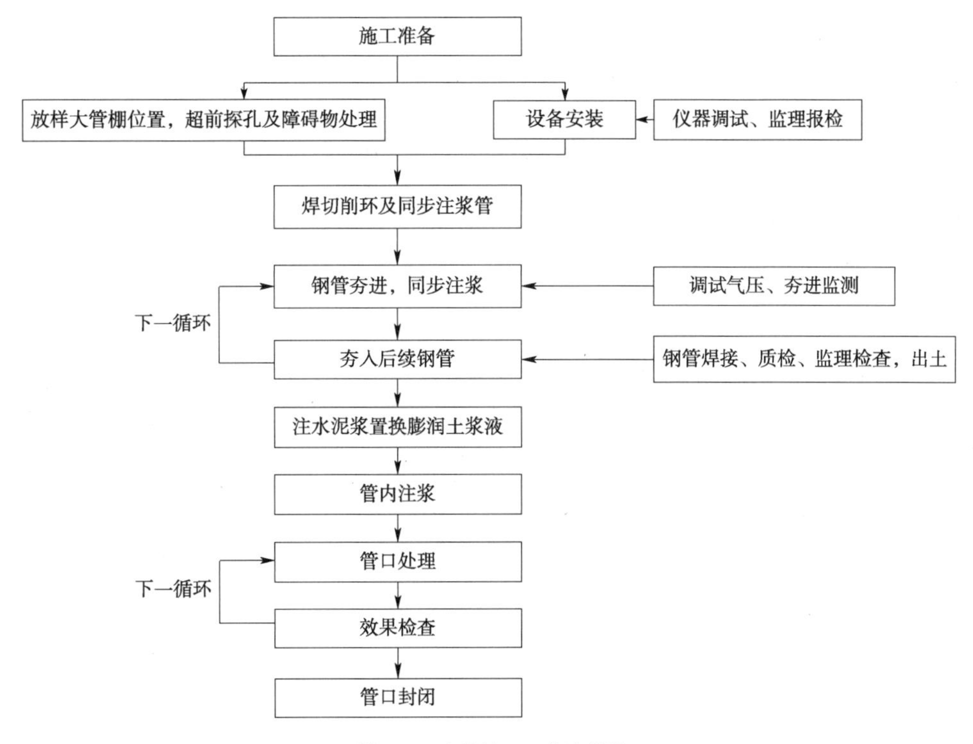

图9-10 夯管施工工艺流程图

9.3.2 施工关键技术

(1)堵头墙破除

由测量组画出管棚施作范围轮廓线,根据夯管进度及顺序,分次用风镐破除管棚范围的堵头墙初支(2~3根范围),对影响夯管的工字钢及连接筋夯进前割除。为保证堵头墙安全和夯管顺利进行,破除时由技术人员现场指导,不得随意破除和割除。每夯进2~3根钢管后,将钢管与堵头墙初支用短工钢及连接筋焊接牢固,并对堵头墙空隙喷混凝土充填密实。

(2)地质调查及遇障碍物措施

①挖探孔:在单层段两端画出管棚孔位,采取隔两孔探一孔的办法用洛阳铲挖探孔进行地质及障碍物探查,探孔深度3.5m。未发现障碍物的探孔及时回填密实,并用混凝土封堵牢固。

②探查情况:既有线车站两侧下方土体异常密实,地层以粉细砂及粉质黏土为主,夹杂有卵石块(粒径2~15cm不等)、淤泥土、回填渣土。在车站单层段两端探孔发现有大量遗留的I56型钢,埋置位置距离堵头墙1~3m。

③清除障碍物措施:若孔位调整不能避开障碍物,则清除障碍物。先用洛阳铲人工掏孔,在PVC管保护下,作业人员进入掌子面运用等离子切割机将工字钢割除,或人工用风镐破除钢筋混凝土。障碍物清除结束后管内及时进行土体回填,待管棚施工结束后对管外进行注浆加固,防止出现沉降。

(3)试夯

①确定夯击频率:对于DN299钢管,必须结合合理的管节长度以确定合理的夯击频率,这样既能保证夯进速度,又能保证钢管刚度方面不挠曲变形。试夯夯击频率初步按180次/min进行。

②确定上仰角:因夯管锤夯进过程中,钢管管头遇到前方地层阻力会形成下俯趋势并扎头,必须预先合理设置一定的上仰角以确保夯出端管棚的精度。初步设定上仰角为1.5%。

③确定夯进间距:因管棚之间净距仅为15cm,采取单洞由中间向两侧间隔跳打的顺序。

(4)跳孔施工

跳孔施工顺序见图9-11。

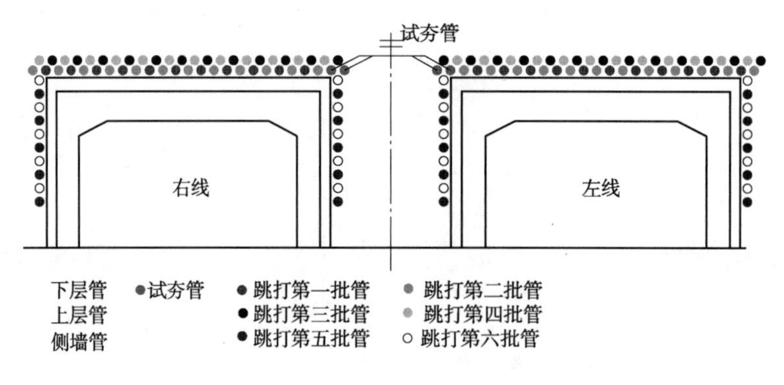

图9-11　跳孔施工顺序

(5)夯管施工

夯管施工示意见图9-12。

①夯管定位:经过前期试夯,确定上仰角按0.8%设置。

②管壁润滑:为减小管壁内外摩擦力,钢管就位好后,在夯进前均匀涂抹润滑油脂(采用黄油)充分润滑内外管壁。

③夯进:第一根钢管夯进较为重要,并会影响后续管节的夯进精度,所以采用低气压缓慢夯进,待夯入完毕恢复正常气压后继续夯进。

④钢管焊接:首节管口加装切削环,便于通过并切碎地层。切削环采用壁厚10mm的

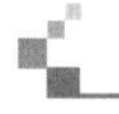

DN325 钢管加工，坡口加工成外坡口（被夯管管口为内坡口）。

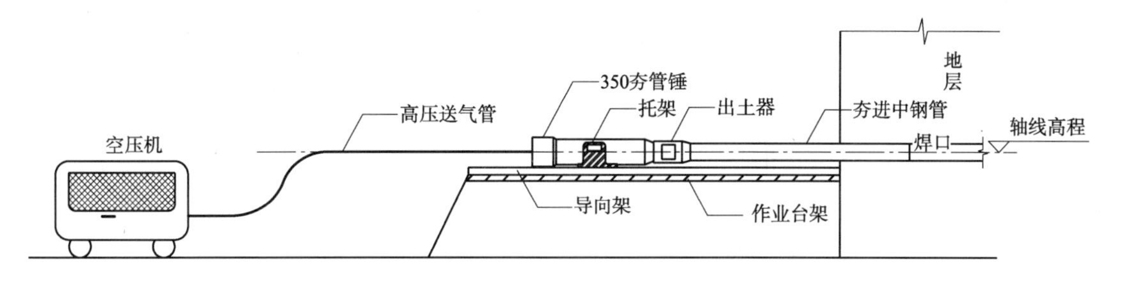

图 9-12　夯管施工纵面示意图

管节间采用坡口满焊连接（坡口坡度 55° ± 5°，留出 2mm ± 1mm 不剖，钢管间距 2mm ± 1mm，最后焊接强度达到与管材强度相等），焊缝要求饱满、焊高达到规范要求；同一剖面焊口数量不超过总数量的 50%。焊口焊接详图见图 9-13。

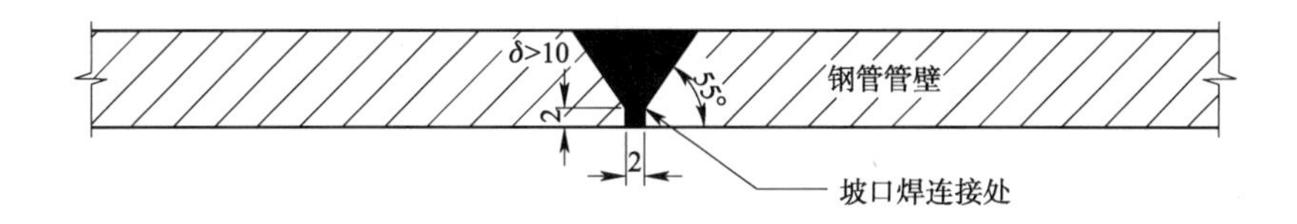

图 9-13　细部焊接图示（尺寸单位：mm）

焊接时，为保证钢管不致因焊接出现的温差而变形，首先沿四周对称点焊，用于临时固定钢管，然后沿圆周同向旋转对称施焊。每根钢管由两个焊工同时作业，注意施焊应间歇进行，以免局部过热影响轴线精度。

⑤出土：采用高压风吹土。根据夯进情况选择分段出土或是一次性出土。若夯进困难，则每夯进一节则出一次土，以减小夯进阻力；若夯进较顺利，则夯通后采取由两端对吹的方式出土。

⑥注浆：注浆分为管外、管内两部分。管外采取袖阀式注浆，管内则一次性注浆。

管外注浆：钢管外壁加焊注浆管，注浆管采用 ϕ15 国标无缝钢管，注浆管每隔 50cm 设一对注浆孔，上下错开。

钢管夯通后，为及时填充管外空隙，应即刻利用管外注浆管注水泥浆，配比采用水泥：粉煤灰：水 = 1:0.6:1，注浆机采用 SYB-60/5 型双液注浆泵，注浆压力控制在 0.3MPa。

管内注浆：钢管端部设止浆封堵钢板，并在钢板上设注浆孔及出浆孔，采用 SYB-60/5 型双液注浆泵向注浆孔内注无收缩水泥浆。水灰比为 0.6:1，注浆压力控制在 0.5MPa，掺加 10% 的防收缩增强外加剂 XPM。管棚注浆采用注浆压力和注浆量双控标准。

⑦管头封闭处理：所有管棚注浆完毕，将多余管头割除，堵头墙处按设计封闭。

9.3.3　端头注浆加固地层

在车站开挖接近既有环线时，由洞内向既有线方向上方注浆加固前方地层，见图 9-14，使之形成竖向加固体，以限制车站掌子面接近既有线时造成的既有线水平位移。

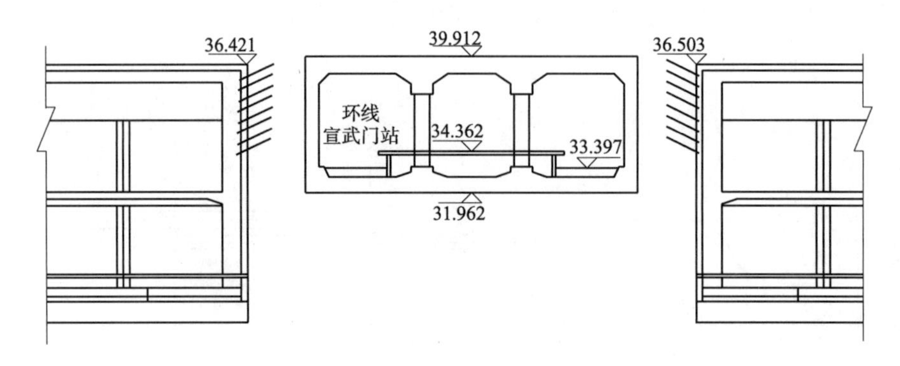

图 9-14　双层段端墙注浆加固地层(高程单位:m)

注浆方法:采用超前小导管注浆,注浆加固范围:在双层断面纵向距离堵头墙 5.5m 范围内进行全断面注浆。堵头墙施工完成后,堵头墙与既有站端墙之间 3.5m 全范围排管注浆。注浆管采用风钻直接将 $\phi32$ 钢管顶入土层,注浆浆液采用水泥—水玻璃双液浆。在注浆液中掺加适量膨胀剂,注浆压力控制在 0.2 ~ 0.6MPa。

9.3.4　单层段正面土体注浆加固

管棚施工完成后,由双层断面向单层段加固注浆,注浆范围分为三部分:拱顶与既有站底板之间全范围,侧墙开挖轮廓线外 2m、内 1.5m 范围,掌子面全断面。

拱顶与既有站底板之间及侧墙开挖轮廓线外 2m、内 1.5m 范围采用 R32 自进式锚管注浆,注浆从车站两端双层结构向单层结构进行,布置在管棚与既有站底板之间,间距为 50cm,注浆一次性完成。

自进式锚管使用 SP50 型锚固工程钻机安装,用 SDW 型注浆泵进行注浆,浆液类型两单洞间土层全部采用超细水泥浆,其他范围采用纯水泥浆 + 膨胀剂。

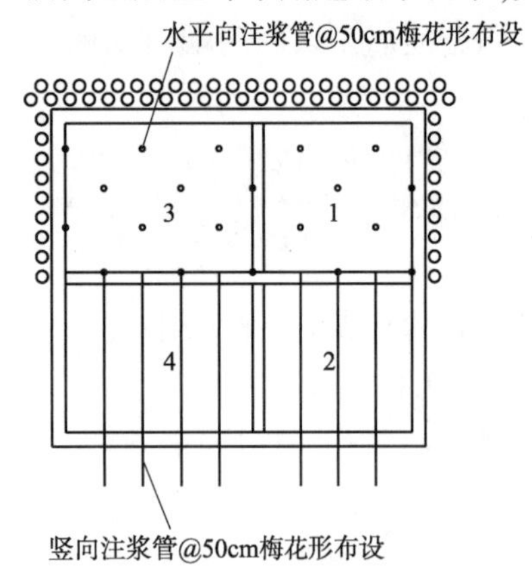

图 9-15　掌子面注浆管布设示意图

掌子面注浆分上、下两层分别进行,注浆管 $\phi32$,上断面间距 50cm 梅花形布设,垂直掌子面,单长 2.5m,隔榀布设。下半断面竖向布设以便于开挖,单长 5m,间距 50cm 梅花形通长布设。掌子面排管注浆的主要作用是在未开挖支护前控制前方掌子面土体的变形。侧墙包括临时中隔墙,超前小导管按间距 30cm 布设,单长 2.5m,隔榀布设。侧墙排管注浆的作用主要是进一步超前加固开挖侧面的土体,以防变形。采用常规导管注浆工法,风镐顶进,KBY-50/70 双液注浆泵注浆,浆液采用水泥—水玻璃双液浆。掌子面注浆管布设见图 9-15。

9.3.5　单层段两端施作

由 8 个掌子面分别按 CRD 工法分步开挖支护单层段平顶直墙结构,1、3 部初支 5m,2、4 部初支 3m 后,4 个端头各衬砌至变形缝位置(18 号轴线外 2.65m),见图 9-16。采用自进式锚管进行单层段加固。

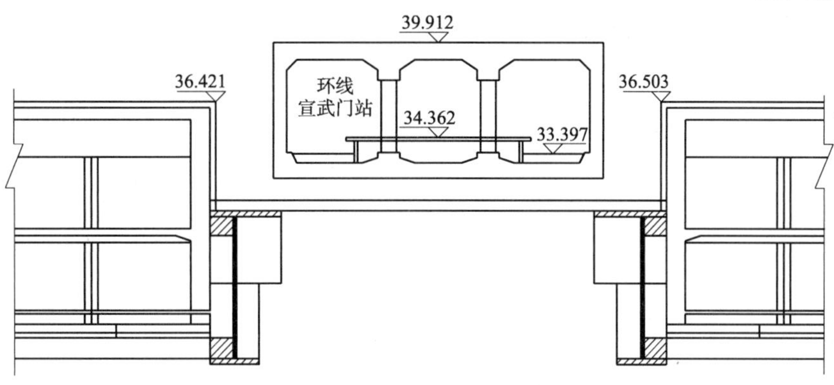

图9-16　单层段两端施作(高程单位:m)

自进式锚管支护参数见表9-3。

自进式管棚主要参数表　　表9-3

项目编号	技术参数	施工标准及技术要求
1	管棚单根长度	$L=6$m
2	材料标准	R32 型迈式管棚,全长左旋螺纹
3	方向	与中线平行
4	布设间距	500mm,梅花形布设
5	施工误差	左右偏差≤100mm,上偏差≤100mm,下偏差≤50mm
6	管节连接方式	管棚连接套连接
7	注浆压力	0.3~0.5MPa
8	浆液类型	超细水泥浆/无收缩水泥浆

9.4　施工方法确定

穿越既有线施工,为了控制下穿工程对既有线的不利因素,确保施工安全,应尽量在空间和时间上采取对称施工,确保地层和结构的受力不平衡,既要控制变形和受力的绝对量,也要防止过大的级差。因此,数值计算也按照对称结构建立模型,如表9-4和图9-17所示。

下穿既有线单层隧道施工力学模型表　　表9-4

模型号	因素		
	A 工法	B 施工顺序	C 拆撑距离
	CRD/CD	1234/1324/CD	2/4/6
1	1	1	1
2	1	2	2
3	1	1	3
4	1	2	3
5	1	1	2

续上表

模 型 号	因 素		
	A 工法	B 施工顺序	C 拆撑距离
	CRD/CD	1234/1324/CD	2/4/6
6	1	2	1
7	2	3	2
8	2	3	3
9	2	3	1

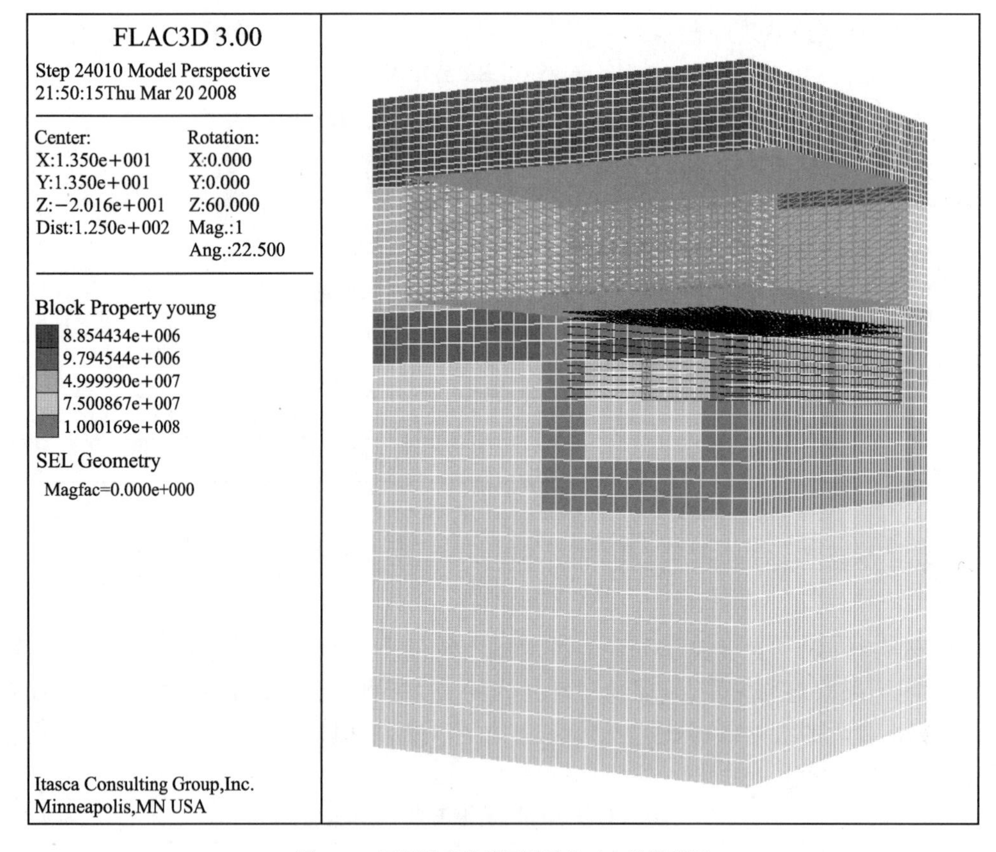

图 9-17 下穿既有线单层隧道施工力学模型图

单层段隧道的断面宽 9.85m，高 9.0m，开挖长度为 27.4m，两头相向掘进衬砌。为了控制变形，首先在隧道四周进行注浆加固，然后在距离既有线 1.9m 的土层内设置双层管棚，模型沿着纵向长 27.4m，横向按对称性从车站中线取 27m。

施工方案的比选主要以地铁 2 号线的变形量作为评判指标，首先研究采用 CD 法、CRD 法两种工法的变形大小，然后对采用 CRD 法的两种施工工序进行对比分析。

9.4.1 数值模拟确定的施工方案

既有线综合指标与下穿隧道工法、施工顺序、拆撑距离之间的关系如图 9-18 所示。

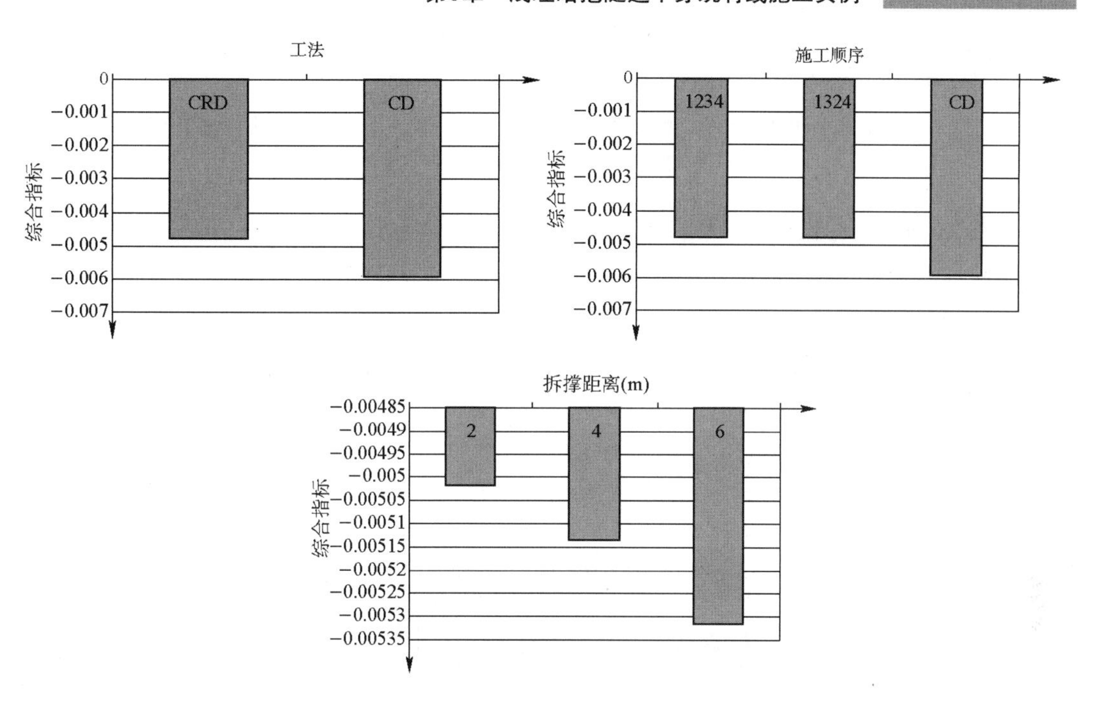

图 9-18　既有线综合指标与下穿隧道工法、施工顺序、拆撑距离之间的关系图

既有线安全指标的正交分析见表 9-5。

既有线综合指标的正交分析表　　表 9-5

试验号	列号				
	A 工法	B 施工顺序	空列	C 拆撑距离	平均值(m)
	CRD/CD	1234/1324/CD	3	2/4/6	
1	1	1	1	1	-4.66×10^{-3}
2	1	2	2	2	-4.78×10^{-3}
3	1	1	3	3	-4.92×10^{-3}
4	1	2	1	3	-4.90×10^{-3}
5	1	1	2	2	-4.77×10^{-3}
6	1	2	3	1	-4.67×10^{-3}
7	2	3	1	2	-5.85×10^{-3}
8	2	3	2	3	-6.13×10^{-3}
9	2	3	3	1	-5.72×10^{-3}
k1	-4.78×10^{-3}	-4.78×10^{-3}		-5.02×10^{-3}	
k2	-5.90×10^{-3}	-4.78×10^{-3}		-5.13×10^{-3}	
k3		-5.90×10^{-3}		-5.32×10^{-3}	
极差	1.12×10^{-3}	1.12×10^{-3}		2.99×10^{-3}	
因素主次	(B、A)C				
优化方案	B(1、2)A1C1				

(1)数值模拟 CD 法和 CRD 法两种工法下穿既有线单层隧道施工过程,对其既有线结构的最大位移、地表沉降、隧道拱顶下沉、水平收敛、变形缝差异沉降进行分析。结果表明

CRD 法效果明显好于 CD 法,其中既有线位移降低了 12%;地表位移降低 14.63%,隧道拱顶下沉降降低 9%,水平收敛降低 44%;变形缝差异沉降降低 19.5%。

(2)对 CRD 工法的两种施工顺序分别进行模拟,即 1→2→3→4 和 1→3→2→4,各项指标评比得出按照 1→2→3→4 顺序略好于 1→3→2→4 施工顺序。

9.4.2 施工经验确定的施工方案

车站单层段采用平顶直墙结构形式,CRD 法施工。设计要求主体施工控制既有线底板最大总沉降值为 10mm,变形缝处最大差异沉降值为 3mm。其中开挖初支阶段的沉降值占总沉降值的 70%,为施工的关键步序。因此,合理选择开挖步序并采取有效措施合理控制各部沉降值对控制沉降至关重要。

选择开挖步序,必须考虑的一个重要条件是,两个单洞中间上方是既有站变形缝。

根据本工程条件,开挖步序主要有三种方式可供选择,分别见图 9-19 ~ 图 9-21。

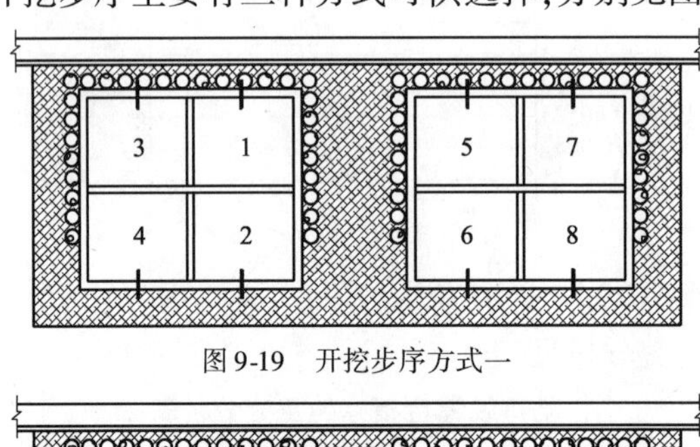

图 9-19　开挖步序方式一

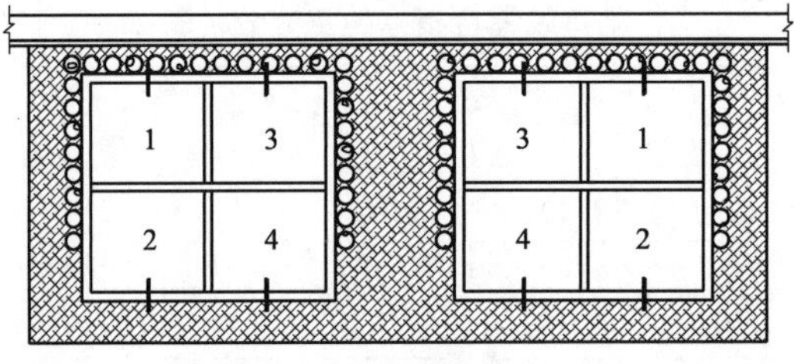

图 9-20　开挖步序方式二

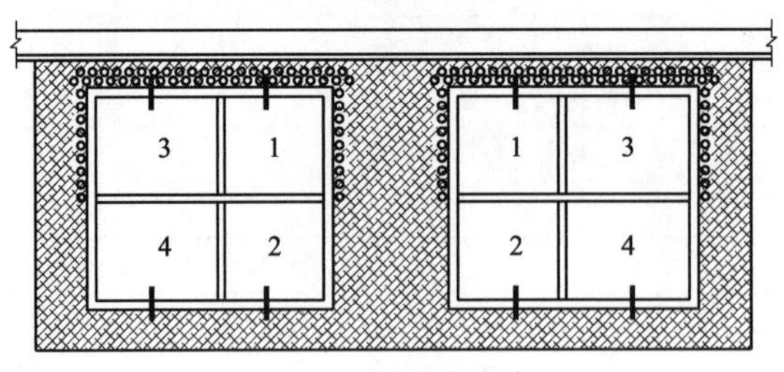

图 9-21　开挖步序方式三

开挖步序方式一是两个单洞分次进行,即左侧单洞贯通后再施工右侧单洞,以减少群洞效应的不利影响,其中单洞靠近沉降缝的内侧先行。此方式对总体控制沉降有利,但因两个单洞中间上方是既有站变形缝,而变形缝处的差异沉降指标仅 3mm,若按此步序开挖,沉降缝处容易产生不均匀沉降。

开挖步序方式二是两个单洞对称同时进行,先施工远离沉降缝的外侧洞,再施工靠近沉降缝的内侧洞。此步序既对总体控制沉降有利,也对控制差异沉降有利。若按此步序施工,一方面 1、2 部因远离沉降缝,施工时既有结构沉降会较小,但会出现既有结构沉降反应滞后甚至出现与 3、4

部引起的结构沉降叠加的可能性。另一方面,因1、2部因远离沉降缝,出现沉降时对既有底板下进行补偿注浆效果不明显,很难抬升,而待3、4部施工时再行补偿注浆就很被动。

综合以上两种步序的优缺点,若采用第三种步序就可实现“扬长避短”,即严格遵循对称原则,左右线同时、对称进行,并且既有线两端同时、对称进行,先施工靠近沉降缝的1、2部,为既有底板特别是沉降缝处底板的补偿注浆尽早提供条件。1、2部施工时可随时进行补偿注浆,3、4部施工时可在1、3部同时进行补偿注浆。若按此步序施工,就较好地取得了补偿注浆、控制了沉降的主动权。因此,最终确定采取第三种步序。

通过对比数值模拟和施工经验一致确定新站采用CRD法并按照第三种步序方式施工。实际施工时,为改善通风条件,同时方便出渣、运料,先对称开挖1部,待1部贯通后,再分别开挖贯通其余各部。

9.5 开挖初支技术

9.5.1 施工主要步序

1部按四个工作面分别对称开挖初支8m,每开挖3m及时进行回填注浆。若沉降控制在预警值内,继续开挖直至贯通。然后分别开挖2、3、4部直至贯通。四个工作面进度差异不得超过1.5m。若沉降值接近预警值,1部暂停施工,施作临时堵头,2、3、4部分别开挖至8m并分别做临时堵头,开始分段施作二衬。

9.5.2 开挖初支施工关键技术

(1)单层段开挖按CRD法分部开挖初支,并以监测信息为指导,采取多种措施严格将沉降变形控制在报警值内。先对称开挖1部,力争贯通后再开挖其余各部。每部开挖时分微台阶施工,1、3部上台阶留核心土,核心土面积不小于开挖面积的50%,见图9-22。2、4部分上下台阶开挖,上台阶不必留核心土。

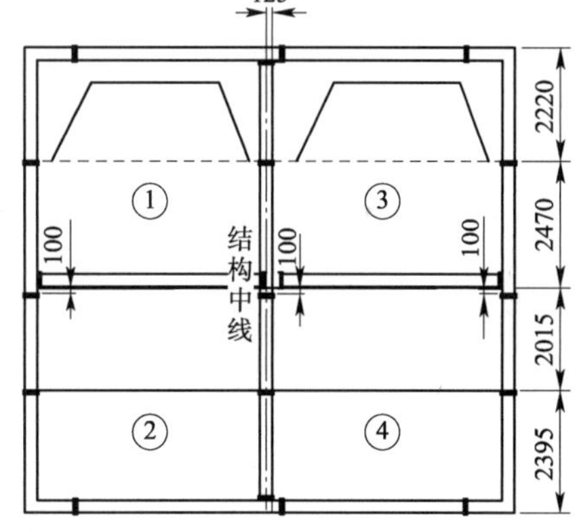

图9-22 开挖分部示意图(尺寸单位:mm)

(2)开挖初支技术措施。

左、右两侧洞开挖时,左右和南北掌子面保持同步前进,长度差异不超过1.5m,以减少沉降缝处及结构南北向的差异沉降。每个小断面分上下台阶开挖,各层台阶长度控制在2m左右。上台阶拱脚采用木板垫实,并用木楔子楔紧,避免基础不实造成沉降。下台阶开挖时,掌子面土体放坡,坡度按1:0.3设置(靠墙侧留0.5m左右不放坡,以防拱架悬空)。逐榀开挖,及时立拱喷浆封闭。及时打设锁脚锚管,打设长度不小于1.5m。打设困难时,采用风钻预钻孔(钻头直径及成孔直径必须小于锚管直径,不得加水),钻孔深度不得大于锚管长度。拱部开挖采用环形开挖,并预留核心土。每步拱脚处施作锁脚锚杆,注水泥浆,增加初支与地层结合力,减小沉降。拱架加工严格执行验收制度,各项尺寸满足设计要求。节点板焊接后必须保证平整无变形，螺栓孔钻床加工。

(3)钢拱架节点位置调整。

为方便单层段立拱施工及提高施工效率，同时为保证节点连接质量，提出对钢拱架节点位置进行调整。具体内容包括：

将原横向净空径向外扩10cm调整为径向外扩5cm；对节点板位置进行调整：将原设计侧墙上部距离转角50cm节点位置调整至距离转角100cm平拱位置，以减轻原平拱拱架重力，同时方便拧紧螺栓；将原设计临时中支撑位置向1、2部平移12.5cm，以改善1、2部受力条件，同时方便二衬换撑；将1、3部临时仰拱下竖向钢支撑节点下移10cm，以方便2、3部钢支撑节点连接。原设计与调整后拱架图见图9-23。

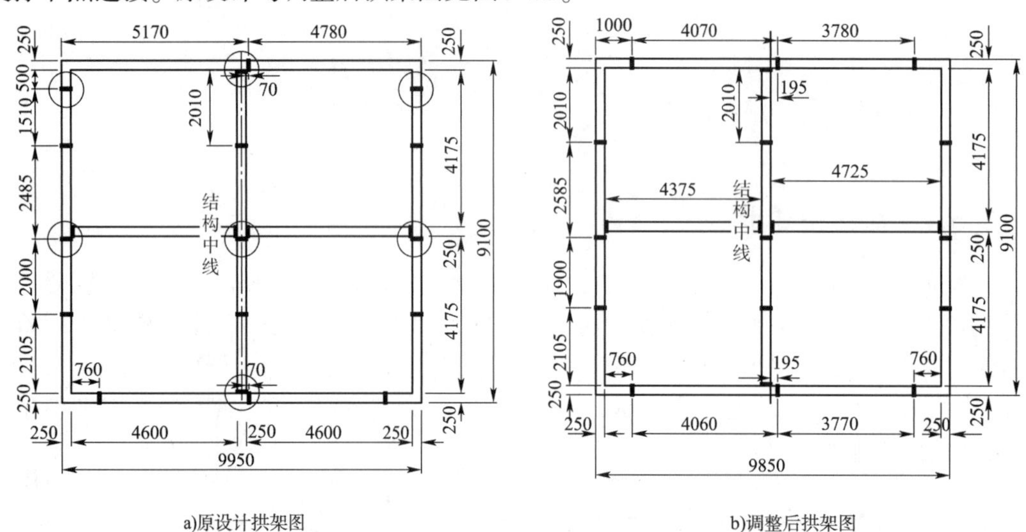

图9-23　原设计与调整后拱架图(尺寸单位：mm)

(4)初支加强措施。

①初期支护拱部与管棚间增设三角撑并回喷混凝土。

由于夯管施工精度原因，管棚与拱部初期支护结构之间存在0~20cm不等的间隙，为确保管棚与拱部初期支护之间刚性连接，对管棚偏高部位，在管棚与初期支护格栅之间加垫I25a工字钢楔块，楔块采用两端对楔，防止管棚受压移位；为提高初期支护顶部以上范围及管棚的整体刚度，对管棚与初期支护之间及管棚之间回喷C30混凝土。为保证密实性，采取分层挂网喷射的办法，即在管棚底部再增设一层网片，先分层喷射管棚范围，再在拱架上部挂网喷射初期支护1/2厚度，最后至下一循环时拱架下部挂网回喷剩余部分，具体形式见图9-24、图9-25。

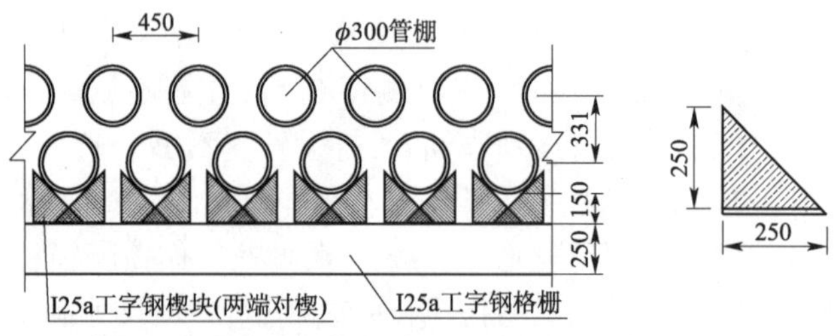

图9-24　楔块安设方式及加工尺寸图(尺寸单位：mm)

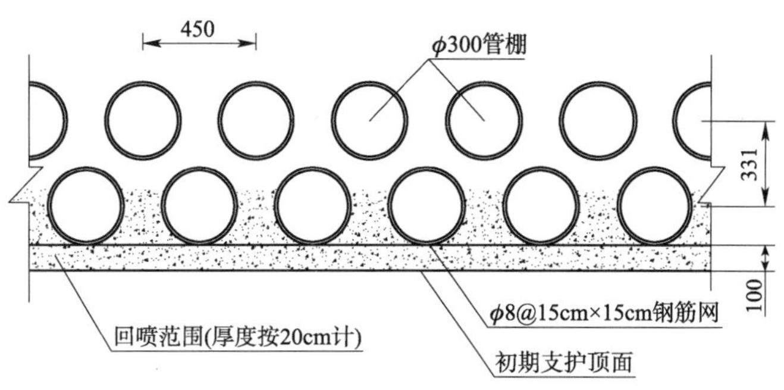

图9-25 管棚与初支面之间喷射混凝土范围图(尺寸单位:mm)

②初期支护各部中间通长增设临时竖向支撑。

因初期支护各部为平顶直墙结构,且单洞施工跨度较大,初期支护阶段结构受力差、变形大,特别是既有底板补偿注浆易使初支顶部变形,从而增大既有结构沉降,故需在每部初期结构内增设临时竖向支撑以限制其平拱变形。

为有效控制初期支护各部结构变形,对1、2部初支结构中部架设临时满堂红脚手架支撑,脚手架支撑横向2排,纵向通长设置,横向、纵向间距60cm,上下层距60cm,纵向设剪刀撑,脚手架底部垫5cm木板,顶部支撑现场选用I16a工字钢,木板及工字钢均纵向通长设置,木板及工字钢与初期支护面密贴,有空隙的部位加设楔块楔紧。对3、4部初支结构中部架设临时工钢支撑,纵向间距1m,采用I22a分节加工,每节上下设节点板,下部与仰拱接触部位焊接,上部加设钢楔子楔紧。具体形式见图9-26。初期支护每前进3m,临时支撑及时跟进。

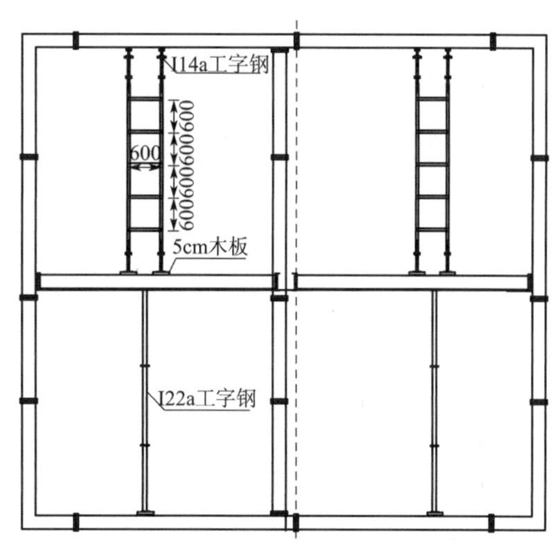

图9-26 临时脚手架支撑施工图(尺寸单位:mm)

9.5.3 跟踪补偿注浆技术

由于开挖过程中对土体进行扰动,势必会造成拱顶上部土体下沉,为保证开挖过程中既有结构稳定、减少下沉,根据第三方对既有结构的监测数据及开挖支护拱顶下沉监测数据,开挖支护过程中采用跟踪注浆技术,及时对开挖造成的结构沉降及新旧结构间空隙进行补偿,以控制地层应力的释放,进而控制地层沉降。

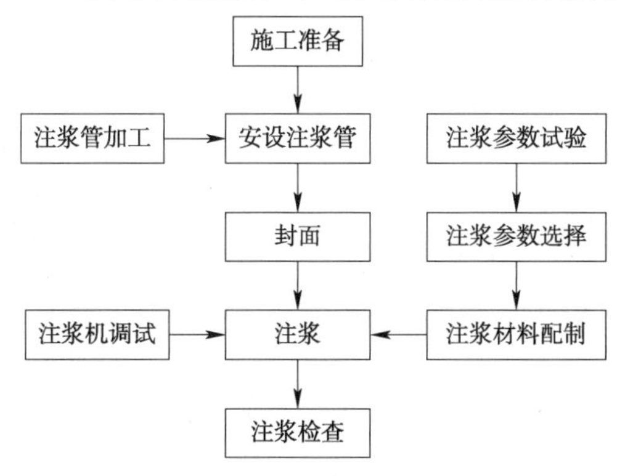

图9-27 注浆工艺流程图

(1)注浆工艺流程

注浆工艺流程如图9-27所示。

(2)注浆管布设

①开挖过程中注浆管布设:开挖时预埋回填注浆管及跟踪补偿注浆管,跟踪补偿注浆管

接近既有底板垫层，回填注浆管位于两层管棚之间。

补偿注浆管及拱部回填注浆管每断面各2根，纵向每2m打设一组，长短错开布置；侧墙及仰拱注浆管长0.6m，见图9-28。为保证浆液不外流，注浆管端部设止浆阀门。

②开挖结束后注浆管布设：开挖结束后，在过程中预埋的跟踪补偿注浆管已注浆完毕，需重新进行补偿注浆管布设。在1、3部各设置两根注浆管，间距按2m梅花形布设，并由1部向既有结构沉降缝方向布设注浆管，长度2.4m，以对沉降缝下空隙进行补偿注浆。根据监测沉降数据，沉降量较大的部位按情况进行加密布设。具体布设情况见图9-29。

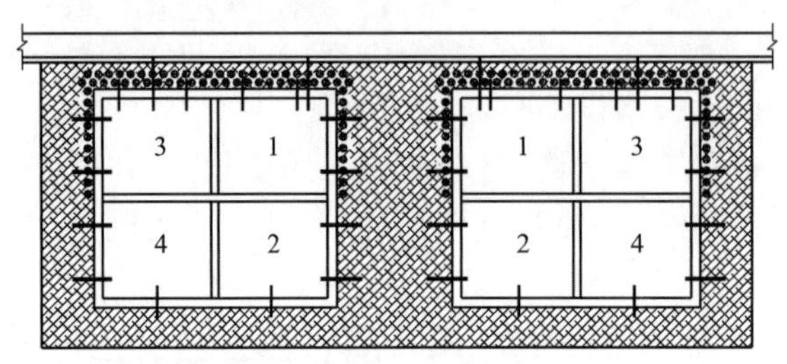

图9-28　开挖过程中补偿注浆管布设示意图

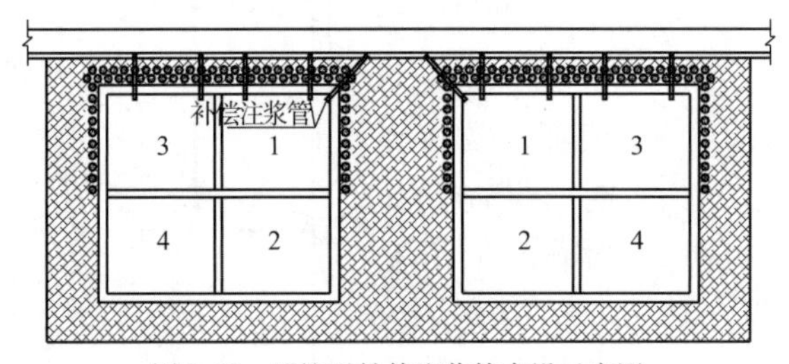

图9-29　开挖后补偿注浆管布设示意图

(3)补偿注浆管的制作

补偿注浆管采用直径为32mm的焊接钢管制成，管头按照小导管做法制成尖形，尾部车丝，以方便安装止浆阀，补偿注浆管示意图见图9-30。

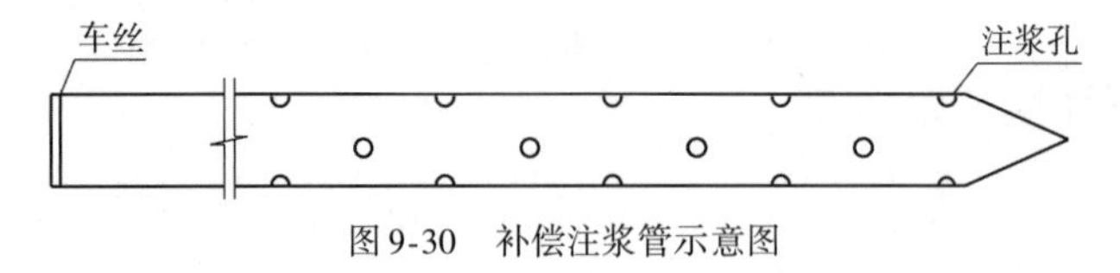

图9-30　补偿注浆管示意图

(4)注浆管安装

①开挖过程中注浆管安装：注浆管采用直径为32mm的焊接钢管制成，管头按照小导管做法制成尖形，尾部车丝，布设完毕后并安装止水阀门。

开挖过程中回填注浆管，随开挖随安装，跟踪补偿注浆管采用埋设钢套管的方法。待本循环初期支护完成后采用风钻向上钻孔，钻孔深度为1.9m，确保补偿注浆管埋设至既有结构底板下。然后用风镐将注浆管顶入。注浆管管口附近用防水砂浆封闭，防止漏浆。

②开挖结束后注浆管安装：开挖结束后，由于原有跟踪补偿注浆管已经使用，无法进行二次注浆，必须重新安装跟踪补偿注浆管。安装采用引孔法，即先用风钻在管棚缝隙间钻直径为30mm的孔，深1.9m，然后用风镐将注浆管顶入。

(5)注浆时机确定

为减少土方开挖造成的既有结构沉降,施工过程中必须及时进行初期支护背后回填注浆及跟踪补偿注浆。

①开挖过程中的跟踪注浆:开挖初支阶段,每开挖 2m 即封闭掌子面进行回填注浆及补偿注浆,以及时将既有底板下空隙填满。监测数据,待沉降稳定、浆液初凝后再进行下一步土方开挖施工。

②开挖结束后跟踪注浆:各部开挖结束后根据监测数据进行跟踪注浆,发现沉降及时进行注浆,将新旧结构间空隙填充密实,并将既有结构进行抬升。

(6)浆液选择及机械选型

施工范围内地质为粉细砂、粉细黏土,选用水泥浆进行跟踪补偿注浆。浆液配置水灰比为:水∶水泥 = 1∶1 ~ 1∶2,浆液中添加 10%(质量比)的 XPM,以减小浆液收缩量,加强浆液强度。

对国内钻孔机械、注浆机械、管路设备进行充分调研,选取适于本工程注浆施工的机械设备,最终确定选用 KBY-50/70 双液注浆泵注浆。

(7)注浆施工关键技术

①注浆分两个阶段进行。开挖初支阶段,补偿注浆应边开挖边不间断进行,以及时将既有底板下空隙填满。二衬换撑阶段,应超前布管,随着二衬进展后退式不间断注浆,及时填充二衬拆撑阶段产生的新空隙。

②注浆采取通过控制注浆压力和注浆量双控的办法有效填充既有站底板下因土体沉降产生的空隙。注浆机采用双液泵,配备 4 台,两洞南北对称注浆。

③注浆压力根据监测数据进行调整,沉降较大的部位压力适当增大,但不得超过 3MPa。

④开挖过程中随开挖对掌子面后 2m 以外范围跟踪补偿注浆,随时观察掌子面情况,发现漏浆立即停止并进行封堵。

⑤注浆采用分段后退的方法,分段长度为 2m。

⑥当发生沉降时,在沉降区域前后 2m 范围内,密布孔(0.8m),多台注浆机同时施注,压力控制在 2 ~ 3MPa,注浆量根据现场监测情况进行调整。

⑦当注浆压力稳定上升,达到设计压力并持续稳定 10min,不进浆或进浆量很少时,即可停止注浆,进行封孔作业。同时当监测数据沉降值趋于稳定时,即可停止在该范围内注浆。

(8)注浆注意事项

①注浆之前,清理注浆孔,安装好注浆管,保证其畅通。

②注浆必须连续作业,不得任意停泵,以防浆液沉淀,堵塞管路,影响注浆效果。

③注浆时,必须严格控制注浆压力,以防大量跑浆和使结构产生裂缝。如发现从混凝土裂缝少量跑浆,可以采用双快水泥封缝后继续注浆。当冒浆或跑浆严重时,应关泵停压,待 1 ~ 2d 后进行第二次注浆。

④停浆后,立即关闭孔口阀门,然后拆除、清洗管路,待浆液初凝后,再拆卸注浆管。

⑤为了确实地获取注入浆液质量和数量,过程中应做好注浆记录并保管好全部证明书及监测数据等。

⑥随时观察既有站沉降缝情况,防止既有站底板沉降缝处冒浆。

⑦施工中应经常监视注入量、注浆压力及初衬结构状况,必要时应变换注浆参数。

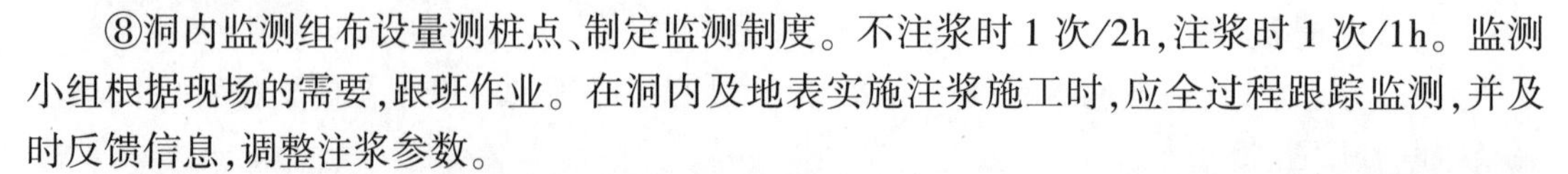

⑧洞内监测组布设量测桩点、制定监测制度。不注浆时 1 次/2h,注浆时 1 次/1h。监测小组根据现场的需要,跟班作业。在洞内及地表实施注浆施工时,应全过程跟踪监测,并及时反馈信息,调整注浆参数。

⑨测量人员随时监测既有结构沉降,并及时与现场施工人员沟通,根据反馈资料调整施工安排。

⑩由于地层变形具有时效性,而施工方式决定了地层扰动的多次性,且具有一定的周期,应随时根据反馈资料实施注浆。

9.5.4 二次注浆技术

因既有结构变形缝位于两单洞中间土柱之上,两单洞间土柱仅 4.1m,虽在开挖前已注浆,但在开挖过程中受开挖临空面及初支背后空隙带来的土层多次应力释放影响,土柱仍有沉降变形的可能。为综合有效控制既有轨面沉降在 5mm 以内,需对中间土柱采取二次注浆措施以提高土柱整体强度和稳定性,从而抑制土柱的沉降变形。

二次注浆加固分别由两单洞Ⅰ、Ⅱ部侧墙向中部土体打设 $\phi32$ 注浆管,注浆管垂直侧墙面打入,导管长 2.5m,纵横向间距为 1m,梅花形布置,左右洞错开,注浆管打设随开挖面跟进,并每开挖 2m 及时进行二次注浆。注浆管布设形式如图 9-31、图 9-32 所示。二次注浆管的制作安设:二次注浆管采用直径为 32mm 的焊接钢管制成,其加工尺寸见图 9-33。

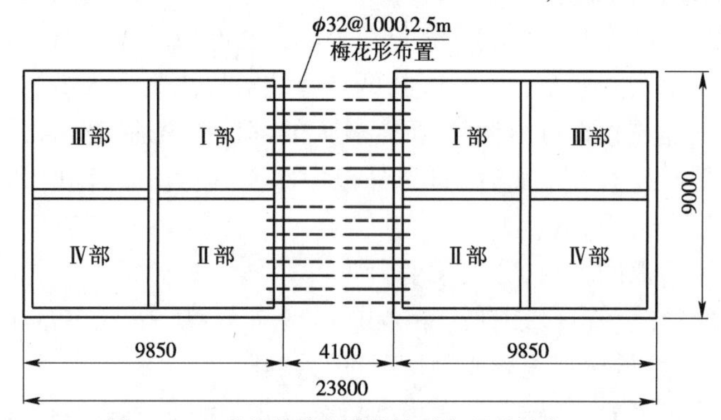

图 9-31 二次注浆管布设横断面图(尺寸单位:mm)

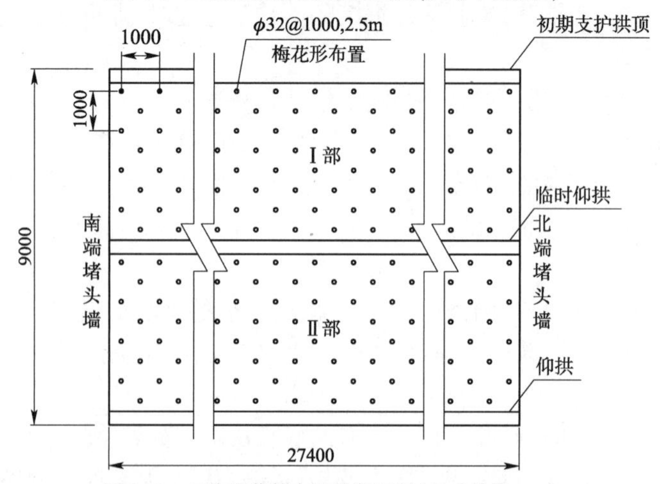

图 9-32 二次注浆管布设纵断面图(尺寸单位:mm)

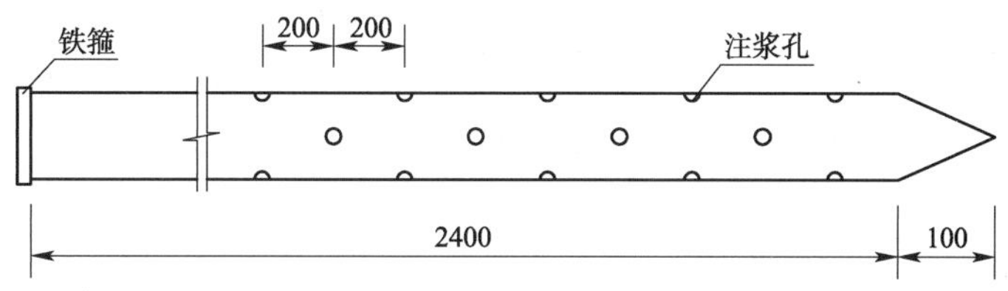

图 9-33 二次注浆管加工尺寸图(尺寸单位:mm)

二次注浆管安设紧跟初期支护及时施作,侧墙每支护 2m 及时布管。采用引孔打入法,先用风钻钻直径为 30mm 的孔,深 2.0m。然后用风钻将注浆管顶入。注浆管附近补喷混凝土封闭,再进行注浆。

9.5.5 回填注浆措施

初支背后回填注浆管埋设见图 9-34。回填注浆严格按 2m 一回头及时进行,包括侧墙、临时中隔墙及仰拱。浆液严格按配合比准确计量。回填注浆管环向按 1m 间距纵向逐榀布设,同时在仰拱设 1m 长补偿注浆管,间距 1m 梅花形布置。回填注浆 1、3 部按先拱部后边墙的顺序,2、4 部按先仰拱后边墙的顺序,边墙按由下往上的顺序进行。各部位注浆压力均不得大于 0.3MPa,注浆时采用跳孔进行,以备多次注浆。个别注浆管堵塞时必须采取措施疏通,不得影响注浆。

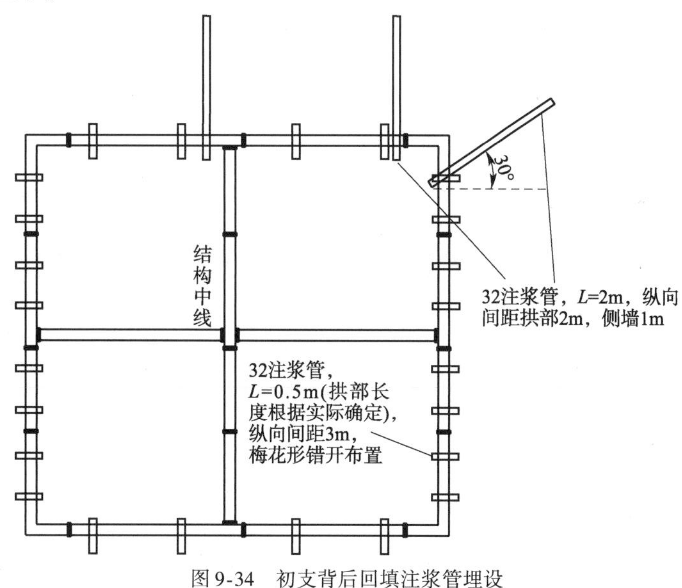

图 9-34 初支背后回填注浆管埋设

9.6 临时支撑拆除技术

对于采用 CRD 法施工的结构,特别是平顶直墙结构来说,二衬期间引起沉降的主要因素是临时中隔壁拆除时应力转化产生的结构变形。采取何种换撑方式,既能对沉降控制最为有利,又能保证防水效果,是方案比选的出发点。方案比选时对三种换撑二衬方案进行了对比,最终选择了方案三,即分幅二衬,以部分二衬结构代替支撑,且该部分二衬施工阶段不拆除模板体系,以此改善拱部悬臂的不利受力条件,另幅衬砌时分段隔榀拆除支撑,剩余支撑在防水层之上分段换撑。

(1)方案一

底板分段施工,分段换撑,每段4.5m左右。在底板之上竖撑下部预先焊接两根型钢做临时中支撑的底纵梁,然后再分段割除底板影响范围的中支撑,换撑方法见图9-35。待拱墙浇筑完成并达到设计强度后进行下一段落施工。

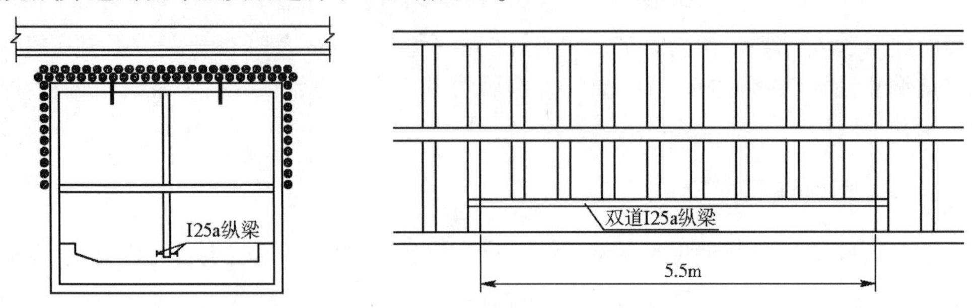

图9-35 "托梁换柱"换撑方法图

优点:施工操作较为便利,对沉降控制较为有利。

缺点:割除底板范围支撑时存在受力转换,拱部施工时需拆撑,存在多次受力变形。

(2)方案二

增设临时支撑后拆除既有支撑。先施作底板防水层(防水板在临时中隔墙位置甩头,待拆撑后连成整体),然后在3、4部隔榀施作临时支撑,支撑中下部设千斤顶施加预顶力,然后用刚性楔子楔紧。最后破除及拆除临时中隔壁,施作底板。分段施工,临时支撑伸入底板及拱部结构部分不再取出。换撑方法见图9-36。

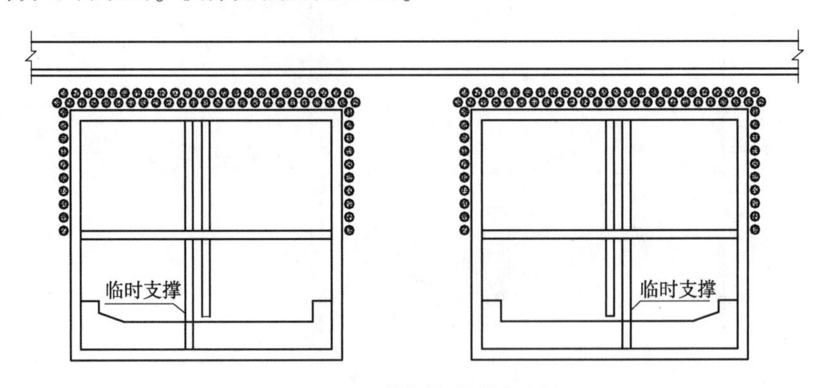

图9-36 "以撑换撑"换撑方法图

优点:受力转换不明显,较方案一对沉降控制更为有利。

缺点:新增设的临时支撑采用千斤顶施加预顶力现场不好操作,临时支撑架立受场地限制也不好施作。底板及拱部钢筋遇支撑需绕开,钢筋质量受影响且施工较麻烦;每个段落循环时间较长,施工效率较差。

(3)方案三

分幅二衬,以一部分二衬结构代替支撑,前半幅二衬阶段不拆除模板体系,以此改善拱部悬臂的不利受力条件,另半幅衬砌时分段隔榀拆除支撑,换撑方法见图9-37。

优点:受力转换不明显,对沉降控制最为有利、可靠。

缺点：分幅二衬在底板及拱部分别增加一道纵向施工缝，对结构整体性及底板防水不利；因工序增加，施工效率较差；前半幅不拆模，增大了投入。

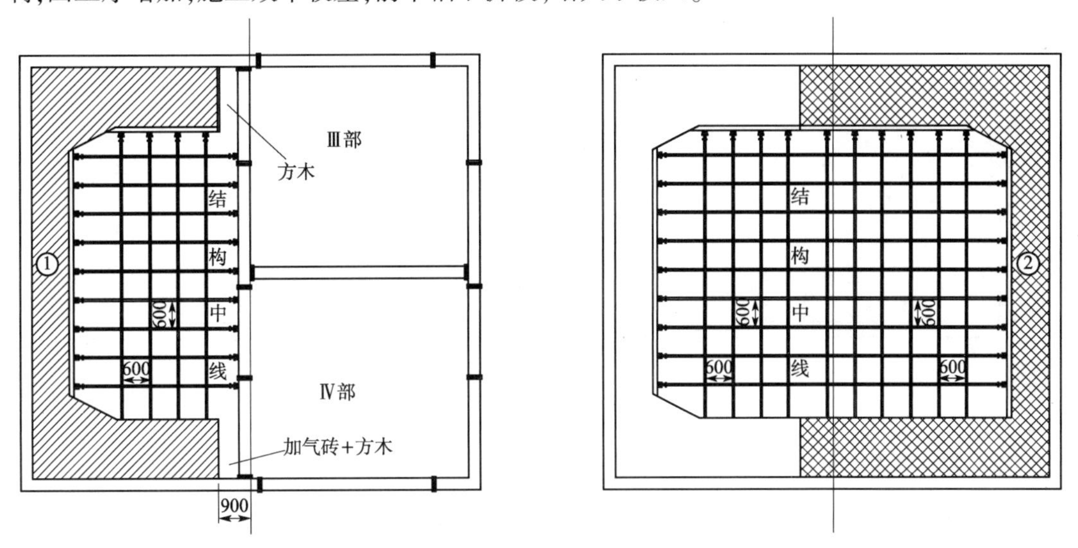

图9-37 分幅二衬换撑方法图(尺寸单位：mm)

9.7 二次衬砌施工技术

9.7.1 施工段落划分及主要施工顺序

单层段二衬分幅分段进行。底板二衬施工段落划分及施工顺序见图9-38；边墙及顶板二衬分段及施工顺序见图9-39，图中数字编号为底板及拱墙的施工顺序。变形缝以外1.5m底板及拱墙全幅进行，中间段按南端、北端由外向内及左、右线对称的原则分段分幅进行。拱墙一次性浇筑。断面分幅情况见图9-40。

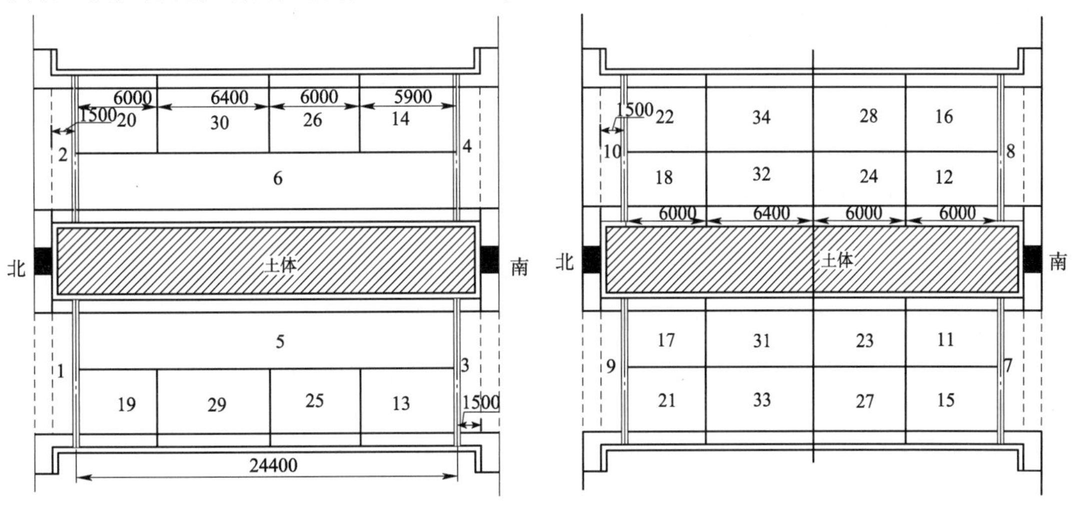

图9-38 底板二衬分段及施工顺序图(尺寸单位：mm)　　图9-39 拱墙二衬分段及施工顺序图(尺寸单位：mm)

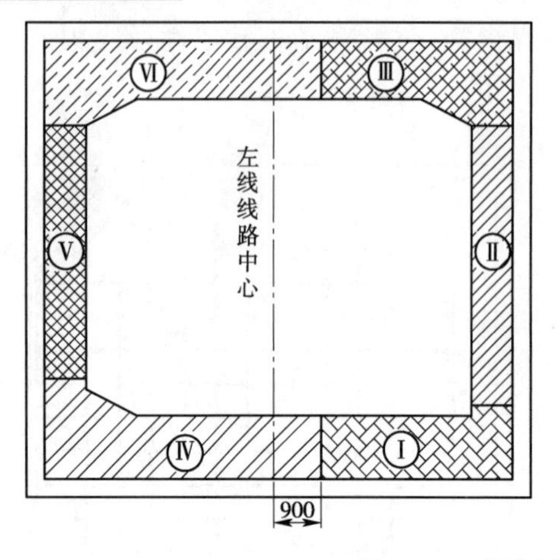

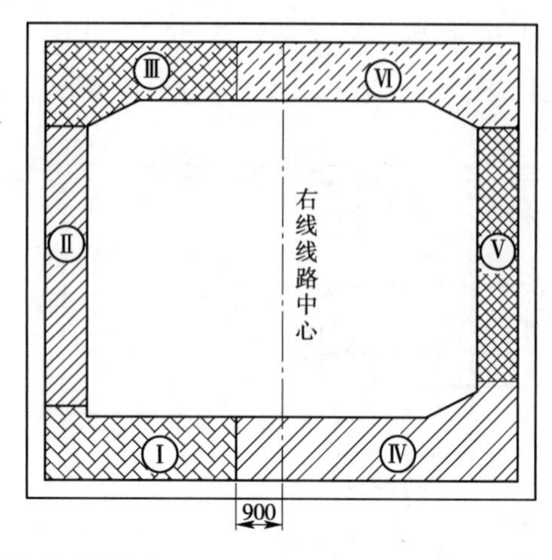

图 9-40　二衬分幅断面图(尺寸单位:mm)

9.7.2　关键施工技术

(1)施工缝位置确定

分幅二衬,底板及顶板施工缝设在接近 1/3 跨的位置。结合现场实际情况,施工缝设在距离中线 900mm 的位置(Ⅰ、Ⅱ部范围)。

(2)防水加强措施

因底板及顶板增加一道纵向施工缝,除按施工缝设置背贴式止水带及中埋式止水条外,为确保防水质量,在施工缝处铺设两层 ECB 防水板,宽度按施工缝横向两侧各 50cm。

(3)设置预起拱

分幅二衬后,考虑到前半幅顶板悬臂因素,顶板设置预起拱,起拱值按 1% 设置。顶板钢筋及模板安装时均应考虑预起拱因素。

(4)钢筋

因底板及顶板增加一道纵向施工缝,施工缝处钢筋接头错开布置,采用正反丝套筒。为改善钢筋受力条件,底板及拱部钢筋内外层错开布置,外层钢筋外露 40cm,内层钢筋外露 10cm。

(5)模板体系

在Ⅰ、Ⅱ部范围前半幅衬砌阶段,不拆模不拆撑,确保整体刚度;在进行Ⅲ、Ⅳ部范围后半幅衬砌时,将两部分支撑用钢管连在一起,待后半幅结构强度达到 100% 后一并拆除模板及支撑体系,见图 9-41。

模板支撑体系采用满堂红 ϕ42 钢管脚手架,纵、横向步距及上下排距均为 60cm。侧墙和拱部模板均采用市政钢模板组拼。脚手架竖、横向杆件设可调 U 形托。模板支撑侧墙竖向及拱部横向主肋采用 15cm × 15cm 方木,纵向次肋采用 10cm × 10cm 方木,间距均为 60cm。

(6)混凝土

为减少既有线沉降,单层段拱部混凝土由原 C30S10 混凝土改为微膨胀 C30S10 免振混凝土。纵向施工缝处理时,必须露出新鲜混凝土,确保两次混凝土的连接质量。

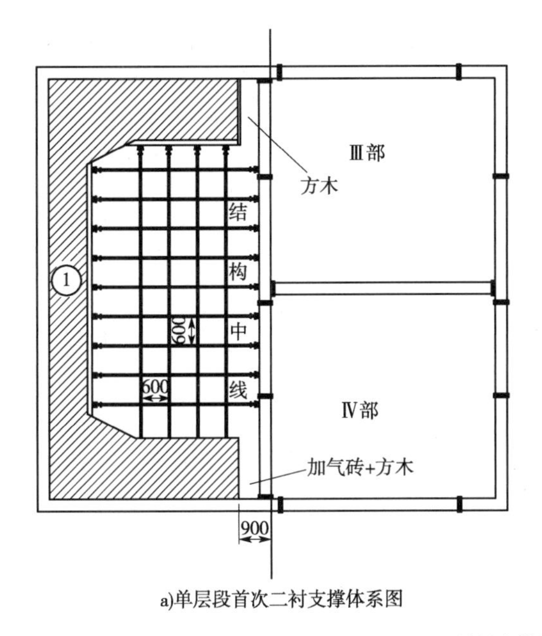

a)单层段首次二衬支撑体系图

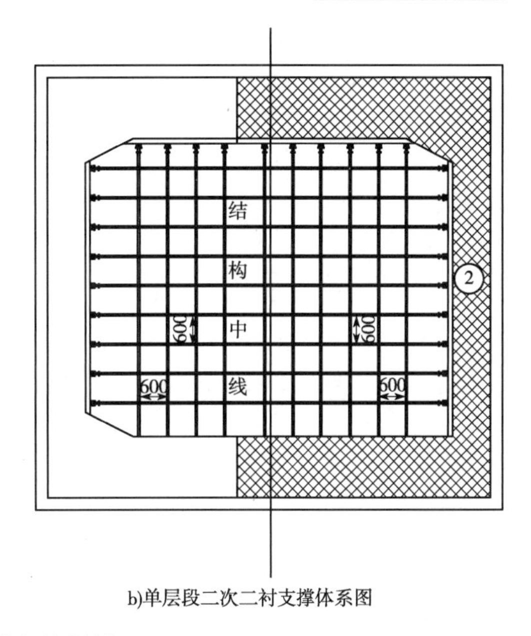

b)单层段二次二衬支撑体系图

图9-41　单层段模板体系图(尺寸单位:mm)

(7)换撑

换撑分两个阶段进行,第一阶段为后半幅底板防水层施作时进行换撑;第二阶段为后半幅顶板防水层施作时进行换撑。

①底板换撑:全幅二衬段落及分幅段落后半幅二衬时均需在底板防水保护层之上进行换撑。全幅段落隔一榀留一榀,分幅段落隔两榀留一榀,采取先换后割。换撑时,在下部换撑部位贴近底部增设一块钢板,钢板与工钢脚板之间用钢楔对揳揳紧。钢楔用钢板或 $\phi28$ 以上钢筋提前加工,削尖部位尽可能光滑平整(钢筋头部应做成扁平,每根支撑不少于4根钢筋楔子),以确保楔紧。

②顶板不换撑:为减少换撑引起的初支顶板多次受力转换从而增大变形,对顶板采取不换撑措施。全幅段落隔一榀留一榀,分幅段落隔两榀留一榀。后半幅拱墙衬砌前,临时中隔墙靠近拱部破除1.8~2.0m的高度,以下范围不破,纵向超破不得大于1m。工钢隔两榀留一榀并与底板工钢一致,然后对工钢采取穿墙管做法进行防水处理。止水环设置在施工缝中间部位,防水板在止水环收口。为提高拱部混凝土外观质量,不换撑的工钢贴近模板处增设5cm厚泡沫板,泡沫板应把工钢包住并方便割除,拆模后割除工钢再用同强度等级的砂浆抹平。

(8)施作二衬期间补偿注浆及回填注浆

注浆包括既有结构补偿注浆和二衬背后回填注浆。

①补偿注浆。为了给补偿注浆创造条件,1、3部临时仰拱应尽可能晚破除。补偿注浆应尽可能靠近既有变形缝布管注浆,现场定期(至多每隔一周)测试浆液的收缩率,最大注浆压力不得大于2MPa。

②二衬背后回填注浆。注浆管预埋:安装模板前,在边墙和顶板预埋回填注浆管,带注浆圆盘的注浆管按2m间距梅花形布设,刚性注浆管每组不少于2根,设于每组倒角处及纵向施工缝处,并甩出模板。注浆管应固定牢固,防止浇筑混凝土时移位,与模板接触部位的

甩头装入加工的木盒子内，保证拆模后甩头外露不小于5cm，以方便注浆。

回填注浆：为及时填充二衬背后空隙，在拱部混凝土浇筑72h后，通过倒角外露的注浆管及时进行二衬背后回填注浆，回填注浆24h后方可进行下一施工段临时中隔墙的破除及换撑。二衬回填注浆以填充为主，应低压注浆（不大于0.3MPa）。其余范围回填注浆紧跟拆模工序进行。

9.8 既有车站结构变位控制

9.8.1 施工阶段既有结构沉降控制目标

(1)既有环线结构共有5条变形缝，变形缝处如产生不均匀沉降将危及行车安全。

(2)既有线安全运营限制标准：

①结构变形≤10mm，变形缝两端沉降差异≤5mm。

②轨面下沉≤5mm，轨距增宽≤6mm，减窄≤2mm，单线两轨高差≤4mm。

③轨道结构纵向变形坡率≤1/2500。

(3)在施工过程中以及施工完成后，保证既有车站的变形控制在限制标准内。

(4)为了总沉降值、差异沉降值、沉降速率都能够在控制范围内，分别按照最大值的70%、80%作为预警值、报警值，并在每一施工步序中进行分解，确保每一步序的沉降值都在控制指标内。

9.8.2 主体单层段过既有线结构沉降控制指标

为了总沉降值、差异沉降值、沉降速率都能够在控制范围内，设计分别按照最大值的70%、80%作为预警值、报警值，并在每一施工步序中进行分解，确保每一步序的沉降值都在控制指标内。具体数值见表9-6。

既有线底板沉降各施工阶段沉降控制值一览表（主体单层段） 表9-6

序号	各施工阶段		变形值类别	预警值（70%）	报警值（80%）	最终控制值（100%）
1	管棚施工		最大沉降值(mm)	1.05	1.20	1.50
			最大差异沉降值(mm)	0.35	0.40	0.5
2	左右洞开挖、支护	Ⅰ部	最大沉降值(mm)	1.40	1.60	2.00
			最大差异沉降值(mm)	0.7	0.8	1
		Ⅱ部	最大沉降值(mm)	1.05	1.20	1.50
			最大差异沉降值(mm)	0.7	0.8	1
		Ⅲ部	最大沉降值(mm)	1.75	2.00	2.50
			最大差异沉降值(mm)	0.7	0.8	1
		Ⅳ部	最大沉降值(mm)	0.70	0.80	1.00
			最大差异沉降值(mm)	0.7	0.8	1

续上表

序号	各施工阶段	变形值类别	预警值（70%）	报警值（80%）	最终控制值（100%）
3	衬砌	最大沉降值(mm)	1.05	1.20	1.50
		最大差异沉降值(mm)	0.35	0.40	0.5
4	结构完成最大值	最大沉降值(mm)	7.00	8.00	10.00
		最大差异沉降值(mm)	3.5	4.0	5
		最大沉降速率(mm/d)	1.05	1.2	1.5

9.8.3　主体单层段过既有线轨道沉降控制指标

为了总沉降值、单线两轨高差值都能够在控制范围内，设计分别按照最大值的70%、80%作为预警值、报警值，并在每一施工步序中进行分解，确保每一步序的沉降值都在控制指标内。具体数值见表9-7。

既有线轨道沉降各施工阶段控制指标(单位:mm)　　表9-7

序号	各施工阶段		变形值类别	预警值（70%）	报警值（80%）	最终控制值（100%）
1	管棚施工		最大沉降值	0.52	0.6	0.75
			最大两轨高差值	0.42	0.48	0.6
2	左右洞开挖、支护	Ⅰ部	最大沉降值	0.7	0.8	1
			最大两轨高差值	0.56	0.64	0.8
		Ⅱ部	最大沉降值	0.52	0.6	0.75
			最大两轨高差值	0.42	0.48	0.6
		Ⅲ部	最大沉降值	0.88	1.0	1.25
			最大两轨高差值	0.7	0.8	1
		Ⅳ部	最大沉降值	0.35	0.4	0.5
			最大两轨高差值	0.28	0.32	0.4
3	衬砌		最大沉降值	0.52	0.6	0.75
			最大两轨高差值	0.42	0.48	0.6
4	结构完成最大值		最大沉降值	3.5	4	5
			最大两轨高差值	2.8	3.2	4

9.8.4　单层段过既有线控制措施

主体施工引起既有线底板沉降在主体上方最大总沉降值为10mm、变形缝处最大差异沉降值为5mm。其中开挖初支阶段的沉降值占总沉降值的70%，为施工的关键步序。主体单层段分步控制技术措施一览表见表9-8。

主体单层段分步控制技术措施一览表　　表9-8

施工分步	技术措施			
	正常情况	出现预警值	出现报警值	应急预案
第一步：施作ϕ300管棚，并在钢管内注浆充填	加强日常观察和监控量测，正常施工	分析原因，小导管注浆，减少日施工进尺或继续施工	停止施工，找出原因，采取加强注浆等各种辅助措施	可在扣件上加垫调高垫板的方式调整轨顶面高程，以保持线路状态。确定变形稳定后恢复施工

续上表

施工分步	技术措施			
	正常情况	出现预警值	出现报警值	应急预案
第二步：管棚两端做托梁，对单层段全长范围地层进行注浆加固	加强日常观察和监控量测，正常施工	分析原因，小导管注浆，减少日施工进尺或继续施工	停止开挖，找出原因，采取加强注浆等各种辅助措施	调高垫板，如出现道床裂缝扩展或与结构底板剥离时，采用磨细超流态 CGM 灌浆料填充。到本步后大半沉降或变形已经完成
第三步：按顺序分步开挖及支护，各导洞及时封闭	加强日常观察和监控量测，正常施工	分析原因，减少日施工进尺或继续施工	停止开挖，找出原因，对工作面加强注浆	本步施工引起的变形值最大，可调高垫板，如出现道床裂缝扩展或与结构底板剥离时，采用磨细超流态 CGM 灌浆料填充
第四步：增设临时托梁并换撑，施作底板二衬	加强日常观察和监控量测，正常施工	分析原因，减少日施工进尺或继续施工	停止拆除临时支撑，找出原因，根据量测数据确定下步拆除长度	加强对轨道和道床的日常维护工作
第五步：逐段拆除临时仰拱及上部临时支撑，施作边墙、顶部二衬	加强日常观察和监控量测，正常施工	分析原因，根据量测数据确定是否减少拆除临时支撑长度或继续施工	停止拆除临时支撑，找出原因，进行加固处理	加强对轨道和道床的日常维护工作
第六步：二次衬砌背后注浆。浇注站台板，施作附属结构及内部装修	加强日常监控量测，对轨道和道床进行日常维护，继续进行工后变形量测	分析原因，根据量测数据确定是否施工	检查新做衬砌混凝土强度	对轨道和道床进行维护，进行工后变形量测

9.9 监控量测方案

9.9.1 既有车站远程监控量测

(1)实施远程监测的目的

新建车站的施工必然会引起既有车站结构的变位，为保证既有车站结构的安全和正常运营，在车站施工期间，必须对既有车站地铁进行全天候的实时监控量测。传统监测技术在高密度的行车区间内无法实施，且不能满足对大量数据采集、分析以及及时准确的反馈，因此必须采用远程自动化监测系统对既有车站的结构和轨道变形进行 24h 监控量测。

(2)监测项目及方案(表9-9)

监测项目汇总表

表9-9

序号	监测项目	监测仪器	监测频率	监测目的
1	既有车站结构隆陷变形	静力水准系统	施工关键期:1次/20min 一般施工状态:1次/2h	掌握施工期间既有车站结构隆陷变形情况
2	既有车站变形缝差异沉降	静力水准系统	施工关键期:1次/20min 一般施工状态:1次/2h	掌握施工期间既有车站结构缝差异沉降变形情况
3	既有车站变形缝开合度	测缝计	施工关键期:1次/20min 一般施工状态:1次/2h	掌握施工期间既有车站结构缝水平变形情况
4	走行轨纵向变形	静力水准系统	施工关键期:1次/20min 一般施工状态:1次/2h	掌握施工期间既有车站轨道结构纵向变形情况
5	走行轨两轨高差变化	梁式倾斜仪	施工关键期:1次/20min 一般施工状态:1次/2h	掌握施工期间既有车站轨道结构两轨高差变形情况
6	走行轨轨距变形	变位计	施工关键期:1次/20min 一般施工状态:1次/2h	掌握施工期间既有车站轨道水平距离变形情况

注:可根据施工情况和沉降情况调整监测频率,随时将监测信息通报监测领导小组。

①既有结构监测。

a. 结构沉降监测:结构沉降监测采用静力水准仪,布设方案为:根据理论分析及相关经验,既有车站内,新建车站中线两侧30m范围为重点监测部位,参照既有车站结构承力柱设置测点。因100m宽的运营地铁中有较大的高差,每条结构测线设置两条静力水准系统,采用两个转点。按上述布设原则,上、下行线共布设72个测点,具体布置见图9-42。

结构沉降监测测点保护,在结构沉降测点上采用明显标识,提醒既有车站内管理人员注意保护,通信线路采用特殊连接与连通管路共同采用管路保护。监测人员定期巡视,保证仪器正常运行。

b. 结构缝变形监测:既有车站沿纵向每27m设有结构缝,对三个结构缝进行监测,沉降观测采用静力水准系统,沉降缝之间的胀缩用测缝计进行测量。在选定的三个结构缝上的两侧沿缝水平方向布设1只测缝计,选择施工影响范围内的三个结构缝进行监测,上、下行线共布设12个测点,具体布置见图9-42。

结构缝变形监测测点保护如同结构沉降监测。

②轨道结构变形监测。

a. 走行轨结构纵向变形监测。

本项观测为监测重点，故轨道变形监测采用静力水准系统（需将静力水准系统小型化）的方法进行监测。因100m宽的运营地铁中有较大的高差，为保证监测系统安全可靠，每条测线设5条静力水准系统，采用4个转点。上、下行线共布设42个测点，具体布置见图9-42。

b. 走行轨结构左右水平高低变化监测：采用梁式倾斜仪监测，既有车站内，新建车站中线两侧30m范围为重点监测部位，上、下行轨共布设8只。具体布置见图9-42。

c. 走行轨水平距离的偏差监测：采用测距仪监测走行轨水平间距的相对变形，既有车站内，新建车站中线两侧30m范围为重点监测部位，上、下行轨共布设8只。具体布置见图9-42。

（3）监测反馈及报警制度

根据工程特点，隧道施工过程中对既有车站进行24h不间断监测，全部监测数据（数据采集及数据分析）均由计算机管理，日常监测汇报及报警程序根据监测反馈流程图所示流程进行，以确保地铁安全运营。监测反馈流程图见图9-43。

9.9.2 地表沉降及洞内监控量测

（1）地表沉降

新建车站施工时，地表沉降监测点布置见图9-44。

（2）洞内监测项目

新建车站施工过程中，洞内监测项目见表9-10。

洞内监测项目 表9-10

量测项目	量测仪器及工具	测点布置	量测频率
围岩及支护状态	地质描述及拱架支护状态观察	每一开挖环	开挖后立即进行，1次/d
拱顶下沉	水准仪、钢尺、无尺量测等	每5~30m一个断面，每断面1~3个测点	1~2次/d
周边净空收敛位移	收敛计、无尺量测等		
支护与既有结构底板间的地层沉降	测斜仪	沿单层段全长布置，共3根测斜管，总长81m	
地层及支护间的形变压力	压力传感器	左线K7+849.45设一断面，16个测点，包括径向和切向形变压力	
钢拱架应变	应变计	左线K7+849.45设一断面，10个测点，10对应变计	
初期支护喷层表面应力	喷层应力计	左线K7+849.45设一断面，6个测点	
临时支撑支撑力	轴力计	左线K7+849.45设一断面，2个测点	
孔隙水压力	孔隙水压力计	左线K7+849.45设一断面，4个测点	
二次衬砌混凝土内应力	混凝土内的应变计	左线K7+849.45设一断面，8个测点	
二次衬砌钢筋应力	钢筋计	左线K7+849.45设一断面，8个测点，8对钢筋计	
管棚施工期间振动	AWA6256B型环境振动分析仪		管棚施工期间监测
管棚施工期间噪声	HS5920型噪声监测仪		

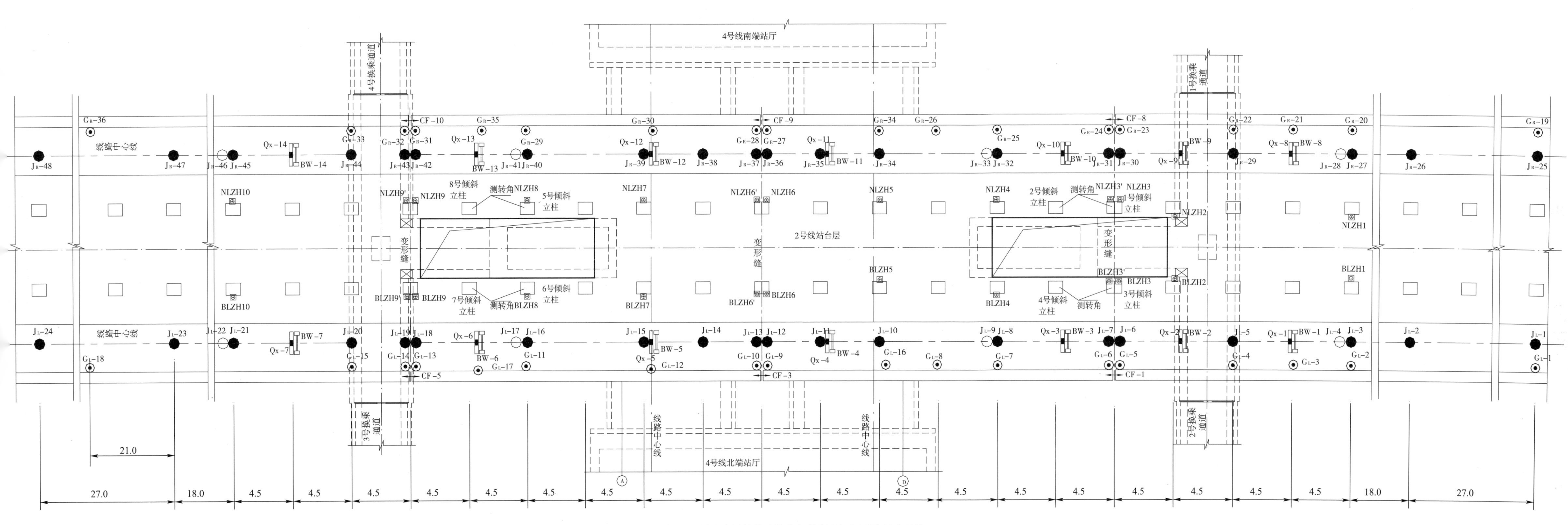

图9-42　既有车站结构及轨道变形监测点布置图(尺寸单位:m)

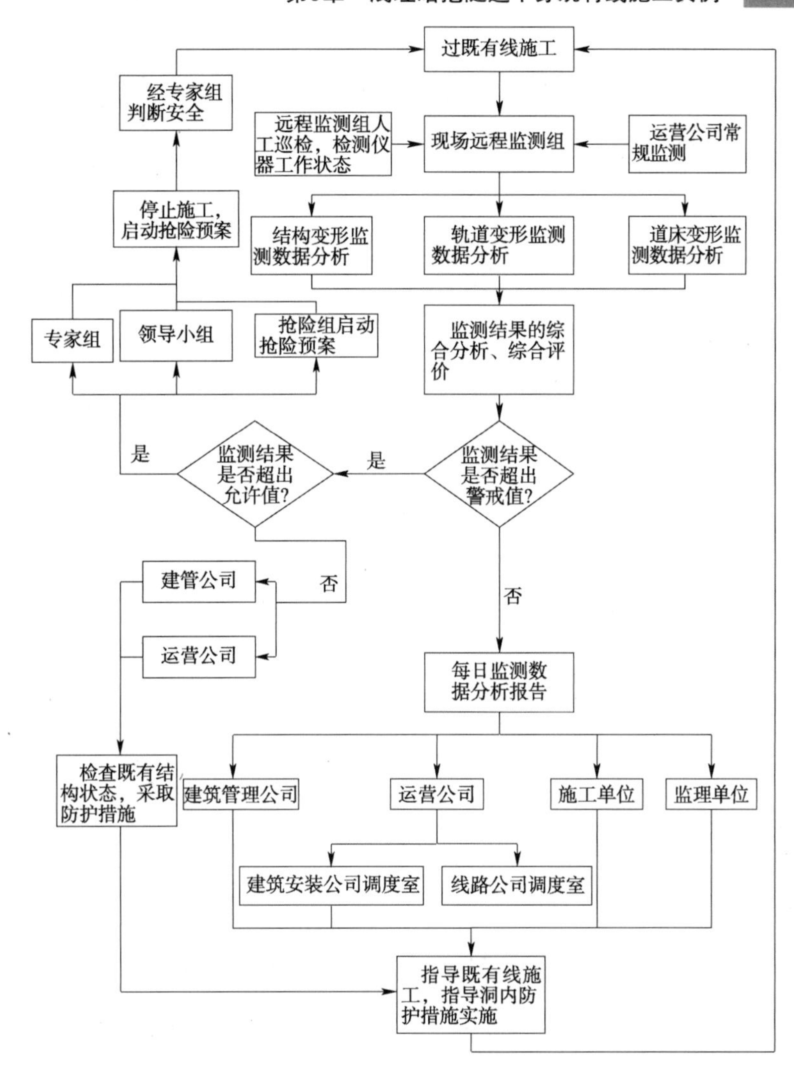

图9-43 监测信息反馈流程图

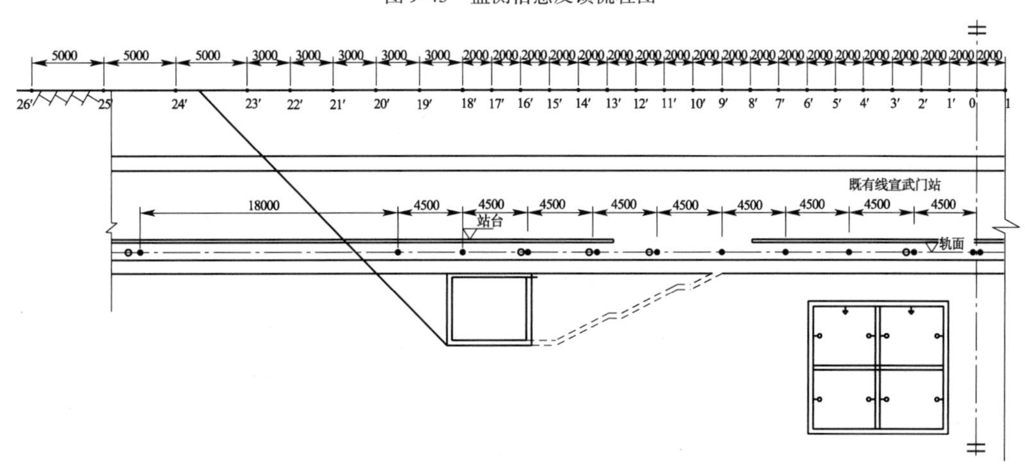

图9-44 单层断面地表监测点纵断面布置图(尺寸单位:mm)

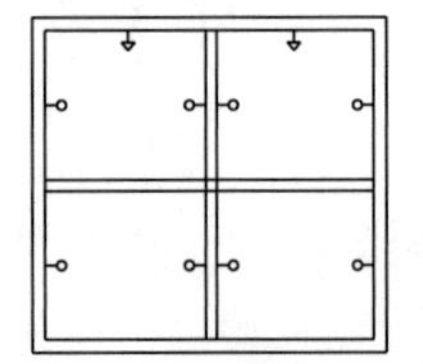

图 9-45　洞内拱顶下沉和水平收敛测点布设图

(3)测点布置图

①洞内变形(图 9-45)。

②支护结构与既有车站地板间地层沉降(图 9-46)。

③初支结构力学监测(图 9-47)。

④二次衬砌力学监测(图 9-48)。

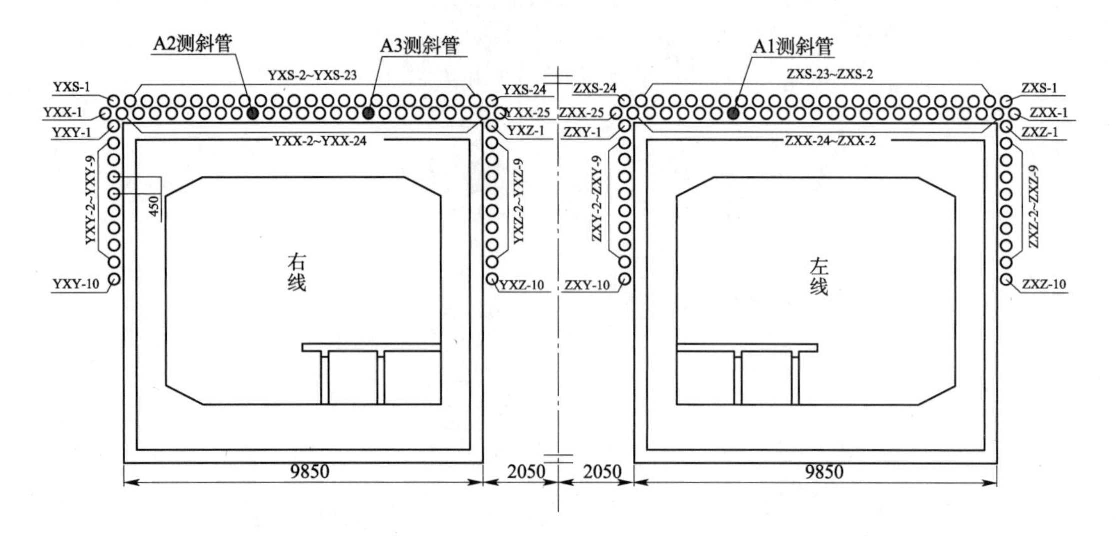

图 9-46　支护结构与既有车站底板间地层沉降测斜管布设图(尺寸单位:mm)

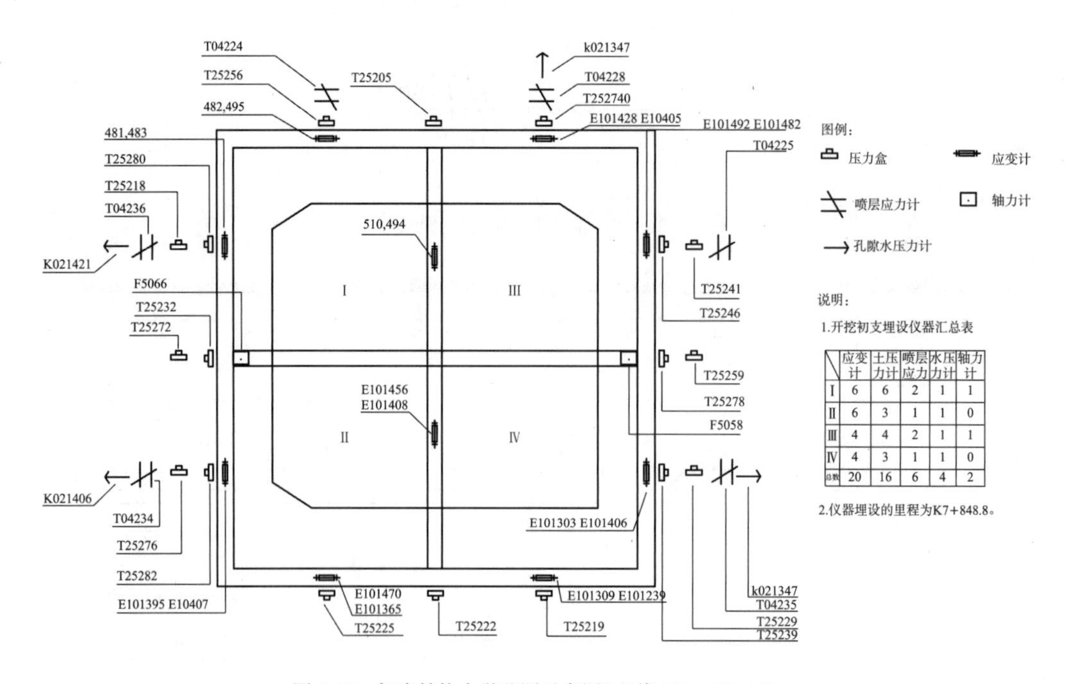

	应变计	土压力计	喷层应力	水压力计	轴力计
Ⅰ	6	6	2	1	1
Ⅱ	6	3	1	1	0
Ⅲ	4	4	2	1	1
Ⅳ	4	3	1	1	0
总数	20	16	6	4	2

图 9-47　初支结构力学监测示意图(左线 K7 +849.45)

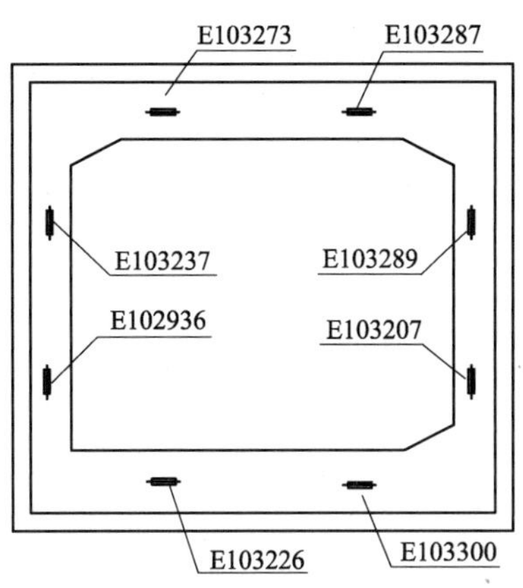

图9-48 二次衬砌混凝土应变监测示意图(左线 K7 +849.45)

9.10 监测成果及分析

9.10.1 管棚施工期间监测成果分析

通过对管棚施工期间(管棚施工开始时间:2007 年 6 月 7 日;管棚施工结束时间:2007 年 7 月 26 日)振动与噪声、既有结构、轨道、支护结构与既有结构底板之间地层纵向行沉降等的监测,经过数据统计分析,得到管棚施工期间各项监测指标都在控制指标范围内。

(1)管棚施工期间振动与噪声监测分析

夜间分别对夯管施工引起振动和噪声及列车与夯管的振动叠加进行了测试。测试结果显示,夯管施工引起的振动低于国家规定的标准,夯管施工引起的噪声低于列车引起的噪声(具体数值见表9-11、表9-12),夯管施工与列车运行不会形成振动叠加;对夯管施工引起的水平振动影响(振动对结构和列车运行的影响参数)进行了测试,水平振动加速度最大值为 0.05g(高速铁路预警值为 0.12g,目前设计抗震设防 8 度对应值为 0.2g),夯管引起的振动不会对结构和行车造成危害。

振动测试使用 AWA6256B 型环境振动分析仪,噪声测试使用 HS5920 型噪声监测仪。振动标准值采用《城市区域环境振动标准》(GB 10070—1988)中铁路干线两侧标准。噪声标准值采用城市区域环境噪声标准中四类噪声标准(适用于城市中的道路交通干线道路两侧区域,穿越城区的内河航道两侧区域,穿越城区的铁路主、次干线两侧区域的背景噪声)。

振动测试结果(单位:dB) 表 9-11

监测时间	监测背景条件					标准值		备注
	内环出站	外环进站	内环进站	夯管施工	列车运行与夯管同时	昼间	夜间	
23:05	63.8					80	80	最大值不得超过标准值 10dB
23:10		64.9						
23:15			63.7					
1:24				60.1				
22:01					62.5			

噪声测试结果(单位:dB)　　表 9-12

监测时间	监测背景条件			标准值		备注
	无车运行	列车进站	夯管施工	昼间	夜间	
22:56	61.5			70	55	夜间最大值不得超过标准值 15dB
23:06		76				
1:20			71			

(2)既有结构沉降

①管棚施工开始既有线结构沉降(图 9-49)。

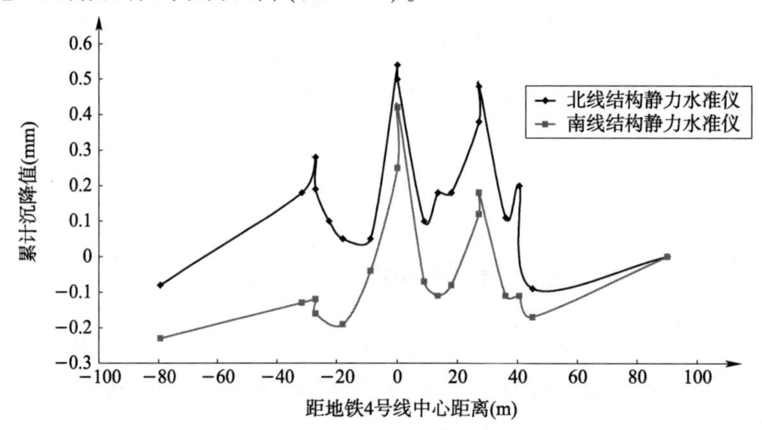

图 9-49　管棚施工开始时既有结构纵向沉降分布图

a. 北线最大 0.54mm(GL-10)(正值表示隆起),该点距离新线中心距离为 0,最小 -0.09mm(GL-02)(负值表示下沉),该点距离新线中心距离为 45m;南线最大 0.42mm(GR-27)(正值表示隆起),该点距离新线中心距离为 0,最小 -0.23mm(GR-36)(负值表示下沉),该点距离新线中心距离为 79.5m。

b. 管棚施工开始,结构沉降主要由既有线路正常运营振动引起,数值变化较小。

②管棚施工结束既有线结构沉降(图 9-50)。

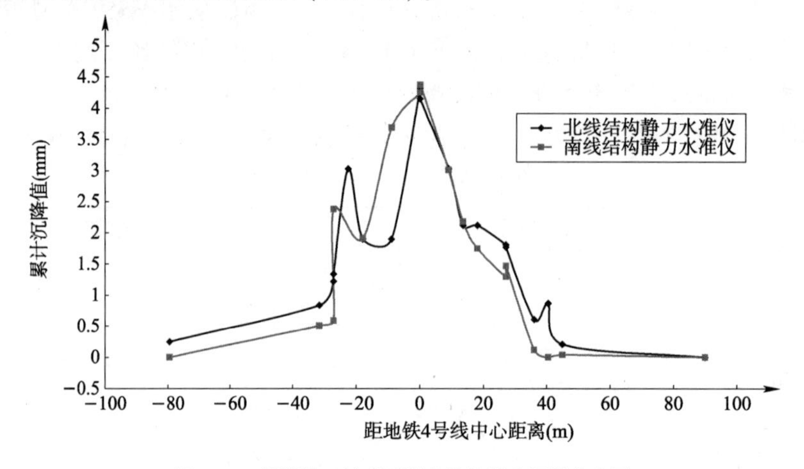

图 9-50　管棚施工结束时既有结构纵向沉降分布图

a. 北线最大 4.32mm(GL-10)(正值表示隆起),该点距离新线中心距离为 0,最小 0(GL-

02)，该点距离新线中心距离为45m；南线最大4.37mm(GR-27)(正值表示隆起)，该点距离新线中心距离为0，最小0(GR-19、GR-21)，该点距离新线中心距离为40.5m、90m。

b.管棚施工过程中，管棚的夯打以及注浆使得土体扰动，引起既有结构产生抬升，表现为既有结构整体隆起。

(3)既有结构变形缝胀缩

①管棚施工开始(图9-51)。

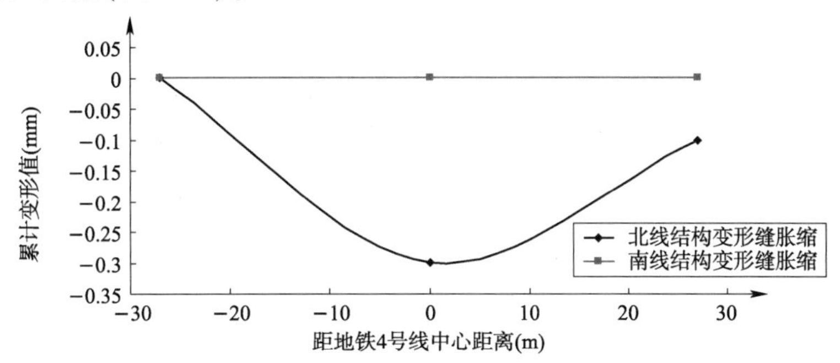

图9-51 管棚施工开始时既有结构纵向沉降分布图

a.北线结构变形缝减窄-0.3mm(CF-2)(负号表示减窄)，该点距离新线中心距离为0，南线结构变形缝没有产生胀缩。

b.管棚施工开始，既有车站站台结构变形缝的胀缩主要由运营车辆振动引起，数值较小。

②管棚施工结束(图9-52)。

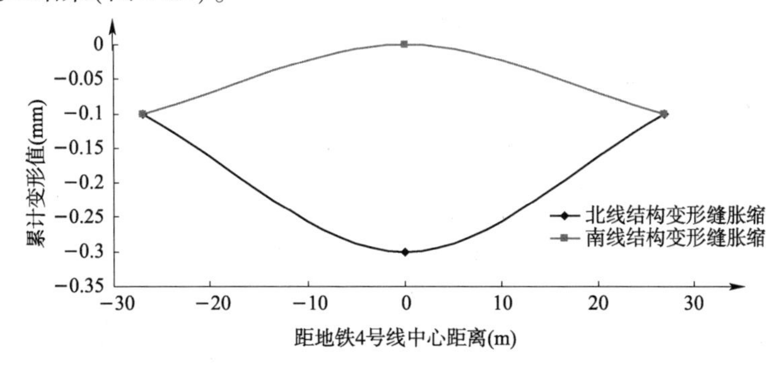

图9-52 管棚施工开始时既有结构纵向沉降分布图

a.北线结构变形缝减窄到-0.30mm(CF-3)(负号表示减窄)，该点距离新线中心距离为0；南线结构变形缝减窄显示为对称变化，即在该点距离新线中心距离为0处，变形缝没有胀缩，而在该点两侧27m处，变形缝减窄到-0.1mm。

b.管棚施工过程中，管棚的夯打以及注浆对结构变形缝胀缩产生影响，表现为变形缝减窄，这与既有结构整体隆起一致。

(4)轨道沉降(图9-53、图9-54)

①管棚施工开始：北线最大0.64mm(JL-12)(正值表示隆起)，该点距离新线中心距离为0，最小-0.07mm(JL-21)(负值表示下沉)，该点距离新线中心距离为40.5m；南线最大0.3mm(JR-36)(正值表示隆起)，该点距离新线中心距离为0，最小-0.21mm(JR-26)(负值表示下沉)，该点距离新线中心距离为63m。

②管棚施工结束：北线最大4.08mm(JL-12)(正值表示隆起)，该点距离新线中心距离为0，最小0(JL-1)，该点距离新线中心距离为90m；南线最大4.32mm(JR-36)(正值表示隆起)，该点距离新线中心距离为0，最小-0.23mm(JR-26)(负值表示下沉)，该点距离新线中心距离为63m。

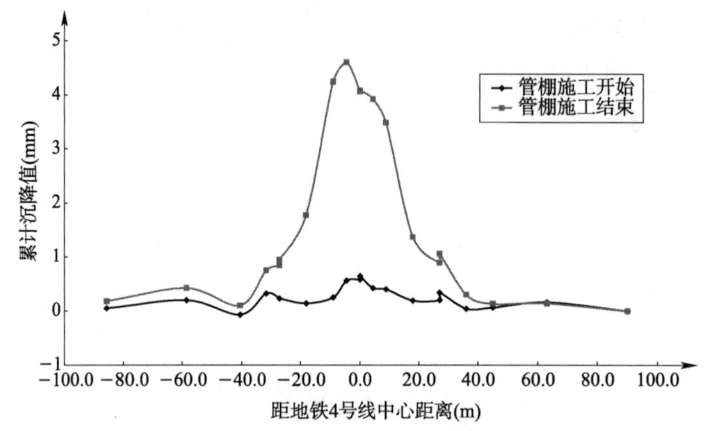

图9-53　北线轨道纵向沉降分布图

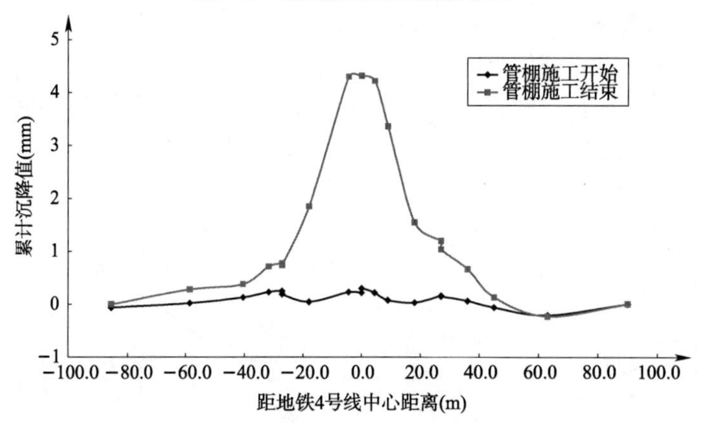

图9-54　南线轨道纵向沉降分布图

③管棚施工开始，结构沉降主要由既有线路正常运营振动引起，数值变化较小。管棚施工过程中，管棚夯打以及注浆，对土体产生扰动，引起轨道隆起。

(5)轨道水平距离(图9-55、图9-56)

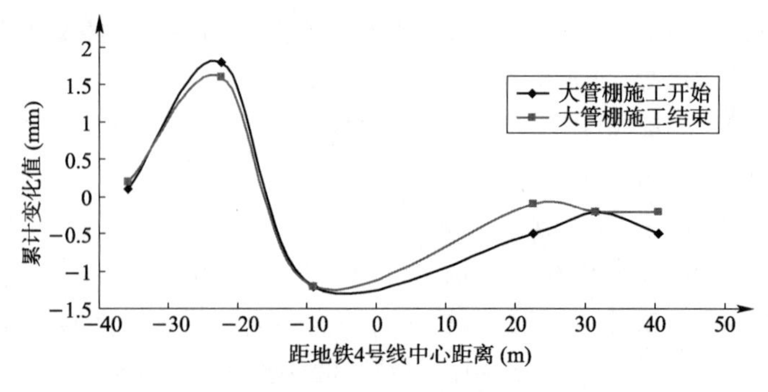

图9-55　北线轨道水平距离变化曲线

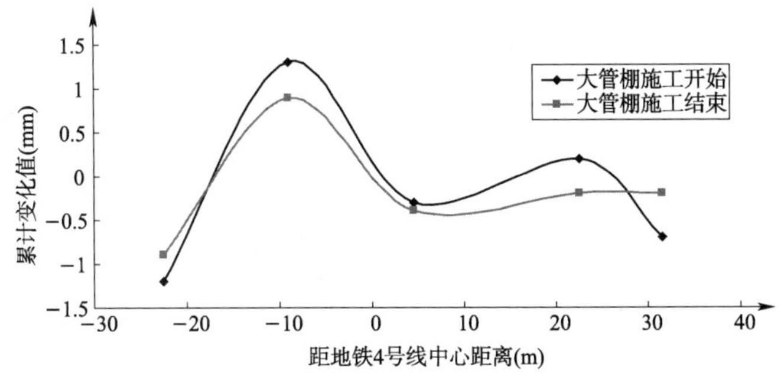

图9-56　南线轨道水平距离变化曲线

①管棚施工开始:北线最大1.8mm(BW-6)(正值表示轨道水平间距增大),该点距离新线中心距离为22.5m,最小−1.2mm(BW-5)(负值表示轨道水平间距减小),该点距离新线中心距离为40.5m;南线最大1.3mm(BW-12)(正值表示轨道水平间距增大),该点距离新线中心距离为9m,最小−1.2mm(BW-13)(负值表示轨道水平间距减小),该点距离新线中心距离为22.5m。

②管棚施工结束:北线最大1.6mm(BW-6)(正值表示轨道水平间距增大),该点距离新线中心距离为22.5m,最小−1.2mm(BW-5)(负值表示轨道水平间距减小),该点距离新线中心距离为40.5m;南线最大0.9mm(BW-12)(正值表示轨道水平间距增大),该点距离新线中心距离为9m,最小−0.9mm(BW-13)(负值表示轨道水平间距减小),该点距离新线中心距离为22.5m。

③管棚施工开始,轨道水平间距变化主要由既有线路正常运营振动引起,数值变化较小。管棚施工过程中,管棚夯打以及注浆对土体产生扰动,引起轨道水平间距变化。

(6)支护结构与既有站底板之间地层纵向沉降(图9-57、图9-58)

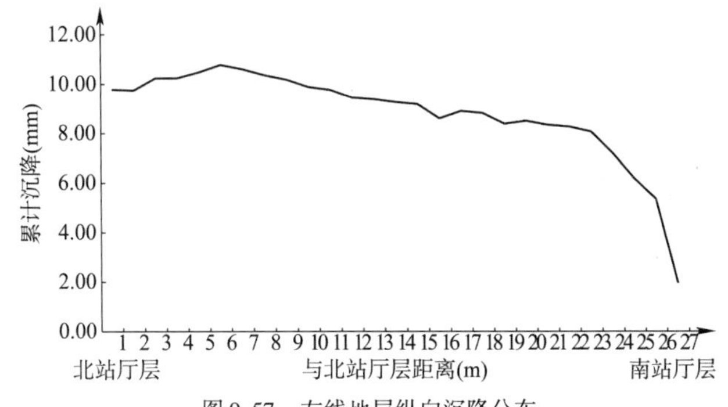

图9-57　左线地层纵向沉降分布

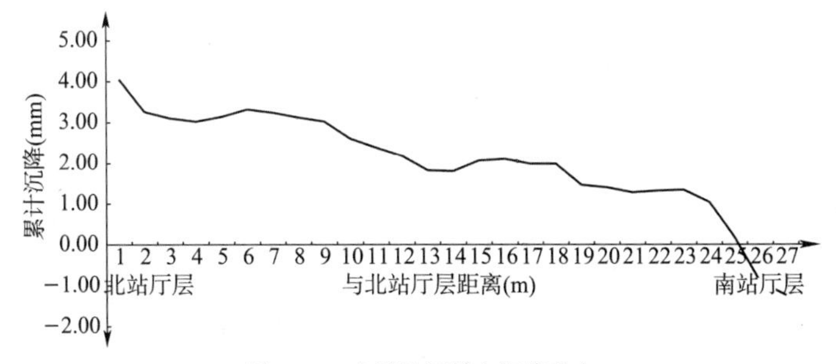

图9-58　右线地层纵向沉降分布

①左线(A1测斜管数据):管棚施工结束时,自北站厅层向南站厅层地层变形为隆起,并呈现逐渐减小趋势,最大10.78mm(距离北站厅层5.5m)(正值表示隆起),最小1.94mm(南站厅层)。

②右线(A2测斜管数据):管棚施工结束时,自北站厅层向南站厅层地层变形呈现为隆起—下沉变化趋势,最大4.06mm(距离北站厅层0.5m)(正值表示隆起),最小-1.24mm(南站厅层)(负值表示下沉),在距离北站厅层25m处,地层变形为0。

原因分析:管棚施工过程中,管棚夯打以及注浆对土体产生扰动,引起地层隆起或下沉。

(7)管棚施工对环境影响评价

管棚施工阶段,通过对既有宣武门车站远程自动监测及成果分析,并对比该阶段的既有车站变形目标控制值,汇总于表9-13。

管棚施工阶段各监测指标控制效果汇总表 表9-13

序号	监测项目	对应测点位置		测点编号	累计最大沉降(mm)	控制值(mm)		效果评价	施工工况
						本阶段	全部		
1	既有结构沉降	北线	0	GL-10	4.31	-1.5	-10	本阶段未超出控制值	管棚施工
			-31.5m	GL-15					
		南线	0	GR-27	4.41				
			-31.5m	GR-33					
2	既有结构变形缝差异沉降	北线	27.0m	JL-6/JL-7	-0.16	0.3	3	本阶段未超出控制值	
			0	JL-12/JL-13					
		南线	27.0m	JR-30/JR-31	0.16				
			-27.0m	JR-42/JR-43					
3	变形缝胀缩	北线	0	CF-2	-0.30	—	—	本阶段未超出控制值	
			27m	CF-1					
		南线	27m	CF-4	-0.10				
			27m	CF-4					
4	轨道沉降	北线	-4.5m	JL-14	4.60	-0.75	-5	本阶段未超出控制值	
			-31.5m	JL-20					
		南线	0	JR-36	4.52				
			-27m	JR-42					
5	轨道高差	北线	-9m	QX-5/3	-0.001	0.6	4	本阶段未超出控制值	
			22.5m	QX-3					
		南线	31.5m	QX-9	-0.002				
			-36m	QX-10					
6	轨道间距	北线	-22.5m	BW-6	1.60	增宽0.9,减窄-0.3	增宽6,减窄-2	本阶段超出控制值	
			-22.5m	BW-6					
		南线	-9m	BW-13	-0.90				
			-22.5m	BW-10					
7	正负号说明	负号表示沉降(或减窄),正号表示隆起(或增宽)							

管棚施工对环境的影响总体评价如下:

①管棚施工对既有车站变形影响的控制效果总体良好，所有变形值未超出下穿既有车站施工目标控制值，只有轨道间距监测值超出了本阶段控制值。

②沉降控制理想。采用夯管法进行管棚施工，其工艺原理是切削地层，减小了对地层的直接挤压，管壁前方范围土体有一半通过管头切削作用。

③管棚施工引起的既有车站的噪声、振动影响不超标。现场噪声、振动力、振动水平加速度等指标经过测试，均能控制在相关标准范围内。

9.10.2　开挖初支阶段变形分析

(1)既有结构沉降

①开挖初支开始(图9-59)。

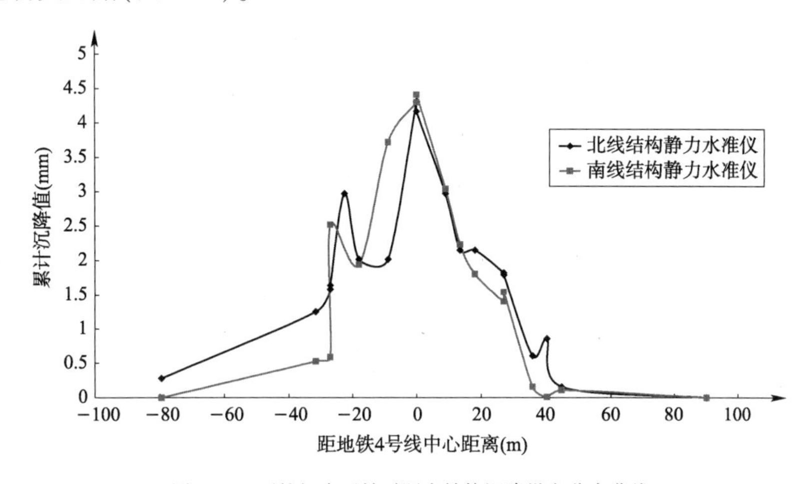

图9-59　开挖初支开始时既有结构沉降纵向分布曲线

北线最大4.32mm(GL-10)(正值表示隆起)，该点距离新线中心距离为0，最小0(GL-02)，该点距离新线中心距离为45m；南线最大4.37mm(GR-27)(正值表示隆起)，该点距离新线中心距离为0，最小0(GR-19、GR-21)，该两点距离新线中心距离分别为40.5m、90m。

开挖支护开始时既有结构沉降反映的是管棚施工过程中既有结构整体隆起。

②开挖初支结束(图9-60)。

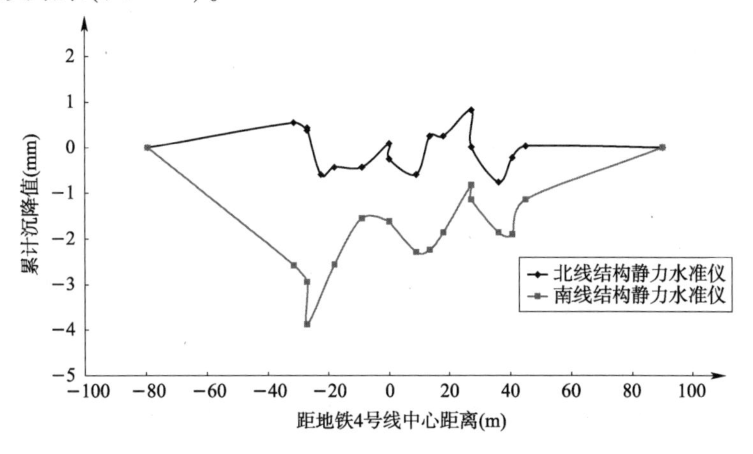

图9-60　开挖初支结束时既有结构沉降纵向分布曲线

北线最大 0.83mm(GL-6)(正值表示隆起),该点距离新线中心距离为 27m,最小 -0.76mm(GL-4)(负值表示沉降),该点距离新线中心距离为 36m;南线最大 -3.88mm(GR-31)(负值表示沉降),该点距离新线中心距离为 27m,最小 0(GR-19、GR-36),该两点距离新线中心两侧为 90m。

开挖初支引起既有结构产生明显沉降,距离新线越近,变化幅度越大,由于开挖初支从南北端同时进行,因此,南北线沉降变化趋势相近,但是变化幅度不同,北线最大沉降 -0.76mm,控制得很好,南线最大沉降达到 -3.88mm,接近该阶段控制值。

(2)既有结构变形缝胀缩(图 9-61、图 9-62)

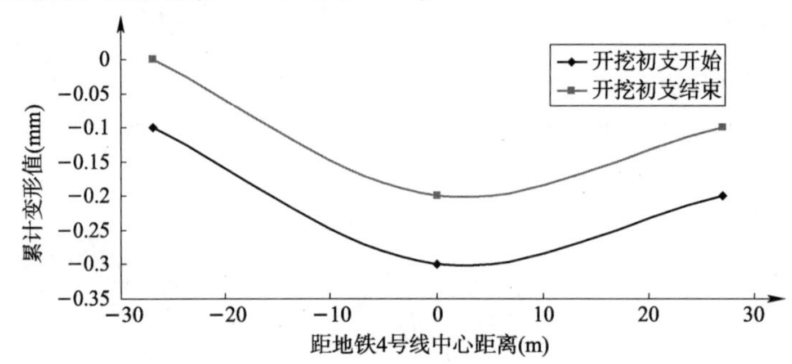

图 9-61 北线结构变形缝胀缩曲线

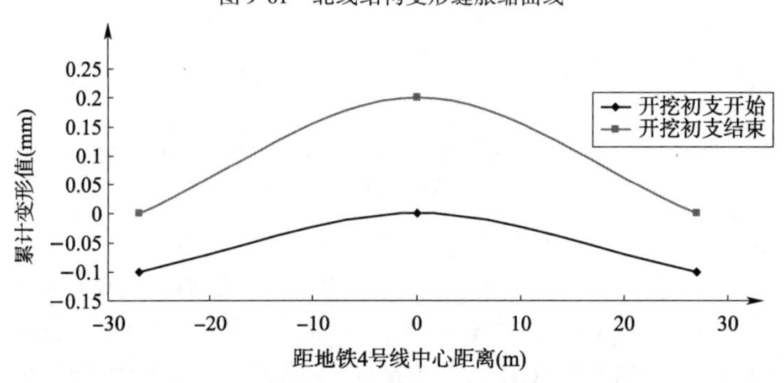

图 9-62 南线结构变形缝胀缩曲线

北线结构变形缝减窄到 -0.20mm(CF-2)(负号表示减窄),该点距离新线中心距离为 0,距离新线中心西侧 27m 处,变形缝减窄到 -0.1mm(CF-1)(负号表示减窄),而距离新线中心东侧 27m 处(CF-2),变形缝没有胀缩。

南线结构变形缝增胀到 0.20mm(CF-5)(正号表示增胀),该点距离新线中心距离为 0,距离新线中心两侧 27m 处,变形缝均没有胀缩。

(3)轨道沉降(图 9-63、图 9-64)

①开挖初支开始:南北线均为隆起,其中北线最大 4.60mm(JL-12)(正值表示隆起),该点距离新线中心距离为 0,最小 0(JL-1),该点距离新线中心西侧 90m;南线最大 4.51mm(JR-36)(正值表示隆起),该点距离新线中心距离为 0,最小 0(JR-26),该点距离新线中心两侧 90m。

②开挖初支结束:南北线轨道总体为沉降,其中北线最大沉降 -3.45mm(JL-12)(负值表示沉降),该点距离新线中心距离为 0,最小沉降 0(JL-1、JL-24),该两点距离新线中心两侧

90m;南线最大沉降 -3.44mm(JR-36)(负值表示沉降),该点距离新线中心距离为0,最小0(JR-25、JR-48),该两点距离新线中心两侧90m。

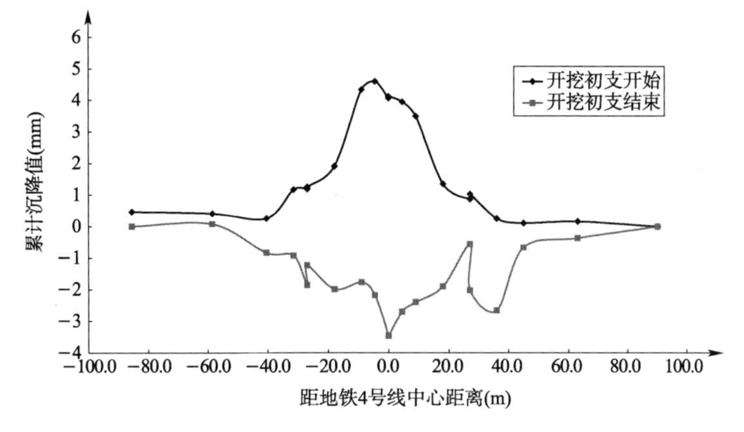

图9-63　北线轨道沉降曲线

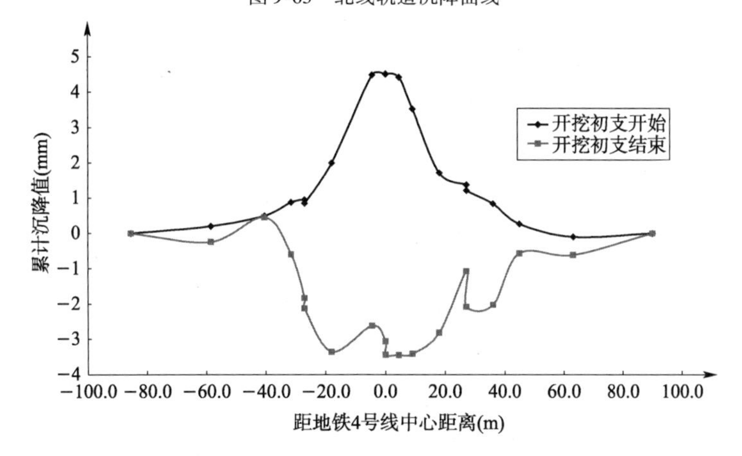

图9-64　南线轨道沉降曲线

开挖初支阶段,由于开挖卸荷作用,引起上方的既有轨道出现沉降,且抵消了在管棚施工阶段引起的轨道隆起后,出现了最大 -3.45mm 的轨道沉降。

(4)轨道水平间距(图9-65、图9-66)

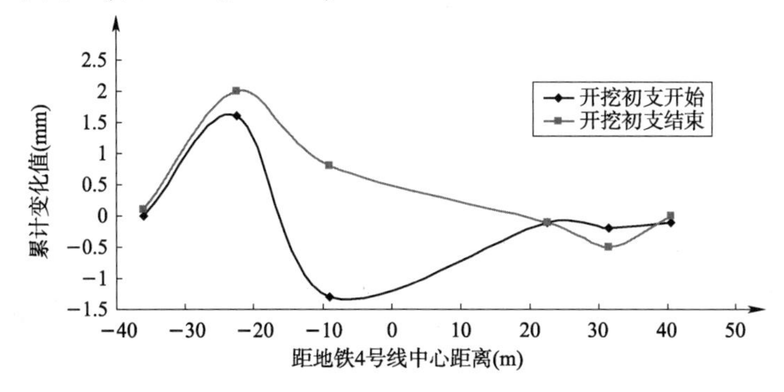

图9-65　北线轨道水平间距变化曲线

①开挖初支开始:北线最大1.6mm(BW-6)(正值表示轨道水平间距增大),该点位于新

线中心东侧 22.5m,最小 -1.3mm(BW-5)(负值表示轨道水平间距减小),该点位于新线中心东侧 9m;南线最大 1.0mm(BW-12)(正值表示轨道水平间距增大),该点位于新线中心东侧 9m,最小 -0.9mm(BW-13)(负值表示轨道水平间距减小),该点位于新线中心东侧 22.5m。

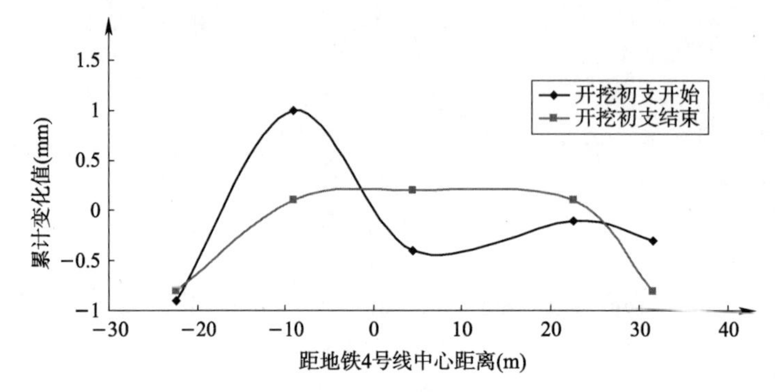

图 9-66 南线轨道水平间距变化曲线

②开挖初支结束:北线最大 2mm(BW-6)(正值表示轨道水平间距增大),该点位于新线中心东侧 22.5m,最小 -0.5mm(BW-2)(负值表示轨道水平间距减小),该点位于新线中心西侧 31.5m;南线最大 0.2mm(BW-11)(正值表示轨道水平间距增大),该点位于新线中心西侧 4.5m,最小 -0.8mm(BW-13、BW-9)(负值表示轨道水平间距减小),该点分别位于新线中心东侧 22.5m,西侧 31.5m。

开挖初支施工过程中,由于开挖卸荷作用,引起上方的既有轨道间距减窄,且抵消了在管棚施工阶段引起的轨道间距增宽后,出现了最大 -1.3mm 的轨道间距减窄。

(5)初支结构与既有站底板之间地层变形分析(图 9-67、图 9-68)

①左线(A1 测斜管数据):开挖初支结束时,自北站厅层向南站厅层地层变形为沉降,抵消了管棚施工结束时所产生的地层隆起后,最大沉降 -38.76mm(距离北站厅层 9m),最小沉降 0.70mm(南站厅层);而且自北站厅层开始开挖初支的 9m 范围内沉降非常迅速,幅度达到 35.68mm,剩余 18m 范围内沉降变化幅度为 39.46mm。

②右线(A2 测斜管数据):开挖初支结束时,自北站厅层向南站厅层地层变形呈现为下沉变化趋势,最大沉降 -25.50mm(距离北站厅层 17m),最小沉降 -2.46mm(北站厅层)。

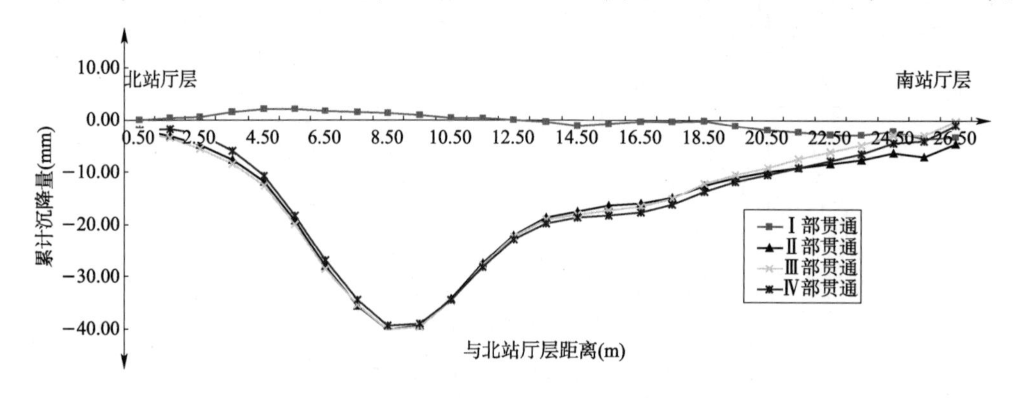

图 9-67 左线(A1 测斜管)开挖初支各部地层纵向沉降

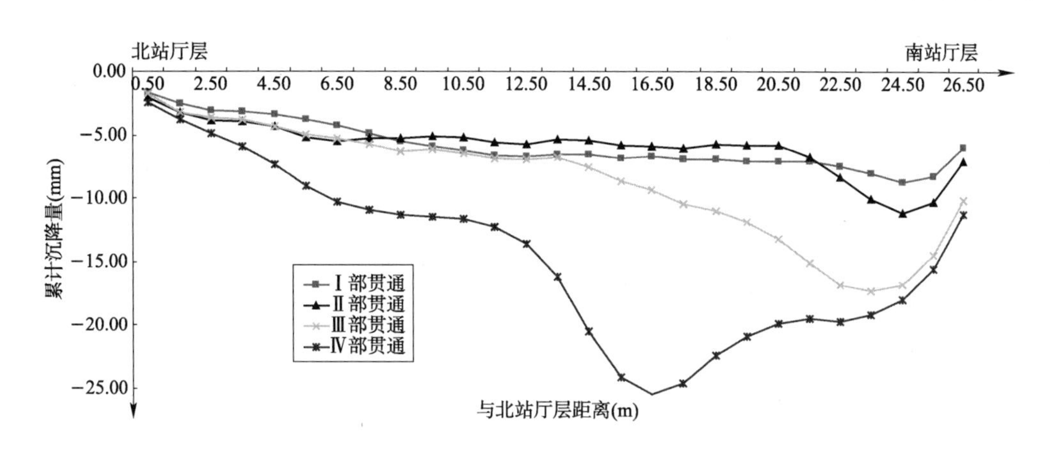

图9-68 右线(A2测斜管)开挖初支各部地层纵向沉降

③开挖初支过程中,地层应力释放迅速,幅度较大,表现为该阶段地层沉降较大。

④同时,由于既有运营车辆的振动、进站、离站等也对沉降产生影响,如北线行驶方向为自西向东,进站减速产生较大动载,表现为距离北站厅层9m附近,沉降巨大,达到-38.76mm;而南线行驶方向为自东向西,进站减速产生较大动载,表现为距离南站厅层10m附近,沉降巨大,达到-25.50mm。

(6)拱顶下沉(图9-69~图9-71)

①开挖初支阶段,拱顶下沉最大达到-30.18mm。

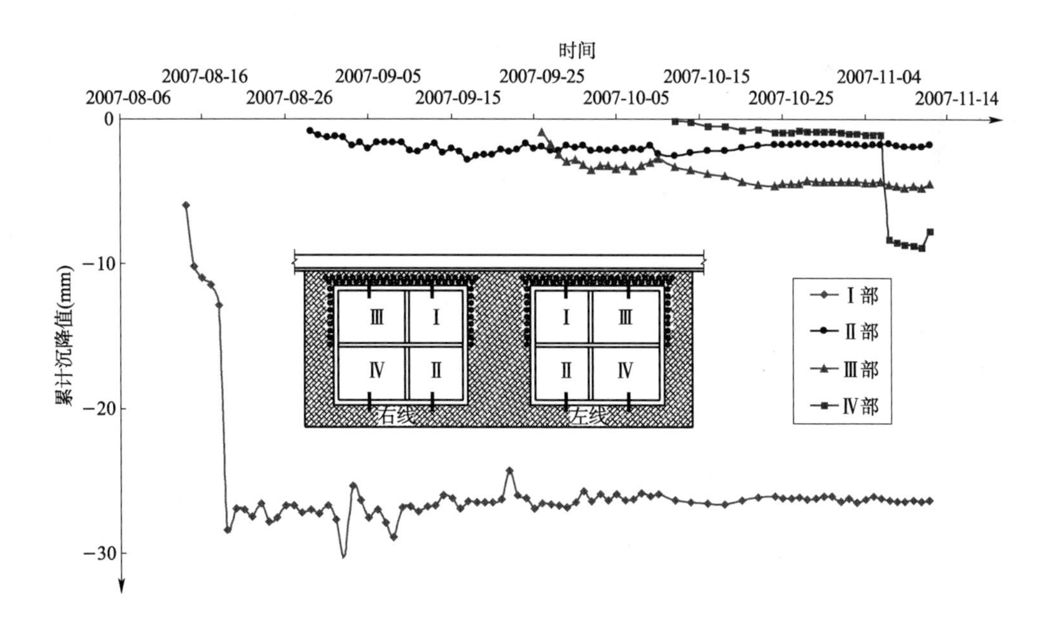

图9-69 左线各部开挖初支拱顶下沉—时间关系曲线

②拱顶下沉变化整体经历三个阶段:第一,急剧增加阶段,此阶段沉降速率在-15.5~-0.5mm/d(负值表示沉降增大),最大沉降速率达到15.5mm/d,拱顶下沉在-28.36~-5.96mm之间变化,变化幅度为-22.40mm;第二,缓慢增长阶段,此阶段沉降速率在

-2.50~4.80mm/d(负值表示沉降增大,正值标志沉降减小)之间变化,变化速率振荡频繁,但是由于及时支护封闭,以及同步补偿注浆,拱顶下沉在-30.18~-26.02mm之间变化,变化幅度为-4.16mm;第三,基本稳定阶段,此阶段沉降速率在-0.68~0.78mm/d(负值表示沉降增大,正值标志沉降减小)之间变化,变化基本处于稳定,拱顶下沉在-26.21~-26.09mm之间变化,幅度为-0.12mm。

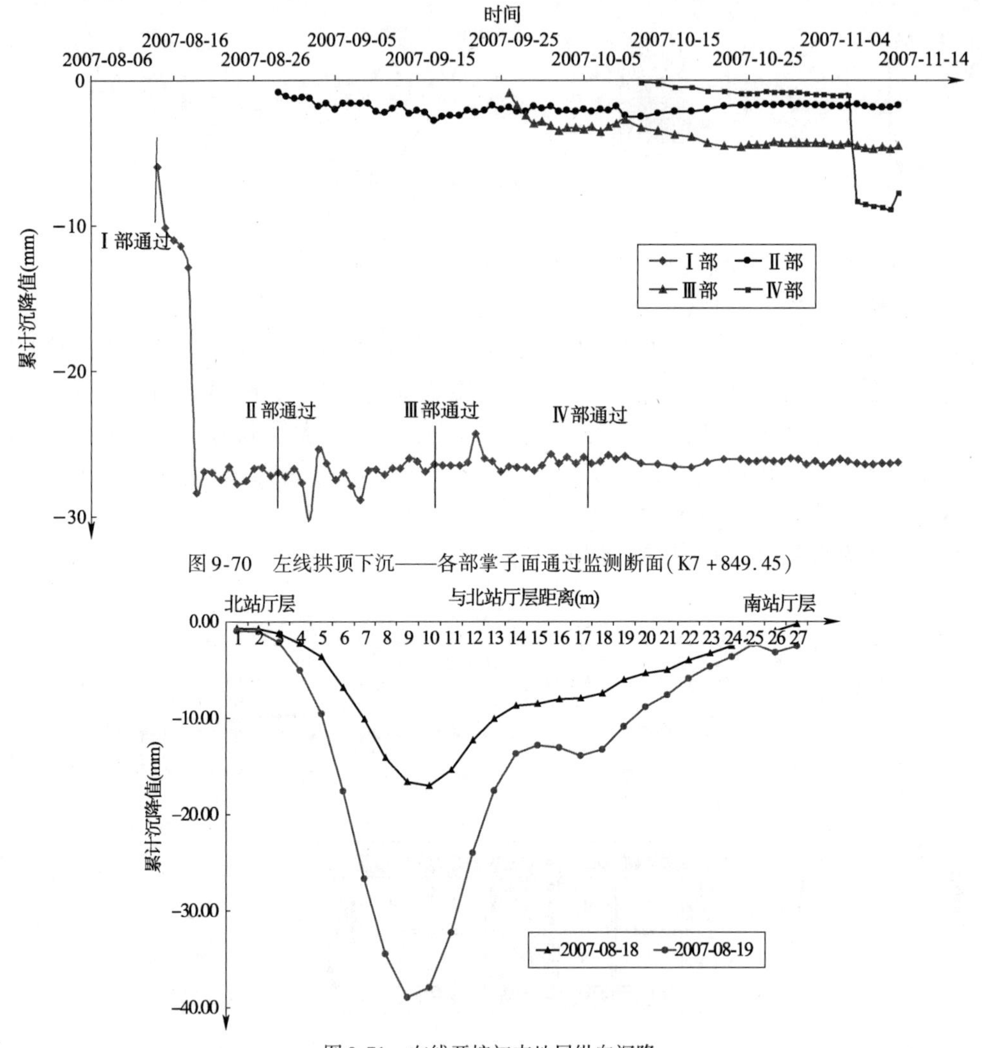

图9-70　左线拱顶下沉——各部掌子面通过监测断面(K7+849.45)

图9-71　左线开挖初支地层纵向沉降

③2007年8月18日~2007年8月19日,一天之间拱顶下沉突然增加-15.50mm,而且,通过其上方A1测斜管也监测到一日之内地层沉降突然增加-22.32mm(图9-70),该点与拱顶下沉测点位于同一里程,竖直方向距离2.0m,这证实,监测数据是正确的。

(7)水平收敛(图9-72)

①开挖初支阶段,水平最大收敛达到7.93mm。水平收敛总体随测点距离增大,即边墙呈现外移趋势,但数值很小。

②水平收敛变化整体也经历三个阶段。

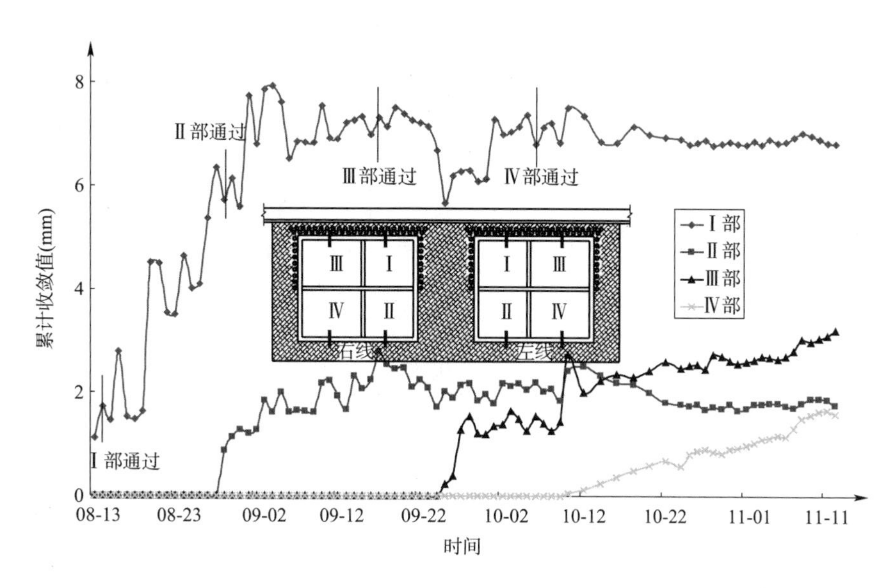

图 9-72 左线各部通过监测断面(K7 +849.45)时水平收敛变化曲线

(8)开挖初支对环境影响评价

单层段开挖初支阶段,采用左右洞同步对称相向施工,开挖方法为 CRD 法,每个单洞各分为四部开挖初支,施工参数详见前文。通过对宣武门既有车站远程自动监测及成果分析,对比该阶段的既有车站变形目标控制值,数据汇总于表 9-14。

开挖初支阶段各监测指标控制效果汇总表 表 9-14

序号	监测项目	对应测点位置		测点编号	累计最大沉降(mm)	控制值(mm)		效果评价	施工工况
						本阶段	全部		
1	既有结构沉降	北线	36m	GL-04	-0.76	-7	-10	本阶段未超出控制值	开挖初支施工
			0m	GL-09					
		南线	-27m	GR-31	-3.88				
			0	GR-28					
2	既有结构变形缝差异沉降	北线	0	JL-12/JL-13	0.38	2.1	3	本阶段未超出控制值	
			0	JL-12/JL-13					
		南线	27.0m	JR-30/JR-31	0.53				
			27.0m						
3	变形缝胀缩	北线	0	CF-2	-0.20	—	—	本阶段未超出控制值	
			0	CF-2					
		南线	-27m	CF-4	0.00				
			-27m	CF-4					

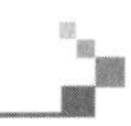

续上表

序号	监测项目	对应测点位置		测点编号	累计最大沉降(mm)	控制值(mm)		效果评价	施工工况
						本阶段	全部		
4	轨道沉降	北线	36.0m	JL-5	-2.12	-3.5	-5	本阶段未超出控制值	开挖初支施工
			63.0m	JL-2					
		南线	9.0m	JR-34	-1.68				
			0	JR-37					
5	轨道高差	北线	40.5m	QX-1	-0.001	2.8	4	本阶段未超出控制值	
			40.5m	QX-1					
		南线	31.5m	QX-9	-0.001				
			22.5m	QX-10					
6	轨道间距	北线	-22.5m	BW-6	2.00	增宽4.2,减窄-1.4	增宽6,减窄-2	本阶段超出控制值	
			31.5.5m	BW-4					
		南线	31.5m	BW-9	-0.80				
			4.5m	BW-11					
7	正负号说明			负号表示沉降(或减窄),正号表示隆起(或增宽)					

①开挖初支施工对既有车站变形影响的控制效果总体良好,所有变形值未超出下穿既有车站施工目标控制值。

②沉降控制理想。这主要得益于采取了有效措施,包括单洞采用CRD法,每一部采用台阶法施工,及时封闭掌子面,及时施作型钢拱架+钢筋网+喷混凝土初期支护,及时施作掌子面全断面注浆、跟踪注浆、初支仰拱下方注浆等补偿注浆,实施主动控制沉降等,有效控制了沉降。

③科学优化施工步序。严格遵循对称原则,左右线同时、同步、对称进行,并且既有站两端同时、同步、对称进行。

④严格开挖工艺。

a.控制各部掌子面之间的距离,消除邻近施工影响,据统计,左右线开挖,各部掌子面之间的距离控制在10mm左右,为开挖断面的2倍洞径,邻近施工影响效应消除。

b.各部开挖采取正台阶法,台阶长度3m。

c.严格控制开挖进尺。

d.上台阶采取预留核心土方法,抑制掌子面产生的挤出变形,效果显著。

⑤严格按照设计施作初期支护。型钢拱架能及时快速地对地层产生支护阻力,研究显示,比较格栅拱架,型钢拱架具有支护强度上升快、支护阻力作用及时等特点。

⑥既有结构下的跟踪注浆技术。采取跟踪补偿注浆技术可达到主动控制沉降的目的,当沉降量或沉降速率达到预警值时,采取注浆措施:及时填充既有结构下方由于开挖造成的土体松散及空隙;对已经产生了一定沉降的既有结构进行适当的抬升。通过同步注浆技术,控制既有结构沉降,实践证明非常有效。

通过掌子面排管注浆超前加固了地层,有效控制了开挖面前方土体的变形;在开挖Ⅱ、

Ⅳ部时,先在仰拱部位注浆,加固下方土体,使结构处于稳固的基础上。

⑦既有结构地板的托梁支撑作用。开挖初支阶段,拱顶下沉和地层纵向沉降最大值达到 -30.18mm、-38.76mm,而既有结构和轨道沉降最大值为 -3.88mm、-2.12mm,二者之比5.47% ~12.86%,而近90%左右的拱顶下沉和地层沉降由管棚注浆支护系统和既有结构承担,可以看出,管棚注浆支护系统和既有结构自身的强度对控制沉降的作用非常巨大。

9.10.3 开挖支护阶段支护结构应力应变分析

(1)钢拱架应变变化特征

开挖支护阶段各部位钢拱架应变随时间变化如图9-73 ~ 图9-77 所示。

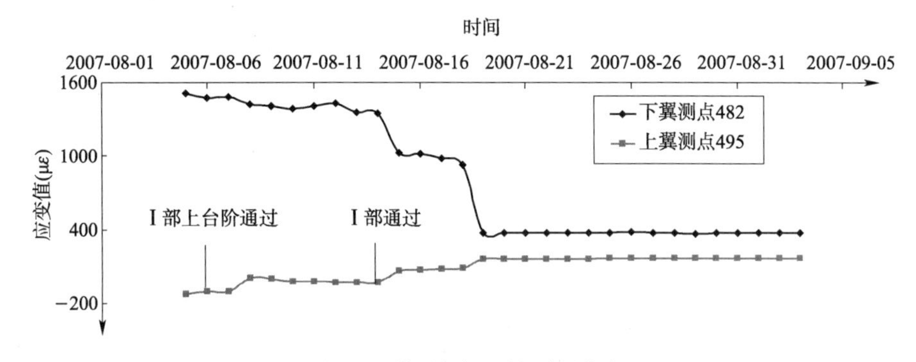

图9-73 拱顶应变—时间关系曲线

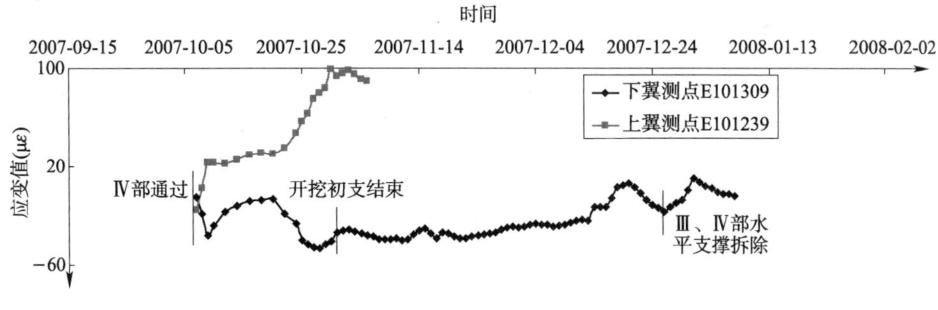

图9-74 拱底应变—时间关系曲线

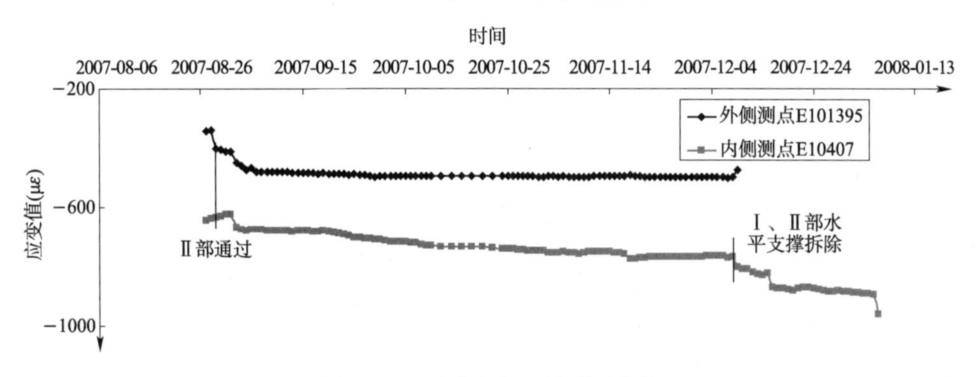

图9-75 左边墙应变—时间关系曲线

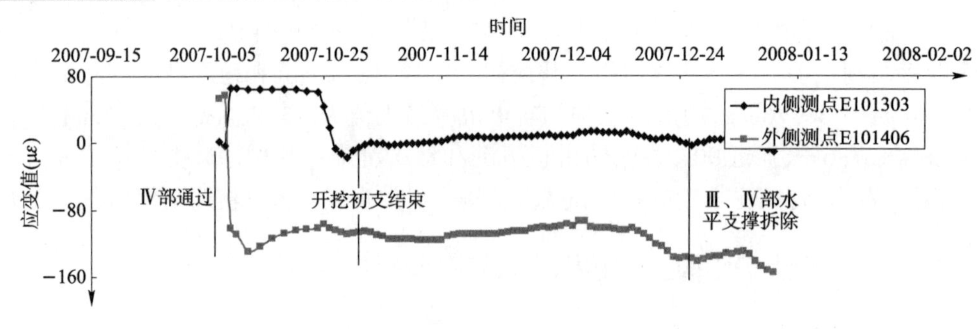

图 9-76　右边墙应变—时间关系曲线

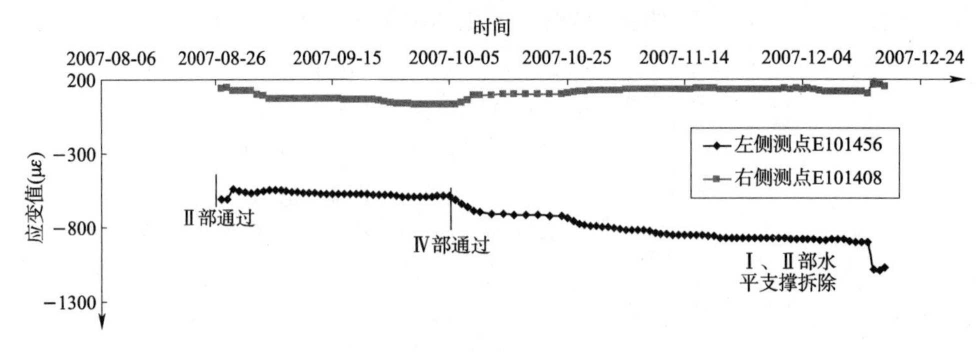

图 9-77　竖直临时支撑结构应变—时间关系曲线

单层段开挖支护期间,通过对左线监测断面拱顶、边墙、拱底以及竖直支撑的钢拱架的应变监测分析,发现应变变化具有以下特点:

①不同部位变化差异大。拱顶变化幅度最大,平均达到 717.52με,拱底变化幅度平均为 85.64με,拱顶是拱底的 8.38 倍;左边墙变化幅度平均为 246.73με,右边墙变化幅度平均为 117.98με,左边墙是右边墙的 2.09 倍;竖直支撑变化幅度平均为 364.72με。

②在开挖支护阶段,钢拱架给拱顶、左右边墙及时施加了很强的支护阻力,尤其是对拱顶、左边墙的作用力最大,这与土压力、喷层应力、水平支撑轴力,以及变形监测数据分析的结果一致,其原因主要是受到右线邻近施工、既有车站运营车辆振动影响所致。在拱底,由于地基地层为较好的持力层,以及降水作用,底鼓现象不明显,表现为初期支护钢拱架应变值变化幅度较小。

(2)钢拱架安全性评估

①钢拱架规格参数(表 9-15、表 9-16)。

H250 × 175 型钢特性参数　　表 9-15

型号(高度×宽度)	截面尺寸(mm)				截面面积(cm^2)	理论质量(kg/m)	截面特性参数					
							惯性矩(cm^4)		惯性半径(cm)		截面模数(cm^3)	
	$H \times B$	t_1	t_2	r			I_X	I_Y	i_X	i_Y	W_X	W_Y
250×175	244×175	7	11	16	56.24	44.1	6120	985	10.4	4.18	502	113

型钢材料的物理力学性能指标　　表 9-16

弹性模量(N/mm^2)	密度(kg/m^3)	抗拉强度(MPa)
2.06×10^5	7850	215

②钢拱架安全评估。

根据钢拱架应力计算结果，钢拱架处于安全状态。

(3)初支结构与地层间的形变压力(此处简称为土压力)

①沿隧道全断面分布特征(图9-78～图9-80)。

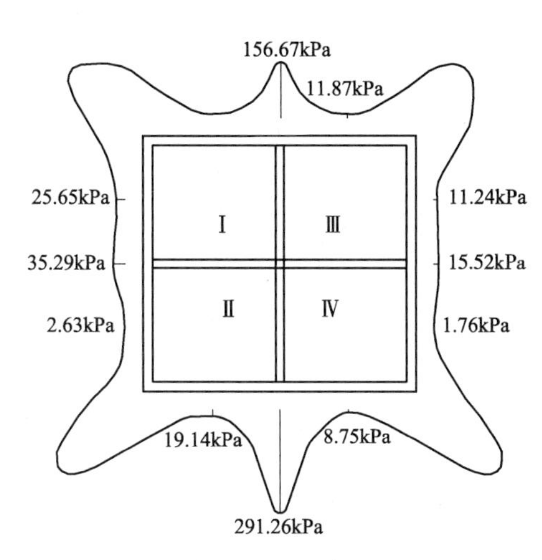

图9-78　左线开挖初支结束时土压力分布

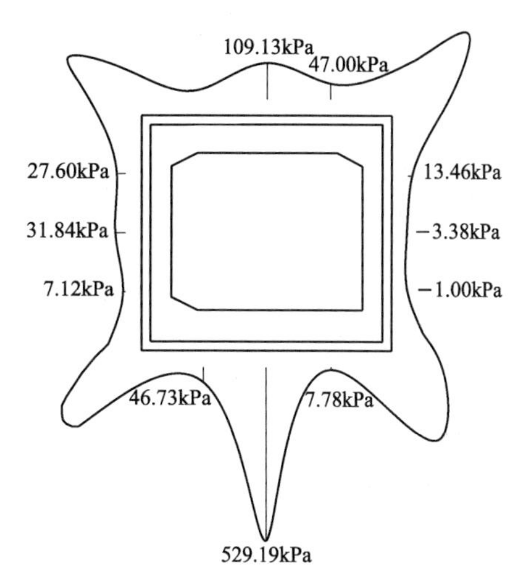

图9-79　临时支撑拆除通过监测断面时土压力分布特征

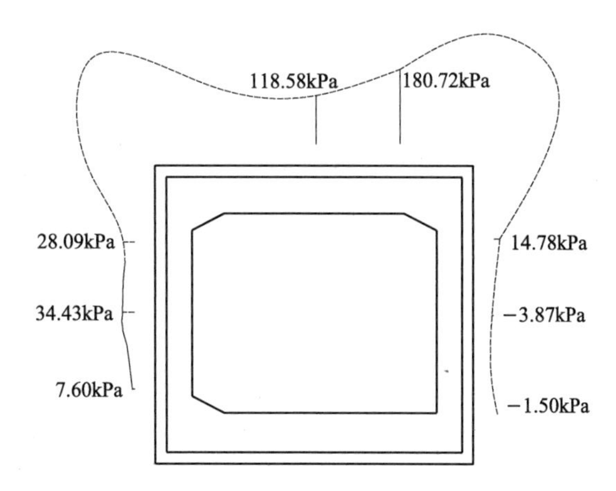

图9-80　工程结束时土压力分布特征

②同一位置径向应力和切向应力对比分析(图9-81、图9-82)。

a. 切向应力的存在说明喷混凝土层与地层有较高的黏结力，它不仅能承受径向应力，也能承受切向应力。切向荷载的存在可以减少荷载分布的不均匀程度，并大大减少支护结构的弯矩值，从而极大地改善地层及支护结构的应力状态。

b. 其比值在0.63～1.76之间，表明地层分布不均一，各处地层条件不同，因此，黏结效应是不同的。

(4)喷混凝土层应力(图9-83、图9-84)

①拱顶喷层混凝土整体处于缓慢受压状态，应力在-5.90～7.65kPa之间变化。

②右边墙喷层混凝土处于受拉状态，应力在-6.61～36.54kPa之间变化。在开挖面通

过监测断面后，喷层由先前的微小受压转化为受拉状态，表明边墙受到侧向作用力较大。

③左边墙喷层混凝土经历受压、振荡、受拉三个状态，整体为受压状态，应力在 -7.24 ~ 6.96kPa 之间变化。数值不大，表明边墙受到侧向作用力较小。

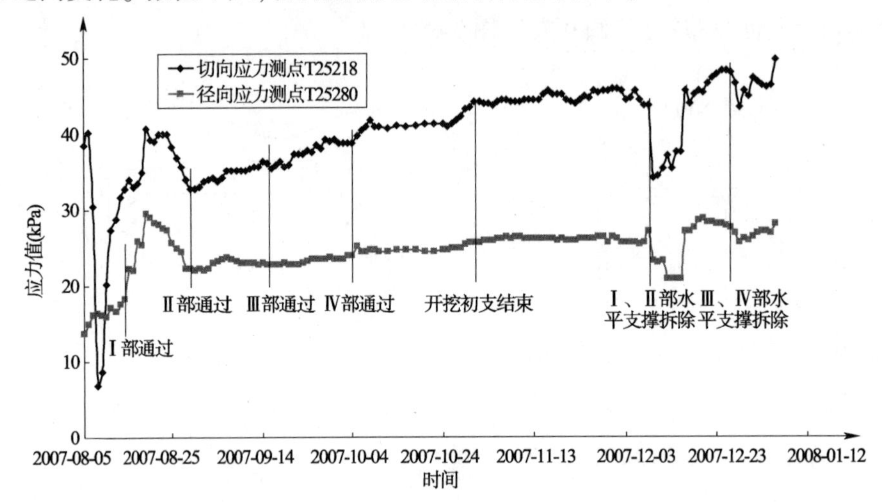

图 9-81 左边墙Ⅰ部径向应力和切向应力—时间关系曲线

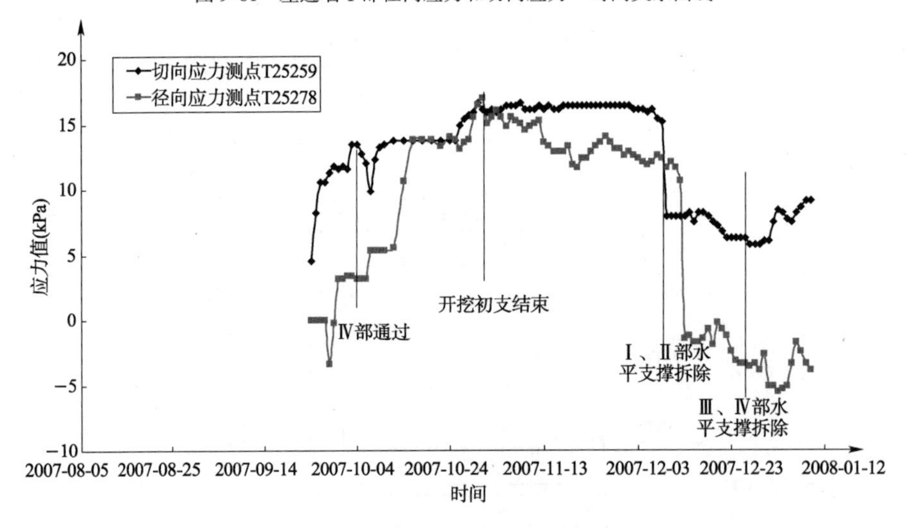

图 9-82 Ⅲ部水平支撑位置径向应力和切向应力—时间关系曲线

④开挖初支通过监测断面时，由于喷混凝土层尚在固结硬化，表现为喷层处于受压状态，其应力急剧减小，随着混凝土强度的增加，喷层开始发挥支护作用，应力逐渐增加。

⑤喷混凝土层抗压强度为 20 ~ 30MPa，抗拉强度为 1.5 ~ 2.5MPa，实测值仅为喷混凝土抗压强度的 1.5×10^{-4}倍，为抗拉强度的 8.5×10^{-3}倍。表明喷混凝土处于安全状态。

(5)临时支撑轴力(图 9-85、图 9-86)

①施工期间，水平支撑轴力在 -11.06 ~ 42.74MPa(负值表示处于受拉状态)之间变化。

②Ⅲ、Ⅳ部水平支撑轴力在 -11.06 ~ -6.12MPa 之间变化，并呈现拉力小幅单边增大趋势。

③水平支撑最大轴力 42.74MPa(受压)，最小轴力 -11.06MPa(受拉)，均小于 I22a 工

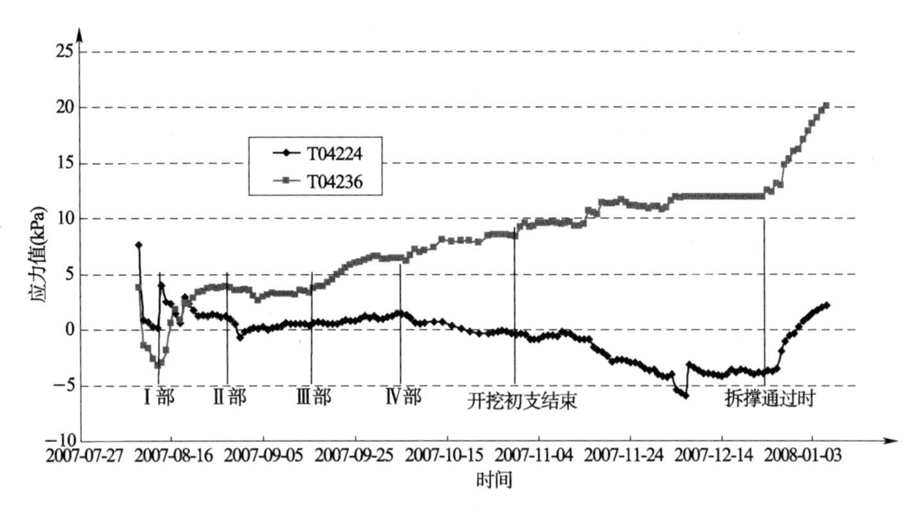

图9-83　左线Ⅰ部喷层应力—时间曲线(各部开挖初支、拆撑通过监测主断面K7+949.45)

图9-84　左线Ⅳ部喷层应力—时间曲线(各部开挖初支、拆撑通过监测主断面K7+949.45)

字钢的允许抗压强度和允许抗拉强度,表明临时仰拱是安全可靠的。

(6)孔隙水压力(图9-87)

①孔隙水压力变化比较平稳,数值逐渐减小,即随着开挖初支的进行,地下水位也在逐步降低,致使地层孔隙水压力消散,地层有效应力增加,进而固结,并引起地层沉降。随着临时支撑拆除完成,以及二次衬砌的施作,在隧道周边形成防水系统,地下水位逐渐上升,孔隙水压力也逐渐增加,并趋于稳定。

②隧道左边墙的孔隙水压力变化幅度比右边墙大,这表明左边墙土层受到的扰动比右边墙土层受到的扰动剧烈。

③孔隙水压力的变化比地层位移反应早,且灵敏,因此,通过施工中孔隙水压力的监测可以提前对地层位移做出预报。

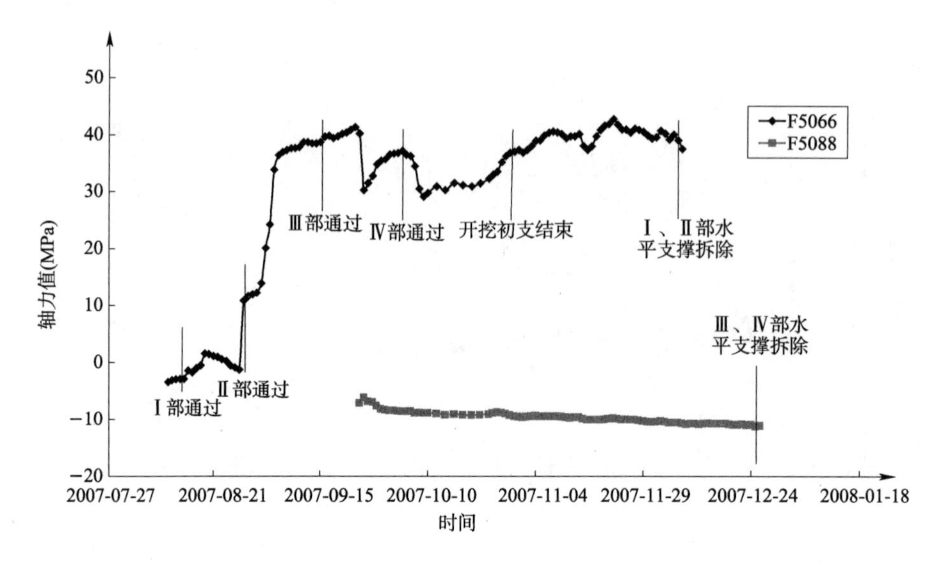

图 9-85　临时支撑轴力—时间关系曲线

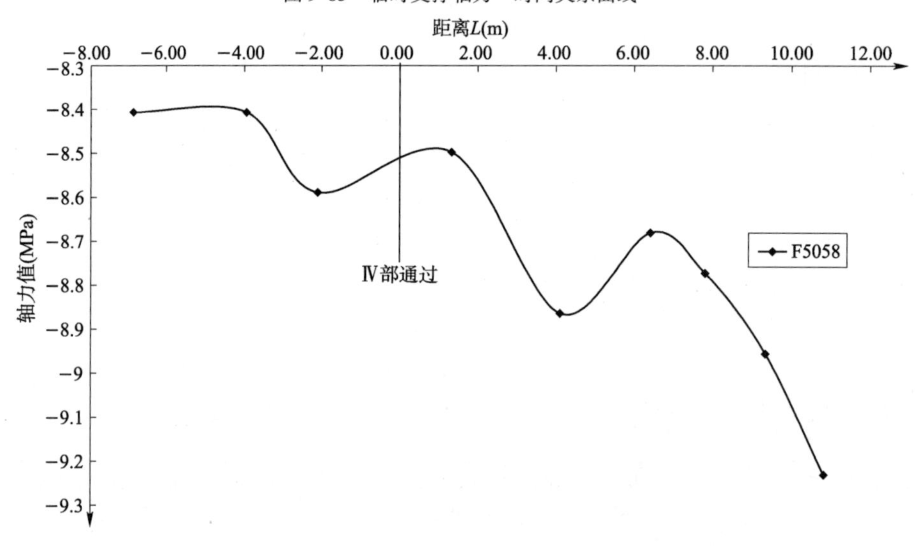

图 9-86　临时支撑轴力—工作面距离关系

(7)二次衬砌应变分析(图 9-88)

施工期间,通过对左线监测断面拱顶、边墙、底板二次衬砌混凝土应变监测,发现应变变化具有以下特点:

①不同部位变化差异。拱顶变化幅度平均达到 102.48με,拱底变化幅度平均为 79.04με,拱顶是拱底的 1.30 倍;左边墙变化幅度平均为 118.06με,右边墙变化幅度平均为 54.85με,左边墙是右边墙的 2.15 倍。

②二次衬砌安全可靠。通过两种方法对比得出:

a. 应变最大变化幅度为 118.06με,远小于混凝土的极限压应变(0.002,0.0033)ε。

b. 计算得到产生的最大压应力为 3.54MPa,远小于钢筋混凝土的极限抗压强度310MPa。

因此,二次衬砌安全可靠。

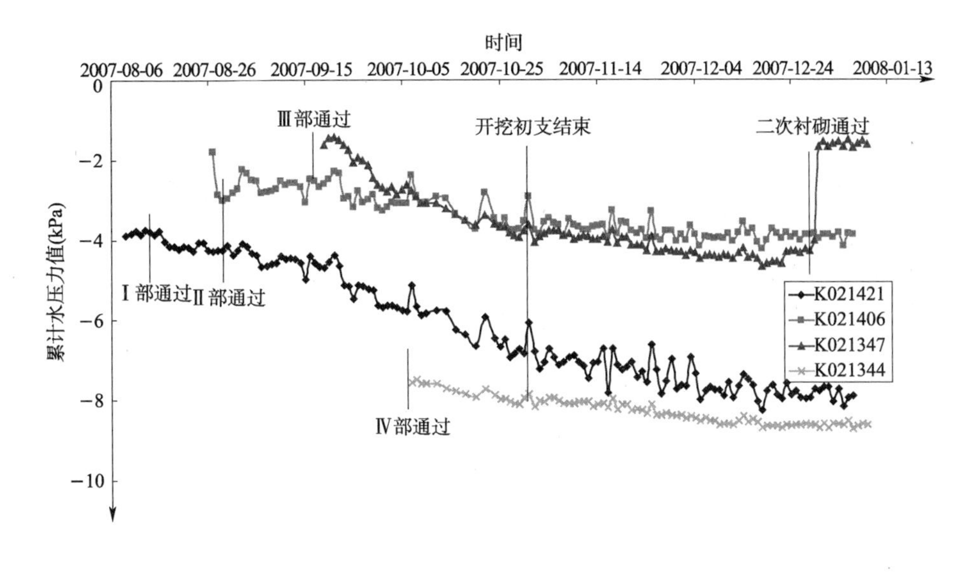

图9-87　孔隙水压力—时间关系曲线

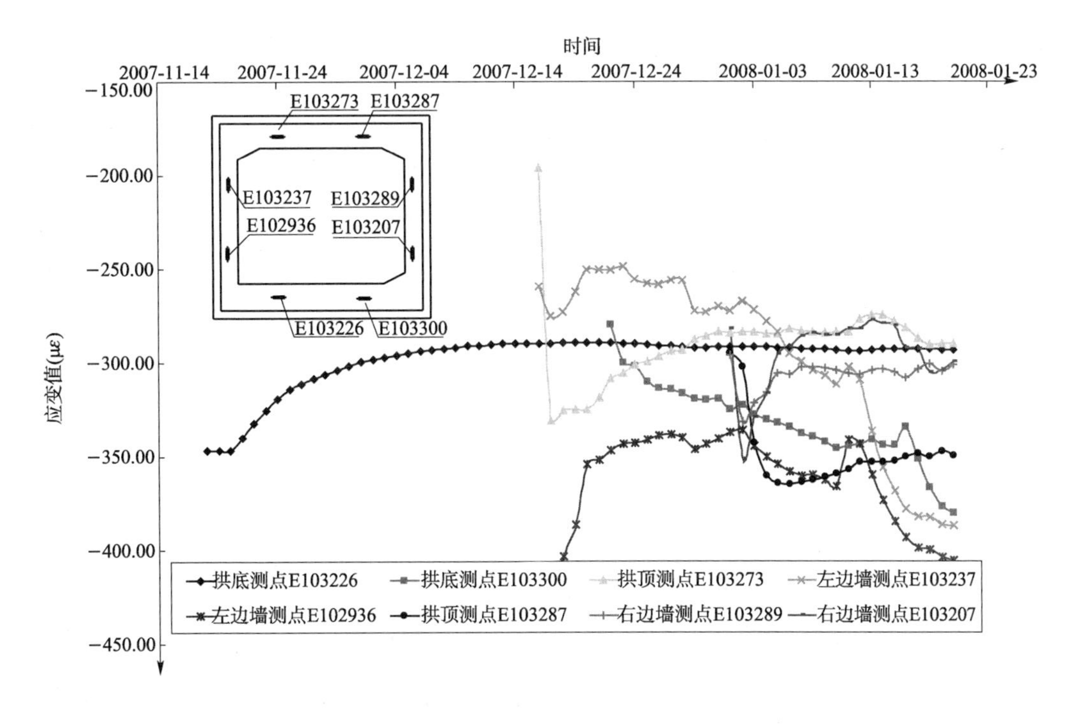

图9-88　二次衬砌混凝土应变—时间关系曲线

9.10.4　施工阶段变形综合分析

(1)既有结构沉降(图9-89、图9-90)

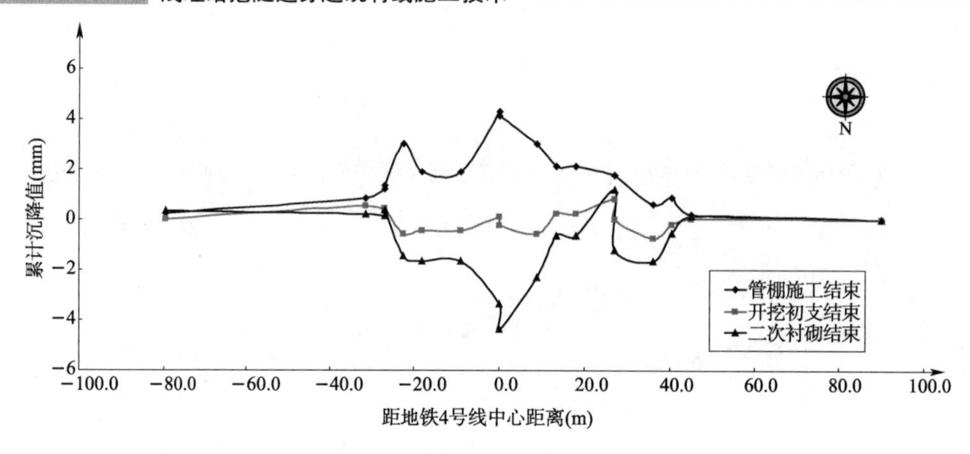

图 9-89　施工各阶段北线既有结构沉降变化分布

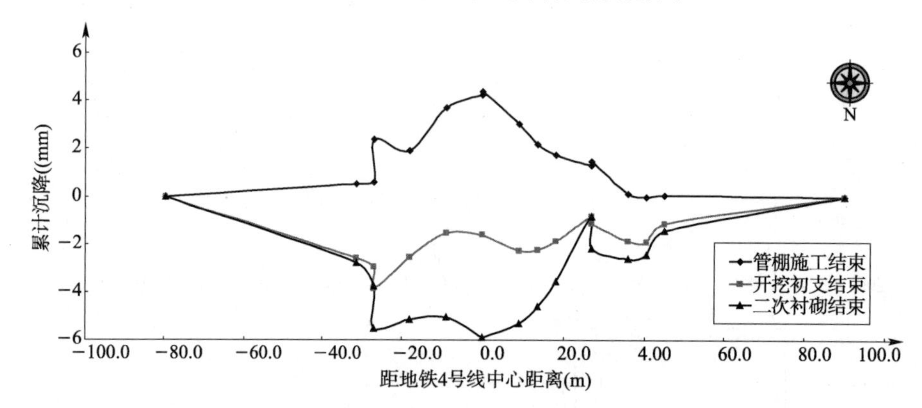

图 9-90　施工各阶段南线既有结构沉降变化分布

(2)既有轨道沉降(图 9-91、图 9-92)

(3)施工阶段对既有车站环境影响评价

通过对既有宣武门车站远程自动监测及成果分析,对比既有车站变形目标控制值,数据汇总于表 9-17。

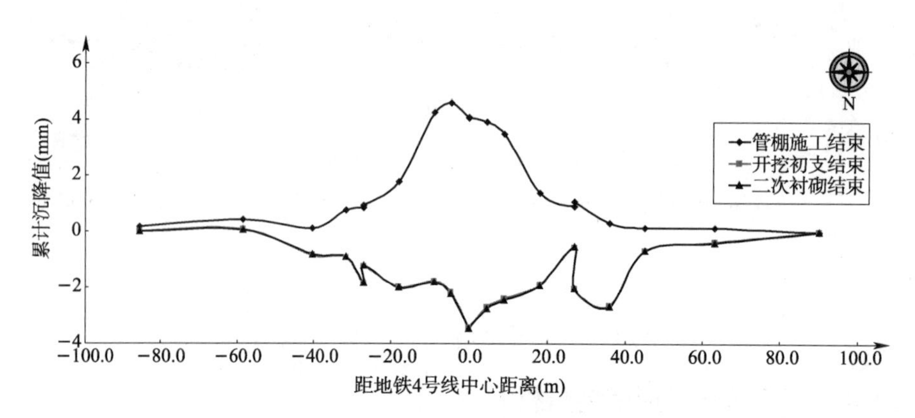

图 9-91　施工各阶段北线既有线轨道沉降变化分布

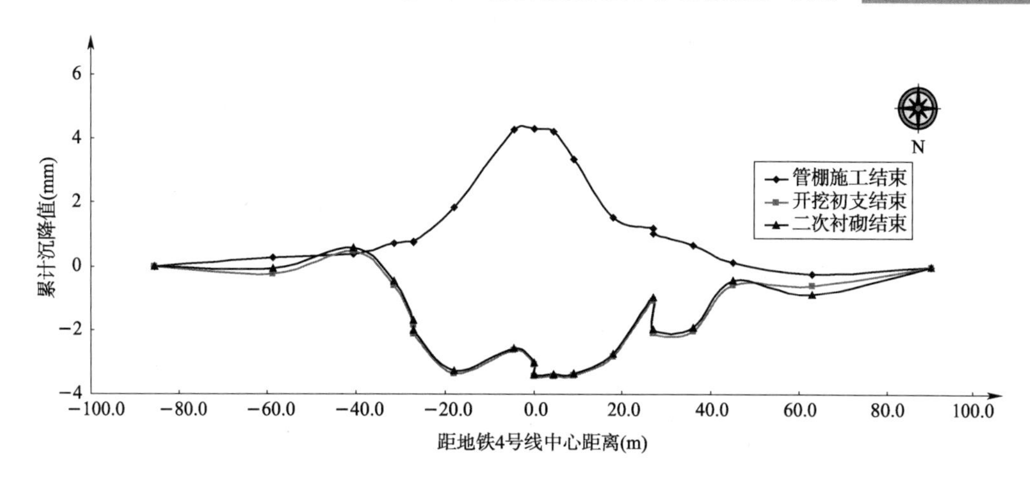

图 9-92 施工各阶段南线既有线轨道沉降变化分布

施工阶段各监测指标控制效果汇总表 表 9-17

序号	监测项目	对应测点位置（m）		测点编号	累计最大沉降（mm）	控制值（mm）	效果评价	施工工况
1	既有结构沉降	北线	0	GL-9	-4.11	-10	本阶段未超出控制值	工程主体结构结束
			0	GL-9				
		南线	0	GR-27	-5.90			
			0	GR-27				
2	既有结构变形缝差异沉降	北线	27	JL-6/JL-7	1.47	3	本阶段未超出控制值	
			27	JL-6/JL-7				
		南线	27	JR-30/JR-31	1.01			
			0	JR-36/JR-37				
3	变形缝胀缩	北线	0	CF-2	-0.20	—	本阶段未超出控制值	
			-27	CF-3				
		南线	0	CF-5	0.40			
			27	CF-4				
4	轨道沉降	北线	0	JL-12	-3.49	-5	本阶段未超出控制值	
			27	JL-6				
		南线	4.5	JR-35	-3.45			
			-4.5	JR-38				
5	轨道高差	北线	4.5	QX-4	0.003	4	本阶段未超出控制值	
			31.5	QX-2				
		南线	40.5	QX-8	0.002			
			31.5	QX-9				

续上表

序号	监测项目	对应测点位置（m）		测点编号	累计最大沉降（mm）	控制值（mm）	效果评价	施工工况
6	轨道间距	北线	-22.5	BW-6	2.30	增宽6，减窄-2	本阶段未超出控制值	
			40.5	BW-1				
		南线	22.5	BW-10	0.90			
			4.5	BW-11				
7	正负号说明		负号表示沉降(或减窄),正号表示隆起(或增宽)					

可以看出,新站施工对既有车站变形影响的控制效果总体良好,所有变形值未超出下穿既有车站施工目标控制值。

(4)各施工阶段支护结构与既有站底板之间地层纵向沉降(图9-93、图9-94)

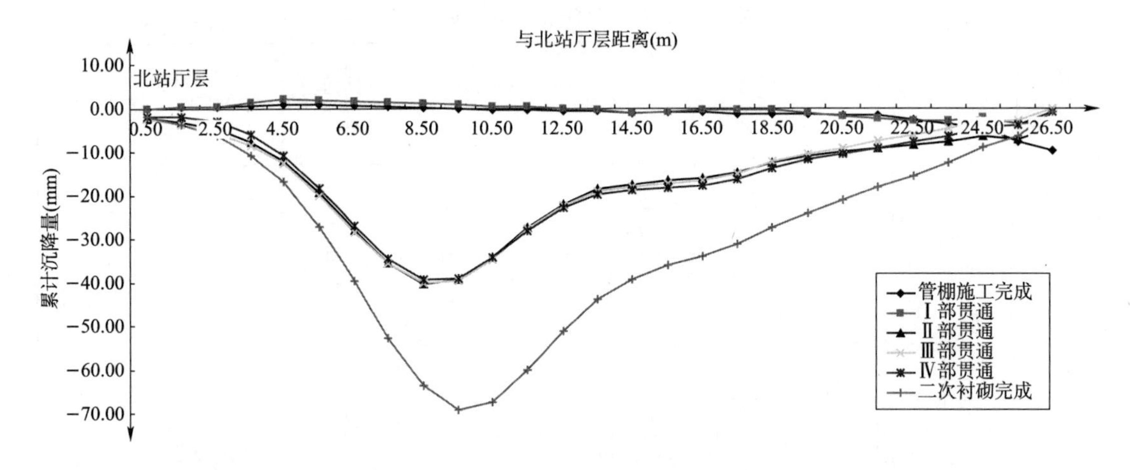

图9-93　左线(A2测斜管)地层纵向沉降沿北站厅层到南站厅层分布曲线

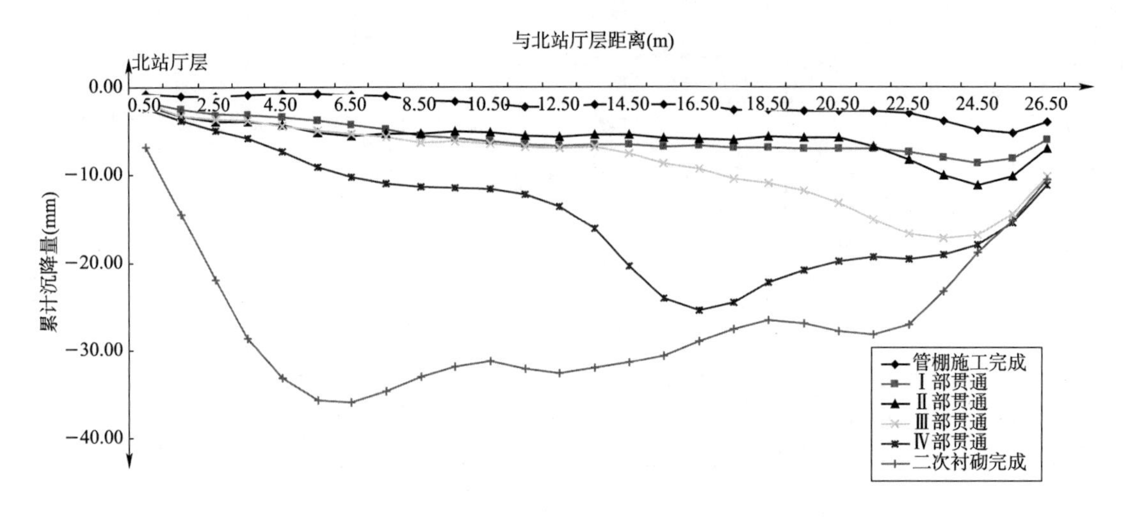

图9-94　右线(A2测斜管)地层纵向沉降沿北站厅层到南站厅层分布曲线

(5)既有结构沉降与轨道沉降对比(图9-95～图9-97)

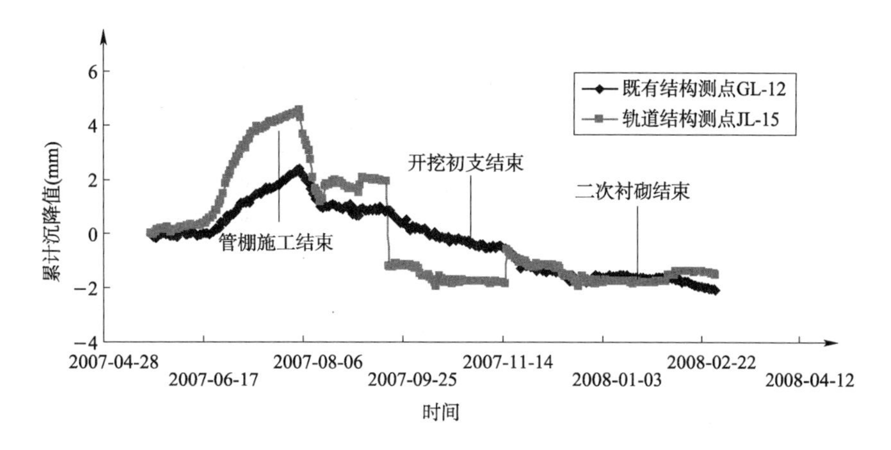

图9-95　右线轨道沉降与既有结构沉降关系

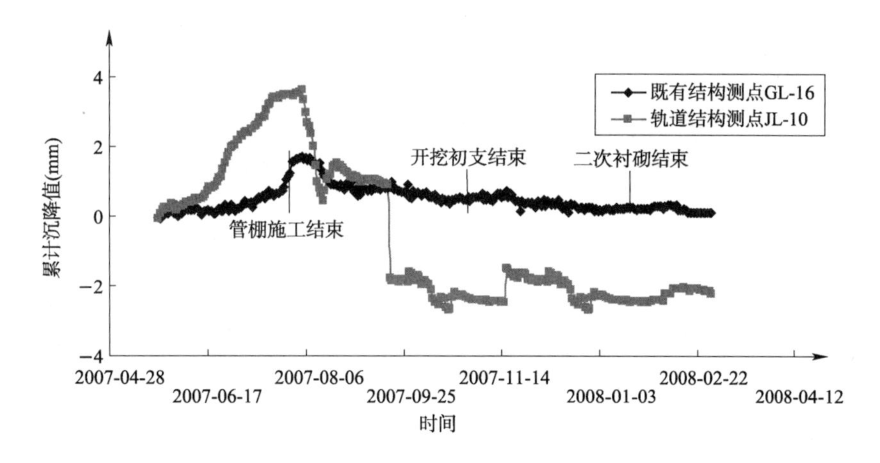

图9-96　左线北站厅层轨道沉降与既有结构沉降关系

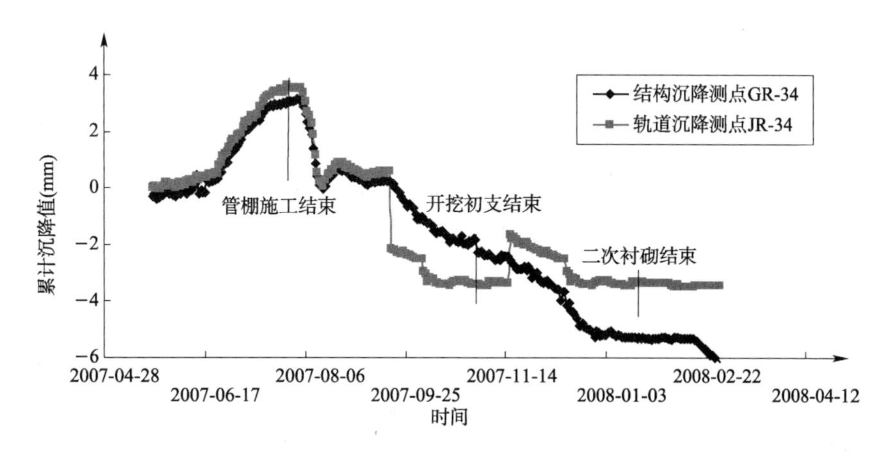

图9-97　左线南站厅层轨道沉降与既有结构沉降关系

(6)既有结构与地层纵向沉降对比(图9-98)

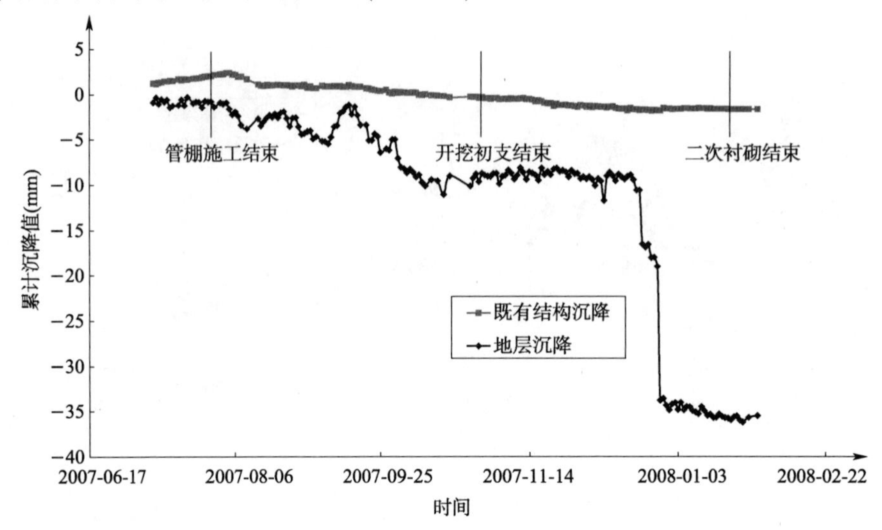

图9-98　右线既有结构(测点GL-12)、地层沉降(A2测斜管距北站厅层5.5m)与时间关系

(7)轨道沉降与地层纵向沉降对比(图9-99)

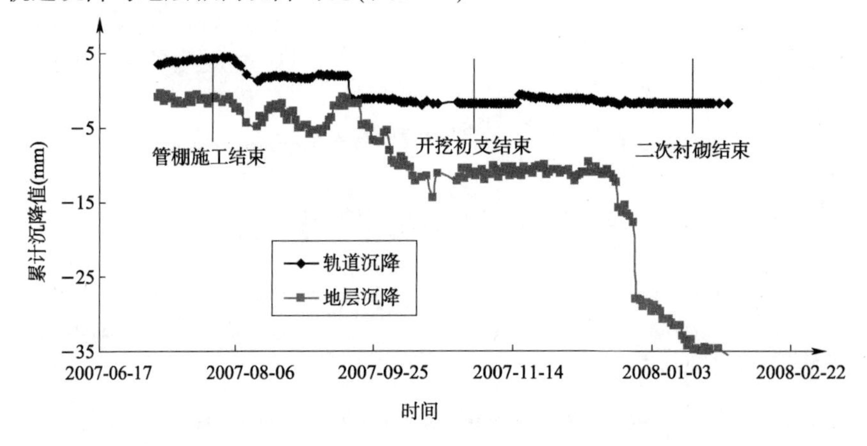

图9-99　右线轨道(测点JL-15)、地层沉降(A2测斜管距北站厅层7.5m)与时间关系

(8)轨道沉降与拱顶下沉对比(图9-100～图9-103)

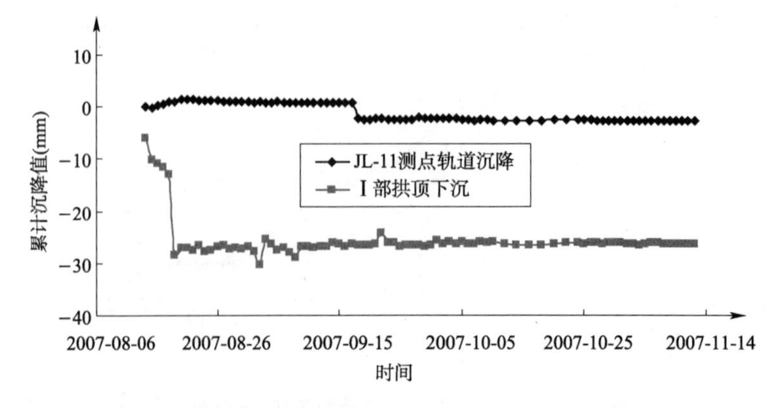

图9-100　左线开挖初支阶段轨道沉降与Ⅰ部拱顶下沉(两测点位于同一里程)对比曲线

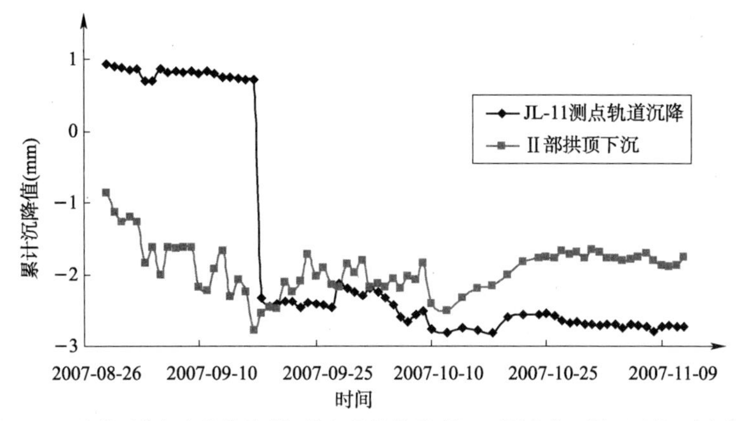

图9-101 左线开挖初支阶段轨道沉降与Ⅱ部拱顶下沉(两测点位于同一里程)对比曲线

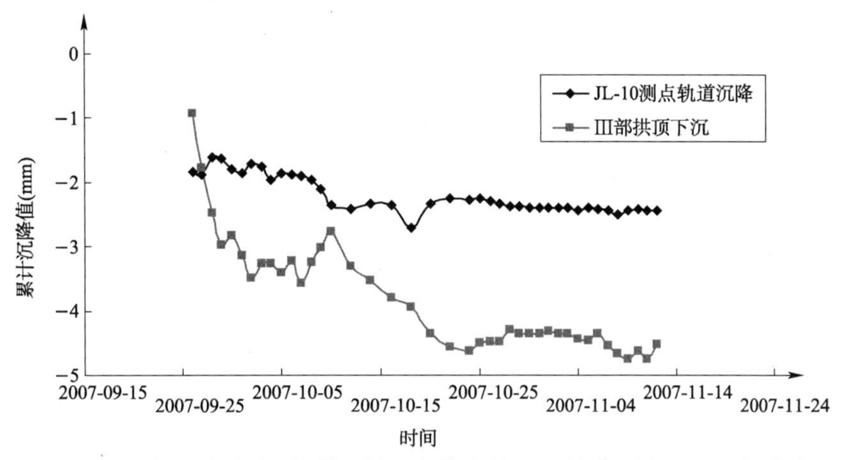

图9-102 左线开挖初支阶段轨道沉降与Ⅲ部拱顶下沉(两测点位于同一里程)对比曲线

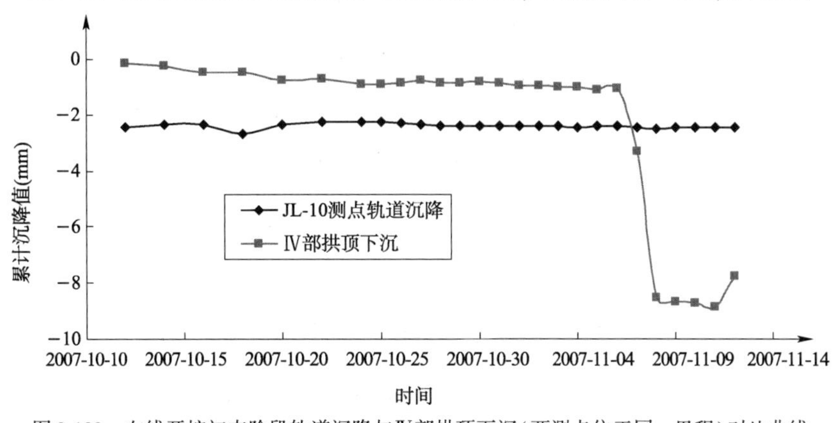

图9-103 左线开挖初支阶段轨道沉降与Ⅳ部拱顶下沉(两测点位于同一里程)对比曲线

(9)综合分析

①新建车站施工对运营地铁车站结构变形影响的控制效果总体良好,所有变形之未超出运营地铁车站施工目标控制值。

②管棚注浆支护系统和运营车站自身的结构强度对控制沉降的作用巨大,表现为地层和洞内拱顶沉降大,而既有结构沉降很小。

参 考 文 献

[1] 王梦恕.地下工程浅埋暗挖技术通论[M].合肥:安徽教育出版社,2004.

[2] 王梦恕,洪开荣,干昆荣,等.中国隧道及地下工程修建技术[M].北京:人民交通出版社,2010.

[3] 王梦恕,杨会军.重申隧道设计、施工的基本原则[J].铁道工程学报,2007,74(1):77-81.

[4] 杨会军,王梦恕.浅埋暗挖大跨风道临时支撑拆除技术[J].隧道建设2012,32(5):682-685.

[5] 杨会军,等.大跨浅埋暗挖地铁车站超近距下穿运营地铁车站施工技术研究报告[R].中铁隧道集团有限公司,2008.

[6] 水工双线隧道近距下穿既有地铁车站和市政高架桥施工技术研究报告[R].中铁隧道集团有限公司,2008.

[7] 孔恒.城市地下工程浅埋暗挖地层预加固理论与实践[M].北京:中国建筑工业出版社,2009.

[8] 高波.浅埋隧道地表沉陷拟合计算理论与控制机理[D].成都:西南交通大学,1991.

[9] 姚海波.大断面隧道浅埋暗挖法下穿既有地铁构筑物施工技术研究[D].北京:北京交通大学,2005.

[10] 陈龙.城市软土盾构施工期风险分析与评估研究[D].上海:同济大学,2004.

[11] 李志业,曾艳华.地下结构设计原理与方法[M].成都:西南交通大学出版社,2003.

[12] 杨会军.隧道工程综合成本控制信息化研究与应用[R].北京交通大学,2006.

[13] 张跃,邹寿平,宿芬.模糊数学方法及其应用[M].北京:煤炭工业出版社,1992.

[14] 吴焕通,崔永军.隧道施工及组织管理指南[M].北京:人民交通出版社,2004.

[15] 仇文革.地下工程近接施工力学原理与对策的研究[D].成都:西南交通大学,2000.

[16] 刘坤鹏,等.富水砂质粉土地层超浅埋小间距大跨城市隧道修建技术[R].中铁隧道集团有限公司,2004.

[17] 复杂条件下大跨度小净距暗挖隧道群下穿既有铁路综合施工技术研究报告[R].中铁六局集团有限公司,2013.

[18] 杨会军,李国锋,等.浅埋偏压临近既有线小净距隧道施工关键技术[R].中铁六局集团有限公司,2013.

[19] 中华人民共和国国家标准.GB 50007—2011 建筑地基基础设计规范[S],北京:中国建筑工业出版社,2012.

[20] 熊冰.地铁施工中的管线保护[J].工程科技与管理,2011.

[21] 王双龙.自钻式预应力锚杆在北京地铁暗挖隧道中作为抗浮措施的应用[C]//中国土木工程学会,中国土木工程学会隧道及地下工程分会第十四届年会论文集,2009.
[22] 杨健.工程降水引发的地面沉降研究[D].北京:中国地质大学,2005.
[23] 罗富荣,曹伍富.北京轨道交通工程安全风险管理体系[M].北京:中国铁道出版社,2013.
[24] 段光杰.地铁隧道施工扰动对地表沉降和管线变形影响的理论和方法研究[D].北京:中国地质大学,2002.
[25] 李开言,等.单拱暗挖车站上穿既有地铁线施工工法:中国,GJEJGF158—2008[P].2008.

后　记

这本书是在2015年完成的,在准备及编写过程中,自始至终得到恩师王梦恕院士的悉心指导,无论在选题、内容及章节的安排,还是很多细节方面,他都不厌其烦地提出修改建议。他要求在书中把浅埋暗挖法“十八字”原则写清楚,也重申了浅埋暗挖设计施工的基本原则。同时,他也强调要强化安全风险评估管理,做好前期调查、核查、超前预测预报,做好各种预案,保证措施实施到位,确保将施工中发现的问题和风险消除在萌芽之中,等等。可以说,这本书的顺利完成,也凝聚了老师的心血和思想!

施仲衡院士曾深情说到:“王梦恕院士创造的这些知识财富,将卓有成效地开创我国隧道及地下工程建设的新局面,也必将为实现中华民族伟大复兴的中国梦做出新的更大的贡献。真诚希望后起之秀,继续以锲而不舍的精神去挖掘王梦恕院士开发的宝藏,这些宝贵的财富定会感召世人,为我们带来战胜一切困难、攀登科学高峰的勇气、信心和动力。”

浅埋暗挖法在我国创建,在我国发展,也必将在我国不断创新,并取得更大突破,推动形成一套较为完善的理论体系和系统工法——中国隧道修建法!我们将不负老师的期待和重托,不忘初心,为实现中国隧道强国梦想而不断前进!

谨以本书纪念我的恩师王梦恕院士!

杨会军

2019年10月